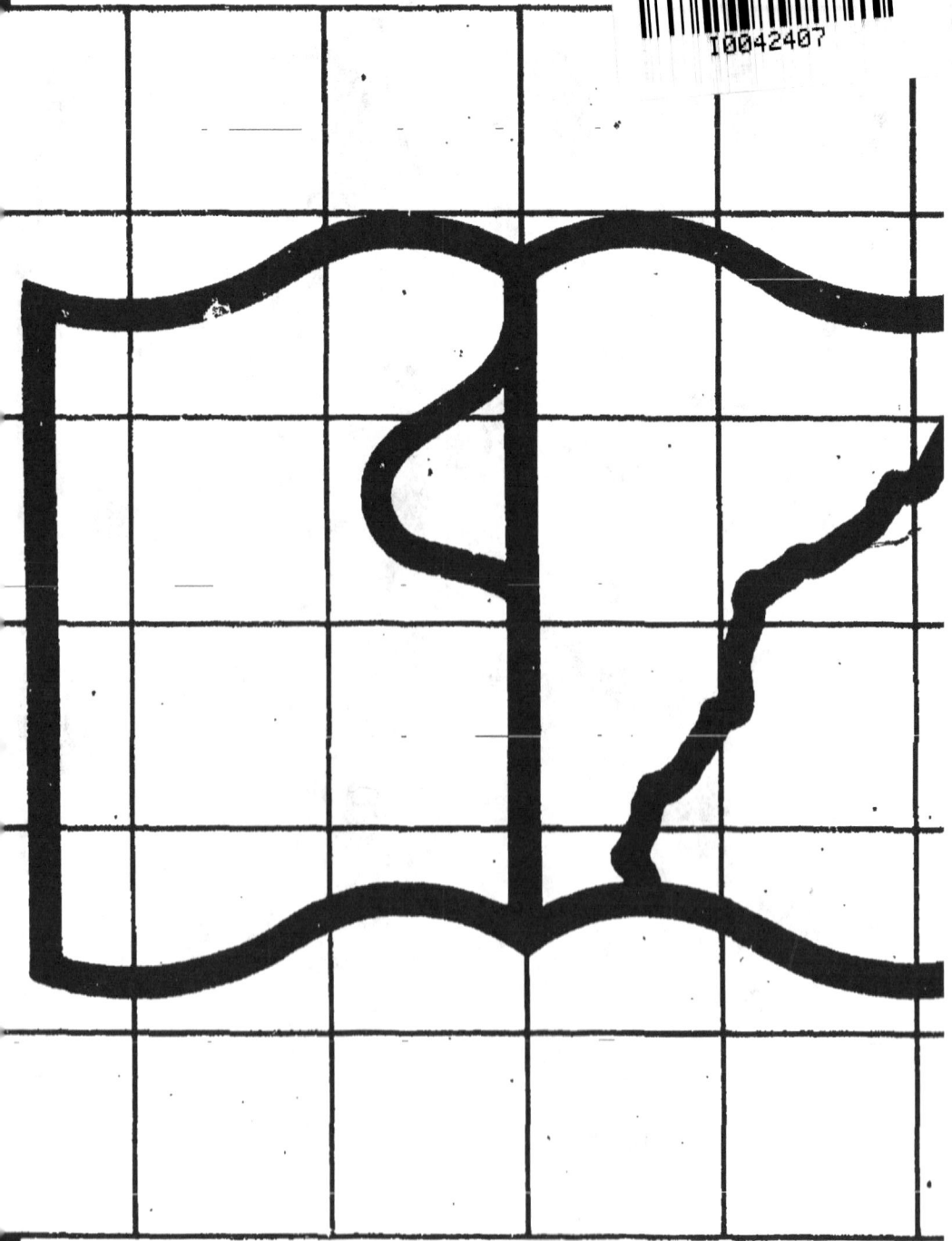

□□□ PRIX UN FRANC

LA TRADITION RELIGIEUSE & NATIONALE

LE DEVOIR POLITIQUE DES CATHO- LIQUES □ □

PAR L'ABBÉ EMMANUEL BARBIER

JOUVE & Cⁱᵉ JOUVE & Cⁱᵉ
IMPRIMEURS ÉDITEURS
1 RUE DU GAZ 15 RUE RACINE
MAYENNE PARIS □□□□□

...dition Religieuse et Nationale

ous publions, sous ce titre, une collection ouvrages — livres ou brochures — dûs à des auteurs compétents et estimés et dans lesquels sont démasquées et combattues les doctrines néfastes du libéralisme (religieux, politique et social), du modernisme sous toutes ses formes ouvertes ou déguisées, et, en général, les théories et les pratiques qui s'opposent à notre saine *tradition catholique et nationale*. Les auteurs de ces ouvrages trouvent le fil directeur de leurs travaux dans les enseignements des grands maîtres de cette tradition et plus particulièrement dans le *Syllabus* de Pie IX, dans les Encycliques de Léon XIII et de Pie X. Ils s'attachent à mettre en lumière les directions doctrinales que le Saint-Siège imprime à la pensée et à l'action des Catholiques du Monde entier. La devise du Pape glorieusement régnant, *Omnia instaurare in Christo*, est la leur.

L'*Association Saint-Rémy* veut bien donner son concours au succès de ces ouvrages. Les groupements d'étude et d'action, qui voudront se les procurer en certaine quantité, pourront s'adresser à :

M. le Secrétaire de l'Association Saint-Rémy
Mont-Notre-Dame   (Aisne)

Il leur sera fait des conditions spéciales, d'autant plus avantageuses, que les commandes seront plus fortes.

Nous mettons en vente, dès maintenant :
(Voir la liste à la 3ᵉ page de la couverture)

LE

DEVOIR POLITIQUE

DES

CATHOLIQUES

L'ABBÉ EMMANUEL BARBIER

LE

DEVOIR POLITIQUE

DES

CATHOLIQUES

(Articles extraits de la *Critique du Libéralisme*.)

PARIS

JOUVE & Cⁱᵉ, ÉDITEURS

15, RUE RACINE, 15

1910

AVANT-PROPOS DE L'ÉDITEUR

Les études contenues dans ce volume ont
paru sous forme d'articles dans la *Critique du
Libéralisme* (1), mais selon un plan formé d'a-
vance, qui leur donnait l'ordonnance régulière
d'un livre.

Elles embrassent l'histoire de la politique
religieuse dans ces dernières années, et constituent, grâce à leur documentation, un réper-
toire de rare valeur.

Le mérite de l'auteur est d'avoir admirablement pressenti les récentes directions du Saint-
Siège sur la conduite que les catholiques
doivent tenir et d'en avoir par avance défendu
tous les principes. Ces souveraines décisions
sont la confirmation éclatante des vues qu'il
expose.

1. *La Critique du libéralisme religieux, politique, social*
revue bi-mensuelle, dirigée par l'auteur. Elle commença de
paraître le 15 octobre 1908, et est éditée par Desclée, 41, rue
de Metz à Lille. Un an : 10 francs.

Barbier   1

Aucune lecture ne nous paraît plus propre à dissiper les malentendus, les équivoques, dont nous avons tant souffert, et à orienter les esprits dans une direction sûre.

Et c'est pourquoi nous la proposons avec confiance à tous les hommes de bonne volonté.

Le Devoir Politique
Des Catholiques

CHAPITRE PREMIER

UNE PAROLE DU PAPE

Le récent congrès de la *Bonne Presse*, réunissant à Paris les nombreux amis des œuvres de *La Croix*, a été marqué par un fait qui mérite une attention très particulière, à cause de l'influence considérable qu'il peut avoir sur les dispositions d'esprit des catholiques et sur leur conduite politique, à ces heures d'une extrême gravité.

M. Piou, président de l'*Action libérale*, y a fait entendre un discours *pro domo*, dont le rapport avec la propagande de la *Bonne Presse* n'apparaît guère, mais auquel *La Croix* s'est néanmoins efforcée de donner une importance capitale. Le premier

point de cette apologie est « qu'en défendant la
liberté, M. Plou estime servir la cause de l'Eglise ».
Une déclaration si banale ne peut certainement
soulever aucune contestation. On se demande seulement ce que l'orateur pensait en tirer pour sa
cause particulière. La liberté et le droit commun
sont, pour tous les catholiques également, le premier objet de leurs revendications religieuses. Ces
principes d'ordre naturel se placent d'eux-mêmes
au premier rang comme offrant la base la moins
discutable et facilitant l'accord avec tous les hommes que n'anime pas un esprit sectaire. C'est pourquoi l'Eglise y trouve son premier moyen de défense, non pas spécialement en France, mais dans
tous les pays, non pas seulement aujourd'hui, mais
toujours. La prudence ou une condescendance ma-
ternelle peut même lui conseiller, dans une situation donnée, de limiter temporairement ses exigences aux droits qui découlent de ces grands principes
sociaux, mais ce ne sera jamais en les séparant, ni
même en faisant abstraction du fondement religieux
dont ils tirent leur valeur. Car la liberté n'a pas de
sens vrai et certain, elle n'est qu'une source de
désordre, hors du plan d'un Dieu créateur et maître
du monde. Les catholiques se tromperaient donc
en se comportant dans la vie publique de manière à
laisser croire qu'ils considèrent la liberté comme
donnant par elle-même un titre suffisant au droit, et
plus encore à nos droits religieux. En outre, selon
les paroles du Saint-Père rapportées par M. Plou,
et dans lesquelles on est peut-être plus fondé à voir
une leçon discrète qu'une approbation, il ne leur

sera jamais loisible de transformer en question de
doctrine une question de conduite momentanée et
de renoncer pour l'Eglise aux droits spéciaux et
plus étendus qui sont essentiels à sa mission dans
le monde.

Comment faut-il donc entendre le récit de *La
Croix* ? Elle ajoute, avec de gros soulignements,
« qu'admis à l'honneur insigne d'une audience du
Saint-Père, au moment de la séparation, M. Piou
confia à Pie X les amertumes, pour ne pas dire les
alarmes, que causait à son cœur pénétré de foi le
reproche d'hérésie adressé au titre *libéral* de l'association dont il était le fondateur par certains catholiques, qui y voyaient la consécration du libéralisme condamné.

Et le pape Pie X répondit :

« ILS NE COMPRENNENT PAS QUE CE N'EST PAS UNE
QUESTION DE DOCTRINE, QUE C'EST UNE QUESTION DE
CONDUITE. L'EGLISE DE FRANCE DOIT ÊTRE DÉFENDUE
PAR LA LIBERTÉ » (1).

Observons d'abord que c'est trop exagérer, d'une
part, de prêter à la critique le reproche d'hérésie,
surtout appliqué à la seule dénomination de *libérale*,
et trop dissimuler, de l'autre, en réduisant l'objet
de cette critique à une question d'étiquette. Si c'est
ainsi que M. Piou a présenté la situation au Saint-
Père, on avouera qu'il le renseignait mal. Dans tous
les cas, on est vraiment surpris qu'une réponse
d'une vérité aussi universelle ait pu être invoquée
par M. Piou et par *La Croix* comme la justification

1. *La Croix*, 21 octobre 1908.

particulière et la sanction officielle d'une conduite qui, en fait, — car c'est là une question de fait, de fait palpable, dont on ne peut refuser l'examen, — se trouve en désaccord avec la parole dont on s'autorise. Oui, « l'Eglise doit être défendue par la liberté », mais on est en droit de se demander si M. Piou et *La Croix* font de cette parole une interprétation légitime, et d'observer même que l'*Action libérale* va justement à l'encontre, en élevant la question de conduite jusqu'à une question de principes.

Faut-il donc croire, qu'en parlant ainsi, Pie X a entendu ratifier pleinement le programme et les œuvres d'une association qui a exclu de ses statuts le nom de Dieu et la mention de la religion catholique ? Il ne sera pas difficile au lecteur de se procurer ses statuts pour vérifier cette assertion. Et cette exclusion était tellement volontaire et calculée, qu'un jour le président de l'*Action libérale* s'en prévalut pour faire une réponse victorieuse au reproche de cléricalisme, M. Barthou l'ayant adressé à cette Ligue, M. Piou le força à insérer dans son journal une réplique où il se borne à reproduire les statuts de l'association. Cette simple et brutale reproduction lui avait paru constituer la plus topique et la plus décisive des réfutations.

Faut-il croire qu'en parlant expressément d'une simple question de conduite, Pie X a entendu couvrir des énoncés de principes tels que ceux formulés par M. Piou à l'époque où il commençait à répandre à travers la France le programme de l'*Action libérale* : « La liberté, *sous toutes ses formes et tous ses aspects*, dans le domaine politique comme dans celui de la conscience, *voilà ce qui peut nous guérir* » (1). En quoi il faut reconnaître que M. Piou demeurait constant avec lui-même, depuis l'époque où, prenant en 1892 la tête des catholiques constitutionnels il disait en face de l'Etat athée : « Nous ne voulons plus que personne puisse accuser les catholiques *de réclamer autre chose que la liberté* » (2).

Si M. Piou et les catholiques qui se ralliaient à son programme avaient bien écouté les enseignements de Léon XIII, dont ils se prétendaient les interprètes autorisés, ils auraient reçu de sa propre bouche la leçon la plus claire et la plus directe. Dans la Lettre apostolique pour son jubilé pontifical (19 mars 1902), dont l'émouvante éloquence dépassa peut-être celle de toutes ses Encycliques, l'auguste Pontife, après avoir retracé le tableau saisissant des maux qui accablent la société, adjurait les hommes de bonne volonté de réfléchir aux remèdes de cette situation extrême, et passait d'abord en revue ceux en qui beaucoup d'entre eux mettaient leur espoir : « Avant tout, il faut se demander quels sont ces remèdes et en scruter la valeur. *La liberté et ses bienfaits, voilà d'abord ce que nous avons entendu porter jusques aux nues ; en elle, on exaltait le remède souverain, un incomparable instrument de paix féconde et de prospérité. Mais les faits ont lumineusement démontré qu'elle ne possédait pas l'efficacité qu'on lui prêtait. Des*

---

1. Discours du Havre, 14 septembre 1902.
2. L'Univers, 14 juin 1892.

conflits économiques, des luttes de classes s'allument et font éruption de tous les côtés, et l'on ne voit pas même briller l'aurore d'une vie publique où le calme régnerait. Du reste, et chacun peut le constater, *telle qu'on l'entend aujourd'hui, c'est-à-dire indistinctement accordée à la vérité et à l'erreur, au bien et au mal, la liberté n'aboutit qu'à rabaisser tout ce qu'il y a de noble, de saint, de généreux, et à ouvrir plus largement la voie au crime, au suicide et à la tourbe abjecte des passions.* »

Puis, signalant deux autres illusions qui ont porté la société contemporaine à attendre le relèvement du progrès de l'instruction et de celui des sciences, Léon XIII indiquait à quelle condition ces divers remèdes peuvent être efficaces, et c'est justement celle que trop de catholiques français ont négligée : « N'y a-t-il donc qu'à dédaigner ou à laisser de côté les avantages qui découlent de l'instruction, de la science, de la civilisation et d'une sage et douce liberté ? Non, certes ; il faut au contraire les tenir en haute estime, les conserver et les accroître comme un capital de prix ; car ils constituent des moyens qui, de leur nature sont bons, voulus par Dieu lui-même et ordonnés par l'infinie sagesse au bien de la famille humaine et à son profit. Mais il faut en *subordonner l'usage aux intentions du Créateur et faire en sorte qu'on ne les sépare jamais de l'élément religieux, dans lequel réside la vertu qui leur confère, avec une valeur particulière, leur véritable fécondité. Tel est le secret du problème.* »

La Croix s'est efforcée de donner une portée ex

traordinaire au plaidoyer de M. Piou. Sous ce titre
bien fait pour frapper l'attention et provoquer le
respect, *Une parole du Pape*, son rédacteur en chef
annonce d'abord qu'un discours « de la plus haute
importance » vient d'être prononcé au Congrès. Un
très chaud éloge du zèle et des succès du chef de
l'*Action libérale* précède sous sa plume les paroles
que nous avons déjà rapportées. Elles donnent,
ajoute-t-il, l'explication de la « fermeté sereine »
avec laquelle celui-ci poursuit son entreprise. Ce
secret, « M. Piou nous l'a révélé dans la flamme de
sa parole, et c'est ici que se place le point capital de
son improvisation : IL EST SUR D'ÊTRE DANS LA VÉ-
RITÉ : LE PAPE L'A APPROUVÉ. » Puis, un peu plus
loin, ce petit trait, destiné à confirmer l'effet : l'a-
miral de Cuverville, profondément ému, s'est pen-
ché vers M. Bouvattier qui nous rapporte sa confidence, et lui a dit : « Piou a enfin soulagé son cœur.
Il fallait que la parole du Pape soit connue ! » Trois
jours après (24 octobre), le même rédacteur en chef
insistait sur la conclusion, et répétait en renchérissant, que, par cette parole du Pape, toutes les critiques dont l'*Action libérale* avait pu être l'objet
étaient *anéanties*.

Ce qui surprend ici n'est pas de voir *La Croix* se
solidariser avec l'*Action libérale*. Quiconque suit
les événements religieux même d'un œil à moitié
distrait n'avait pas grand chose à apprendre sur ce
point. Mais, quels que soient le prestige et le crédit
de M. Piou, il paraît bien insolite qu'un journal que
sa prétention d'être l'organe de la vérité catholique
oblige davantage à mesurer ses affirmations et ses

Barbier   1.

actes, attribue la valeur d'une parole officielle et la vertu d'une déclaration publique à des expressions retenues d'une conversation privée et rapportées à trois ans d'intervalle. En définitive, qui nous fait connaître cette parole du Pape ? Celui qui s'en fait un titre d'approbation. Qui la commente ? Un des plus anciens et dévoués amis, un féal du rapporteur intéressé. Critiquement, est-ce suffisant pour leur donner le droit d'en appeler en public à l'autorité du Saint-Père et de l'engager directement ?

Qui plus est, où voit-on, dans le langage qui lui est attribué, une justification tant soit peu explicite de l'*Action libérale* ? Elle n'y est pas nommée, quoique les paroles de M. Piou, dans l'entretien, aient nécessairement appelé cette mention positive. Le Pape s'est même gardé d'employer simplement l'adjectif *libéral*, qu'on n'a jamais en effet recueilli de sa bouche. Il parle seulement de la liberté (*Præstantissimum bonum*) dont le libéralisme n'est que la contrefaçon. Mais cette défense de l'Eglise par la liberté, est-elle donc le monopole reconnu d'une Ligue ? Qui donc, parmi les catholiques non libéraux, ne s'en réclame autant que M. Piou ? Est-il même, ainsi que l'exigerait son titre de chef, le plus ardent, le plus énergique à défendre et à servir la liberté, et aussi le plus scrupuleux à la respecter chez les catholiques qui ne partagent point toutes ses vues ? Quant à la distinction entre la thèse et l'hypothèse, entre la doctrine et la conduite, rien, absolument rien ne montre que le Saint-Père ait entendu féliciter M. Piou et l'*Action libérale* de la bien maintenir, et le moins qu'on puisse dire est qu'il est im-

possible de faire une application valable de ses paroles, sans connaître à quel exposé de conduite,
peut-être incomplet et inexact, elles répondaient.

Or, *La Croix* est incontestablement le journal
catholique le plus répandu, le plus influent. Il est
plus lu, à lui seul, avec ses filiales de province, que
tous les autres journaux catholiques ensemble ; et
quand il rapporte le langage des autorités religieuses, ce qu'il dit est accepté les yeux fermés par la
grande majorité de sa clientèle. Un de nos plus éloquents prélats traduisait cette confiance populaire,
en félicitant, l'an dernier, M. Féron-Vrau, dans ce
même Congrès de la *Bonne Presse*, d'être parmi
nous « comme une incarnation de la pensée catholique » (1). Et M. l'abbé Poulin, avec cette pointe
d'humour qui lui est familière, exprimait, dans la
même circonstance, le même sentiment, lorsque
après avoir dit que M. Féron-Vrau, héritier de l'œuvre des Pères Assomptionnistes, vaut à lui seul une
Congrégation, et après avoir décrit les catholiques
et le clergé se rangeant derrière lui, il s'écriait :
« N'est-ce pas, M. Féron-Vrau, que ce n'est pas banal
de voir des milliers d'hommes, toute l'armée cléricale,
qui suit votre mot d'ordre ? Je me réjouis de cela ;
*nous savons bien qu'en obéissant à M. Féron-Vrau,
nous obéissons au Pape et à l'Eglise* (2).

Lors donc que ces deux grandes puissances, presque complètement maîtresses de l'opinion catholique, M. Piou, président de l'*Action libérale* et de
La Croix, s'accordent pour lui signifier aussi solen-

1. *La Croix*, 19 octobre 1907.
2. Compte rendu du Congrès, page 91.

nellement, au nom du Pape, que toute appréciation
désavantageuse de leur tactique est frappée de nullité, anéantie, il est impossible de se dissimuler la
gravité des conséquences qu'une telle affirmation
peut entraîner pour la conduite politique des catholiques français. Elle n'est pas seulement l'apologie
plus ou moins adroite d'un passé peut-être très discutable, mais aussi l'indice évident d'une persistante
prétention à régenter l'action catholique selon des
vues qu'on est en droit d'estimer infirmes et même
fausses. Il importe donc, au premier chef, de se rendre compte si vraiment leur mot d'ordre est celui
du Pape et de l'Eglise.

C'est la question toujours pendante, toujours actuelle, du devoir politique des catholiques. Abordons-la franchement comme l'ont fait récemment
d'autres revues, abordons-la sans parti pris, sans
passion, sans acrimonie, sans méconnaissance ni
des intentions droites, ni des services rendus, ni des
réels dévouements, mais avec cet amour de la vérité qui seul l'honore comme elle doit être honorée,
en ne plaçant rien au-dessus d'elle.

Discussion d'autant moins inopportune, d'autant
plus nécessaire, qu'elle s'élève beaucoup au-dessus
d'une controverse particulière et embrasse les opinions professées par un grand nombre de catholiques. On répète aujourd'hui de toutes parts, que le
libéralisme catholique est mort, que personne ne
voudrait plus s'en réclamer et qu'il est par conséquent bien inutile d'en vouloir agiter le fantôme. Le
libéralisme catholique, autrefois le drapeau d'une
minorité très remuante, a conquis aujourd'hui la

masse. Devant l'opinion courante, il règne en paix,
et maintenant cherche surtout à ne plus faire parler de
lui. Voilà la réalité. Cependant le vrai sujet de l'étude
qui se propose à nous est justement le libéralisme
catholique, et elle devait lui emprunter son titre.

Qui lui objecterait sérieusement l'intérêt de l'u-
nion? C'est précisément le propre de l'esprit
libéral de vouloir que la vérité et l'erreur se concilient à tout prix, tant il redoute d'avoir à choisir
entre elles. Au surplus, depuis quand, et sur quel
autre terrain, la discussion sincère et courtoise des
idées apporte-t-elle un empêchement réel à l'union
entre gens qui partagent la même foi, le même
amour pour l'Eglise et pour la patrie, la même aversion pour la tyrannie, et qui poursuivent le même
but avec une égale ardeur? Prenons garde que cette
affectation d'appels à la paix ne soit un masque de
despotisme. Il ne s'agit pas ici d'hostilité contre les
personnes, et il y a quelque puérilité à se plaindre
de persécution dès qu'on n'est plus suivi aveuglément. Enfin, si l'on se refuse à concevoir l'union
autrement que sous la forme d'une absolue unité et
de l'absorption des uns par les autres, il restera à
déterminer qui est en possession de la vérité à laquelle tous se doivent rallier.

Le moyen de le savoir est de comparer les diverses conduites aux enseignements de l'Eglise et aux
exemples de son Chef. C'est une recherche à faire,
et telle est celle que nous nous proposons. Aussi
bien, puisqu'on en appelle aux paroles du Pape,
notre point de départ sera d'exposer, mais d'après
des documents authentiques, le programme de
S. S. Pie X.

CHAPITRE II

LE PROGRAMME DE S. S. PIE X

Le jubilé sacerdotal du Saint-Père, célébré avec une piété enthousiaste par tous ses vrais enfants, a suggéré à plus d'un écrivain religieux distingué la pensée de retracer l'œuvre déjà grandiose de son pontificat. Essayons, pour notre très humble part, d'apporter une contribution à cet universel concert d'hommages, en recherchant, selon notre promesse, quel fut le programme de Pie X dès son accession au trône. On s'apercevra bien vite que l'œuvre immense n'en est que le développement exact. Quoique l'étude entreprise par nous ait principalement pour objet les leçons que les catholiques doivent tirer de ce programme pour leur conduite politique, cette circonstance nous donnera un heureux prétexte de le présenter avec un peu plus d'ampleur, sans négliger complètement la partie dogmatique et sociale.

On constatera que le programme du Pape régnant vis-à-vis des sociétés humaines a deux caractères bien marqués et frappants : la confiance inébranlable dans la force de la vérité religieuse, dans l'efficacité surnaturelle de son affirmation, et l'acceptation simple, courageuse, héroïque, de la lutte à laquelle l'Eglise ne se peut soustraire.

Or, au même point de vue, et c'est ce que nous aurons à montrer dans la suite, le libéralisme catholique qui, depuis trente ans, sous des formes nouvelles, s'est profondément infiltré dans l'esprit des catholiques français, exerce parallèlement sur eux une double influence contraire à ce programme : on recule devant l'affirmation de la vérité, et on ne veut pas de la lutte (1).

Ces résistances, ou, pour employer une expression adoucie et peut-être plus juste, ces réticences du libéralisme catholique, dévoilées avec franchise, feront voir qu'à nombre de ceux qui se flattent d'être les meilleurs champions de l'Eglise s'appliqueraient, plus opportunément encore qu'autrefois, ces paroles de Louis Veuillot : « Nous périssons peut-être plus des vérités que les bons n'ont pas le courage de dire, que des erreurs que les méchants ont su sans mesure multiplier... Ce n'est pas la reli-

___

1. Pour en citer le trait le plus récent, l'*Action libérale* vient de publier un nouveau programme dans son Bulletin de novembre 1908. On lit dès les premières phrases : « Les bons Français, hostiles à toute révolution comme à toute violence (entendez : à toute résistance active comme à tout bouleversement), *n'aspirent qu'à vivre et à travailler en paix...* » On ne le savait que trop.

gion que vous leur rendez aimable, ce sont vos personnes ; et la peur de cesser d'être aimable finit par
vous ôter tout courage d'être vrais. Ils vous louent,
mais de quoi ? de vos silences et de vos renie-
ments. »

Un troisième caractère distinctif du présent pontificat complète les deux autres. C'est un esprit très
éminemment précis et pratique, unissant à l'exposé
lumineux de la vérité les prescriptions les plus propres à en préserver le dépôt, et commandant avec
une mâle autorité le remède après avoir défini le
mal.

Comment ne pas voir que le 264e successeur de
saint Pierre a ainsi trouvé le moyen de rajeunir
l'éternelle devise de la Papauté : *instaurare omnia
in Christo ?* Assurément le Pape actuel ne veut pas
autre chose que ce qu'a voulu son prédécesseur,
comme Léon XIII ne voulait pas autre chose que ce
qu'avait voulu Pie IX. Mais chacun d'eux a une
manière personnelle de l'entendre. Disant les mêmes
choses que les Pontifes auxquels il succède, S. S.
Pie X met néanmoins l'accent, si l'on peut parler
ainsi, sur certains points qui constituent sa direction et correspondent aux lumières qu'il a reçues
pour gouverner l'Eglise. Les catholiques ne ren-
draient à cette direction qu'un hommage assez vain
par leur admiration prodiguée, si leur conduite ne
s'en inspirait résolument.

Ce programme de Pie X, nous n'allons pas le
dégager après coup des grands actes accomplis
depuis le début de son règne, mais montrer au contraire que ceux-ci en sortent, qu'ils apparaissent

comme l'exécution d'un dessein clairement conçu et fermement arrêté dès l'origine. C'est donc dans les premiers documents émanés du Saint-Père que nous l'étudierons. Nos principales sources sont l'Encyclique *E supremi apostolatus* sur son avènement (4 octobre 1903), sa première allocution consistoriale (9 novembre 1903), et l'Encyclique *Jucunda sane* pour le treizième centenaire du Pape saint Grégoire le Grand (12 mars 1904). Quiconque aura lu le texte intégral de ces documents, se rendra aisément compte que nous n'en altérons aucunement la pensée en détachant les passages les plus caractéristiques; et ce ne sera pas, non plus, forcer le sens de ces augustes paroles que de les souligner, pour provoquer l'attention.

Un premier trait bien significatif, qui caractérise la position où Pie X entend se maintenir en montant sur le trône de Pierre, est le soin qu'il prend de se dégager de toute complaisance particulière pour quelqu'un des partis humains. C'est même de là qu'il prend occasion pour donner son plein sens à la devise de son règne :

Il s'en trouvera sans doute qui, appliquant aux choses divines la courte mesure des choses humaines, chercheront à scruter Nos pensées intimes et à les tourner à leurs vues terrestres et à leurs intérêts de parti. Pour couper court à ces vaines tentatives, Nous affirmons en toute vérité que Nous ne voulons être et que, avec le secours divin, Nous ne serons rien autre, au milieu des sociétés humaines, que le ministre du Dieu qui Nous a revêtu de son autorité. Ses intérêts sont Nos intérêts; leur consacrer Nos forces et Notre vie, telle est notre résolution inébranlable.

C'est pourquoi, si l'on Nous demande une devise tra-

duisant le fond même de Notre âme, Nous ne donnerons jamais que celle-ci : *Restaurez toutes choses dans
le Christ.*

Après avoir rappelé la guerre faite aujourd'hui à
Dieu, à son Eglise, et l'issue inévitable qu'elle aura
pour les impies, le Pape développe ce que nous nous
sommes permis d'appeler son programme, où tous
les catholiques doivent chercher l'inspiration de
leur conduite, et qui donne une réponse singulièrement éloquente à ceux qui lui prêtent de leur apprendre à placer la défense de l'Eglise, celle de la
société chrétienne, sur le sol mouvant de l'ordre et
de la liberté :

Tout cela, Vénérables Frères, nous le tenons d'une
foi certaine et nous l'attendons. Mais cette confiance ne
nous dispense pas, pour ce qui dépend de nous, de hâ-
ter l'œuvre divine, non seulement par une prière persévérante, « Levez-vous, Seigneur, et ne permettez pas
que l'homme se prévale de sa force », mais encore, et
c'est ce qui importe le plus, *par la parole et par les œuvres, au grand jour, en affirmant et en revendiquant
pour Dieu la plénitude de son domaine sur les hommes
et sur toute créature, de sorte que ses droits et son pouvoir de commander soient reconnus par tous avec vénération et pratiquement respectés.*
Accomplir ces devoirs n'est pas seulement obéir aux
lois de la nature, c'est travailler aussi à l'avantage du
genre humain. Qui pourrait, en effet, Vénérables Frères, ne pas sentir son âme saisie de crainte et de tristesse à voir la plupart des hommes, tandis qu'on exalte
par ailleurs et à juste titre les progrès de la civilisation,
se déchaîner avec un tel acharnement les uns contre les
autres, qu'on dirait un combat de tous contre tous ?
*Sans doute, le désir de la paix est dans les cœurs, et il
n'est personne qui ne l'appelle de tous ses vœux. Mais*

cette paix, insensé qui la cherche en dehors de Dieu ; car, chasser Dieu, c'est bannir la justice ; et, la justice écartée, toute espérance de paix devient une chimère. « *La paix est l'œuvre de la justice* ». — Il en est, et en grand nombre. Nous ne l'ignorons pas, qui, poussés par l'amour de la paix, c'est-à-dire de la tranquillité de l'ordre, s'associent et se groupent pour former ce qu'ils appellent le parti de l'ordre. Hélas ! vaines espérances, peines perdues ! De partis d'ordre capables de rétablir la tranquillité au milieu de la perturbation des choses, il n'y en a qu'un : le parti de Dieu. C'est donc celui-là qu'il nous faut promouvoir ; c'est à lui qu'il nous faut amener le plus d'adhérents possible, pour peu que nous ayons à cœur la sécurité publique.

Toutefois, Vénérables Frères, ce retour des nations au respect de la majesté et de la souveraineté divine, quelques efforts que nous fassions d'ailleurs pour le réaliser, n'adviendra que par Jésus-Christ !...

D'où il suit que *tout restaurer dans le Christ* et ramener les hommes à l'obéissance divine sont une seule et même chose. Et c'est pourquoi le but vers lequel doivent converger tous nos efforts, c'est de ramener le genre humain à l'empire du Christ. Cela fait, l'homme se trouvera par là même ramené à Dieu.

Toutefois, pour que le résultat réponde à Nos vœux, il faut, *par tous les moyens et au prix de tous les efforts,* déraciner entièrement cette monstrueuse et détestable iniquité propre au temps où nous vivons et par laquelle l'homme se substitue à Dieu ; rétablir dans leur ancienne dignité les lois très saintes et les conseils de l'Évangile ; proclamer hautement les vérités enseignées par l'Église sur la sainteté du mariage, sur l'éducation de l'enfance, sur la possession et l'usage des biens temporels, sur les devoirs de ceux qui administrent la chose publique ; rétablir enfin le juste équilibre entre les diverses classes de la société selon les lois et les institutions chrétiennes.

Tels sont les principes que, pour obéir à la divine volonté, Nous Nous proposons d'appliquer durant tout le

cours de *Notre Pontifical* et avec toute l'énergie de Notre
âme.

Qui ne sent passer dans de telles paroles le souffle
d'une force divine, et ne reconnaît à cet accent une
volonté inébranlable tout entière attachée à la réalisation d'un plan sublime ?

Le mois suivant, S. S. Pie X tient son premier
consistoire. Pour la première fois, le Pape adresse
la parole à l'auguste assemblée des cardinaux, conseillers du Saint-Siège. Ici encore s'affirme puissamment l'exclusive pensée du règne, et perce une protestation contre toute tentative de l'approprier à des
vues humaines :

Mais enfin, puisque Dieu a jugé bon, dans ses desseins mystérieux, de Nous imposer la charge de l'apostolat suprême, Nous la porterons, uniquement confiant
dans le secours de son assistance. Autant qu'il dépen-
dra de Nous, *Nous sommes fermement résolu à faire
converger tous Nos soins et toutes Nos pensées vers ce
but: conserver inviolable et sacré le « dépôt » de la foi
et pourvoir au salut éternel de tous* ; dans ce dessein,
Nous ne nous épargnerons aucun labour, Nous ne recu-
lerons devant aucune tribulation...
*Nous sommes donc en droit de Nous étonner que tant
de gens, poussés par cette passion des nouveautés qui est
le caractère de notre époque, s'efforcent de conjecturer
quelle pourra être l'orientation de Notre Pontificat.*
Comme s'il était besoin, à ce sujet, de se mettre l'esprit
à la torture ! N'est-il pas évident que Nous ne voulons
et ne pouvons suivre que la voie tracée par nos prédécesseurs ? *Tout restaurer dans le Christ, tel est, Nous
l'avons dit, Notre programme :* et, « comme le Christ est
vérité », Notre premier devoir est d'enseigner et de proclamer la vérité. Aussi ferons-Nous en sorte que la pa-

role toujours simple, lucide et pratique de Jésus-Christ, coule de Nos lèvres, pénètre profondément dans les âmes et y soit saintement gardée.

C'est dans cette conservation vigilante de ces paroles que le Christ a placé le secours le plus puissant pour distinguer la vérité : « Si vous gardez fidèlement ma parole, vous serez véritablement mes disciples, et vous connaîtrez la vérité, et la vérité vous délivrera. »

Notre fonction est donc de défendre la vérité et la loi chrétienne ; dès lors, nous aurons le devoir d'éclaircir et de définir les notions des vérités les plus importantes, vérités, soit fournies par la nature, soit révélées et transmises divinement, et que nous voyons à l'heure actuelle obscurcies et effacées en tant de lieux. *Nous devrons raffermir les principes de la discipline, du pouvoir, de la justice et de l'équité, principes que l'on veut déraciner aujourd'hui ; ramener à la règle et au droit sentier de l'honnêteté, dans la vie publique et dans la vie privée, sur le terrain social et sur le terrain politique,* tous les hommes et chacun d'eux, ceux qui obéissent et ceux qui commandent, car ils sont tous fils d'un même Père qui est au cieux.

Nous ne nous flattons pas de pouvoir accomplir ce que n'ont pu Nos prédécesseurs, c'est-à-dire établir sur les erreurs et les injustices répandues en tout lieu le triomphe universel de la vérité, et pourtant c'est à cette œuvre, comme Nous l'avons déjà dit, que Nous consacrerons tous Nos efforts.

On a raconté que, le jour où Pie X fut élu pape, lorsque le cardinal camerlingue s'approcha, suivant le rite, du siège du nouveau pontife, pour lui demander quel nom il choisissait en succédant à Pierre, l'élu du conclave répondit: En souvenir des papes qui, depuis un siècle, ont lutté avec courage et souffert avec patience pour la défense de l'Eglise, je me nommerai Pie. Les pages qu'on vient de lire sont un admirable commentaire de cette parole.

Ce qui suit en fera ressortir une autre application non moins belle. Le règne de Pie X était inauguré depuis quelques mois à peine, lorsque le treizième centenaire de saint Grégoire le Grand vint lui offrir une précieuse occasion de proposer à tous les pasteurs du troupeau le modèle le plus conforme à leurs besoins, et non moins, de manifester avec une admirable simplicité, devant l'Eglise universelle, l'attrait spécial et l'intime harmonie de dispositions qui la portaient à exalter ce grand pontife. Le premier mot même et le titre de l'encyclique le laissent percer : *jucunda sane.* « C'est vraiment pour Nous, vénérables frères, un agréable anniversaire que celui de cet homme illustre et incomparable, le Pontife Grégoire, premier du nom... » Mais qu'on relise cette page, dont chaque mot, à l'insu de celui qui parle, marque un rapprochement entre l'invincible pape du moyen âge et celui du xxe siècle, et reporte notre pensée de l'un sur l'autre :

Sans doute, nous n'ignorons pas ce que l'humilité du Pontife lui cachait sur ses mérites : et son expérience dans les affaires, et son habileté à conduire à terme ses entreprises, et l'admirable prudence avec laquelle il ordonnait toute chose, sa vigilance empressée, son zèle toujours en éveil. Mais il est notoire aussi qu'il n'a pas agi, à la manière des grands de ce monde, par la force et la puissance, lui qui, élevé à ce faîte sublime de la dignité pontificale, a voulu le premier être appelé le serviteur des serviteurs de Dieu. Il ne s'est point frayé la route « avec la seule science profane ou les paroles persuasives d'une sagesse tout humaine », ni avec les calculs de la politique civile, ni avec les savantes combinaisons de réforme sociale longuement élaborées, ni enfin, ce qui est une merveille, avec un vaste programme d'action apostolique bien conçu et arrêté d'avance dans toutes ses phases. Nous savons, au contraire, que, absorbé dans la pensée de la fin imminente du monde, il croyait qu'il ne lui restait que peu de temps pour réaliser de grands travaux. D'une constitution frêle et délicate, affligé de longues maladies, souvent dangereuses pour sa vie, il jouissait pourtant d'une incroyable force d'âme à laquelle sa foi vive dans la parole infaillible et les divines promesses du Christ fournissait toujours un aliment nouveau. Inébranlable aussi était sa foi dans la vertu communiquée par Dieu à l'Église, et qui devait l'aider à remplir dignement sa sainte mission sur la terre.

Aussi, le but unique de toute sa vie, tel que nous le révèlent ses paroles et ses actes, ce fut d'entretenir dans son propre cœur, et de susciter dans les autres, cette foi et cette confiance, et, jusqu'à son dernier jour, de faire tout le bien que les circonstances lui permettaient.

De là, chez cet homme de Dieu, la volonté résolue de faire servir au salut commun les surabondantes ressources des dons divins dont le Seigneur avait enrichi son Église : tels sont : la vérité certaine entre toutes de la doctrine révélée ; sa prédication efficace à travers le monde entier ; les sacrements qui ont la vertu de produire ou d'accroître en nous la vie de l'âme ; enfin la grâce de la prière au nom du Christ, gage assuré de la protection céleste.

Le souvenir de toutes ces choses, Vénérables Frères, Nous réconforte merveilleusement. Car, lorsque du haut des murs du Vatican, Nos regards parcourent le monde, Nous ne pouvons Nous défendre d'une crainte semblable à celle de Grégoire, et peut-être est-elle plus grande, tant s'accumulent les tempêtes qui Nous assaillent, tant sont nombreuses les phalanges aguerries des ennemis qui Nous pressent, tant aussi Nous sommes dépourvu de tout secours humain, de façon que Nous n'avons ni le moyen de les réprimer, ni celui de résister à leurs attaques. Pourtant, en songeant au sol que Nous foulons et sur lequel est bâti ce Siège pontifical, Nous Nous sentons en pleine sécurité dans la citadelle de la sainte Eglise...

Fort de cette foi, inébranlablement établi sur cette pierre, Nous embrassons du regard de Notre âme, et les lourdes obligations de cette sainte primauté et tout à la fois les forces divinement répandues dans Nos cœurs, et paisiblement Nous attendons que se taisent les voix de ceux qui proclament à grand bruit que l'Eglise catholique a fait son temps, que ses doctrines se sont écoulées sans retour, qu'elle en sera réduite bientôt à se conformer aux données d'une science et d'une civilisation sans Dieu, ou bien à se retirer de la société des hommes. En attendant, est-il de Notre devoir de rappeler à tous, grands et petits, comme autrefois le fit le saint Pontife Grégoire, la nécessité absolue où nous sommes de recourir à cette Eglise pour faire notre salut éternel, pour obtenir la paix et même la prospérité dans cette vie terrestre.

Si, maintenant, on examine les faits et les actes à la lumière de ces principes, si l'on se rappelle l'intrépide et héroïque fermeté avec laquelle le Vicaire de Jésus-Christ tient tête depuis cinq ans à la persécution déchaînée en France, la sublimité des sacrifices auxquels il a su entraîner toutes les églises du pays, les triomphes de sa simplicité évangélique sur l'astuce et l'hypocrisie d'un gouvernement sans foi ni conscience, et sa sérénité au milieu de cette épouvantable tempête ; si l'on observe que, dans le temps même où le Vicaire de Jésus-Christ soutient cette lutte poignante sans autres armes que la foi dans sa mission d'en haut, il se met, avec la même intrépidité, en travers du torrent d'erreurs qui dévaste le champ de l'Eglise, et déploie autant d'héroïque vigueur pour maintenir parmi ses enfants la pureté de sa doctrine que pour imposer le respect de ses droits à nos adversaires, on n'aura pas de peine à convenir de la parfaite harmonie entre le dessein annoncé et la conduite qu'il tient. Partout éclatent cet invincible attachement au devoir de proclamer, de maintenir le droit et la vérité, et cette résolution, aussi calme qu'irréductible, de ne pas se dérober aux luttes inévitables (1).

L'un et l'autre se peignent en traits dont le cœur se sent remué, dans cette page de l'Encyclique *Vehementer* (11 février 1906), portant pour la première fois condamnation de la rupture violente du Concordat :

Nous devions faire entendre ces graves paroles et vous les adresser à Vous, Vénérables Frères, au peuple de France et au monde chrétien tout entier, pour dénoncer le fait qui vient de se produire. Assurément, profonde est Notre tristesse, comme Nous l'avons déjà dit, quand par avance Nous mesurons du regard les maux que cette loi va déchaîner sur un peuple si tendrement aimé par Nous. Et elle nous émeut plus profondément encore à la pensée des peines, des souffrances, des tribulations de tout genre qui vont vous incomber à Vous aussi, Vénérables Frères, et à votre clergé tout entier. Mais, pour nous garder, au milieu de sollicitudes si accablantes, contre toute affliction excessive et contre tous les découragements, Nous avons le ressouvenir de

1. L'allocution sur *l'Ecole de Bethléem*, prononcée le 23 décembre 1903, en réponse aux vœux du Sacré Collège, est encore une touchante et admirable peinture de ces magnanimes dispositions.

la Providence divine, toujours si miséricordieuse et
l'espérance mille fois vérifiée que jamais Jésus-Christ
n'abandonnera son Eglise, que jamais il ne la privera
de son indéfectible appui. Aussi, sommes-Nous bien loin
d'éprouver la moindre crainte pour cette Eglise. Sa
force est divine, comme son immuable stabilité : l'expérience des siècles le démontre victorieusement. Personne n'ignore en effet les calamités innombrables et
plus terribles les unes que les autres qui ont fondu sur
elle pendant cette longue durée : et, là où toute institution purement humaine eût dû nécessairement s'écrou-
ler, l'Eglise a toujours puisé dans ses épreuves une
force plus vigoureuse et une plus opulente fécondité.

**

Et maintenant, au point de vue doctrinal, qui
pourrait relire cette seule page de la même Encyclique *Jucunda sane*, sans reconnaître que le modernisme y est déjà analysé avec une profonde péné-
tration, jugé, et que l'Encyclique *Pascendi* s'y trouve
en germe ?

Notre siècle s'attaque à la racine la plus profonde de
l'arbre, c'est-à-dire à l'Eglise, et s'efforce d'en dessé-
cher le suc vital afin que l'arbre tombe plus sûrement
pour ne pousser désormais aucun germe.

Cette erreur moderne, la plus grande de toutes, et
d'où découlent les autres, est cause que nous avons à
déplorer la perte éternelle du salut de tant d'hommes et
de si nombreux dommages apportés à la religion ; nous
en connaissons même beaucoup d'autres qui sont immi-
nents si le médecin n'y porte la main.

On nie en effet qu'il y ait rien au-dessus de la nature ;
l'existence d'un Dieu créateur de tout, et dont la Providence régit l'univers ; la possibilité des miracles. Ces
principes une fois supprimés, les fondements de la reli-

gion en sont forcément ébranlés. On attaque même les arguments qui démontrent l'existence de Dieu, et, avec une témérité incroyable, à l'encontre des premiers jugements de la raison, on rejette cette force invincible de raisonnement qui des effets conclut à leur cause, c'est-à-dire à Dieu et à ses attributs, que ne restreint aucune limite, « car depuis la création du monde, l'intelligence contemple à travers les œuvres de Dieu ses perfections invisibles. On y voit aussi sa puissance éternelle et sa divinité ». De là, il s'ouvre une voie facile à d'autres erreurs monstrueuses, aussi contraires à la droite raison que pernicieuses aux bonnes mœurs.

En effet, la négation gratuite du principe surnaturel qui se pare du faux nom de science devient le postulat d'une critique également fausse. Toutes les vérités qui ont quelque rapport avec l'ordre surnaturel, qu'elles le constituent ou qu'elles lui soient annexes, qu'elles le supposent ou qu'enfin elles ne puissent être expliquées en grande partie que par lui, tout cela est rayé des pages de l'histoire sans le moindre examen préalable. Telles sont la Divinité de Jésus-Christ, son Incarnation par l'œuvre du Saint-Esprit, sa Résurrection d'entre les morts opérée par sa propre vertu, enfin tous les autres points de notre foi. Une fois engagée dans cette fausse direction, la science critique ne se laisse plus arrêter par aucune loi ; tout ce qui ne sourit pas à ses desseins, ou qu'elle estime être contraire à ses démonstrations, tout cela est biffé des Livres Saints. L'ordre surnaturel enlevé, il est en effet nécessaire de refaire sur une base bien différente l'histoire des origines de l'Église. Dans ce but, les fauteurs de nouveautés retournent les textes anciens au gré de leur caprice, et les tiraillent, moins pour avoir le sens des auteurs que pour les ranger à leur dessein.

Ce grand appareil scientifique et cette force spécieuse d'argumentation en séduit beaucoup, si bien que la foi se perd ou s'affaiblit gravement. Il en est d'autres, qui, restant fermes dans leur foi, s'emportent contre la méthode critique comme si elle devait tout ruiner : mais celle-ci, à la vérité, n'est pas elle-même en faute, et, légitimement employée, elle facilite très heureusement les recherches. Cependant, ni les uns ni les autres ne font attention à ce qu'ils présument et posent en principe, c'est-à-dire cette science faussement appelée, qui est leur point de départ, et qui les conduit nécessairement à de fausses conclusions. Il est de rigueur qu'un faux principe en philosophie corrompe tout le reste. Ces erreurs ne pourront donc jamais être suffisamment écartées si l'on ne change de tactique, c'est-à-dire si les égarés ne sortent des retranchements où ils se croient à l'abri pour revenir au champ légitime de la philosophie, dont l'abandon fut le principe de leurs erreurs.

Il Nous coûte de retourner contre ces hommes à l'esprit délié et qui passent pour habiles, les mots de Paul reprenant ceux qui ne savent pas s'élever des choses de la terre à celles qui échappent à la portée du regard : « Ils se sont évanouis dans leurs pensées ; leur cœur insensé s'est obscurci, car, en se disant sages, ils sont devenus fous. » Fou, en effet, doit être appelé quiconque gaspille les forces de son esprit à bâtir sur le sable.

⁎

Le champ de l'action sociale est trop vaste, les moiles de son application sont trop complexes et trop variables, pour permettre d'appliquer le nom de programme aux simples principes et lignes de direction que contiennent ces premiers documents dont l'objet est plus général ; et cependant rien n'y manque pour constituer un ensemble de règles admirable de clarté et de précision.

Lorsque, dans l'Encyclique *Jucunda sane*, Pie X fait remarquer que saint Grégoire le Grand « ne s'est pas frayé la route avec les savantes combi-

naisons de réformes sociales longuement élaborées », il nous prémunit déjà contre la tendance
actuelle qui porte nombre de catholiques à tellement
exalter l'action sociale, à lui donner une telle prééminence, au détriment d'une propagande franchement religieuse, qu'ils semblent avoir découvert un
moyen tout nouveau de rendre sa splendeur au
catholicisme.

Cette action sociale, dont il est aussi nécessaire
de ne pas outrer l'importance que de savoir la reconnaître, Pie X la ramène encore à son vrai caractère dans son allocution aux membres du Sacré-Col-
lège, en réponse aux vœux offerts à l'occasion de
la fête de Noël, peu de temps après sa première
Encyclique (23 décembre 1903). Cet admirable discours tire de l'école de Bethléem un abrégé de toutes les maximes qui feront le programme du pontificat ; et la première application est celle-ci :

C'est pourquoi la cabane de Bethléem est une école
d'où le divin Rédempteur commence son enseignement,
non par des paroles, mais par des œuvres, prêchant
que l'unique moyen de réhabilitation est le sacrifice
dans la pauvreté et la douleur. *Les pompeuses théories,
les assemblées bruyantes, les discussions des questions
brûlantes ne servent à rien*. Pour restaurer toutes choses dans le Christ sans la sollicitude de la science, sans
l'aide de la richesse, sans l'intervention de la politique,
cette leçon suffit : et la société, si elle entrait dans cette
voie, serait heureuse dans la joie et la paix universelles.

Un passage de l'Encyclique *E supremi apostolatus*, ou la même pensée était déjà exprimée, formule aussi le caractère principal et distinctif que

Barbier   2.

doivent porter les œuvres sociales catholiques, à l'encontre de cette apparence de neutralité religieuse qu'on cherche de plus en plus à lui substituer. Le Pape loue ces œuvres, cette action sociale et les associations fondées par les catholiques pour la promouvoir. Mais il ajoute :

« Nous entendons que ces associations *aient pour premier et principal objet de faire que ceux qui s'y enrôlent accomplissent fidèlement les devoirs de la vie chrétienne. Il importe peu, en vérité, d'agiter subtilement de multiples questions et de discuter avec éloquence sur droits et devoirs, si tout cela n'aboutit à l'action.* L'action, voilà ce que réclament les temps présents, mais une action qui se porte sans réserve à l'observation des lois divines et des prescriptions de l'Eglise, *à la profession ouverte et hardie de la religion,* à l'exercice de la charité sous toutes ses formes, sans nul retour sur soi et sur ses avantages terrestres. »

Un programme d'action sociale chrétienne, Pie X l'a donné *ex professo* dès le début de son règne par un acte spécial, le *Motu Proprio* du 18 décembre 1903. La netteté, l'enchaînement, l'application des principes qui la doivent régler, et la ferme volonté qui en prescrit l'observation, font de cet auguste document un véritable code, au regard duquel les réticences du libéralisme catholique ne paraissent pas moins surprenantes que par rapport à la conduite politique.

Enfin, s'il s'agit du rôle du clergé dans l'action sociale, sur lequel on entend tout le monde disserter à perte de vue, comme si le programme du Pape ne donnait pas, en ce point aussi, pleine lumière et direction, il n'y aurait qu'à relire, dans la première de ses Encycliques, la page où, parlant de l'esprit de nouveauté, il rappelle suivant quelle loi doivent se hiérarchiser les sollicitudes du prêtre :

D'ailleurs, que les nouveaux prêtres, qui sortent du Séminaire, n'échappent pas pour cela aux sollicitudes de votre zèle. Pressez-les, Nous vous le recommandons du plus profond de Notre Ame, pressez-les, souvent sur votre cœur, qui doit brûler d'un feu céleste ; réchauffez-les, enflammez-les, afin qu'ils n'aspirent plus qu'à Dieu et à la conquête des âmes. Quant à Nous, Vénérables Frères, Nous veillerons avec le plus grand soin à ce que les membres du clergé ne se laissent point surprendre aux manœuvres insidieuses d'une certaine science nouvelle qui se pare du masque de la vérité et où l'on ne respire pas le parfum de Jésus-Christ ; science menteuse qui, à la faveur d'arguments fallacieux et perfides, s'efforce de frayer le chemin aux erreurs du rationalisme ou du semi-rationalisme, et contre laquelle l'Apôtre avertissait déjà son cher Timothée de se prémunir, lorsqu'il lui écrivait : « Garde le dépôt, évitant des nouveautés profanes dans le langage, aussi bien que les objections d'une science fausse, dont les partisans, avec toutes leurs promesses, ont défailli dans la foi. » Ce n'est pas à dire que Nous ne jugions ces jeunes prêtres dignes d'éloges, qui se consacrent à d'utiles études dans toutes les branches de la science, et se préparent ainsi à mieux défendre la vérité et à réfuter victorieusement les calomnies des ennemis de la foi. Nous ne pouvons néanmoins le dissimuler, et *Nous le déclarons même très ouvertement, Nos préférences sont et seront toujours pour ceux qui, sans négliger les sciences ecclésiastiques et profanes, se vouent plus particulièrement au bien des âmes dans l'exercice des divers ministères qui siéent au prêtre animé de zèle pour l'honneur divin.*

C'est pour Notre cœur une grande tristesse et une

continuelle douleur de constater qu'on peut appliquer à nos jours cette plainte de Jérémie : « Les enfants ont demandé du pain et il n'y avait personne pour le leur rompre. » *Il n'en manque pas, en effet, dans le clergé, qui, cédant à des goûts personnels, dépensent leur activité en des choses d'une utilité plus apparente que réelle ;* tandis que moins nombreux peut-être sont ceux qui à l'exemple du Christ, prennent, pour eux-mêmes, les paroles du prophète : L'esprit du Seigneur m'a donné l'onction, il m'a envoyé évangéliser les pauvres, guérir ceux qui ont le cœur brisé, annoncer aux captifs la délivrance et la lumière aux aveugles ». Et pourtant, il n'échappe à personne, puisque l'homme a pour guide la raison et la liberté, que le principal moyen de rendre à Dieu son empire sur les âmes, *c'est l'enseignement religieux.*

Un peu plus tard (Encyclique sur l'*Action catholique*, 11 juin 1904), S. S. Pie X, exprimant la même préoccupation, l'appliquait directement à l'action et aux œuvres sociales :

Et, pendant que nous montrons à tous la ligne de conduite que doit suivre l'action catholique, Nous ne pouvons dissimuler, Vénérables Frères, le sérieux péril auquel la condition des temps expose aujourd'hui le clergé : *c'est de donner une excessive importance aux intérêts matériels du peuple en négligeant les intérêts bien plus graves de son ministère sacré.*

Le prêtre, élevé au-dessus des autres hommes pour remplir la mission qu'il tient de Dieu, doit se maintenir également au-dessus de tous les intérêts humains, de tous les conflits, de toutes les classes de la société. Son propre champ d'action est l'église, où, ambassadeur de Dieu, il prêche la vérité et inculque, avec le respect des droits de Dieu, le respect des droits de toutes les créatures.

En agissant ainsi, il ne s'expose à aucune opposition, il n'apparaît pas homme de parti, soutien des uns, adversaire des autres ; et, pour éviter de heurter certaines tendances ou pour ne pas exciter sur beaucoup de sujets les esprits aigris, *il ne se met pas dans le péril de dissimuler la vérité ou de la taire, manquant dans l'un et dans l'autre cas à ses devoirs ; sans ajouter que, amené à traiter bien souvent de choses matérielles, il pourrait se trouver impliqué solidairement dans des obligations nuisibles à sa personne et à la dignité de son ministère.*

Il ne devra donc prendre part à des associations de ce genre qu'après mûre délibération, d'accord avec son évêque, et dans les cas seulement où sa collaboration est à l'abri de tout danger et d'une évidente utilité.

Même au point de vue de la conduite politique qui doit nous occuper, nous n'avons point à regretter d'avoir donné à notre exposé cette ampleur. L'action sociale en particulier s'y mêle nécessairement. Nous aurons donc à en dire aussi quelque chose. D'autre part, le catholicisme saisit l'homme tout entier ; la foi doit être manifestement l'âme de son activité dans tous les ordres. L'erreur du libéralisme est de l'oublier.

Voilà donc le phare lumineux dressé sur la rive et dominant au loin l'immensité où l'action humaine évolue, cherchant sa route. N'en perdons pas de vue les feux.

CHAPITRE III

LA POLITIQUE CHRÉTIENNE

Raffermir le règne de Dieu sur la terre, tout restaurer dans le Christ, est-ce la tâche exclusive du Pape et des évêques, de telle sorte que les simples fidèles puissent se considérer comme affranchis du souci et du devoir de participer directement à cette restauration sociale du règne de Dieu par leur action politique ? Nul vrai catholique ne le voudrait soutenir, et on ne le saurait faire sans contredire les enseignements fréquemment rappelés en ce siècle par les Souverains Pontifes. C'est donc, avec les différences que comporte le rôle de chacun, notre programme à tous que Pie X formule dans sa première Encyclique, en disant qu'il faut travailler à cette œuvre, « non seulement par une prière persévérante, mais, ce qui importe le plus, par la parole et les œuvres, *au grand jour, en affirmant et en revendiquant pour Dieu la plénitude de son domaine sur les hommes et sur toute créature*, de sorte que ses droits et son pouvoir de commander, soient reconnus par tous avec vénération et pratiquement respectés ». Aussi bien, n'est-il personne, parmi les bons catholiques, qui ne souscrive avec empressement à cet appel, qui ne se flatte même d'y répondre généreusement. Mais est-ce sans illusion de la part d'un bon nombre ?

Beaucoup, imbus de libéralisme, ai-je dit plus haut, cèdent à deux tendances contraires aux directions de Pie X : ils reculent devant l'affirmation de la vérité, et, en définitive, ils ne veulent pas de la lutte. Ces réticences et résistances se sont particulièrement trahies en ces dernières années par l'opposition faite au *parti de Dieu* ou *parti catholique*, opposition tantôt directe, tantôt oblique et adoptant l'expression pour la vider de son contenu, tantôt purement verbale, mais laissant percer même alors les pusillanimités de l'esprit libéral.

Question de mots, dira-t-on. Non pas ; la peur des mots exprime ici la répugnance aux idées. On proteste contre le mot de *parti*, parce qu'on se dérobe à la lutte ; et l'on rejette la dénomination de parti *catholique*, parce qu'une profession de principes chrétiens serait compromettante.

Pour en être convaincu, on n'a qu'à écouter les raisons alléguées. Ceux qui, sincèrement, n'en font pas une question de mot ou d'étiquette, ce sont justement les amis d'un *parti catholique ;* ils ne tiennent pas au nom, mais à la chose qu'il signifie et ne défendent celui-là que pour ne pas sacrifier celle-ci. Derrière cette question de mots, c'est toute celle du libéralisme catholique qui s'agite ; et voilà pourquoi il est nécessaire de s'y arrêter, d'autant que c'est le champ de discussion affectionné par les libéraux.

Les chicanes de mots sont temps perdu. Mais les

mots sont représentatifs des idées ; et quand c'est l'idée qu'on repousse avec le mot, le mot doit être justifié, sinon maintenu, avec l'idée. Pourquoi, tout d'abord, s'en prend-on à la dénomination de *parti ?* La raison qu'on en donne de tous côtés, et qui se rencontre même sous des plumes très autorisées, comme l'a montré récemment une enquête tentée avec assez de bonheur par un porte-parole du libéralisme, M. J. de Narfon, dans le but de paralyser l'action catholique, est que, qui dit parti, dit opposition, division, tandis que nous devons tous être pour l'union et la paix. C'est le thème banal. Il est touchant. On dirait que nous avons le choix de la situation. La concorde universelle ne tient-elle donc qu'à notre humeur ? Il n'est pas besoin d'une logique très rigoureuse, pour découvrir que cette objection révèle chez ses auteurs une appréhension exagérée de la résistance, de la lutte, et tient à ce qu'ils ne peuvent se faire à l'idée d'être divisés d'avec ceux qui les repoussent, ou même les oppriment. Ils n'en conviendraient pas volontiers, mais c'est le regret que trahit leur langage, que leur conduite, hélas ! en mainte circonstance de la vie publique, a trahi plus manifestement encore.

Vous vous méprenez, dira-t-on, il ne s'agit nullement de l'union avec nos adversaires, mais avec ces hommes modérés et libéraux, partisans sincères de la liberté, dont le concours nous est indispensable, et dont il y aurait folie à rejeter l'alliance. Avec ceux-là nous devons marcher unis. Et c'est ici que votre politique chrétienne, vos affirmations catholiques deviennent cause de désunion.

Et pourquoi donc? Je ne m'arrête pas à faire remarquer que, même unis ou alliés à ces hommes d'ordre, vous formerez encore un parti contre celui du désordre et de l'impiété. Je demande pourquoi notre affirmation personnelle des principes chrétiens dans la vie publique, mettrait obstacle à une action commune avec ses libéraux de plus ou moins bon aloi, si ce n'est, comme on le verra plus explicitement tout à l'heure, qu'il s'est établi un concert entre eux et vous pour faire de notre renonciation aux principes de cette politique, la condition préalable de l'accord.

Eh bien! vous le mettez à trop haut prix. *Est, est; Non, non,* Pensez-vous avec le Pape, qu'il faut être ouvertement pour Dieu, et ne pas reculer devant la contradiction que son nom suscite dans nos sociétés déchues, ou, croyez-vous, à l'encontre du Pape, qu'un parti de l'ordre et de la liberté suffit pour les sauver?

C'est donc le cas d'ajouter : ne soyez pas plus catholique que lui, car il n'a pas peur de ce mot de *parti,* et c'est de la bouche même de Pie X que nous l'avons recueilli. Que nous dit-il? « Sans doute, le désir de la paix est dans tous les cœurs; et il n'est personne qui ne l'appelle de tous ses vœux... Il en est, et en grand nombre, nous ne l'ignorons pas, qui, poussés par l'amour de la paix, s'associent et se groupent (*in cœtus factionesque coalescunt*) pour former ce qu'ils appellent *le parti* de l'ordre... De *partis* d'ordre (*partes ordinis*) capables de rétablir la tranquillité au milieu de la perturbation des choses, il n'y en a qu'un : *le parti* de Dieu (*partes*

*faventium Deo). C'est donc celui-là qu'il faut pro-
mouvoir... »*

Comment soutenir que le mot français *parti* dépasse la portée du mot latin *partes*, tel qu'il est
déterminé par son contexte? *Partes faventium Deo*
est mis en antithèse avec *partes ordinis*, il faut donc
que le mot *partes* garde la même valeur dans les
deux cas; or, dans le cas de l'ordre, il est donné
comme équivalent des mots *cœtus factionesque* : ce
qui dispense d'insister. Au surplus, la traduction
française de cette première encyclique fut publiée
par l'imprimerie du Vatican, en même temps que le
texte latin et sa traduction italienne. Le respect, dit
justement M. l'abbé M. de la Taille, auquel nous
empruntons ces observations, incline à croire que Sa
Sainteté aura su s'assurer des interprètes capables
de rendre sa pensée sans trop sacrifier au vieux
dicton : *traduttore traditore*. Et sa pensée apparaît
opposée à celle qui inspire l'objection.

Nous sommes d'ailleurs les premiers à convenir
qu'il ne faut pas exagérer la portée de cette expression : *un parti*. Elle n'a ici d'autre signification que
l'accord commun sur certains principes d'action et
la commune résolution de les professer.

C'est bien là, d'ailleurs, qu'est la question au sentiment de tous. Car on discute moins cette idée de
parti, que la profession de foi sous laquelle il s'agi-
rait de réaliser l'accord et le programme, en les
exprimant par le nom de *parti catholique*. A quelles
joûtes de parole et de plume ce nom a donné lieu !
Comme il arrive trop souvent, faute d'avoir suffisamment précisé l'objet du débat, plus celui-ci s'étend

ou se prolonge, moins il s'éclaircit. Essayons d'y apporter un peu de lumière.

Le parti catholique est le parti de l'affirmation publique des droits de Dieu sur l'homme et la société, de leurs devoirs essentiels envers Dieu et envers l'Eglise. Le parti catholique est le parti de la politique chrétienne.

Sa conception n'est autre que celle exposée par Albert de Mun, en 1885, dans sa belle lettre à l'amiral Gicquel des Touches :

Le peuple est à la fois l'instrument et l'enjeu des luttes électorales ; c'est à lui qu'il faut parler ; *les politiciens le trompent pour l'exploiter à leur profit ; c'est aux catholiques, que leur foi met au-dessus des intérêts personnels, à lui dire la vérité.*

Je voudrais donc qu'au milieu des agitations publiques, un parti se levât, qui posât franchement la question sur ce terrain, et qui, s'adressant aux peuples des villes, des usines et des campagnes, *lui montrât d'un côté la Révolution, sa véritable ennemie, l'abusant depuis un siècle..., de l'autre l'Eglise catholique, sa tutrice naturelle et séculaire...*

Je voudrais que les catholiques, convaincus que là est le véritable terrain du combat, *y portassent toutes leurs forces,* et que, laissant de côté les conventions et les politesses de la politique, ils offrissent ainsi aux conservateurs, menacés par les tempêtes sociales, le rempart qui leur fait défaut. C'est qu'en effet, les luttes sociales sont la fatalité de notre temps ; désormais, elles domineront toutes les questions politiques, et c'est elles qui décideront de l'avenir des nations. En vue de ces luttes, il s'agit d'opposer à la politique matérialiste, appuyée sur les droits de l'homme, *la politique chrétienne, qui s'appuie sur les droits de Dieu, garantie de tous les droits*

*humains, et qui détermine suivant sa loi, le régime de la
famille, du travail, du crédit et de la propriété (1).*

La question est donc de savoir, et la poser n'est-ce
pas déjà la résoudre ? si les catholiques doivent
chercher les règles dont s'inspirera leur action commune dans le droit chrétien ou dans le droit *nouveau*. Le droit chrétien part du principe d'autorité
pour édicter un système d'obligations immuables
comme la vérité, bien que flexibles comme la vie.
Le droit moderne part du principe libéral, pour
aboutir à un ensemble de conventions, destinées à
harmoniser tant bien que mal l'exercice de la liberté
avec les exigences de la vie sociale (2). Il est impossible de ne pas voir que l'évidente inégalité des principes entraînera des différences considérables dans
la fermeté de la conduite et la fécondité de l'action.
Les encycliques de Léon XIII sur la Constitution

1. Pourquoi ce projet d'Albert Mun rencontra-t-il alors
une opposition presque universelle, même de la part des
meilleurs catholiques ; comment son éloquent défenseur,
après l'avoir noblement sacrifié par obéissance, à cette époque, se trouva-t-il impuissant à le réaliser plus tard, lorsqu'en 1892, Léon XIII bénit son entreprise ; et surtout, par
quelle contradiction Albert de Mun se déclare-t-il aujourd'hui
opposé à ce parti catholique qui avait été le rêve de sa carrière, nous aurons occasion de le dire plus tard. Tout le
secret se trouve déjà dans cette incise d'une phrase qu'on
vient de lire, où se glisse l'équivoque et l'erreur de l'indifférentisme politique que M. de Mun, peu de temps auparavant, combattait avec éclat, et dont il a fait plus tard,
comme tant d'autres, une application de plus en plus fâcheuse : « laissant de côté les conventions et les politesses
de la politique ».

2. M. l'abbé de La Taille, *L'action des catholiques dans la
vie publique. Les Études,* 5 août 1898.

chrétienne des Etats et sur la Liberté ont mis dans un relief d'une admirable précision les principes du droit chrétien et ceux du droit nouveau. A ceux-ci, elles opposaient le *Syllabus* de Pie IX, notamment sur les points suivants : obligation pour l'Etat de professer la vraie religion et de la fortifier par la sanction des lois ; obligation de s'entendre avec l'Eglise sur les matières mixtes, non sans tenir compte de la supériorité que confère à l'Eglise sa fin surnaturelle : interdiction de préconiser comme un droit du citoyen la liberté illimitée de penser et d'émettre en public ses opinions « là même où l'Etat est obligé de la tolérer patiemment. » Bref, cette encyclique contient un vrai code de politique chrétienne. Car Léon XIII n'a pas seulement entendu édicter des règles doctrinales, mais aussi prescrire aux catholiques une attitude pratique. Les paroles de Pie X citées plus haut font simplement écho à celles de son prédécesseur, lorsque, après un magnifique exposé de doctrines, celui-ci ajoutait : « Elles sont d'une vertu merveilleuse pour guérir les plaies dont souffre notre époque : plaies immenses, plaies innombrables, qui ne sont pour la plupart que l'effet de ces libertés tant prônées, où l'on croyait voir comme en germe tant de salut et tant de gloire, et qui, trahissant de si hautes espérances, au lieu de fruits sains et savoureux, n'ont porté que des fruits amers et corrompus. *De remède il n'y en a que dans le rappel aux vrais principes.* » C'est pourquoi, ajoute Léon XIII dans un autre endroit : « *Il faut les professer de bouche, aussi souvent qu'il sera nécessaire.* » Et encore : «La défense du nom chrétien réclame impérieusement que l'assentiment aux doctrines enseignées par l'Eglise soit, chez tous, unanime et constant ; et, à cet égard, il faut se garder *de toute connivence aux doctrines fausses et d'une mollesse plus grande que ne le permet la vérité dans la résistance à leur opposer.* »

Il va de soi qu'il y aurait exagération et imprudence à réclamer l'affirmation intégrale des principes directeurs de la politique chrétienne dans toute manifestation de l'action sociale et politique. Un programme électoral, une discussion parlementaire comportent nécessairement des ménagements et certaines transactions. Mais s'il y a le temps de la discrétion et du silence, il y a aussi le temps de parler, car le silence complet équivaut à un abandon : s'il y a des concessions à faire dans la pratique, il y a des principes qu'il faut toujours maintenir, parce qu'ils sont la source du droit qu'on ne saurait laisser prescrire. « C'est assez dire qu'il ne faut pas chercher *dans l'effarement des principes et encore moins dans leur altération,* le secret de ce tempérament qui sait ne demander à la thèse que ce comporte l'hypothèse. S'il y a des sacrifices à faire, ce n'est pas sur les principes qu'ils doivent porter ni, par conséquent, sur l'idéal d'avenir, mais seulement sur l'exercice d'un droit ou d'une prérogative dont l'intérêt public réclame l'abandon temporaire. *Peut-être n'y a-t-il pas pleinement accord entre cette conception et celle que tendrait à faire prévaloir un certain langage courant, une certaine pratique, qui, si elle se répandait, menacerait de ne plus laisser subsister parmi nous d'es-*

*prits assez fermes, ni de bras assez vaillants pour
transmettre aux générations qui se lèvent, le flambeau des principes catholiques* (1). »

Or, c'est l'*effacement des principes* qui est en définitive tout l'objet de l'opposition au parti catholique,
au parti de Dieu. Celle-ci rend manifeste ce désaccord entre le langage, la pratique, qui de toute part
ont cours, et la juste conception du devoir, signalé
par M. de La Taille en termes d'une extrême réserve.
Le désaccord est, en effet, pénible à constater. C'est
une tâche ingrate, et dont plusieurs se rebutent, d'a-
border la critique des faits à la lumière de ces principes. Cependant si l'on estime que ce serait un
malheur irréparable d'en laisser éteindre le flambeau,
il est urgent d'éclairer l'opinion catholique sur les
fausses voies où l'engageaient plusieurs de ceux en
qui elle avait le plus de confiance. Et puisque, esti-
mant cet effort indispensable nous nous sommes
résolu à le tenter, allons chercher un premier exemple là où l'on sera peut-être le plus surpris de le rencontrer.

L'*Ami du Clergé* est une revue estimée entre toutes ; elle rend d'inappréciables services au monde
ecclésiastique par la pureté de sa doctrine théologique et morale, par la sûreté, la richesse et la variété
de ses informations religieuses, qui en font le plus
précieux conseiller du ministère pastoral. Il n'en est
que plus surprenant et plus significatif de voir sur
combien de points, depuis quinze années, et par l'effet de son zèle à servir la politique de Ralliement

---

1. M. l'abbé de La Taille, article déjà cité.

elle a eu des faiblesses pour les hommes et les œuvres qui faisaient le jeu du libéralisme. Un an s'était à peu près écoulé depuis que Pie X avait solennellement proclamé la nécessité de relever le parti de Dieu, c'est-à-dire d'affirmer ses droits sur l'homme et la société, lorsque l'*Ami du Clergé*, en réponse à la lettre d'un abonné qui se plaignait de voir la *Croix* et l'*Univers* patronner la ligue de M. Piou « fondée sur les principes du vieux libéralisme condamné par Pie IX », répondait : « *Le parti de Dieu?* Mais qu'est-ce que ce parti-là, mon cher confrère ? Dieu, chef de parti catholique, *cela ne s'était pas encore imaginé ni écrit*, et sans doute vous n'avez pas vous-même RÊVÉ PAREILLE SOTTISE ? » (1). Voilà des paroles et un ton qui font mesurer la distance entre les directions du Saint-Père et l'état d'esprit de ceux qui tiennent un tel langage.

Quelques mois plus tard, pressé de s'en expliquer, l'*Ami du Clergé* répondait aux critiques : « Nous connaissions ce mot et ce texte de Pie X... Nous parlions de *partis politiques*, donc de partis « humains », de groupements définis sous une raison politique déterminée. Faire de Dieu le « chef » d'un parti politique ainsi entendu n'est jamais venu à la pensée de personne. C'est tout ce que nous avons dit » (2). Cette explication n'éclaircit rien ; et l'on verra tout à l'heure que l'*Ami du Clergé* avait dit un peu plus. Est-ce que la parole du Saint-Père ne s'appliquait pas aux partis humains et politiques ? Les partis humains et politiques se meuvent-ils donc dans un

1. N° du 21 juillet 1904.
2. 2 février 1905.

ordre indépendant à cet égard ? N'est-ce pas eux que le pape invitait à faire reposer l'ordre social sur des fondements plus solides que les principes du libéra_lisme ? Et comment la société réaliserait-elle jamais ce devoir, si les partis dont elle se compose en sont exemptés, surtout si les organisations catholiques s'en affranchissent ? Car, il le faut bien noter pour toute la suite de la discussion, les partis dont nous nous occupons, et notamment l'*Action libérale*, sont composés, et même exclusivement, de catholiques ; il n'y entre pas un seul homme qui ne s'honore de son baptême. Et ce sont de tels partis qui, réservant l'ardente profession de leur foi pour leurs réunions intimes, se feraient sans défection une loi de passer sous silence l'autorité divine dans la vie publique, pour n'invoquer devant le peuple que les maximes du droit nouveau ?

Au surplus, la réponse de l'*Ami du Clergé*, suivant point par point la lettre de son abonné, opposait expressément l'étonnant passage cité plus haut au paragraphe que voici : « Que faire donc ? Créer le *parti de Dieu*, la Ligue de défense sociale et religieuse, étrangère à la monarchie et à la République, et soutenir cette Ligue au besoin par l'exil, par la prison et le sang, à l'exemple des catholiques d'Allemagne. Laissant de côté la politique de personnes et de dynasties, aborder la politique de principes, et surtout la politique des faits et des lois. » On ne pouvait exclure plus complètement l'idée de Dieu chef de parti politique sur laquelle l'*Ami du Clergé* prenait et donnait le change.

Barbier   3.

Mais il faut chercher sa pensée dans la suite de ses explications :

> Il reste donc que le parti de Dieu, comme vous dites, c'est tout simplement le parti du bon sens, de l'honnêteté morale et de la foi, le parti du vrai et du bien. *Pourquoi parti*, si c'est là une affaire de conscience, antérieure et supérieure à toutes les controverses politiques, aux sociétés elles-mêmes ? *Tous les partis politiques, dès là qu'ils ne sont point en dehors du bon sens et de la morale, peuvent se réclamer également du parti de Dieu : il suffit pour cela qu'ils se croient et soient honnêtes, la cause de Dieu étant de façon absolument universelle la cause même de la raison et de la morale, soit naturelle soit surnaturelle.*
>
> Et précisément, *l'Action libérale voilà le parti de Dieu* puisque son but est de rétablir dans la société l'ordre divin qui lui manque...

De ces paroles ma faible intelligence ne peut tirer que ceci : tout ce qui est honnête émanant de Dieu, c'est assez qu'un parti ne soit pas en dehors du bon sens, de la raison et de la morale (comme ceux qui s'en tiennent aux principes d'ordre et de liberté), pour le rattacher suffisamment à sa cause ; et c'est donc sans raison que le Pape distingue, oppose l'un à l'autre le parti de l'ordre et celui de Dieu, le parti du bon sens, de l'honnêteté naturelle, et celui qui affirme explicitement l'autorité divine.

Dira-t-on que je force le trait ? Je répondrai par un simple rapprochement de textes. Dans son article justificatif du 2 février 1905, l'*Ami du Clergé* disait :

> La morale condamne toute action politique ui

serait positivement *contraire* à Dieu et à son Eglise. Elle ne condamne pas l'action politique simplement non confessionnelle par pure *négation* sur le terrain, par exemple, des libertés publiques naturelles. Prenons l'*Action libérale. On ne peut la dire chrétienne, c'est clair:* tel n'est point son programme ni son but. Peut-on la dire antichrétienne ? Pas davantage. Elle rend indirectement service à la foi en déblayant le terrain naturel des obstacles qui sont de nature à lui faire obstacle (1).

On voit persister ici l'idée, selon nous inadmissible, sur laquelle nous reviendrons encore plus bas, que, dans un pays comme notre France chrétienne, la défense des libertés publiques naturelles se peut exercer par les catholiques, car enfin M. Piou est catholique, n'est-ce pas ? et se donne pour chef des catholiques, abstraction faite des principes religieux. Mais surtout rapprochant ce passage du précédent, je complète ainsi la dernière phrase de celui-ci : *Et justement l'Action Libérale, qui n'est pas chrétienne, voilà le parti de Dieu.*

Sauf une différence de ton, l'*Ami du Clergé* ne paraît donc pas avoir compris les choses autrement que M. l'abbé Naudet, l'enfant perdu du libéralisme, écrivant dans sa *Justice sociale* du 21 avril 1906, sous la rubrique : *L'Eglise de France et le parti de Dieu :*

Eh bien, M. le chanoine Delassus a beau être honoré des communications officielles de l'administration diocésaine de Cambrai, je dis que sa mentalité est déplorable, folle, insensée, funeste, éminemment dangereuse pour lui et pour les autres. Je dis que la première indi-

1. P. 86.

cation à remplir pour l'Eglise de France est d'extirper
ce hanneton qui se promène dans le cerveau des catholiques et les fait délirer. Je dis qu'il faut, bon gré, mal
gré, que l'Eglise de France n'ait qu'un parti, le parti du
bien où qu'il soit et d'où qu'il vienne, — le parti du vrai,
où qu'il soit et d'où qu'il vienne, — le parti du juste, où
qu'il soit et d'où qu'il vienne, — en un mot le *parti de
Dieu* et ce parti-là seulement.

A n'en pas douter, l'*Ami du Clergé* n'accepterait
ni cette solidarité, ni les conclusions tirées de son
langage. Personne ne lui fera l'injure de le penser.
Cependant comment ne pas retrouver dans cet autre
passage de son article l'illusion d'un relèvement
social auquel suffiraient les principes primordiaux
de la loi et du bon sens naturels ?

On l'a dit cent fois, et cent fois les catastrophes mora-
les de notre histoire contemporaine l'ont répété à leur manière : c'est fou de perdre son temps à sauver une paire
de rideaux quand la maison brûle. Pendant qu'on dis-
serte philosophiquement sur les origines de l'incendie,
ou qu'on fait la critique des fausses manœuvres qui n'ont
pu l'arrêter assez tôt, le feu marche ; à tout prix il faut
lui arracher sa proie. La raison et la foi, le bon sens
populaire et l'Eglise n'ont alors qu'un cri qui résume, en
forme rigoureusement impérative, le devoir du moment :
Faisons la part du feu.

Dans le cas qui nous occupe, faire la part du feu,
c'est *non pas concéder quoi que ce soit en fait de principes*, c'est se taire provisoirement, suspendre les discussions stériles concentrer l'œuvre de sauvetage sur
les parties de l'édifice en flammes qu'il y a intérêt pri-
mordial à conserver. *Nous sommes loin du temps où,*
sur le terrain, tranquille encore, des idées, la controverse libérale avait pratiquement sa raison d'être.
Nous sommes loin peut-être du temps où il sera sage

de reprendre cette controverse, interrompue par la nécessité brutale des violences de fait. Les libertés publiques naturelles sont menacées, outragées, et avec elles, forcément, tremblent tout l'équilibre fondamental de la machine sociale. Là est le danger de l'heure présente, là donc aussi est le point d'application du remède.

Les questions religieuses sont d'ordre secondaire. Entendons bien ceci. Secondaires, non pas certes au point de vue de leur importance relative, c'est tout clair; mais secondaires, si l'on peut dire, au point de vue chronologique, philosophique, en ce sens que la Grâce se superpose à la nature et que la superposition de l'ordre social, positif et surnaturel, de la société ecclésiastique deviendrait une chimère le jour où manquerait la matière fondamentale de cette superposition, c'est-à-dire l'ordre naturel de la société civile, congrûment subsistant et *organisé d'après les principes primordiaux de la loi et du bon sens naturels.*

« Ouf! — s'écrie ici l'*Action catholique*, dirigée par le regretté comte de Bourmont, — que cette phrase soit philosophique, c'est possible ; mais, au point de vue compréhensible, elle tient de la Messiade de Klopstock. » Quelle philosophie il faut, en effet, à des écrivains catholiques, pour découvrir que les questions religieuses sont secondaires, au point, car enfin c'est bien là le sens, d'être actuellement plus nuisibles qu'utiles au salut social. Je sais bien que l'*Ami du Clergé* n'a rien voulu dire de pareil, et que la question des droits spéciaux de l'Eglise, qui n'intervient pas ici directement, se mêlent dans ses considérations à celle des droits essentiels de Dieu. Encore ne faut-il pas perdre de vue que ceux-là sont en rapport étroit avec ceux-ci,

comme l'a montré le programme de Pie X. Je
crois aussi, pour tout dire, que le plaidoyer de
l'*Ami du Clergé* en faveur de l'*Action libérale*
repose sur l'ignorance du désaccord existant entre
ses belles déclarations et sa conduite réelle.

Mais, enfin, comment les questions religieuses
font-elles obstacle à la restauration des libertés
publiques ? Comment dire que cette façon de concevoir une restauration des libertés publiques naturelles, par la vertu « de l'ordre naturel de la société
civile, subsistant et congrûment *organisé* d'après
les principes de la loi et du bon sens naturels », est
l'équivalent de celle du pape affirmant qu'il ne
saurait y avoir de salut hors des principes du droit
chrétien ?

Admettons, et pour ma part j'en suis convaincu,
qu'en tout cela il y avait malentendu sur la question
posée, bien que le correspondant de l'*Ami du Clergé*
ait parlé avec toute la précision désirable. Il n'en
reste pas moins, contrairement aux affirmations
dédaigneuses de cette revue, que son attitude suffirait à montrer l'opportunité plus sérieuse que jamais
de la controverse sur le libéralisme catholique. J'ad-
mire, presque à m'en pâmer, cette heureuse distinction qui a permis aux libéraux de conserver leur
sérénité à travers toutes les catastrophes : Il ne
s'agit pas de concéder quoi que ce soit en fait de principes, mais seulement... *de n'en plus parler*. Oh !
provisoirement. Ne soyons pas curieux sur la durée
de ce provisoire ; ne nous décourageons même pas
en voyant depuis combien de temps il se prolonge,
et la série des mécomptes cruels qu'il a entraînés ;

mais, du moins, pourrait-on nous affirmer que l'application de cette méthode permet logiquement d'entrevoir une issue ?

L'*Ami du Clergé* n'est pas plus heureux, quand il défend M. Piou d'accorder au mal la même liberté qu'au bien. Il nous paraît même s'embourber quelque peu dans le fumier où il trouve un terrain de comparaison :

— D'accord ! mais l'*Action libérale* ne prône ni la tolérance, ni la liberté du mal. Elle veut au contraire, avant tout, la liberté du bien, les libertés bonnes. Que si dans ce « bloc » il y a des impuretés, elle le regrette ; mais, n'y pouvant rien, elle aime mieux la liberté du fumier, pour y retrouver les perles qui sont à elles, que l'ostracisme qui supprime le tout à la fois ou plutôt qui laisse le fumier, or et pourriture, à la seule merci des combistes, les autres étant priés de les regarder à distance et de se taire.

Comme « doctrine » c'est une question — à régler en temps de paix — de savoir si le fumier a le droit de s'étaler sur la voie publique. Oui, disent les uns, parce qu'il cache des trésors, non, disent les autres, parce qu'il empeste. (C'est toute la question du libéralisme. L'*Ami du Clergé*, l'estime superflue.) M. Piou n'a cure de cette controverse, encore une fois. Ce combiste confisque tout. On lui crie « Halte-là ! » à cause des perles ; à cause aussi — argument *ad hominem* — du principe combique qui admet pour tout le monde le libre accès au fumier, à tous les fumiers. L'*Action libérale* n'enseigne rien sur la tolérance ou la liberté du mal. Elle cherche à écarter efficacement les accapareurs. En quoi elle a dix mille fois raison, n'est-ce pas ? C'est la part du feu, sur ce terrain de l'action, de l'action électorale surtout. Que trouver à redire à cela ? Quand l'incendie sera éteint, on verra à disserter sur la meilleure manière d'utiliser les ruines. D'ici là, sus à l'ennemi, et tout le monde à la défense *des libertés de droit commun.*

M. Henry Maret, le grand journaliste radical, dont le défaut n'est pas le manque de bon sens et de raison, répond quelque part : « La liberté pour tous est un vain mot, si elle ne comprend pas la liberté de l'erreur et du mal ». Or, la liberté pour tous, dans tous les domaines et sous tous les aspects, est, selon M. Piou, le vrai terrain de combat des catholiques. Nous verrons encore plus en détail que c'est d'elle qu'il a habitué les catholiques à attendre leur émancipation. Et il est vraiment curieux de le représenter comme indifférent au seul principe sur lequel il s'appuie. D'ailleurs, qu'il la prône ou non, son programme implique la liberté du bien et du mal ; c'est même avec cela qu'il met un bâillon à la vérité catholique. Voilà donc *le parti de Dieu* tel que le conçoivent les catholiques français d'aujourd'hui.

Pour aller au fond du malentendu, il faudrait dissiper l'équivoque cachée sous le reproche adressé au parti catholique par l'*Ami du Clergé* et par beaucoup d'autres, d'être un parti *exclusif*. Nous espérons bien en faire entière justice. Mais celle que contient tout ce passage nous paraît exiger immédiatement une solution plus complète. Le jugement d'un autre oracle de notre presse religieuse sur la même question va nous donner occasion de la chercher.

CHAPITRE IV

DE L'HYPOTHÈSE A LA THÈSE

Le libéralisme est, pratiquement, la tendance de l'homme à se soustraire à l'obligation morale de la loi divine. Au point de vue social qui nous occupe, il est la négation ou la prétérition des droits essentiels de Dieu sur la société, de la dignité surnaturelle et des droits de l'Eglise. La loi humaine n'a pas à s'occuper de la religion des citoyens. Que les individus se croient ou ne se croient pas liés envers Dieu, peu importe, l'autorité sociale les laisse à leur conscience, elle leur demande seulement de ne gêner personne, et de ne pas troubler l'ordre public. Mais, si l'individu, le citoyen, sont libres, l'Etat ne doit pas l'être moins. Il ne reconnaît donc pas de loi religieuse, pas de dogme positif, pas de droit divin supérieur au sien. Comme il doit protection aux citoyens, membres de l'Eglise, il saura, s'il est équitable et prudent, se montrer conciliant avec l'Eglise catholique, non moins, mais pas plus qu'avec les autres confessions ; et quels que soient son respect et sa bienveillance, ils procèderont toujours d'un principe purement humain, purement social.

On voit donc que Pie X, en marquant l'insuffisance du parti de l'ordre et de la liberté dénonçait, une fois de plus, la radicale impuissance du libéralisme, et que les efforts des catholiques pour ramener le parti de Dieu à n'être que le parti de l'ordre et de la liberté, sont une complicité, inconsciente nous le savons, avec l'erreur naturaliste.

Après les explications embrouillées de l'*Ami du Clergé*, ordinairement si lumineux et si sûr quand il se tient dans les régions de la pure doctrine, voici, sur cette même question du *parti catholique*, un article de l'*Univers*, en date du 17 mai 1905, sous la plume de son directeur, M. Eugène Veuillot, où les paroles de Pie X sont également prises au rebours de leur sens le plus certain. Le libéralisme catholique s'y montre même à découvert. Mais, avant de transcrire cet article, je tiens à noter qu'il ne faut pas y voir un trait isolé et unique dans l'histoire de l'*Univers* nouveau style. Mes écrits précédents en ont signalé d'autres, non moins instructifs. Voici donc ce que M. Eugène Veuillot écrivait à cette date sur le *parti catholique* :

Je ne vois aucun groupe catholique qui songe à constituer un parti poursuivant, rêvant des avantages et privilèges quelconques pour sa confession. Tous acceptent sous ce rapport le principes de 1789, tous veulent simplement fortifier le parti de l'ordre et de la liberté. Le droit commun sous un régime vraiment libéral, quel que soit son nom, leur suffit.

Ceux des nôtres qui rappellent avec complaisance et reconnaissance un titre bien porté autrefois et sous lequel on a livré de brillants et heureux combats, veulent tout simplement, sous la protection de ces souvenirs, organiser les forces catholiques et les pousser à l'action. C'est urgent.

Que chacun garde ses méthodes et son guidon, afin de préparer de son mieux l'avenir ; mais que tous se portent sans retard avec accord, avec entrain, au plus pressé. *Ne relevons pas le parti catholique*, mais formons un bloc où tous nos groupes, toutes nos écoles entreront.

S'il convient d'écarter les mots qui pourraient effrayer ou gêner des alliés nécessaires, il ne faut pas aller cependant jusqu'à voiler notre drapeau, jusqu'à craindre de nous déclarer *catholiques avant tout.* C'est ce que nous avons toujours été à l'*Univers* c'est ce que nous voulons être toujours.

Non, les catholiques militants ne songent pas à former un parti qui promettrait des avantages quelconques à leur confession. L'ennemi qui dit cela sait bien qu'il ment. Leur ambition comme leur devoir est d'être, sur le terrain constitutionnel, « le parti de Dieu ».

Recueillons les propositions qui se déduisent logiquement de cet article, ou plutôt qui s'y trouvent explicites :

1º Le *parti de Dieu* n'est pas un *parti catholique.* — 2º Le *parti de Dieu* n'est autre que celui de l'ordre et de la liberté. — 3º Les *catholiques avant tout*, constituant le *parti de Dieu*, sont des catholiques qui se défendent de vouloir aucun avantage ou privilège quelconque pour l'Eglise. — 4º Les *catholiques av. nt tout* acceptent, sous ce rapport, les principes de 1789. — 5º Les *catholiques avant tout* protestent ne pas vouloir pour l'Eglise d'autre régime que celui du droit commun.

Voilà donc ce que sont parmi nous les *catholiques avant tout.* Voilà ce qu'émet tranquillement l'*Univers.* On ne voit pas que ces assertions aient excité l'étonnement ou les protestations des autorités ecclésiastiques qui, en grand nombre, au contraire, sont demeurées intarissables d'éloges pour le « bon journal », pour la pureté de sa doctrine. Et cela n'empêche pas que tout le monde, ou à peu près, haussera les épaules en m'entendant parler des *résistances du libéralisme catholique.* Cependant n'est-ce pas là le libéralisme tant combattu par l'Eglise, et autrefois par l'*Univers?*

Est-ce que les *catholiques avant tout,* dont l'*Univers* est l'oracle, s'accorderaient avec le moderniste *Demain,* pour dire : « Le Syllabus n'apparaît plus que comme un véritable anachronisme, n'offrant plus guère d'intérêt qu'à l'historien, comme date d'une époque (1) » ? La 77ᵉ proposition qu'il condamne est ainsi formulée : « A notre époque, il n'est plus utile que la religion catholique soit considérée comme l'unique religion de l'Etat, à l'exclusion de tous les autres cultes. La 79ᵉ proposition condamnée est celle-ci : Il est faux que la liberté civile de tous les cultes, et que le plein pouvoir laissé à tous de manifester ouvertement et publiquement toutes leurs pensées et toutes leurs opinions, jettent plus facilement les peuples dans la corruption des mœurs et de l'esprit, et propagent la peste de l'in-

1. *Demain,* 29 juin 1906.

différentisme ». C'est bien là, cependant, une sentence directe contre le principe de 1789 (article X) que les *catholiques avant tout* acceptent tous, selon l'*Univers*, « ne *rêvant* plus d'avantages ou de privilèges quelconques pour leur confession ».

Ils ne prennent pas garde qu'en réclamant pour l'Eglise le seul droit commun, ils sont conduits logiquement à admettre la séparation de l'Eglise et de l'Etat, ce chef-d'œuvre du libéralisme.

Léon XIII les avertissait formellement, en terminant la fameuse lettre aux Français, que cette séparation, contraire à tout droit naturel et divin, est dans la logique du droit commun, et que l'un implique l'autre : « Les catholiques, en conséquence, ne sauraient trop se garder de soutenir une telle séparation. En effet, vouloir que l'Etat se sépare de l'Eglise, ce serait vouloir, par une conséquence logique, que l'Eglise fût réduite à la liberté de vivre selon le droit commun à tous les citoyens. »

Les *catholiques avant tout* rejettent-ils donc, de plein gré, le Concordat ? Si déchue qu'elle fût en France, l'Eglise n'en était pas réduite à se mettre au rang d'un parti politique quelconque, et à réclamer uniquement la liberté de vivre sous le *droit commun*. Elle n'y jouissait plus, il est vrai, de son droit propre, du droit canonique qui est son statut divin, mais, même en face d'un gouvernement persécuteur, elle pouvait réclamer autre chose que le droit commun. Même tel qu'il était, le Concordat assurait à l'Eglise une existence personnelle et des libertés propres qui la plaçaient en dehors des limites de ce droit. La séparation est le triomphe du droit commun. Que les *catholiques avant tout* s'en estiment donc heureux.

Seulement qu'est-ce que le *droit commun ?* M. Briand disait avec quelque raison, à la tribune, le 9 novembre 1906 : « Le droit commun, c'est une formule à laquelle on recourt volontiers... mais, le droit commun, je l'ai cherché vainement dans mes codes ; je ne l'ai pas trouvé. Il n'y a pas un droit commun s'appliquant à tout ».

Il parlait juste, à son point de vue ; et ces paroles devraient déchirer l'équivoque dans laquelle tant de catholiques ont le tort de se complaire. Si, par le droit commun, on entend le droit en tant que reconnu et réglé par la loi humaine, il est clair, en effet, qu'il n'y a pas un droit commun abstrait, dont tous se puissent réclamer, mais des droits déterminés, limités, dont la loi de l'Etat est la source. Si l'on entend, par cette expression le droit naturel que tous peuvent légitimement invoquer, il dépasse de beaucoup la loi humaine, s'oppose à elle en certains cas ; il assure justement à Dieu la reconnaissance de son autorité sur le corps social dont personne ne parle plus, et à la vraie religion cette situation privilégiée dont nos catholiques avant tout font le sacrifice au droit commun.

En présence d'une profession de foi aussi formelle que celle de l'*Univers*, dira-t-on encore, comme l'*Ami du Clergé* le faisait plus haut, en parlant du président de l'*Action Libérale*, qu'il s'agit d'une pure question de conduite sans aucune compromission de principes ? Il est trop évident que le désir de prouver qu'on se meut avec aisance dans l'hypothèse fait ici chercher son point d'appui dans la thèse proscrite. Dira-t-on, contre l'évidence même des textes, comme le fait ailleurs le même *Ami du Clergé* que, dans leurs réclamations, les catholiques n'entendent le droit commun que par opposition aux lois d'exception contre eux? Sans doute, ce serait là une acception légitime, et, en ce sens, le droit commun est entre nos mains une arme de bonne trempe. La loi scolaire, par exemple, admet comme capables d'enseigner tous ceux qui ne sont pas indignes et qui remplissent les conditions de capacité suffisante. Le droit commun s'oppose donc à ce qu'on exclue les congréganistes, citoyens honnêtes, et pourvus de diplômes. C'est donc là, de notre part, un minimum d'exigence par lequel il est indispensable de commencer. Mais le droit commun, ainsi compris, même s'il était accordé, laisse intacte la question primordiale sur laquelle on n'a pas le droit de prendre volontairement le change : ce droit commun, quelle en est la garantie? Est-ce la seule volonté du nombre ou le respect de l'autorité divine, souveraine législatrice des sociétés? Ce respect et cette subordination sont incompatibles avec une prétérition absolue de cette autorité, qui en est en fait la négation. Et si l'on ne sort pas du premier cas, tout demeure à la merci de l'arbitraire légal, et la société est un édifice sans fondement qui s'écroulera au premier jour. Quel aveuglement est-ce donc de la part des catholiques, quel vertige dans l'esprit de leurs chefs, de se résoudre à un silence complet sur les principes du droit chrétien, et de se mettre à professer les principes du droit nouveau, car c'est bien le cas présent, dans l'espoir de s'assurer les précaires bénéfices du droit commun ?

Il est un genre de démonstration indirecte qui aura ici son évidente utilité, non seulement pour mettre encore plus de lumière dans la discussion mais encore pour montrer combien est commune, et répandue l'erreur que nous combattons. Le parti catholique, ce parti de l'affirmation publique des droits de Dieu sur l'homme et la société et des devoirs essentiels de celle-ci envers Dieu et l'Eglise, réalisant dans la société civile le parti de Dieu dont S. S. Pie X nous dit « c'est celui-là qu'il faut promouvoir, c'est à lui qu'il faut amener le plus d'adhérents possible *pour peu que nous ayons à cœur la sécurité publique*, se voit donc également combattu en France par les catholiques de droite et par ceux de gauche, par les libéraux déclarés et par les catholiques avant tout. Quelle confusion ! C'est de là que nous voulons tirer un argument, par une juste application de l'adage : Dis-moi qui tu hantes, et je te dirai qui tu es.

Il vient ici à propos pour révéler clairement la source commune de ces résistances. N'est-il pas curieux et frappant, en effet, de voir des organes qui ont la prétention, légitime à certains égards, de représenter et de diriger l'opinion catholique, tels que la revue *L'Ami du Clergé*, les journaux *L'Univers* et *La Croix*, des hommes salués comme les directeurs de l'action catholique, comme Albert de Mun et M. Piou, ou même certains membres éminents du clergé, se rencontrer ici avec la *Justice sociale* de l'abbé Naudet, la *Vie catholique* de l'abbé *Dabry*, journaux condamnés pour les excès auxquels les a conduits cette opposition, avec le *Sillon* dont les tendances funestes ne sont plus à relever avec le *Bulletin de la Semaine* et *Demain*, ces organes modernistes, pour lesquels la guerre au parti catholique est la première opération d'un plan de campagne bien connu ?

Cette rencontre n'est pas fortuite : de part et d'autre, on invoque les mêmes raisons, on tient presque le même langage, les mêmes expressions se retrouvent. Et tous, quoi qu'ils en aient, seraient obligés de convenir qu'ils voient les choses du même point de vue que l'auteur d'*Il Santo*, l'évangéliste du modernisme, car ils parlent tous par la bouche de M. Fogazzaro disant dans la conférence qu'il vint faire à Paris, le 18 janvier 1907 : « Préoccupé avant tout du danger d'identifier les intérêts de la religion avec les intérêts d'un parti politique naturellement entraîné par les passions humaines et par l'esprit de combativité dont nul n'est exempt, à exagérer son action, à l'accentuer d'une manière qui répond assez peu à l'esprit de l'Evangile, Giovanni Selva ne souhaite pas pour son pays la formation d'un parti qui provoquerait des réactions funestes aux véritables intérêts du catholicisme. »

Qu'il y soit disposé ou non, il faut, en effet, que l'*Univers* se reconnaisse d'accord, dans sa manière de comprendre le *parti de Dieu*, avec les protagonistes d'un libéralisme formellement réprouvé. D'accord avec nos abbés démocrates chrétiens, pour lesquels, d'ailleurs, il eut tant d'indulgence et de faveur, et, en premier lieu, avec l'abbé Lemire,

Barbier   4

que sa ferveur pour le droit commun a conduit on sait où. Parlant comme l'*Univers*, il disait à la tribune, le 5 mars 1897 : « Si nous nous permettons de critiquer une loi, ce n'est pas parce qu'elle enlèverait à l'Eglise une situation privilégiée. Le droit commun, l'égalité, c'est tout ce que nous réclamons. » D'accord avec M. l'abbé Gayraud, déclarant à la tribune, le 13 novembre 1905, que la séparation était devenue, aux yeux d'un grand nombre de catholiques, la meilleure condition présente. D'accord avec l'abbé Naudet, auquel le *parti catholique* fournit l'occasion de ses diatribes ordinaires :

Puisque nous avons même foi, disent-ils, pourquoi n'aurions-nous pas mêmes desseins politiques, mêmes aspirations sociales, et au point de vue économique, mêmes revendications ? Or, ce programme, dont le premier article consiste à supprimer le *in dubiis libertas*, *et qui a pour point de départ la foi*, n'est, en réalité, que *le programme d'un parti confessionnel*. Et, de ce parti, il faut dire bien haut que nous n'en voulons pas...

Le parti catholique ne serait d'ailleurs qu'un *parti clérical ;* or, nous ne sommes pas, nous ne voulons pas être des *cléricaux.* Pourquoi ? direz-vous. Parce que le mot a auprès du peuple et dans l'acception commune un sens nettement défini, et que cette définition ne saurait nous convenir. Nous avons écarté *le si beau nom de socialiste* — homme social — parce que le sens en avait été faussé ; nous repoussons pour les mêmes raisons l'épithète de clérical. Derrière le clérical, le peuple voit le « gouvernement des curés » et les abus de la théocratie ; cela suffit pour que nous n'en voulions pas (1).

Parti *confessionnel*, parti *clérical*, les deux objec-

1. *Pourquoi les catholiques ont-ils perdu la bataille ?*

tions se valent. Qu'est-ce qu'un parti confessionnel ? Celui qui se réclame d'une confession de foi religieuse. Mais il faut considérer dans un parti ses principes, sa propagande, son programme. Ses principes lui donnent la cohésion et la force. Ils sont l'essence et l'âme du parti. C'est par eux qu'il vit, qu'il se soutient et aussi qu'il se développe, car c'est par leur affirmation que se fait la propagande. Et les seuls partis forts, les seuls qui s'imposent, sont ceux qui ont, avec intransigeance, le courage de leurs convictions. Mais, dans l'application du programme, quelle contradiction y a-t-il à admettre le concours de ceux qui, sans adhérer complètement aux principes du parti, se rencontrent avec lui sur tel ou tel point, sur tel ou tel projet déterminé ? Voyez le parti socialiste. Il a ses principes, il s'en glorifie et doit à leur affirmation éclatante l'effrayant succès de sa propagande à travers le pays. En quoi son intransigeance l'empêche-t-elle d'accepter la collaboration des catholiques d'une certaine école, très étrangers d'ailleurs au parti, en vue des réformes économiques ou de projets de loi ? Et en cela, qu'abandonnent les socialistes ? Pourquoi donc une politique confessionnelle ne permettrait-elle pas ce qui est si naturel à toute autre ? Mais M. Naudet a dit le vrai mot : on ne veut pas du parti catholique parce qu'il aurait *pour point de départ la foi*. Cette politique confessionnelle obligerait à défendre des droits de Dieu et ceux de l'Eglise.

Qu'est-ce que nos ennemis entendent par clérical ? Ils prennent le mot dans son acception exacte. Pour eux, est clérical tout ce qui se tient fermement attaché aux prêtres, ministres de Dieu, aux évêques, au pape, à la hiérarchie sacrée, sans laquelle l'Eglise ne subsisterait pas. Est-ce qu'un catholique n'est pas essentiellement clérical ? Est-ce que, dans la pensée et sur les lèvres de nos oppresseurs, clérical n'est pas rigoureusement synonyme de catholique ? A quoi bon ce misérable faux-fuyant par lequel les catholiques s'évertuent à prendre et à donner le change sur le sens de ce mot pour trouver une excuse plausible à la lâcheté que trahit ce faux-fuyant ? Parti clérical, parti confessionnel, parti catholique, c'est tout un. Et c'est justement pour quoi, n'osant pas s'avouer catholique, on se défend d'être clérical, ni confessionnel.

Dira-t-on que c'est un tort de s'arrêter aux dires de M. Naudet, trop compromis par ses idées avancées, pour que les bons catholiques acceptent d'en être solidaires ? La solidarité ici est indéniable, et il n'est pas difficile de montrer que, pendant que M. Naudet tend avec confiance une main à l'*Univers*, l'*Action libérale*, tant vantée comme organisation des catholiques, lui serre l'autre avec empressement. Son président tient un langage identique à celui de l'un et de l'autre. Il a écrit, par exemple, dans le *Correspondant* du 25 mars 1903, un article très étudié : l'*Action libérale populaire*, où on lit :

La liberté qu'elle défend n'est pas celle d'un parti ; c'est celle de tous les partis. *En invoquant l'égalité et le droit commun, elle exclut tout privilège et même toute faveur.*

Si elle revendique très haut les droits de la conscience humaine, *elle n'a nul caractère confessionnel ;* et le respect qu'elle réclame pour ses croyances, elle l'observe pour les croyances d'autrui. Elle n'en est certes pas à répéter, comme M. Clémenceau à la tribune du Sénat,

le mot de Pilate : *Quid est veritas ?* mais elle se garde
de confondre les vérités éternelles avec les contingences changeantes de la politique (1) ; *et la pensée ne
viendra jamais à ses amis de la Chambre d'y fonder un
groupe de l'orthodoxie chrétienne,* comme il a plu aux
zélés franc-maçons de la majorité d'y créer un groupe
de la libre-pensée. *Elle laisse le cléricalisme à ses adversaires.*

Pour revenir à M. Eugène Veuillot et à l'*Univers,*
le « bon journal », ils devraient donc se féliciter
également d'être d'accord avec la *Justice sociale* de
M. l'abbé Naudet, et avec son théologien moderniste, M. l'abbé Morien, dont j'ai relevé plusieurs
articles doctrinaux dans les *Démocrates chrétiens et
le modernisme.* Celui-ci développe en ces termes la
thèse de l'*Univers :*

Les catholiques devront se placer sur le terrain de
la liberté pure. Le temps des privilèges est passé, et il
ne faut pas le regretter. Jésus-Christ a accompli sa mission, le regard constamment fixé sur le ciel où il aspi-
rait à conduire les hommes. Il n'a jamais demandé une
faveur. L'histoire démontre que les privilèges n'ont pas
été, en définitive, très avantageux à l'Eglise. Très souvent, ils ont ressemblé à des caresses perfides, et toujours la postérité les a sévèrement jugés, et parfois
même, on a fait une arme de combat. Que les catholiques soient toujours attentifs à se réclamer de la liberté
qui est, dans les démocraties, le droit de tous les
citoyens, mais qu'ils n'aient jamais la prétention de
former une caste privilégiée. L'usage de la liberté leur
fournira tous les moyens nécessaires à l'exercice de leur

1. Sous prétexte de ne pas les confondre, on supprime
les rapports entre elles, ce qui est tout autre chose. Ainsi
parlait G. Selva.

culte au développement de leurs idées, à la prospérité
de leur cause. Il leur attirera aussi les sympathies de
ceux qui ne partagent ni leur foi religieuse, ni leurs conceptions politiques, parce qu'on verra qu'ils ne se pré-
valent que du patrimoine commun de tous les citoyens,
et qu'ils ne réclament aucun traitement de faveur. Et
comme la liberté est une chose précieuse, elle pourra
peut-être traverser encore des crises, mais la compéné-
tration des idées finira tôt ou tard par en amener le
triomphe (1).

D'accord aussi, l'*Univers*, avec Mgr Bonomelli,
évêque de Crémone, dans sa fameuse lettre qui
souleva les protestations de ses collègues d'Italie et
la réprobation du Saint-Père. Cherchant ce que
doivent être les rapports actuels de l'Eglise et de
l'Etat, que disait-il ?

C'est là un sujet formidable et d'une importance si
capitale que je considère comme un devoir de dire ce
que j'en pense. Il est nécessaire, en effet, que les catholiques se préparent au nouvel ordre de choses qui
s'imposera bientôt, que nous le voulions ou non.

Pour qui connaît l'esprit et les tendances de la société
moderne, il n'y a pas à en douter, *nous allons au droit
commun, le droit commun sera la conquête du siècle qui
commence.*

La société actuelle veut la séparation de l'Etat
d'avec l'Eglise, c'est-à-dire l'indifférence absolue, la
neutralité complète de l'Etat pour tout ce qui concerne
la religion et le culte. L'Etat, en termes très clairs, dit
aux Eglises :

Moi, Etat, société civile, en tant que société civile, je
n'ai pas, je ne veux pas avoir de religion, aussi ne suis-
je ni pour ni contre elle. La religion, en tant que religion ne me regarde pas ; je ne la combats ni ne la dé-

1. 20 avril 1906.

fends, ni ne la juge. Toute religion m'est indifférente. Je
n'ai qu'un but, celui de faire de bonnes lois et de régler
sagement l'instruction publique, la bienfaisance publique, la justice, l'industrie, le commerce, l'agriculture,
les arts. Je n'ai qu'une intention, et c'est de procurer
tout le bien être possible à tous les citoyens, sans me
préoccuper s'ils sont catholiques ou protestants, juifs
ou Turcs. Les hommes du gouvernement peuvent avoir
une religion, mais, en tant qu'hommes d'Etat, toute religion doit leur être indifférente. Voilà ce qu'il faut entendre par « Séparation de l'Eglise et de l'Etat ».

Vous êtes donc disposé, me dira-t-on, étant donné les
tendances de l'esprit moderne, à accueillir la séparation
de l'Eglise d'avec l'Etat, c'est-à-dire le droit commun,
et, donc, l'Eglise libre dans l'Etat libre, comme étant le
système le plus conforme aux exigences sociales ?

Oui, j'y suis disposé. L'Eglise ne demandera pas ce
nouvel état de choses, elle ne le provoquera pas, et cela
pour des raisons nombreuses et graves, mais s'il se produit, comme tout le porte à croire, l'Eglise confiante dans
ses propres forces, l'acceptera (1).

D'accord aussi avec M. Fogazzaro, qui écrivait
au sujet de cette lettre : « Jamais lèvres épiscopales
ne se sont ouvertes à des paroles de vérité plus
limpides et plus conformes à la foi. »

Mais, pas d'accord avec S. S. Pie X, qui écrivait
au cardinal Ferrari, archevêque de Milan, et aux
évêques de Lombardie :

Nous vous sommes aussi vivement reconnaissant,
Monsieur le Cardinal, ainsi qu'à vos vénérables collègues, pour la part que vous prenez à l'amère douleur
qui remplit Notre Ame à cause d'une publication récente

1. C'est simplement la traduction des principes de 1789
que les catholiques avant tout ne font point difficulté
d'admettre.

sur les rapports entre l'Eglise et les Etats ; publication vraiment déplorable en soi, et dans les circonstances pénibles où elle a été faite, et plus encore par les lamentables conséquences que vous avez déplorées avec un profond regret, vous et vos collègues, Monsieur le Cardinal, dans la lettre déjà citée. Beaucoup d'autres évêques d'Italie ont fait de même.

Nous voulons parler du dommage très grave qui, de cette publication, dérive sur la grande multitude de ceux qui, *entraînés par les opinions du libéralisme moderne*, et étrangers aux distinctions et aux subtilités, *ne font attention qu'à la source réputée, parfois autorisée*, d'où émanent certains écrits, et boivent ensuite, grâce au concours d'une presse perverse, *le poison mortel de certaines maximes qui ne pourront jamais être acceptées par l'Eglise* (1).

D'accord, qui l'eût dit, qui l'eût cru ? avec Montalembert, au congrès de Malines. Oui, ce même Eugène Veuillot qui, aux côtés de son illustre frère, avait fait, une si rude guerre au chef des libéraux catholiques, parle aujourd'hui le langage de son ancien

(1) 27 février 1906. — Il sera peut-être intéressant pour le lecteur, de connaître une interprétation moderniste de ces deux documents ; de voir qu'on peut les mettre encore mieux d'accord que le *parti de l'ordre* avec le *parti de Dieu*, et, sans donner tort au Pape, donner encore plus raison à celui qu'il condamne. *Demain* (4 avril 1906) cite ce filet de la *Rassegna Nazionale*, revue publiée à Florence :

« Le pape, qui occupe une position très élevée, ne pourrait pas, parlant à un gouvernement ou à des gouvernements, ne pas tenir, d'une manière ou d'une autre, le langage qu'il a tenu dans son Encyclique. Mais il n'en est pas moins vrai qu'en supposant que les gouvernements refusent d'écouter sa voix, les chrétiens de tel ou tel pays se trouveront sous le régime de la séparation absolue. Que

adversaire et n'est plus qu'un survivant de son école. « L'essentiel, disait Montalembert à ce fameux congrès, dans tous les arts, et surtout dans la politique, qui est le premier de tous, est de distinguer le possible de l'impossible, la fécondité de la stérilité, la vie de la mort ». L'impossible, c'était alors et déjà le système de la protection de l'Eglise et de l'Etat. Il faut renoncer à ce régime du privilège, le privilège est aux antipodes de l'esprit de la religion. » La raison qu'il en donne est la même qu'invoquent les catholiques d'aujourd'hui, persua-

faut-il alors souhaiter ? Qu'ils se désespèrent ou qu'ils se décident à une lutte pleine d'aléas et cause certaine de scandales et de maux imprévus, ou bien qu'ils trouvent un moyen de vivre ainsi et peut-être qu'ils tirent du mal un bien relatif ? C'est sous ces deux aspects qu'il faut juger l'Encyclique du Pape et la lettre de Mgr Bonomelli.

« Mais, outre l'Encyclique, il y a une lettre du Pape qui déplore ce second document. On comprend que ce document émanant d'une personnalité si éminente, le Pape ait pu craindre que dans la fièvre soulevée par cette question, une note qui n'est qu'un remède, puisse sembler un encouragement au mal. Et, étant donné les entraves dont est liée l'action de la hiérarchie suprême, il n'a pu se dispenser de formuler un blâme, d'autant plus que les distinctions que nous avons marquées, bien qu'elles soient évidentes, ne sont pas facilement comprises de la foule, spécialement dans les moments où les passions sont déchaînées. Cela n'empêche que si le Pape a raison de détourner les gouvernements d'une voie dangereuse, la lettre pastorale n'en est pas moins également clairvoyante pour le cas où les conseils du Pontife n'auront pas tout l'effet qu'il est en droit d'en attendre. Les hommes de foi savent que l'Eglise est sortie indemne de bien d'autres épreuves ; la pastorale montre comment elle peut encore sortir indemne de celle-là. Il y a donc entre ces deux documents, sous les apparences d'une violente opposition, une loyale collaboration : l'un cherche à empêcher le mal ; l'autre en montre le remède ».

dés que le salut de l'Eglise dépend de la conciliation de ses principes avec ceux de la démocratie. Et ici il faut se reporter à l'Encyclique sur le modernisme. Montalembert se demandait, comme on le fait actuellement, quelle est la cause de la prétendue infériorité des catholiques :

D'où leur vient cette faiblesse, cette infériorité ? De ce qu'ils regrettent l'ancien régime et n'acceptent pas franchement le nouveau, issu de la Révolution. Or, l'ancien régime est mort, il faut en prendre son parti. La société nouvelle, la démocratie, pour l'appeler par son nom, existe, on peut même dire qu'elle existe seule, tant ce qui n'est pas elle a peu de force et de vie... Corrigeons la démocratie par la liberté et concilions le catholicisme avec la démocratie. Pour cela il faut désavouer tout rêve théocratique et proclamer l'indépendance du pouvoir civil, puis la suppression de tout privilège pour la religion, partant la liberté des cultes. *La religion jouissant de la liberté commune, vivant sous le droit commun, voilà le progrès moderne, et il est immense.*

« *Et il ne suffit pas que cette renonciation soit tacite et sincère, il faut qu'elle devienne un lieu commun de la publicité ; il faut nettement, hardiment, publiquement, protester à tous propos contre toute pensée de retour à ce qui irrite ou inquiète la société moderne... Désavouons donc sans relâche tout rêve théocratique, afin de n'être pas stérilement victimes des défiances de la démocratie.*

« Peut-on aujourd'hui demander la liberté pour la vérité c'est-à-dire pour soi (car chacun, s'il est de bonne foi, se croit dans le vrai) et la refuser à l'erreur, c'est-à-dire, à ceux qui ne pensent pas comme nous ? Je réponds nettement : Non... J'éprouve une invincible horreur pour tous les supplices et toutes les violences faites à l'humanité, sous prétexte de servir et de défendre la religion. Les torches allumées par une main catholique me font autant d'horreur que les échafauds où les protestants ont immolé tant de martyrs. Le bâillon enfoncé dans la bouche de quiconque parle avec un cœur pur pour prêcher sa foi, je le sens entre mes propres lèvres et j'en frémis de douleur. L'inquisiteur espagnol disant à l'hérétique : La vérité ou la mort, m'est aussi odieux que le terroriste français disant à mon grand-père : La fraternité ou la mort. La conscience humaine a le droit d'exiger qu'on ne lui pose plus jamais ces hideuses alternatives » (1).

1. M. Victor Giraud, connu comme écrivain, a écrit dans la *Revue des Deux-Mondes* du 15 avril 1906, sous le titre *Anticléricalisme et catholicisme* un article très célébré par les organes libéraux. Dans la conclusion dont les dernières lignes sont teintées de modernisme, après avoir conseillé l'abstention politique et l'action sociale, il ajoute ces conseils et ces assurances magnanimes :

« Surtout, il faut que toute cette action sociale ne soit inspirée par aucune espèce d'arrière-pensée politique ou d'ambition personnelle. Le pouvoir reviendra ou ne reviendra pas aux catholiques, peu importe : l'essentiel, pour eux, est de faire œuvre utile, de remplir intégralement leur vie et leur devoir d'hommes et de citoyens. Il faut que leurs adversaires sentent eux-mêmes que, si un jour les catholiques redevenaient les plus forts, s'ils rentraient en possession de la légitime part d'influence qui leur est due dans les affaires générales du pays, ils n'auraient rien à craindre de cette majorité nouvelle, « réaction », ni « Terreur blanche », ni représailles d'aucune sorte. *Les catholiques ne revendiquent aucune espèce de privilège, ils ne se réclament que du droit commun;* ils sauront respecter les droits d'autrui. *M. Combes lui-même pourra finir en paix sa longue et glorieuse carrière :* on le laissera avec sa récente « médaille » présider aux destinées de la gauche démocratique du Sénat ; on se contentera de ne plus l'appeler à la présidence du Conseil. Les dernières révocations de l'Édit de Nantes doivent être laissées à l'actif des anticléricaux.

Dans le *Correspondant* du 10 juin 1908, le marquis de Vogüé écrivait. « Dans la société française telle que l'a constituée un siècle de révolutions politiques et sociales, il (le groupe directeur du *Correspondant*) estime que le régime le *plus favorable* aux intérêts religieux est un état de liberté fondé sur un *droit commun* assez large pour que l'action

La fougue oratoire de Montalembert effraierait peut-être encore l'*Univers* aujourd'hui, mais ne s'entendent-ils pas pour faire de la renonciation des catholiques au privilège « un lieu commun de la publicité » ?

D'accord, aussi, se trouverait Eugène Veuillot avec M. l'abbé Laberthonnière et ses élèves, écrivant dans une récente étude sur l'*Eglise et l'Etat à travers l'histoire* cette page, que le *Bulletin de la Semaine* (17 avril 1907) reproduit avec une complaisance bien naturelle de sa part. Elle est à l'adresse des gens arriérés, fossiles, tels que moi :

... Ceux-là semblent ne plus concevoir l'Eglise que comme une protestation vivante contre les faits accomplis. Pour eux, il ne s'agit toujours que de son droit à faire valoir. Ils en démontrent la valeur avec des rigueurs de logique impeccable ; et ils se donnent de faciles triomphes d'éloquence contre les violations qui lui sont infligées. Mais ces démonstrations et cette éloquence ne sont que des victoires abstraites qui ne changent rien à la réalité, ou qui même, en agissant comme provocations, n'ont pour effet que d'empirer le mal qu'elles sont censées supprimer. Et, chose singulière, sous prétexte qu'en principe on devrait dominer sur la terre entière et qu'on en est injustement empêché, on est amené par là à se resserrer et à se retirer comme dans une sorte de dignité méconnue et irritée, on prend une attitude de vaincu. Au lieu de l'expansion réelle dans le temps et dans l'espace, dont, avec l'impérialisme de jadis, on avait pu se flatter, on se met à se con-

religieuse puisse s'y exercer dans sa plénitude ; il ne réclame pour l'Eglise catholique aucun privilège, il ne demande pour elle que la liberté, dans la limite et sous la garantie de lois égales pour tous et loyalement appliquées. »

tenter, à l'écart, du droit qu'en *théorie* on y prétend avoir. On proclame ce droit sans se lasser, comme si, en le proclamant, on l'introduisait dans les faits, comme si, en le revendiquant, *on* l'exerçait. Satisfaction stérile. Dans l'impuissance où l'on s'agite, on ne sait plus que maudire l'aveuglement et la perversité des hommes ; et on attend qu'un coup de la Providence vienne les mettre à la raison et rétablir l'ordre. C'est encore du messianisme judaïque.

Le coup de la Providence ne viendra pas. Et par aucun moyen, pas plus qu'on n'y a réussi dans le passé, on ne réussira dans l'avenir à faire valoir l'Eglise en ce monde *comme un système de droit* et à la faire régner comme une puissance. Si, du reste, on y réussissait, ce ne serait plus l'Eglise. Car, alors, elle serait ce que sont les puissances de ce monde. Elle courrait, elle aussi, le risque de rencontrer une force plus forte *que les forces* auxquelles elle aurait recours, et d'être anéantie ou au moins paralysée.

On voit poindre ici le spectre du cléricalisme. Il était inévitable qu'il se dressât. Car son hideux squelette est-il autre chose que « ce système de droits avec lequel l'Eglise apparaissait comme une puissance ? »

Encore une fois, nous savons bien que l'*Univers*, par une heureuse inconséquence, repousse ces conclusions de ses principes, et les combattrait avec énergie. Mais comment le ferait-il logiquement ? L'acceptation des principes de 1789 en la matière, la renonciation publique des catholiques à tout avantage et privilège pour leur « confession », ne sont pas autre chose que l'acceptation implicite, inconsciente, de l'Etat a-religieux, la négation de l'Eglise constituée comme *puissance,* et l'abandon de ses droits, même, par exemple, en matière d'ensei-

Barbier   5

gnement. Voilà où conduit la confusion entre le *parti de Dieu* et le *parti de l'ordre et de la liberté*.

Et puisque nous venons de citer le droit d'enseigner, il resterait encore à l'*Univers* d'avouer que le *Sillon*, en perdition aujourd'hui, ne faisait que pousser les applications de la doctrine des Veuillot du xxᵉ siècle, en prenant parti contre les catholiques d'Italie dans la question de l'enseignement religieux dans les écoles, discutée l'an dernier dans leur Parlement.

Ceux-ci se sont levés dans un magnifique mouvement de protestation pour empêcher qu'on ouvre chez eux la porte de l'enseignement conventionnellement appelé neutre. Mais voici comment l'*Eveil Démocratique* du 1ᵉʳ mars 1908 apprécie ce « conservatisme intransigeant ».

Sans doute, l'Italie est encore nominalement une nation catholique, puisque le *Statu quo* reconnaît le catholicisme comme religion d'Etat; mais il suffit d'ouvrir les yeux pour reconnaître que l'indifférence et l'irréligion y font des progrès lamentables (surtout chez les fonctionnaires et dans le personnel enseignant), et que, en fait, l'unité morale de la nation, établie autrefois sur la base religieuse, se désagrège. Ce serait, dès lors, du *cléricalisme* avéré que de maintenir, sans exceptions et sans limites, l'obligation pour les communes, les parents surtout et leurs enfants, de l'enseignement du catéchisme. L'Etat moderne — c'est un fait, — est incompétent en matière d'éducation religieuse et n'a pas, en l'espèce, le droit d'exercer une contrainte morale dans un sens ou dans l'autre. On a raison de dire, certes, que l'école n'est éducatrice qu'à la condition d'être religieuse, mais la religiosité dont il s'agit ici ne peut être donnée que par la conception de la vie que le maître professe, agit et transmet à l'âme de ses élèves, et non par un enseignement doctrinal et confessionnel pour lequel il est souvent mal préparé et disposé.

Quelle bonne raison donnerait encore l'*Univers*, pour ne pas souscrire à ce plaidoyer de M. d'Haussonville, dans le *Figaro* du 29 novembre 1905, en faveur de la séparation ?

Ce que la *démocratie française* reproche, à tort ou à raison, à l'Eglise, c'est de conserver l'invincible regret d'un temps où l'Etat se considérait, suivant le mot de saint Louis, comme le sergent du Christ, et était toujours disposé à mettre le bras séculier au service de la puissance spirituelle ; *c'est de ne pas se résigner à la neutralité des pouvoirs publics entre les différentes confessions religieuses et les différentes doctrines philosophiques*, proclamée par la Révolution française; c'est de compter, pour sa défense, sur l'appui de la loi, *de réclamer des privilèges et de ne pas accepter franchement la condition nouvelle qui lui a été faite depuis que la religion catholique a cessé d'être la religion d'État.*

Que cette conception du rôle de l'Etat soit juste ou fausse, qu'elle soit ou non contraire à l'idéal d'une société bien réglée, je n'ai pas à le discuter ici. Au besoin, je ne serais pas en peine de soutenir que la notion d'une religion d'Etat n'a, par soi-même, rien de tyrannique et peut parfaitement se concilier avec la liberté des cultes. Mais il est certain qu'à la conception opposée la démocratie française est passionnément attachée. Elle redoute toute intrusion de l'Etat dans le domaine de la conscience et professe l'horreur de toute inégalité dont une question de foi serait la cause. Or, elle soupçonne l'Eglise de souhaiter tout bas le retour d'un régime politique, quelle qu'en fût la forme, qui ne reculerait pas devant cette intrusion et qui rétablirait ces inégalités. Elle pousse même si loin ces préventions qu'elle en est arrivée à méconnaître, au détriment de l'Eglise, les principes qu'elle lui fait grief de ne pas accepter, et qu'au moment de couper l'antique lien qui la rattache à l'Etat, elle met les catholiques, par certaines dispositions de la législation nouvelle, hors du droit commun des citoyens.

Eh bien ! l'Eglise de France peut faire une magnifique réponse à ces préventions en acceptant la situation qu'on lui fait aujourd'hui, *en ne réclamant que ce droit commun* dont on veut précisément l'exclure, et en montrant que si elle n'avait point de raisons pour répudier la première l'appui de l'Etat qui, en souvenir d'anciennes traditions, lui avait été conservé, elle peut parfaitement se passer de cet appui.

Pour vivre et grandir, l'Eglise n'a besoin que d'une chose : la liberté. Partout où la liberté lui a été accordée, elle s'est rapidement développée ; les merveilleux progrès du catholicisme aux Etats-Unis sont là pour l'attester.

O Démocratie ! C'est toi, nous le savions bien qui exiges des catholiques français, comme ceux de *l'Univers*, tant de sacrifices. Mais il nous plaît de les entendre t'en faire l'hommage public. Et pour qu'il ne manque rien à ton triomphe, il est salué même par une bouche épiscopale :

Mgr Le Camus, évêque de La Rochelle, récemment décédé, écrivait en 1906, dans une brochure exposant quelques « considérations sur la suite à donner au régime de la séparation », exaltée par *Demain* et le *Bulletin de la Semaine* :

Les abus des pouvoirs publics dans leurs relations avec l'Eglise, ont excité depuis longtemps, au fond des âmes les plus religieuses, *le désir de voir celle-ci se dégager, coûte que coûte, des concours humains et politiques qui l'avaient longtemps soutenue et même imposée.* Ainsi, non seulement on ne comprendrait plus aujourd'hui l'intervention du bras séculier pour faire prévaloir ses droits, *mais le simple appui officiel que tendrait à lui donner le pouvoir civil aurait fatalement le privilège de la rendre suspecte et de la compromettre aux yeux de ceux qu'un sentiment toujours plus accentué de la dignité humaine rend très chatouilleux sur le principe même de la liberté.*

L'homme veut de plus en plus être saisi dans son âme par des âmes qui ne parlent rien qu'au nom de Dieu, et le culte en esprit, tel que l'a prêché Jésus-Christ, lui paraît pouvoir difficilement s'harmoniser avec l'alliance plus ou moins mercenaire imaginée par des pouvoirs publics tantôt sceptiques, tantôt incrédules, toujours visiblement intéressés à avoir la mainmise sur l'Eglise, cette société spirituelle dont l'autorité d'un ordre supérieur leur porte ombrage...

Mais en acceptant de faire de la politique (???), le prêtre a imprudemment déserté la sphère spirituelle où l'Evangile l'avait placé et s'est exposé aux représailles et aux douloureuses défaites que peut subir quiconque descend dans l'arène des passions humaines pour s'y mêler à la lutte. Par un culte fidèle du passé, qui risquait parfois de paraître à plusieurs le culte d'intérêts personnels, *il a longtemps semblé vouloir barrer la route à la démocratie débordant de toutes parts et demandant à devenir la forme nouvelle des sociétés futures.*

La société l'a donc traité en adversaire et, refusant de croire à la sincérité de son ralliement à des idées qu'elle l'avait vu répudier le jour où il avait espéré trouver un nouveau roi ou un César, elle a résolu non plus seulement de lui retirer tout subside, mais de l'annihiler et de l'exterminer. L'union obstinément rêvée du trône et de l'autel a été pour l'Eglise de France une illusion qui devait produire des fruits amers, ne serait-ce que cette suspicion désastreuse où on nous a tous tenus indistinctement, *alors même que notre origine, nos œuvres, nos affirmations proclamaient que définitivement nous étions bien de la génération qui, depuis un siècle, a rompu avec l'ancien régime.*

Le même langage, appuyé sur les mêmes raisons, impliquant les mêmes renonciations, se retrouve dans une allocution de Mgr Chapon, évêque de Nice, à l'occasion de la nouvelle année 1907, reproduite par sa *Semaine religieuse* et par *La Croix* :

Ne laissons pas dire que nous exigeons un régime de faveur, quand nous ne réclamons que notre part, mais sans équivoque ni restrictions perfides aux droits communs et aux libertés communes, sachant bien que dans le milieu social où nous sommes, les faveurs, même les plus méritées, ne serviraient souvent qu'à provoquer des réactions et des représailles, convaincus d'ailleurs que la Providence, après les régimes de protection ou de persécution, prépare à la vérité pour son Église, un nouvel épanouissement et un nouveau triomphe, dans la liberté donnée et acceptée loyalement.

**

Quel chemin parcouru !

En 1876, il y a plus de trente ans, un journal hebdomadaire publié à Bruxelles sous le nom de *La Croix*, longtemps avant qu'un autre du même nom existât à Paris, et dirigé par de fervents catholiques, jugeait à l'avance le mouvement qui s'esquissait dès lors, et en présageait prophétiquement le résultat :

« C'est un fait indiscutable : à la Chambre des députés de la France se trouve une majorité compacte, hostile au catholicisme ; au Sénat, les mêmes sentiments se rencontrent, quoique avec moins d'âpreté. Cette tendance a déterminé des catholiques à se retirer sous la tente et à déserter la lutte : cette décision est criminelle.

« D'autres ont pensé qu'il fallait chercher, pour combattre, *un terrain qui effaroucherait moins les adversaires*. Le terrain choisi a été celui de la conservation
matérielle, et, alors les principes du *Syllabus* ont été ou
vont être négligés pour faire place à *un programme ca-
tholique-libéral* qui réunirait tous les défenseurs de la
société attaquée par le radicalisme.

« Dussions-nous passer pour imprudents, nous n'hé-
sitons pas à blâmer cette nouvelle tactique : c'est une
désertion et une lâcheté.

« Une désertion — parce que les soldats du Christ
n'ont pas le droit de se faire un programme de fantaisie.
Le Vicaire de Jésus-Christ a donné le *Syllabus* comme
règle de conduite ; et remarquons bien que ce plan de
bataille ne nous a pas été donné sans une raison provi-
dentielle. Cet immortel *Syllabus* est arrivé dans ce moment de crise, de confusion, de défaillance, afin que
nous trouvions là des règles infaillibles de conduite.
C'est le seul remède contre les agissements de la Révolution.

« C'est une lâcheté et une lâcheté maladroite, que d'a-
bandonner le terrain explicite du *Syllabus*. En effet, que
désirent nos adversaires ? *Nous attirer sur le terrain
du droit commun. Une fois sur ce terrain, ils s'efforceront
de nous faire adopter, comme principe indiscutable, le
parlementarisme qui est la conséquence du libéralisme*.
Cette première victoire obtenue, ils nous obligeront à
considérer comme irrévocablement condamnées la liberté de l'enseignement catholique et la liberté de l'E-
glise, par cette raison que ces deux libertés ont subi la
sentence du suffrage universel. Si au contraire nous re-
vendiquons nos libertés catholiques au nom du droit
imprescriptible attribué par Jésus-Christ à son Eglise,
aucune sentence de suffrage universel ne nous paraîtra
irréformable. Il pourra y avoir des coups de violence
des excès, mais toutes ces usurpations n'auront qu'un
temps ; et toujours nous pourrons faire valoir nos revendications.

« Par les événements qui courent, la timidité, la conciliation sont des péchés graves. — Concilier, c'est capituler ; maintenir le vrai et le droit, c'est combattre le bon combat. L'ennemi endort ou veut endormir les catholiques disposés aux concessions, et il *avance toujours*... Déjà les motions pour demander la séparation de l'Eglise et de l'Etat, la suppression du budget des cultes, l'instruction gratuite et obligatoire ont été déposées... Nous affirmons qu'en présence de ces motions subversives, les catholiques n'ont pas fait tout ce qu'ils devaient faire... Certains disent : ce serait une imprudence. Erreur. Ce n'est jamais une imprudence, de résister à ses ennemis. Ce qui est une imprudence, c'est de se replier : ce qui est une faiblesse, c'est de parlementer. Car il ne faut pas oublier que la tactique adoptée par le radicalisme, c'est la guerre à outrance et sans merci contre le catholicisme. Le Radicalisme espère bien profiter de sa force numérique à la Chambre des députés pour obliger le catholicisme à se replier peu à peu et à s'incliner devant les victoires du nombre afin d'arriver à la persécution légale. C'est pourquoi nous disons aux catholiques français : Sentinelles, prenez garde à vous ! »

Le journal belge n'était pas le seul à nous donner, il y a trente ans, ces avertissements qui, hélas ! n'ont pas été écoutés et à faire ces prophéties qui, hélas ! se sont trop vérifiées. Que n'avons-nous suivi cette ligne de conduite : Ne vous laissez pas entraîner sur le terrain du droit commun, du parlementarisme et de la légalité créée par le nombre ! Une fois la loi faite, contre vous, contre l'Eglise, contre Dieu, vous n'aurez rien à dire, parce que vous vous serez rendus de vous-mêmes sur le terrain où votre ennemi vous égorge. Ne cessez de vous tenir sur le terrain du droit, du droit imprescriptible, du droit chrétien et de la mission conférée par Jésus-

Christ à son Eglise. Là vous pourrez toujours faire valoir vos revendications, et aucune loi impie ne sera irréformable.

Si ces conseils, qui ne faisaient que traduire les avertissements solennels de Pie IX et de ses successeurs et la conduite des saints à toutes les époques et dans toutes les épreuves de l'Eglise, avaient été suivis, il aurait pu se faire que l'ennemi avançât quand même autant qu'on l'a vu depuis ; mais dans les âmes aurait été maintenue la notion du vrai et du droit, et un jour ou l'autre, elle eût fait explosion et emporté les obstacles.

Plus d'un lecteur, peut-être, s'il a pris la peine de lire et de comparer tous ces textes, sera tenté de me trouver impitoyable. On reconnaîtra cependant, j'espère, que j'écris sans passion. Estime-t-on qu'il était inutile de déployer ce luxe de preuves ? J'en conviendrai, s'il m'est accordé que le libéralisme catholique nous a envahis de toutes parts. Mais je crains bien plutôt qu'il n'en faille de nouvelles pour convaincre de l'étendue du mal. Elles ne feront pas défaut.

CHAPITRE V

ALLIANCE OU FUSION

Une simple remarque suffit, pense-t-on, pour arrêter ceux qui demandent le retour aux principes du droit chrétien : le parti catholique serait un parti *exclusif*. Voilà, comme on dit, le grand mot lâché. En effet, en ce temps de liberté, le seul reproche de se refuser à l'entente ou aux transactions avec ceux dont on ne partage pas les opinions est capable de tuer un parti. Mais ce vieil engin de guerre, que les catholiques libéraux ne se font pas scrupule d'emprunter à l'anticléricalisme pour le tourner contre leurs frères, a l'inconvénient d'éclater entre les mains de ceux qui s'en servent, et de les mettre eux-mêmes hors de combat. La peur de paraître exclusifs leur fait tout céder, et le moins qu'on puisse dire est qu'ils tombent de Charybde en Scylla. Seulement, ici, Charybde, quand on y regarde de près, est une simple bouée bien ancrée et protectrice ; il n'y a de véritable écueil que de l'autre côté.

, La tactique n'est pas nouvelle. C'est ce même grief d'esprit exclusif et systématique que les libéraux catholiques ont exploité avec ardeur depuis trente ans contre l'ancien parti conservateur, ainsi dénommé à bon droit parce qu'il défendait, non pas seulement devant les auditoires entièrement sympathiques des conférences ou des congrès, mais à la tribune du Parlement, devant les électeurs et dans la presse, les traditions de la France chrétienne et les droits de l'autorité divine. Les faits les plus indiscutables avaient beau démentir l'accusation, on n'en tenait nul compte. Il fallait que le parti catholique d'alors, car ce nom lui eût également bien convenu, fût reconnu intransigeant, afin de donner une excuse aux défections.

Le 1er septembre 1886, le Comte de Paris expédiait de Buchanan-Castle un manifeste où il disait à ses partisans : « Ce n'est pas par des polémiques journalières contre la République que nous arriverons à inspirer à la France la confiance qu'elle doit avoir en nous... La droite ne doit pas faire à la Chambre de politique inconstitutionnelle. Elle doit tout entière suivre cette politique qui convient aussi bien, dans l'enceinte de l'Assemblée, aux royalistes les plus intransigeants qu'aux plus exigeants des amis de M. Thiers. » Et, après avoir développé son programme, le Prince ajoutait : « La droite doit donner son concours loyal à tous les républicains qui, acceptant ce programme, pourraient, grâce à ce concours, former un gouvernement résolu à l'appliquer (1). » Peu après, le 7 dé-

1. Reproduit plus tard par l'*Univers*, 29 août 1892.

cembre, les droites réunies en assemblée plénière, votaient à l'unanimité la déclaration suivante : « Quelles que soient les combinaisons ministérielles qui peuvent se produire, les députés des droites sont plus résolus que jamais à ne point s'écarter de l'attitude qu'ils ont toujours gardée et qui se résume ainsi : d'abord, à ne faire aucune opposition systématique ; ensuite, à seconder toutes les mesures conservatrices et libérales ; à combattre énergiquement toutes les mesures antireligieuses et antisociales (c'est là sans doute l'exclusivisme et l'intransigeance) ; à maintenir fermement leur programme financier : pas d'emprunt, pas d'impôts nouveaux ; des économies. » La même déclaration fut renouvelée en 1887, après la chute du ministère Goblet. Ce ne sont pas là des paroles, mais des actes d'une portée politique incontestable. Peu après, les droites de la Chambre donnaient même mandat à quatre de leurs représentants de fixer par un pacte avec le ministère Rouvier les conditions de leur concours. Et ce pacte fut observé jusqu'à ce que les faits eussent bien démontré qu'il était une hypocrite duperie.

A dix ans d'intervalle, à la veille des élections de 1898, le duc de Luynes, mandataire du duc d'Orléans, parlait ainsi en son nom, dans son discours de Blois : « Partout où notre principe est assuré, ou a même des chances de triomphe, nous n'avons pas à nous prêter à une transaction qui ne servirait ni le bien général, ni notre intérêt particulier. Mais il est un certain nombre de circonscriptions où, n'étant pas nous-mêmes la majorité, nous en

formons cependant l'appoint indispensable. Dans
ces arrondissements, n'espérant pas pour nous-
mêmes la victoire, nous avons le devoir de concourir au succès des hommes d'ordre qui nous garanti-
ront qu'ils veulent appuyer au Parlement une politique de paix et de justice. Telles sont, Messieurs,
les instructions de notre Prince... (1). » C'était la
confirmation officielle de la ligne de conduite que
le *Moniteur universel* traçait au parti monarchique,
peu de temps auparavant : « Là où des candidats
à nous ne seront pas sur les rangs, nous, que fau-
dra-t-il faire ? Tantôt, en face du républicain sectaire ou révolutionnaire, un bonapartiste engagera
la lutte ; tantôt ce sera un catholique rallié. Nous
voterons soit pour ce bonapartiste, soit pour ce
rallié, où, s'ils sont deux, pour celui qui paraîtra
avoir le plus de chances, à la condition qu'il donne
des gages. En votant ainsi, les monarchistes ne se
rallieront pas soit au bonapartisme, soit au ralliement. Conséquents avec eux-mêmes, ils voteront
pour la partie de leur propre programme que cet
impérialiste ou ce catholique républicain représen-
tera (2). » On ne pouvait exprimer plus judicieuse-
ment le principe et le devoir des transactions légitimes. Cependant, à cette même heure, le baron
André Reille, catholique rallié, député du Tarn,
pour ne citer que cet exemple, étudiant, dans la
Quinzaine, les résultats comparés de l'Union conservatrice et de la politique des ralliés, commençait

1. *L'Œuvre électorale.* Maison de la Bonne Presse, n° du
2 mars 1898.
2. *L'Œuvre électorale*, n° de novembre 1907.

ainsi : « Si l'on juge une politique à ses résultats, comme un arbre à ses fruits, on conviendra aisément, je pense, que la politique de l'Union conservatrice a été désastreuse pour les catholiques... L'armée conservatrice *s proposant ouvertement comme objectif le renversement de la république*, les catholiques qui en formaient le corps le plus nombreux et le plus compact, devaient, par la force des choses, porter la plus lourde part du poids de la bataille et des conséquences de la défaite. A l'Union conservatrice, formée de tous les adversaires de la République, sans distinction de partis, répond la concentration républicaine, etc. (1). »

Les catholiques qui pensent et parlent ainsi oublient, par une distraction inexcusable, que les mesures oppressives contre la religion qui constituent toute la politique de la concentration républicaine depuis 1877, sont essentiellement le fruit d'une conjuration satanique contre la foi chrétienne. Il ne leur resterait qu'à contresigner les lettres hypocrites dans lesquelles les Présidents Grévy et Loubet répondaient aux doléances du Pape, que cette tyrannie religieuse est, pour la République, une nécessité de défense contre ses adversaires catholiques.

Le fondateur et l'âme de l'Union conservatrice, Paul de Cassagnac, a donné, le premier, et plus que tout autre, un éclatant et constant démenti à cette accusation portée contre elle, de chercher avant tout le renversement de la République. Le

1. Même numéro.

lecteur, s'il lui plaît, en trouvera, dans un de mes précédents écrits, des preuves nombreuses, auxquelles il est impossible de rien opposer, mais qui ne sauraient trouver place ici (1). Elles se résument en ces lignes qu'il écrivait dans son journal (mai 1891). « Si le gouvernement de la République faisait ce que la *Liberté* l'adjure de faire (application bienveillante des lois scolaires et militaires), nous ne resterions pas en arrière d'une aussi libérale avance, et nous ne serions pas lents à presser amicalement la main tendue vers nous... Peu nous importerait la forme monarchique, si la République donnait à nos croyances, à nos principes, à notre foi, la protection qui leur est due. Et franchement, sans arrière-pensée, nous marcherions en avant, comme Loth, nous défendant à nous-mêmes de regarder derrière nous ». L'Union conservatrice, parti catholique de cette époque, avait été formée, entre conservateurs pour opposer une résistance à l'envahissement du radicalisme sectaire. Elle avait pour base la préférence donnée au salut social sur les intérêts de parti. Et justement la fermeté du principe sur lequel était fondé cet accord lui permit plus tard d'élargir ses alliances, sans y mentir. La politique persécutrice du cabinet Jules Ferry amena en effet les conservateurs à s'unir aux républicains modérés. C'est à leur coalition qu'on dut les élections de 1885, qui la firent toucher au triomphe. En 1887, elle adhéra au parti national que M. de

1. *Cas de conscience. Les Catholiques français et la République*, chapitre II : *L'Etat de la France*, 1 vol. in-12. Lethielleux. Paris, 1906.

Marcère essayait de fonder. Plus le flot du jacobinisme devint menaçant, plus on élargit la digue. Au moment des élections de 1902, Paul de Cassagnac écrivait dans l'*Autorité*, le 22 janvier : « Il s'agit du programme électoral que nous avons développé ici à plusieurs reprises, et dans lequel très hautement, sans l'ombre d'une arrière-pensée, nous engagions les conservateurs, partout où ils n'auraient pas de candidat à eux et capables de gagner la partie, à soutenir loyalement tout candidat, fût-il rallié à la République, fût-il progressiste, fût-il même radical, qui aura donné des gages au point de vue de la liberté de conscience. Ainsi, par exemple, nous voterons en faveur des progressistes, sans exception, qui ont repoussé la loi scélérate sous laquelle succombe non seulement la liberté de réunion, mais aussi la liberté de l'enseignement. De plus, nous favoriserons les candidats qui, dans leur programme, se prononceront, de la même façon. Bref, pour nous, le terrain des libertés religieuses reste ce qu'il est depuis vingt-cinq ans, depuis l'alliance conservatrice dont nous fûmes le principal instigateur et l'ardent soutien : il demeure le grand rendez-vous des libéraux, des patriotes, des honnêtes gens, sans distinction de partis, de cocardes, d'opinions ».

Mais sur le point des convictions religieuses, ce grand patriote chrétien est intransigeant. Jeune encore, Paul de Cassagnac, impérialiste ardent, attaque ouvertement le Prince Napoléon comme libre penseur, et soutient publiquement contre l'Empereur lui-même, que jamais il ne reconnaîtra

pour souverain un prince ennemi de la religion.
Plus tard, à la mort du Prince Impérial, sacrifiant
sans hésitation la chance suprême du parti bonapartiste décapité, il persiste dans son irréductible
opposition, et s'adressant à celui que ses partisans
sont impatients de proclamer, il le somme de donner des gages aux catholiques. N'obtenant aucune
réponse nette, Paul de Cassagnac, que tant de voix
ont accusé de sacrifier les intérêts de l'Eglise à des
ambitions de parti, s'enferme dans son intransigeance religieuse, et en même temps qu'il tient tête
à la République anticléricale, il barre la route à son
prince, maintenant derrière lui le meilleur du parti,
et donnant ainsi le rare exemple d'un homme aux
yeux duquel aucunes circonstances même les plus
critiques, aucune exigence de la politique, ne peuvent autoriser le sacrifice des principes chrétiens.

*
**

Le reproche d'exclusivisme adressé à ceux qui
soutiennent actuellement l'idée d'un parti catholique n'est pas moins dénué de fondement, sinon
plus encore, qu'à l'égard de l'ancien parti conservateur. De part et d'autre, il sert à légitimer le
même abandon. De même qu'on l'exploitait contre
les monarchistes pour rendre plausible l'évasion
vers la République, de même on s'efforce aujour-
d'hui d'en tirer parti pour amener tous les catholiques à déserter les principes du droit chrétien et
à s'accommoder de ceux du libéralisme.

L'*Ami du Clergé*, après avoir présenté l'*Action*

Libérale comme le parti de Dieu, ajoutait : « Il serait plus joli à coup sûr de n'avoir, pour défendre la cause de Dieu, que des âmes pures. Mais que voulez-vous faire ? Les âmes pures ne sont pas le grand nombre ; et c'est souvent ici-bas, de par la Providence, le nombre qui fait la force et assure le triomphe du bon droit. Nous vous laissons, cher confrère, l'idéal du fier lutteur qui meurt drapé dans les plis de son étendard immaculé, victime du nombre auquel il s'est obstiné à n'opposer que l'idéal de ses beaux principes. Il dépendait de lui de sauver son drapeau et sa vie, d'exterminer l'en-nemi de sa foi, de faire triompher la cause de Dieu: les gens qui voulaient aller à son secours, s'enrôler vaillamment sous sa bannière, lui ont semblé n'avoir pas les mains assez propres, assez bien gantées, il a refusé leur concours. Il est tombé, et sur la place où Dieu aurait pu subsister, c'est, grâce à cet héroïsme à l'envers, l'œuvre du diable qui prospère (1). »

Ce verbiage de mauvais goût et d'un ton faux est un fidèle échantillon de ce qui se débite de tous côtés. Son moindre défaut est de peindre une situa-tion purement imaginaire. Où sont les faits qui lui donneraient seulement quelque vraisemblance ? Personne, même parmi les partisans les plus déter-minés d'un parti catholique, n'a rêvé d'une organi-sation qui unirait entre eux les catholiques décla-rés, et exclurait les autres. Ils réclament seulement le droit, ils soutiennent la nécessité de se concerter

1. 21 Juillet 1904, p. 640.

pour affirmer les principes religieux dans la vie publique. Ils reconnaissent parfaitement l'indispensable nécessité de s'allier à tous les honnêtes gens disposés à lutter pour les libertés naturelles ; mais ils n'admettent pas que cette alliance soit une servitude leur imposant de ne professer eux-mêmes que les principes libéraux. Toute la question est là, Il n'y en a pas d'autre. Or, tous ceux qui s'opposent à la formation d'un parti catholique le font, plus ou moins ouvertement, en faveur des idées que le P. Maunus, l'ami de Waldeck-Rousseau, exprimait ainsi : « Il y a des hommes qui, toujours fidèles à eux-mêmes, ont, au plus profond de leur âme, le culte de la liberté. Ils savent qu'un régime politique n'a de valeur que dans la mesure où il garantit les droits et la liberté de tous, etc. Eh bien ! les catholiques doivent se grouper autour de ces hommes, les soutenir dans leurs luttes et les aider à délivrer le pays de l'oppression jacobine. C'est par leur *alliance* sincère avec les républicains libéraux que les catholiques français pourront reconquérir leurs droits et leurs libertés. *Ils ne peuvent réussir qu'en combattant dans les rangs des libéraux* dont la sincérité républicaine est indiscutable ».

On sent bien qu'ici le mot d'alliance est un euphémisme déguisant l'abdication pratique des principes du droit chrétien. J'ai raconté ailleurs qu'au moment de commencer à écrire *Rome et l'Action Libérale*, je me mis à parcourir l'almanach de cette ligue pour l'année 1906, et que, ne rencontrant dans cette publication destinée à populariser le programme de défense et d'action des catholiques français, ni une seule affirmation de croyance, ni même le nom de Dieu prononcé, je pris la plume en m'écriant : Ce n'est pas une *alliance* des catholiques avec les libéraux, c'est une *fusion*. La même distinction a été reprise et développée plus tard avec talent par M. l'abbé de la Taille, dans une étude de principes. Après avoir montré l'opposition entre les principes du droit chrétien et ceux du droit nouveau, telle que nous l'avons exposée précédemment, il écrit :

Voilà les deux conceptions en présence. Il ne s'agit donc pas de savoir si les croyants groupés autour de leur bannière peuvent contracter des *alliances* avec les incroyants groupés autour de la leur, comme la France avec l'Angleterre. De telles coalitions ne réclament pas de principes communs : il y suffit d'intérêts concordants, si divergentes que soient les visées ultérieures. Il ne s'agit pas non plus, cela va sans dire, de savoir si, sous le drapeau catholique, les catholiques peuvent accueillir tel incroyant qui offre ses services, ou, ce qui est d'une occurrence plus fréquente, tels protestants pieux et croyants, convaincus que la bannière catholique est celle qui doit, sur la terre de France, rallier tous les hommes soucieux du royaume de Dieu. De tels frères d'armes ne peuvent être que les bienvenus, et cela d'autant plus qu'ils arrivent de plus loin. Mais la question est de savoir s'il est à propos pour les catholiques de se *fondre en un seul corps* de troupes avec une *masse* donnée d'incroyants, et pour cela de marcher sous un même drapeau, qui ne sera évidemment pas le drapeau des principes catholiques, mais celui qui, seul, a chance d'être arboré par la généralité des incroyants susceptibles de nous seconder, c'est-à-dire le drapeau libéral. Le choix est donc entre l'intégrité

des principes catholiques d'une part, et le nombre pré-
sumé des adhérents, d'autre part (1).

Les défenseurs du parti catholique concilient l'un
et l'autre intérêt en admettant la nécessité de l'alliance chaque fois qu'ils peuvent se rencontrer avec
les libéraux sur un terrain commun. Ceux de leurs
frères qui s'opposent à ce projet, — j'entends les
catholiques de droite, et non ceux de gauche qui
ont déjà partie franchement liée avec le libéralisme
— séduits et hypnotisés par la raison du nombre,
poussent à l'abstraction des principes catholiques
et préconisent la formation en masse autour du
drapeau libéral. Voilà ce que cache le reproche
d'exclusivisme.

J'en citerai un exemple démonstratif entre tous.
C'est celui d'Albert de Mun lui-même, qui, avant de
se rallier à la République et de devenir le lieutenant
du président de l'*Action Libérale*, avait été le brillant protagoniste du parti catholique et du droit
chrétien. Lors de la récente enquête de M. J. de
Narfon sur l'idée d'un parti catholique (2), M. de
Mun a donné son sentiment, comme plusieurs
autres personnages ; et il a trouvé que ses articles,
publiés par la presse, traduisaient assez heureusement sa pensée pour mériter d'être réunis en brochure sous ce titre : *La Conquête du Peuple*. Nous
sommes donc certains d'avoir son avis réfléchi. Or,
quel est-il ? Le voici

1. *Les Études*, 5 août 1908.
2. Juin 1908.

En 1892, au moment où venait d'être publiée l'Encyclique aux Français, celle qui donna naissance à ce qu'on est convenu d'appeler le « ralliement », j'essayai, pour appliquer immédiatement les conseils de Léon XIII, de reprendre, *sur le terrain constitutionnel*, l'œuvre de 1885, par la création d'une Ligue catholique et sociale, recrutée, presque exclusivement, parmi les jeunes gens. Cette fois, ce ne fut pas l'interdiction du Pape qui m'arrêta ; au contraire, par une lettre publique et très développée, qui demeure, pour moi, mon plus grand titre d'honneur, Léon XIII daigna louer, sans réserves, le discours que j'avais prononcé à Saint-Étienne pour formuler le programme de la Ligue. Elle échoua, cependant, par la difficulté de grouper un nombre suffisant d'adhérents.

L'exemple me paraît décisif. *La création d'un parti exclusivement catholique, et par là même nécessairement constitutionnel*, se heurterait, aujourd'hui comme alors, aux mêmes obstacles, sans doute à de plus forts. Car nos divisions politiques subsistent, plus nombreuses, plus vives que jamais. C'est notre plus grande faiblesse ; elle est malheureusement incurable, étant faite de convictions, de sentiments, d'habitudes et de justes répugnances que suscite l'anarchie morale et sociale dont nous souffrons.

Cependant, observe M. de Mun, la lutte électorale sur le terrain de la défense religieuse s'impose comme une nécessité créée par nos adversaires ; et il ajoute :

Si, à certaines époques, la persécution s'est dissimulée sous les dehors d'une demi-liberté, aujourd'hui aucune équivoque ne peut subsister. *Depuis sept ans*, le gouvernement lui-même a marqué le terrain de la lutte, et la défense de la religion s'impose, en fait, comme un programme nécessaire et commun aux croyants et aux libéraux,

L'*Action libérale populaire* est née de cette situation. C'est la gloire de M. Piou de l'avoir fondée, d'en avoir fait, à force de persévérance, de courage et d'éloquence, une association puissante et fortement organisée. *Pourquoi les catholiques voudraient-ils l'affaiblir en la divisant par des groupements particuliers?* Au mois de mai 1903, j'adressais au Congrès de l'*Action libérale*, réuni à Châlon-sur-Saône, les paroles suivantes, que je me permets de reproduire, parce qu'elles expriment encore exactement ma pensée : « Le parti catholique peut, dans notre pays, être le noyau, l'élément principal d'un grand parti politique ; il ne peut pas le constituer à lui seul, sous peine de se réduire à n'exercer qu'une action insuffisante surtout au point de vue électoral ; car, pour défendre efficacement les intérêts sacrés dont il a la garde, il faut qu'il appelle à lui tous ceux qui veulent sauvegarder le respect et la liberté des croyances religieuses. » C'est pourquoi j'ai, pour ma part, considéré, et je considère encore, que mon devoir était de m'associer pleinement à l'œuvre de M. Piou.

Beaucoup de catholiques ont fait comme moi ; *ils sont, je puis le dire, l'immense majorité* : je voudrais qu'elle devînt l'unanimité.

Donc, organisation de la défense religieuse et point de parti catholique, voilà ma réponse à la question soulevée par M. de Narfon.

L'opinion émise par M. de Mun soulève des questions trop importantes, pour qu'on s'attarde longtemps aux erreurs de calcul qu'il y mêle. Elles ne sont cependant pas indifférentes à la cause. Il croit pouvoir affirmer que l'*immense majorité* des catholiques adhère à l'*Action Libérale*. Ce sont là les entraînements de l'éloquence oratoire. Celle des statistiques est plus froide. Le rapport officiel présenté par M. Laya, secrétaire général, au congrès de décembre 1909, accuse un chiffre de 950.000. On ne doit sans doute pas le soupçonner d'omissions volontaires ni de négligence. Il n'est question, c'est entendu, que des bons chrétiens : combien M. de Mun en compte-t-il donc en France ? Et, de plus, s'il est vrai que l'*Action Libérale* ne s'est pas en vain portée du terrain des principes chrétiens sur celui de la liberté et du simple droit commun, qu'elle est parvenue ainsi à enrôler nombre de ces honnêtes gens qui ne se réclament pas de leur foi religieuse, de quelle quantité faut-il diminuer cette somme de 250.000 adhérents catholiques ? Mais non, elle n'a obtenu aucun succès sur ce point. Si respectable, d'ailleurs, que soit ce chiffre, on ne peut s'empêcher de constater qu'il est très inférieur au but poursuivi et surtout si ce résultat acquis depuis sept ans est mis en comparaison des énormes ressources matérielles fournies par les catholiques et de l'appui déclaré des autorités religieuses, il apparaîtra plus que médiocre. L'immense majorité dont on fait état se trouve réduite à une minorité presque insignifiante.

Une autre erreur de compte, plus surprenante, moins explicable et moins excusable, est celle par laquelle M. de Mun fait remonter à sept années seulement l'époque « où le gouvernement lui-même a marqué le terrain de la lutte ». Cette manière de passer sans bruit l'éponge sur les vingt années de persécution qui ont précédé pourrait être habile de la part de ceux qui chercheraient à pallier les faiblesses et les capitulations dont fut marqué presque chaque jour de notre histoire religieuse depuis la dislocation de l'ancien parti conservateur.

Mais que peuvent gagner les citoyens catholiques de France à passer ainsi par profits et pertes les longs sévices que leur a infligés l'autorité tyrannique de la franc-maçonnerie ? Est-ce là le moyen de stimuler leur énergie ? Moins que tout autre, M. de Mun s'il a quelque souci de l'éclat que son nom pourrait jeter dans l'histoire, ne devrait, afin de faire oublier la suite, détourner l'attention des débuts de cette période où il fut, de 1877 à 1886, en face de Gambetta et de Jules Ferry, le champion acclamé du droit chrétien et de l'Église, dont il soutint la cause avec une intrépide éloquence qui faisait alors augurer pour lui une carrière illustre. Ce n'est pas seulement depuis la loi contre les congrégations religieuses et la liberté d'enseignement, en 1901, que le gouvernement athée imposé à notre pays a ouvertement marqué sa position sur le terrain de la persécution religieuse ; ce fut depuis le jour où Gambetta poussa le cri de guerre du parti radical triomphant: Le cléricalisme, voilà l'ennemi ! La loi de 1901 et celles qui l'ont suivie ne sont que le couronnement de la violente campagne entreprise dès lors contre les Ordres religieux, contre la liberté d'enseignement, contre l'institution de l'Église, contre Dieu et contre la foi même ; et, s'il est nécessaire de faire souvenir M. de Mun de toutes ces péripéties désastreuses, nous le renvoyons à la fidèle et lugubre énumération qu'en a dressée un de ses admirateurs, M. Charles Bota, dans la *Grande faute des catholiques français*, ou, plus récemment, Mgr Delmont, dans sa très suggestive brochure : *Le bilan de trente ans de persécution*

Barbier   6

1877-1907 (1). Si vous voulez que le peuple catholique se lève enfin pour la défense de sa foi, commencez pas ne pas l'endormir sur l'étendue de ses maux.

Mais la logique de l'éminent académicien paraît encore plus en défaut que ses souvenirs. Je ne parle pas seulement de celle de son attitude personnelle. Certes, on ne peut que respecter, admirer même, le sentiment d'abnégation qui le fit renoncer, en 1886, sur le désir de Léon XIII, à un projet qu'il croyait indispensable au salut. Mais depuis l'approbation formelle du même Pape en 1892, rien n'entravait plus la liberté d'action de celui qui, peu d'années auparavant, après avoir dit : « Il s'agit d'opposer à la politique matérialiste appuyée sur les droits de l'homme, la politique chrétienne, qui s'appuie sur les droits de Dieu, garantie de tous les droits humains, et qui détermine, suivant sa loi, le régime de la famille, du travail, du crédit et de la propriété », concluait son appel à la formation d'un parti catholique, en ajoutant : « Pour moi, qui ai fait jusqu'ici de ces idées la règle de ma vie politique, je ne les déserterai jamais, quoi qu'il arrive. Je supplierai les catholiques de se grouper autour de ce programme, etc... » Aujourd'hui, non seulement M. de Mun délaisse librement ce programme, mais il use de son incontestable autorité pour supplier les catholiques de s'associer à son abandon. Je ne sache aucun exemple qui marque d'une manière plus frap-

1. *Œuvre catholique de propagande*, rue Tancrède, 19, à Coutances (Manche).

pante et plus instructive quel genre de progrès accomplissent nécessairement les idées des catholiques qui se sont ralliés au drapeau libéral de M. Piou .

Dans son discours de Saint-Étienne, en 1892, M. de Mun faisait, en termes admirables, le départ entre ce qu'ont d'absolu les principes et le contingent des programmes. Ceux-ci sont nécessairement plus modestes et plus succincts. Mais ce qui est indispensable au parti catholique, c'est un *corps de doctrines*. L'orateur qui en formulait la synthèse, au point de vue politique et social, la résumait ainsi : « En deux mots, nous voulons rendre à Dieu sa place dans la société française et au christianisme son influence et son action dans la vie nationale. » Il déterminait fort heureusement la constitution du parti catholique : « Cette synthèse, c'est, je vous l'ai dit, le *corps de doctrines*, l'ensemble d'*idées* et de *revendications* qui doivent vous servir à *vous reconnaître, à vous recruter, à vous organiser.* » Ce qui n'empêchait pas l'orateur de tendre la main, comme à des alliés, à tous les « hommes de bonne volonté », qui, sans être catholiques, n'en étaient pas moins sincèrement dévoués à « la liberté religieuse ».

C'est ce même dessein que M. de Mun reconnaît aujourd'hui impraticable et nuisible. L'*Action libérale* répond à tous les besoins présents. Il pense que son insuccès personnel tranche tout doute sur la question. Mais cet échec n'a-t-il pas tenu à des causes secondaires, qu'il eût été facile et sage de prévenir ? Nous le dirons tout à l'heure. Achevons d'abord de suivre le raisonnement qu'on nous fait.

Cependant, avant d'aller plus loin, je crois pouvoir me permettre d'apporter aux souvenirs de M. de Mun une autre rectification de détail assez piquante. Dans l'article de journal que nous discutons, et dans le texte de la brochure qui le reproduit, il parle de sa lettre adressée au Congrès de l'*Action libérale* qui se tint à Châlon-sur-Saône en 1903. Or, il veut certainement désigner le congrès général de la *Jeunesse catholique* qui s'y réunit en effet les 7, 8 et 9 mai de cette année, et où j'ai entendu la lecture de cette lettre. Il est vrai que l'heure de ce congrès ayant été choisie pour opérer l'entrée sensationnelle de la *Jeunesse catholique* dans l'*Action libérale*, M. de Mun est très excusable de n'avoir retenu que ce grand résultat, et de confondre deux noms désormais si unis.

Il rappelle donc que, lors du congrès général de la *Jeunesse catholique* à Châlons, en 1903, par une lettre-manifeste destinée à suppléer sa présence et son discours annoncé, il exposait que le parti catholique pouvait, dans notre pays, être le noyau, l'élément principal d'un grand parti politique, mais qu'il ne pouvait le constituer à lui seul, et qu'il lui fallait l'alliance de tous ceux qui veulent le respect de la liberté religieuse. Il concluait par un chaleureux appel en faveur de l'*Action libérale*. Je fus témoin comme membre de ce congrès, de la surprise, de la gêne et du mécontentement causés à une partie des assistants par cette manifestation imprévue pour eux, mais concertée entre leurs chefs. L'association de la Jeunesse catholique, fondée vers 1887 sous

l'inspiration de M. de Mun, n'inscrivait-elle pas dans
son programme l'abstention de toute politique ? Ne
devait-elle pas son large recrutement au soin qu'elle
prenait de professer cette abstention en toute circonstance ? L'idée, les principes, le plan du parti
catholique, tels que les avait déterminés son fondateur n'étaient-ils pas son vrai et propre terrain ?
Que venait faire cette invitation péremptoire à
souscrire avec ostentation à un programme bien
différent ? Il semblait bien grave de pousser sur ce
sol instable la troupe catholique établie dans la
meilleure position. Et puisque, à cette heure encore
selon M. de Mun, le parti catholique pouvait être
« l'élément principal d'un grand parti politique »,
la logique du discours, et non moins celle de la
situation, comme celle de sa propre conduite, ne
devait-elle pas conduire M. de Mun à favoriser l'organisation de la Jeunesse catholique en vue du rôle
dont il venait d'indiquer l'importance et les conditions ? Or, au lieu de donner l'impulsion que ces
prémisses annonçaient, il fait entendre un cri de
ralliement à l'*Action libérale*. Cet appel, lancé en
plein congrès, n'avait-il pas l'apparence d'un paradoxe étrange ?

Aujourd'hui, il y a plus encore. M. de Mun va
jusqu'au bout de sa pensée, ou plus naturellement
peut-être, jusqu'au bout de son évolution. Le paradoxe devient une complète volte-face, une contradiction dans les termes. M. de Mun rappelle, comme
alors, ce qu'on peut attendre du parti catholique,
et conclut sans hésitation... qu'il faut le rejeter.
« Donc... point de parti catholique ». Docile, l'asso-

Barbier   6.

ciation de la *Jeunesse Catholique* a suivi son mot
d'ordre, et s'est mise à la suite de l'*ActionLibérale*.
Les esprits qui ne subissent pas le vertige de l'entraînement demeurent confondus de ces métamor-
phoses.

Cependant nous ne sommes pas encore au bout
des surprises que l'ancien défenseur de la politique
chrétienne nous ménageait. Les termes de sa conclusion elle-même sont une énigme de plus. Il nous
dit : « Donc, organisation de la défense religieuse
et point de parti catholique ». Ces paroles renferment peut-être un sens profond qui nous échappe.
Celui que les explications recueillies semblent lui
donner nécessairement est que la défense de la foi
chrétienne doit négliger « le corps de doctrines,
l'ensemble d'idées et de revendications », qui
auraient servi aux adhérents du parti catholique
pour « se reconnaître, se recruter et s'organiser »,
ou, tout au moins, ce qui reste aussi incompréhen-
sible et aussi grave, que, si ce corps de doctrines et
ces idées continuent à inspirer la conduite individuelle des catholiques, ils n'en feront pas état dans
leur action commune, puisque ce serait ramener le
parti catholique dont il ne faut pas.

Mais peut-être y a-t-il malentendu sur ce qu'on
doit entendre par « l'organisation religieuse ». Peut-
être s'agit-il seulement de cette reconstitution des
ressources et des œuvres catholiques que l'exécrable loi de séparation a rendue nécessaire, et que
notre épiscopat a courageusement entreprise, avec
le concours dévoué des fidèles, en y joignant le commun souci d'affermir l'influence chrétienne par le

développement des institutions sociales. C'est là
une œuvre immense, mais qui, cependant, est loin de
répondre à toutes les nécessités de la situation, et
qui, pour sa sécurité et sa stabilité, exige le concours
d'une solide action politique. M. de Mun n'a pas
évité l'équivoque ou la confusion où tombent beaucoup d'autres qui semblent proposer cette organisation religieuse comme l'unique affaire sur laquelle
les catholiques doivent concentrer tous leurs efforts,
n'attendant que d'elle seule la préparation d'un
avenir meilleur. L'action catholique demeurera
frappée d'impuissance si elle ne fait face à ce double rôle. Elle sera stérile tant qu'on absorbera l'un
dans l'autre. La brochure de M. de Mun, *La Conquête du Peuple*, qui embrasse d'abord la question
sous son double aspect en traitant de la réorganisation nécessaire, paraît, à cause de cela, très faible
dans sa conclusion, indiquée par le titre du dernier
chapitre : « Des œuvres, encore des œuvres et
toujours des œuvres ! » C'est la formule et le mot
d'ordre de ceux qui croient faire acte de sagesse et
d'habileté en détournant les catholiques de l'action
politique. C'est que, dans cet ordre, comme nous
l'ajouterons tout à l'heure, la position fausse et
sans franchise dans laquelle ils s'obstinent, leur
ôte la liberté d'action et les met hors d'état de défendre efficacement leurs principes. En toute hypothèse, la conclusion de M. de Mun demeure un
problème indéchiffrable. Car, enfin, de trois choses l'une : ou bien l'organisation religieuse rêvée,
s'appuyant sur l'action politique, sera religieuse de
nom et de fait : et alors elle implique le parti catho-

lique que cette conclusion repousse ; — ou bien, sans se désintéresser de l'action politique, elle se poursuivra en faisant abstraction des principes qui régiraient un parti catholique : et alors elle n'aura de religieux que le nom et le titre, mais elle ne dépassera pas le programme du libéralisme ; — ou bien, s'effaçant de la politique, elle sera circonscrite à la restauration des ressources et des œuvres catholiques : et alors comment peut-on dire que, se cantonnant dans le domaine purement religieux, elle exclut, dans celui de la politique, l'organisation d'un parti de la politique chrétienne ? Ne l'appelle-t-elle pas, au contraire, impérieusement ?

Cela nous ramène au fameux reproche d'exclusivisme. Un parti exclusivement catholique, nous dit M. de Mun, se heurterait à d'insurmontables obstacles. L'objection est étrange dans la bouche de l'orateur de Saint-Etienne. Son programme, à lui-même, était-il donc exclusivement religieux ? Le corps de doctrines, la synthèse qu'il y exposait étaient-ils donc uniquement tirés des définitions de l'Eglise et des réponses du catéchisme ? Sa magnifique conception de l'ordre social, par exemple, rentre-t-elle dans ce qu'on appelle un programme exclusivement religieux ? Il ne manquerait plus à M. de Mun, que de faire sien le langage de M. Naudet, de M. Fonsegrive ou de Marc Sangnier. Celui-ci demandait « si le dogme catholique pourrait bien le forcer à être bimétalliste, ou unimétalliste ». M. Fonsegrive triomphait en demandant avec une égale assurance, « si le catholicisme donne quelque lumière sur la question de savoir si la Belgique a quelque intérêt ou non à posséder le Congo ». Et M. l'abbé Naudet disait crûment : « Se représente-t-on un programme uniquement composé de revendications religieuses, les seules sur lesquelles nous puissions nous entendre, un programme dans lequel on ne parlerait que de moines, de curés, de bonnes sœurs, de monopole des fabriques, de la loi d'abonnement, etc ? Quel est le député qui pourrait se présenter avec un tel bagage ? Quel est le comité d'hommes raisonnables et intelligents qui voudraient le patronner ? » C'est à M. de Mun lui-même qu'il faudrait renvoyer tous ces adversaires de parti pris, pour leur rappeler que, dans tous les partis, il y a des points arrêtés d'avance, et puis, les autres qui sont de deux sortes : ceux sur lesquels les divergences sont indifférentes, et ceux où, pouvant compromettre la bonne entente ou l'unité du parti, ou ses alliances, elles doivent céder à la discipline sans laquelle aucune organisation ne subsisterait. Nul mieux que lui, surtout, ne leur eût éloquemment fait comprendre que les principes du droit chrétien sont la première et solide assise sur laquelle les catholiques ont le devoir de rééditer par un effort commun l'édifice social, sous peine de déserter la tâche qui leur incombe.

Cela ne l'empêche pas aujourd'hui de suivre les errements de ces libéraux déclarés, et d'aller, comme eux, chercher même à l'étranger des exemples qu'ils dénaturent à qui mieux mieux. Il écrit encore dans la brochure citée : « Combien de catholiques, combien de conservateurs chez nous, croient encore que le grand parti catholique allemand fut

exclusivement un parti de défense religieuse ? La
vérité cependant est tout autre. » Je ne sais si beaucoup de catholiques français croient cela, mais ce
que personne ne peut contester sans défigurer manifestement l'histoire, c'est que la défense religieuse
et sociale fondée sur les principes chrétiens, sur la
profession publique des convictions chrétiennes, a
été la base fondamentale du centre catholique alle.
mand, comme elle le devait être du parti catholique
français, auquel M. de Mun s'efforce actuellement
de nous faire tourner le dos avec lui. Cette vérité
historique a été solidement démontrée par l'abbé
Kannengeiser dans ses remarquables études.

Dans un pays où les protestants sont en majorité,
les catholiques allemands ne pouvaient proposer
comme terrain commun la défense des droits de l'E.
glise. Distinguant, comme nous le faisons nous-mêmes entre les principes du parti, qu'eux n'ont cessé
de défendre vaillamment, et le programme d'alliance
ils ont établi celui-ci sur la base du christianisme
positif. Même ainsi restreint, il demeurait confessionnel. Personne n'entrait dans le Centre sans
adopter cette position. Aujourd'hui, en France,
pays catholique, nos faiblesses ont si gravement
compromis la situation, que les partisans du parti
catholique concéderaient encore bien plus et rédui-
raient le principe d'alliance à la simple religion naturelle, à l'engagement d'agiter l'opinion pour que
Dieu soit explicitement reconnu par nos institutions,
et tout d'abord, reprenne sa place dans l'École.
Même cela est jugé excessif. Non seulement nos catholiques refusent d'en faire la condition de l'alliance

avec les honnêtes « gens », mais, pour leur propre compte, et en dépit des déclarations héroïques dont retentissent leurs Congrès, quand ils vont devant le pays, ils n'invoquent plus que le dieu à double face de la liberté.

Tout ce qu'on objecte aujourd'hui sous couleur d'exclusivisme n'a pour but que de créer une équivoque à la faveur de laquelle on déguise une défection et l'évolution vers la politique non-confessionnelle, a-religieuse du libéralisme. Ce courant est si fort à l'époque actuelle qu'on y voit entrer à certaines heures ceux là mêmes qui s'étaient jusqu'ici donné la mission d'y résister. Sous la plume du P. Pavissich, le même qui, tout récemment, reçut par contre-coup un désaveu de Pie X pour avoir approuvé et défendu la participation des femmes catholiques au congrès neutre de l'enseignement tenu à Rome, la *Civiltà cattolica* (15 mars 1907), la *Civiltà Cattolica* dont Pie IX avait fait son rempart contre le libéralisme, donnait, sur le thème qu'affectionne aujourd'hui M. de Mun, un article sur le centre allemand qu'accueillirent chez nous avec empressement les familles libérales et modernistes comme le *Bulletin de la Semaine*, qui l'appelle avec raison un « fort curieux » article (3 avril 1907). Il consiste, ajoute cette revue, « à attribuer les victoires des catholiques allemands à ce que le Centre *n'est pas un parti religieux*, mais un parti politique et populaire. » On voit quelle bonne aubaine pour tous les adversaires d'une politique franchement chrétienne. Il suffit de souligner quelques expressions pour faire ressortir la tendance et montrer comment l'article de la *Ci-*

vità s'efforce de *minimiser* l'action religieuse du Centre :

Le Centre n'est pas un « groupe catholique pour la défense des intérêts religieux », mais un vrai « parti politique » qui reconnaît et défend les intérêts légitimes de tous. Cela ne veut pas dire que la défense des droits religieux du peuple catholique *soit exclue* de son programme, cela signifie que ce parti politique, qui est le Centre, occupe la position la plus solide, la plus sûre, la plus avantageuse, celle du terrain politique, pour défendre de la manière la plus efficace, au nom du droit constitutionnel, en même temps que les autres intérêts légitimes, *même les droits du catholicisme* dans l'État germanique.

Confondant ensuite, comme à dessein, le programme politique et social du centre avec ses principes religieux, et absorbant ceux-ci dans celui-là, le P. Pavissich poursuit en apportant contre la politique chrétienne les arguments familiers à ceux qui s'intitulent chez nous les catholiques de gauche. On croirait son langage emprunté aux revues *Demain* et le *Bulletin de la Semaine* ou au *Sillon*.

Si les catholiques allemands avaient formé au Parlement un groupe confessionnel avec un programme *exclusivement* ou principalement de défense religieuse, tous les éléments non catholiques se seraient ligués tôt ou tard en une armée formidable pour combattre implacablement le catholicisme au dedans et au dehors du Parlement. Le considérant comme *agressif*, envahisseur et périlleux pour l'État, ils l'auraient mis en dehors du droit commun, et il s'en serait suivi une série de luttes religieuses et civiles engendrant une sorte de nouveau Kulturkampf, plus long et plus funeste que le premier. Et même, en supposant qu'on n'en fût pas arrivé à ces extrémités, le caractère religieux du groupe en aurait affaibli l'activité parlementaire, l'aurait discrédité dans l'opinion publique en le privant du contact avec les autres partis et de la participation positive à la vie de l'Etat. N'est-ce pas là ce qui était advenu à l'ancienne « fraction catholique » du Parlement prussien ?

Le centre allemand s'est constitué comme un groupe non pas *exclusivement*, mais néanmoins *franchement* confessionnel. Voilà la vérité qu'il est funeste de dissimuler, l'exemple qu'on devrait applaudir, comme ses résultats le méritent, au lieu de chercher à faire prendre le change sur sa portée. Quant à prétendre qu'une politique chrétienne, et le fait de s'organiser » avec un programme principalement de défense religieuse » prendraient nécessairement un caractère de provocation et d'agression et exclurait les catholiques d'une participation positive à la vie de l'Etat, ce n'est pas seulement favoriser le jeu hypocrite des ennemis de l'Eglise, ce n'est pas seulement condamner tout d'abord cette organisation exclusivement religieuse à laquelle tant de catholiques parlent de limiter leurs efforts, et qui doit être du moins l'âme de leur vie publique, ainsi que les papes Léon XIII et Pie X le leur ont si instamment recommandé, c'est, avant tout, donner raison aux partisans de la sécularisation de l'Etat et du libéralisme le plus formellement condamné par l'Eglise. Aussi ne peut-on s'étonner assez de voir un pareil argument invoqué dans une revue comme la *Civiltà*.

Barbier   7

Cependant, si l'on y regarde de près, tel est le motif qui arrête les catholiques qui ont imité l'évolution politique de M. de Mun et adopté le principe constitutif de l'*Action Libérale*. Ayant substitué à la subordination sincère au régime établi, dans tout l'exercice légitime de son pouvoir, l'adhésion formelle au principe de ce régime, comme je le démontrerai plus tard par des faits incontestables, ils se sentent désarmés pour toute résistance sérieuse en face d'un gouvernement qui se donne la guerre à la religion comme raison d'être. On ne peut être à la fois pour lui et contre lui. Cette situation inextricable les a conduits à découvrir cet admirable secret de la politique nouvelle, qui permet à un parti de résister au gouvernement jusqu'à la mort, mais sans lui faire d'opposition. Et ce secret magique, ils l'ont enfermé dans une seule formule : *le terrain constitutionnel*. C'est l'aveu et la faiblesse que laisse échapper M. de Mun dans cette autre phrase non moins énigmatique que la précédente : « La création d'un parti exclusivement catholique et par là même nécessairement constitutionnel se heurterait, etc... » Pourquoi « par là même » ? N'est-il pas évident, au contraire, qu'un parti dont le terrain d'accord est limité aux principes du droit chrétien et à la défense des intérêts sociaux et religieux, — exclusivement catholique, en ce sens, — s'il est constitutionnel, selon l'acception obligatoire de ce terme, n'en demeure pas moins étranger par principe à toutes les préférences politiques et respectueux de toutes ? N'est-il pas clair qu'il impose la subordination d'une telle préférence, même pour le régime établi, aux exigences éventuelles de droits sacrés dont la violation obstinée et tyrannique peut entraîner la déchéance du pouvoir ? Mais les catholiques formellement ralliés à la République se sont habitués à écarter absolument et de parti pris une telle alternative. Le problème consiste essentiellement pour eux à obtenir le respect de ces droits sans laisser suspecter leur foi constitutionnelle. C'est ce qu'impliquent les expressions de M. de Mun. Et comme le problème n'est pas beaucoup plus facile que celui de la quadrature du cercle, ils renoncent à l'étudier autrement que pour la forme, et tournent toute leur activité vers l'action et les œuvres sociales.

Là est la cause des échecs de M. de Mun dans la formation d'un parti catholique. Il eût été, comme je l'ai dit, sage et facile de l'éviter. Son essai de 1886 a échoué parce qu'il était, malgré la noblesse du but, une première concession à l'indifférentisme politique que lui-même avait si victorieusement réfuté, et qui, devenu le principe de la politique nouvelle, devait convaincre de sa fausseté ses adeptes nouveaux, les premiers, en les conduisant en faveur d'un régime détestable à une intransigeance aussi absolue que dissimulée. A cette époque, les conservateurs catholiques, parmi lesquels M. de Mun avait tenu jusqu'alors un rôle si brillant, s'émurent, non sans raison de cette invitation insolite à pourvoir à la défense des principes du droit chrétien soutenus jusqu'ici par eux d'un commun accord, « en laissant de côté les conventions et les petitesses de la politique », selon les termes que nous avons déjà signalés dans l'article précédent. C'était abandonner la forte organisation existante, pour la chimère du parti exclusivement catholique. Leurs protestations émurent Léon XIII, qui, quoi qu'il en fût peut-être de son goût pour le projet de M. de Mun, ne jugea pas la situation mûre, et le pria d'y renoncer. Quand ce projet fut repris par l'orateur de Saint-Etienne, en 1892, ses idées avaient accompli la phase décisive de leur évolution, et la nouvelle formation du parti catholique « *sur le terrain constitutionnel* », en même temps qu'elle vengeait la politique de ce beau dédain pour ses conventions, mettait déjà, comme le fait aujourd'hui l'*Action Libérale*, les catholiques en demeure d'abriter leur programme sous l'égide de la fidélité constitutionnelle. Sans parler du tort énorme fait au prestige de M. de Mun par des changements d'opinion qui, de quelque motif respectable qu'ils se couvrent, ébranlent toujours le crédit d'un homme politique, c'était assez de ce point de départ faussé pour faire avorter sa tentative.

Ceux qui, plus nombreux qu'on ne veut bien le reconnaître, réclament encore aujourd'hui, comme plus nécessaire que jamais, l'organisation d'un parti catholique, en ont une conception plus juste et plus large. Ce qu'il nous reste à dire les vengera du reproche injustifié d'exclusivisme, en démontrant qu'il retombe sur ceux qui les contredisent au nom de la défense religieuse sociale, aussi ardents à imposer ce qui doit rester libre, une profession de foi politique, qu'ingénieux à écarter les affirmations de la croyance et celle des principes du droit chrétien qui s'imposent. On verra que leur conduite est exactement celle des anciens catholiques libéraux auxquels, par un mot aussi juste que spirituel, le cardinal Pie, évêque de Poitiers, reprochait d'appliquer à rebours la fameuse maxime de saint Augustin derrière laquelle ils se retranchent si souvent, comme s'ils entendaient : *in dubiis unitas, in necessariis libertas.*

CHAPITRE VI

L'INTÉGRISME

Les adversaires d'une politique franchement chrétienne qui, pour appliquer ici plus justement le mot
d'Albert de Mun, sont l'immense majorité parmi
les catholiques français d'aujourd'hui, aiment à invoquer en faveur de leur conduite l'exemple des
pays étrangers. Pour le plier à leur cause, ils le dénaturent si complètement que, sous leur plume ou
sur leurs lèvres, l'histoire, on peut le dire, devient
une fois de plus une sorte de conspiration contre la
vérité. Laissons de côté, en ce moment, les leçons
que nombre d'entre eux, même parmi les chefs du
clergé, prétendent emprunter à la condition sociale
des chrétiens dans les premiers siècles de l'Eglise,
par une assimilation insoutenable avec la nôtre dans
le temps présent (1). A ne considérer que celui-ci,
l'histoire contemporaine de l'Allemagne et de l'Ir-
lande, celle de Winthorst et d'O'Connell, sont là
pour apprendre selon eux, aux catholiques français,
le devoir d'être avant tout constitutionnels et leur
recommander l'adhésion au régime actuel comme

1. Je me permets de renvoyer le lecteur à l'un de mes précédents ouvrages : *Cas de conscience. Les catholiques français
et la République*, pages 351 et suiv. (1 vol. in-12. Lethielleux. Paris, 1906.)

la condition première de leur relèvement. On a vu plus haut, par un trait de récente date, comment la grande inspiration d'où est né le centre catholique allemand et l'héroïque attitude de ses chefs en face du Kulturkampf sont mises dans l'ombre. Mon intention n'est pas d'y insister davantage ici. Le lecteur, s'il lui convient, en trouvera d'autres exemples, plus suggestifs encore, dans mes écrits (1).

Mais il est, paraît-il, un autre pays où la ligne suivie par les défenseurs des principes catholiques nous donne, par opposition à celle des Irlandais et des Allemands, un enseignement non moins profitable. Autant la sage et intelligente modération de ceux-ci a fait avancer leur cause, autant l'intransigeance de ceux-là la compromet et la perd. Ce pays est l'Espagne, et cette politique funeste est celle des intégristes. Le rédacteur d'une série d'articles sur l'intégrisme, parus dans la revue *Demain* (2), à laquelle j'emprunterai principalement les détails de cet exposé, a soin de commencer par un rapprochement destiné à diminuer la surprise et à préparer l'application à notre propre état : « Je prie d'abord ces étonnés de regarder autour d'eux. Ils se convaincront sans peine, je crois, que ce type de rêveur et de fabricant d'abstractions politiques n'est pas aussi rare qu'ils le pensent, surtout dans les pays latins. Je suis de près, et il y a assez longtemps, le mouvement des esprits et des faits parmi les catholiques, en France et en Italie. Ils y sont vrai-

1. Même ouvrage, pages 336 et suiv.
2. 9 mars, 18 mai, 10 août 1906.

ment nombreux encore, ceux qui à l'exemple de nos ineffables intégristes, vivent enveloppés du nuage épais qui leur dérobe à la fois la vue du passé, du présent et de l'avenir chez eux. Ces gens-là, en vertu d'une sorte d'autosuggestion, n'aperçoivent que des idées élaborées dans des songes creux, loin de toute réalité. »

Il me semble bon de s'arrêter un peu à l'intégrisme, mais pour des fins tout opposées à celles qu'on nous suggère. Un rapide aperçu de la situation montrera par lui-même que la conduite des dirigeants de l'opinion catholique en France est aux antipodes de celle des intégristes espagnols. Cela s'appelle aller d'un excès à l'autre. Ici l'absolutisme trop rigoureux, là une sorte de nihilisme, dans le sens où ce mot dit le néant. Les uns se refusent aux tempéraments que les circonstances réclament, et maintiennent dans l'hypothèse tout ce que la thèse les oblige à professer; les autres, entraînés par le besoin de conciliation et d'accommodement n'ont plus d'yeux, ni d'oreilles que pour les exigences justes ou fausses de l'hypothèse et, pour ne pas dire plus, se résignent à dissimuler les principes que leur devoir est d'affirmer toujours, afin de ne pas reconnaître un droit là où il ne saurait y avoir que tolérance. Et quant à présenter comme opportuns pour nous, dans un état déjà si abaissé, les conseils de modération que l'intransigeance de certains catholiques espagnols ont pu rendre nécessaires, il sera facile de montrer que c'est nous donner une nouvelle poussée sur une pente où nous glissons déjà beaucoup trop vite.

L'homme le plus éminent et le chef du parti intégriste en Espagne, était don Ramon Nocedal (1),
fils de don Candido Nocedal qui en fut le fondateur.
Après la restauration de la monarchie alphonsiste,
en 1875, le carlisme comptait deux éléments dans
son sein. Très unis contre l'ennemi commun, le libéralisme constitutionnel et l'illégitimisme, ces deux
éléments étaient cependant distincts et même opposés. L'un politique et dynastique, où les laïques
étaient en grande majorité, tendait en raison de son
contact avec les réalités, à détendre, à assouplir les
principes rigides du parti. Il se préoccupait des
moyens de faire accepter à la nation le prétendant.
Dom Carlos lui-même sentait la nécessité d'une
adaptation de l'ancien gouvernement monarchique à
l'état social d'aujourd'hui.

En pleine guerre civile, ne disait-il pas dans le fameux manifeste et Morentin, après avoir affirmé le
devoir de rétablir l'unité catholique : « Cependant
de vieilles institutions sont mortes et certaines
d'entre elles ne peuvent renaître », il visait évidemment l'Inquisition. Il ajoutait plus loin que l'u-
nité catholique ne supposait pas un espionnage
religieux, et il repoussait encore une fois l'idée de
tribunaux qui « ne s'accordaient pas avec le caractère des sociétés modernes ».

Ce n'étaient pas seulement ces concessions, bien
anodines au point de vue politique, qui alarmaient
l'autre élément du parti, l'élément religieux. Celui-
ci craignait de voir le Roi circonvenu et on lui
fit comprendre que les compromis avec la Révo-

1. Mort il y a trois ans.

lution lui enlèveraient le plus grand nombre de ses
fidèles et ses soutiens les plus fermes, le clergé
et les religieux. Le prétendant s'inclina d'autant
plus facilement que, le sort de la guerre lui étant
défavorable, tout contact sérieux avec le peuple
espagnol et avec ses sentiments lui était devenu
très difficile.

Don Candido Nocedal, le père de don Ramon, ancien ministre de la reine Isabelle, qui s'était prononcé contre la guerre entre carlistes et libéraux,
prit à cette époque un grand ascendant sur le Prince
et sur son parti ; il devint le porte-drapeau des tendances absolutistes en politique religieuse. Il avait
à ses ordres un journal, le *Siglo futuro*, fondé
en 1875, qui ne tarda pas à se faire remarquer par
son intransigeance. Les libéraux l'accusaient d'i-
gnorer absolument les conditions de la société moderne. Soutenu, encouragé par un certain nombre
d'évêques, par la masse du clergé, par les religieux
et surtout les jésuites, ayant parmi ses rédacteurs
des hommes peut-être impétueux, mais d'un réel talent, comme Mateos-Gago, don Candido Nocedal
exerçait une influence sans rivale sur l'opinion
catholique en Espagne.

Elle ne fut égalée après lui que par celle de son
fils, dom Ramon, dont le prestige était encore plus
grand. Celui-ci, député aux Cortès pour la ville de
Pampelune, était en effet un homme de tout premier
mérite. Écrivain et polémiste redoutable, il se posa
à la tribune des Cortès et de la presse en chef du
parti intégriste. Ses adversaires eux-mêmes admi-
raient sa bravoure et sa vaillance à défendre une

cause devenue beaucoup moins avantageuse. R. Nocedal fut un des plus éloquents orateurs de l'Espagne. Quelqu'un qui avait entendu votre de Mun et
lui, écrit le correspondant de *Demain*, m'assurait
que le premier était loin de l'égaler. Dès qu'il parle
aux Cortès, les bancs des députés et des tribunes
se remplissent. La plume en main, dans le *Siglo futuro*, Ramon Nocedal égala Louis Veuillot en saint
enthousiasme pour la vérité ; il le surpassait pour
l'ardeur et la véhémence à poursuivre l'erreur libérale où qu'elle se manifeste, et surtout il déploya
une force d'âme extraordinaire, une souplesse et une
ténacité sans exemple, pour conserver les principes
du parti à l'abri des reproches ou des désaveux
que leur application inflexible a pu provoquer.

Les changements de circonstance avaient en effet
rendu la position des intégristes singulièrement
plus délicate et difficile qu'au début. Un événement
qui a eu sur le catholicisme espagnol durant ces
dernières années une influence décisive et qui dure,
allait mettre publiquement aux prises les tendances
qui divisaient la communion carliste. Il faut remonter jusque-là pour retrouver la source des trois
courants qui emportent, dans des directions tout à
fait opposées, la pensée et l'action des catholiques en
ce pays (1). Je veux parler de la fondation de l'U-

1. L'intégrisme ayant pour organe le *Siglo futuro*. Le
carlisme avec *El Correo*. Le mestizisme, du mot *mestizos*
(métis), désigne tous ceux, carlistes ou intégristes, qui se
sont ralliés au gouvernement actuel ou renfermés dans
l'indifférence politique, et qui, à des degrés divers, cherchent la conciliation des principes avec les exigences de la
situation. Le journal *El Universo* représente leurs tendances.

nion catholique. Voici comment le correspondant de *Demain* la raconte :

L'homme qui conçut l'idée de « l'Union » est bien connu en Espagne. Il s'appelle don Alejandro Pidal y Mon. Fils et neveu de deux ministres de la reine Isabelle, élevé par sa famille dans des sentiments d'une ardente piété qui devinrent plus tard convictions profondes à l'école du célèbre restaurateur de la néo-scolastique chez nous, le cardinal dominicain Zéphyrino Gonzaly, dont il resta le disciple préféré, il eut, tout jeune, la prétention d'être aussi dévoué à la cause alphonsiste qu'au catholicisme. Élu député en 1876, son talent souple et vigoureux, brillant et solide, le mit au premier rang parmi nos orateurs et il y est resté. Aujourd'hui encore, don Alejandro Pidal est un des hommes qui honorent la tribune et la langue castillane.

Après la guerre civile et le triomphe d'Alphonse XII, la ligne de conduite, sinon le mot d'ordre de tous les catholiques, fut d'émigrer à l'intérieur. On devait s'interdire rigoureusement toute collaboration aux affaires publiques qui serait un semblant d'approbation du nouveau régime, dont la Constitution, dans son article 2, proclamait la liberté ou plutôt la « tolérance des cultes ». On comptait par là acculer le gouvernement dans l'impasse révolutionnaire et le faire revenir à de meilleurs sentiments. Les carlistes, eux, et ils étaient le grand nombre, croyaient bien obliger ainsi la nation à réclamer le prince légitime et antilibéral. Calcul vain et qui montre encore une fois le peu de sens politique, je veux dire l'ignorance des réalités, qui caractérisent les catholiques latins en général, et les catholiques espagnols en particulier.

L'homme d'État qui présidait alors aux conseils du jeune monarque comprit vite qu'il serait extrêmement dangereux pour la monarchie de s'aliéner la faveur des catholiques, surtout des plus modérés d'entre eux. Canovas del Castillo expliqua au nonce et à la cour romaine le fameux article XI dans un sens qui ne blessait point l'orthodoxie. Pie IX qui aimait son filleul Alphonse XII, tranquillisa la conscience de ses fidèles et leur permit le serment à la Constitution.

Les carlistes ne voulurent point cependant renoncer à leur attitude. Ils continuèrent à se tenir à l'écart et à combattre sans trêve dans leur presse le légitime héritier de la révolution. Une nouvelle guerre civile ou une république leur paraissait préférable à cette monarchie hybride. Mais plusieurs parmi les catholiques ne furent pas de cet avis. Alejandro Pidal, qui, d'ailleurs, n'avait point d'objection politique contre la dynastie donna une voix éloquente à leurs raisons. Dans un discours retentissant, il montra quel péril serait pour l'ordre social, pour les intérêts les plus sacrés de la religion et de la patrie l'émigration des meilleurs citoyens à l'intérieur. Cette tactique ne pouvait que pousser le gouvernement vers la révolution, et l'espoir de voir le bien d'une restauration germer de l'excès du mal alphonsiste s'il était permis, apparaissait plus qu'incertain. Il fit un chaleureux appel aux vaillantes et généreuses masses carlistes et les invita à venir combattre sur le terrain légal pour la même grande cause qui les avait amenées au champ de bataille. Chacun, d'ailleurs garderait son idéal et ses préférences politiques. On ne s'allierait que sur le terrain exclusivement religieux où les questions de dynastie n'ont à peu près rien à voir. C'était une sorte de fédération des forces catholiques que demandait Alejandro Pidal, « l'union », non point « l'unité » de tous ceux qui, suivant le mot d'Aparisi, « allaient à la messe ». Si je ne me trompe, Étienne Lamy reprit chez vous, il y a cinq ou six ans, l'idée de cette fédération (1). Et peut-être sa réalisation sera-t-elle le seul

1. L'auteur fait évidemment allusion à la *Fédération électorale* tentée avant les élections de 1898. Elle échoua et dut se dissoudre rapidement pour deux causes : 1 La majorité des groupes, au lieu de laisser à chacun ses préfé-

moyen pratique qui, dans les pays latins, permettra de
rallier sans froisser leurs légitimes convictions, des
hommes qui, quoique catholiques, ont droit à leur liberté d'allure en tout ce qui n'est point du domaine
strictement spirituel.

Aussi bien, le discours d'Alejandro Pidal produisit
une impression profonde. On s'occupa aussitôt de mettre en pratique ses conseils. L'Union catholique était
née. Pape, cardinaux, évêques l'approuvèrent. Tout ce
que l'Espagne comptait de grand par le nom, le talent
et la vertu adhéra à l' « Union ». Les publications catholiques la firent connaître à leurs lecteurs et l'approuvèrent chaleureusement. Les carlistes, qui savaient
distinguer la religion de la politique, vinrent joyeux au
nouveau groupement. Leurs organes, *La Fé* et *El Fénix*,
avec des nuances dans leur adhésion, acceptèrent le
projet et promirent leur concours. Seuls Candido Nocedal et *El Siglo Futuro* repoussèrent l' « Union ». Ils
furent suivis par le troupeau assez nombreux des catholiques à tendances mystiques et absolutistes.

Alors commença dans la presse une lutte violente,
acharnée, qui devait aboutir à l'échec de l' « Union »
et à la division du carlisme en deux camps plus opposés
l'un à l'autre que les pires ennemis. Alors se forma,
sous l'impulsion de Nocedal, cet étrange parti d'illumi-
nés et d'exaltés qui ont eu et ont encore l'orgueilleuse
prétention de relever seuls, à l'encontre des évêques,
du pape et de toute autorité qui ne les approuve point,
le catholicisme intégral.

rences politiques, voulait exiger le loyalisme constitutionnel ; a) et, au lieu de se placer sur le terrain catholique, elle
voulait celui d'une politique non-confessionnelle. Un désaveu
discret du pape Léon XIII sur ce second point provoqua la
démission du président, M. Lamy. *L'Action libérale*, à son
tour, a repris ces errements. On voit qu'il n'y a aucun
rapprochement sérieux entre les essais prônés chez nous
et l'Union catholique. Le nom même les sépare.

Le caractère connu de la revue à laquelle ces lignes sont empruntées en explique l'exagération. Il
est cependant exact que l'inflexibilité des intégristes fut plus d'une fois jugée excessive. Le dernier
cas de ce genre nous amènera naturellement à la
comparaison que certains sont tentés de faire entre
cette situation et la nôtre.

Peu à peu, sous l'influence des causes indiquées
plus haut, l'état des esprits s'était modifié parmi un
certain nombre des partisans du catholicisme intégral. Les jésuites, en particulier, après avoir été
longtemps les soutiens de l'intégrisme et du *Siglo
futuro*, se persuadèrent que, vu les conditions
actuelles, cette intransigeance compromettait plus
qu'elle ne servait la cause religieuse, celle même de
l'idée monarchique, et ils opérèrent une certaine conversion. Leur revue *Razon y Fé*, en deux articles
dont le retentissement fut considérable, combattit
l'abstention électorale complète, conseillée par les
intégristes, dans le cas où manquerait un candidat
donnant toute garantie non seulement contre l'hostilité à l'Eglise, mais même contre le libéralisme
catholique. Les PP. Mintegulaga et Villada soutin-
rent qu'entre deux candidats dont l'un est moins
mauvais que l'autre, il était *permis* de voter pour
le moins mauvais. Par exemple, M. Maura, monarchiste conservateur, se présente contre M. Canalejas, monarchiste démocrate. Tous les deux, dans
l'hypothèse des écrivains précités, sont mauvais,
parce que libéraux. On peut cependant voter pour
M. Maura — catholique très pratiquant — parce
qu'il offre des garanties, surtout au point de vue

religieux, qu'on no trouve pas chez son adversaire.
Il est donc licite, en certaines circonstances, de
choisir un moindre mal pour en éviter un pire.
Dans l'occurrence, en Espagne, les conservateurs,
même libéraux, sont un moindre mal que les démocrates, les socialistes et les républicains anticléricaux.

Cette conclusion ne fut pas du goût de Ramon
Nocedal. Il soutint que le moindre mal n'était pas
Maura ou Pidal, mais Canalejas ou le socialiste
Pablo Iglesia, et cela en s'appuyant sur le P. Villada
lui-même : « Je me suis permis, disait-il, de rappeler le jugement très autorisé de l'illustre moraliste,
d'après lequel ceux qui admettent la théorie du
moindre mal doivent comprendre que le mal passa-
ger que fait la démagogie avec ses destructions
brutales, pour si horrible qu'il soit, cause un dommage bien moins grave, moins profond et moins
transcendant que le mal occasionné par les modérés,
les libéraux à la Pidal et à la Maura ; j'ai aussi rappelé la souveraine autorité de Pie IX disant, et c'est
d'ailleurs une vérité de sens commun, que les catholiques libéraux sont plus dangereux, plus à craindre que « les démons de la Commune ». On ne
pouvait donc voter pour ces libéraux.

Jésuites et intégristes, et à la suite des uns et des
autres, clergé et catholiques, se trouvèrent divisés.
S. S. Pie X, par une lettre à l'évêque de Madrid,
en date du 20 février 1906, déclara les articles de
Razon y Fé « conformes à ce qu'enseignent actuellement la plupart des moralistes sans que l'Église
les condamne ou les contredise » :

Tous se rappelleront qu'il n'est permis à personne de rester inactif quand la religion ou l'intérêt public sont en danger.

En effet, ceux qui s'efforcent de détruire la religion et la société cherchent surtout à s'emparer, autant que possible, de la direction des affaires publiques et à se faire choisir comme législateurs.

Il est donc nécessaire que les catholiques mettent tous leurs soins à écarter ce danger, et que, laissant de côté les intérêts de parti, ils travaillent avec ardeur à sauver la religion et la patrie. Leur effort principal sera d'envoyer, soit aux municipalités, soit au corps législatif, les hommes qui, étant donné les particularités de chaque élection et les circonstances de temps et de lieu, ainsi que le conseillent sagement les articles de la revue mentionnée, *paraissent devoir mieux veiller aux intérêts de la religion et de la patrie, dans l'administration des affaires publiques.*

.˙.

Il y a deux aspects distincts à considérer dans l'attitude des intégristes, les principes et la conduite pratique. L'un et l'autre n'offrent que contraste avec ce qui se passe en France. Il n'y a de rapprochement que celui consistant dans cette violente opposition ; et elle est loin d'être toute à notre avantage.

En premier lieu, quelle qu'ait pu être la méprise des intégristes sur les exigences de l'état actuel de la société, et quelqu'excessive, leur intransigeance dans l'application de leur doctrine, ce n'est point par celle-ci qu'ils pèchent, ni qu'ils justifient la critique. Bien au contraire, leur fidélité courageuse à la professer demeure la plus grande chance de

salut social pour leur pays. Ils n'ont fait, sous ce
rapport, que se conformer aux enseignements de l'É-
glise et de son chef, en prenant pour guide le *Syllabus* que Pie IX avait promulgué, non pas pour
conserver à l'histoire par un acte authentique l'i-
déal d'un état de société désormais disparu, mais
bien pour servir de règle de conduite aux catholiques dans cette époque de troubles et de crises, et,
ainsi que Léon XIII le rappelait dans l'Encyclique
Immortale Dei : « Afin que, dans un tel déluge
d'erreurs, ils eussent une direction sûre ».

Il est même intéressant de rappeler un fait carac-
téristique à ce sujet. Un des principaux soutiens de
D. Ramon Nocedal, D. Félix Sarda (1), avait publié
sur les principes de l'intégrisme, un livre dont l'apparition provoqua des polémiques retentissantes.
Son titre seul eût suffi pour exciter l'émotion des
adversaires : *Le Libéralisme est un péché*. L'auteur
y consacre en particulier plusieurs chapitres au
reproche d'intolérance et d'exclusivisme, et il soutient *ex-professo* la nécessité d'un *parti catholique*
se posant ouvertement comme *antilibéral.*. Par
suite des discussions soulevées, ce livre fut soumis
au jugement de la S. Congrégation de l'Index, avec
celui du chanoine D. de Pazos ayant pour titre : *Le
procès de l'intégrisme* ou *Réfutation des erreurs
contenues dans l'opuscule* : *Le Libéralisme est un
péché*. Or, à la date du 10 janvier 1887, la S. Con-

1. Plus tard, il y eut désaccord entre D. Ramon Nocedal
et D. Sarda, celui-ci ne partageait pas, dans la conduite
pratique, l'intransigeance absolue du chef du parti intégriste.

grégation de l'Index rendit la sentence suivante :
« Or, dans le premier, elle (la S. Congrégation) n'a
rien trouvé qui soit contraire à la saine doctrine,
mais son auteur, D. Félix Sarda, mérite d'être loué,
parce qu'il expose et défend la saine doctrine sur
le sujet dont il s'agit, par des arguments solides,
développés avec ordre et clarté, sans nulle attaque
à qui que ce soit. Mais ce n'est pas le même jugement qui a été porté sur l'autre opuscule publié par
D. de Pazos ; en effet, il a besoin, pour le fond, de
quelques corrections, et, en outre, on ne peut
approuver la façon de parler injurieuse dont l'auteur se sert, etc... »

Loin donc de faire retomber sur les doctrines du
parti intégriste et sur sa fermeté dans leur affirmation, les décisions qui paraissent atteindre l'application trop rigoureuse qu'il en a pu faire, on doit
reconnaître qu'il demeure digne, à ce point de vue,
d'être proposé pour modèle aux catholiques de tous
les pays.

Ah ! qu'un peu d'intégrisme ferait bien parmi
ceux de France ! Est-il vrai qu'ils soient nombreux
chez nous, à l'heure actuelle, comme on l'insinuait
plus haut, les hommes qui, à l'exemple des intégristes, restent fermement, publiquement attachés à
ces règles de conduite hors desquelles l'Eglise nous
crie qu'il y a danger de perdition ? Quel est donc
parmi les groupements en faveur celui qui s'honore
d'y être fidèle ? Quel écho, quel accueil rencontrent
les voix isolées et affaiblies qui s'élèvent pour se
plaindre de cet abandon ? Il y eut une époque, loin-
taine déjà, où la parole de l'Eglise faisait vibrer les

cœurs en France et y trouvait des soutiens dévoués. Après les grandes luttes de l'ancien parti catholique, et préparée par elles, toute une génération sacer-dotale et laïque marchait avec vaillance sous la con-duite entraînante du grand chrétien et de l'écrivain admirable qu'était Louis Veuillot, dans la voie tracée par le Vicaire de Jésus-Christ. Le libéralisme a triomphé d'elle. C'est à elle, c'est à ses chefs qu'on impute aujourd'hui d'avoir causé le triomphe de l'esprit laïque et maçonnique, par cette fidélité où l'on ne veut voir qu'une provocation inutile, de même qu'on se plaît à dénoncer dans les intégristes les meilleurs agents de la révolution et du socialisme en Espagne. Parler de la force dangereuse que ceux-ci conservent encore chez nous a plutôt l'air d'une dérision.

C'est surtout la direction pratique contenue dans la lettre de S. S. Pie X à l'évêque de Madrid qui causa aux catholiques libéraux français une jubila-tion discrète. La réponse du Saint-Père devenait un encouragement à leur conduite, quoique celle-ci dépassât déjà de beaucoup cette direction. Le Pape demandait qu'on tenant compte des diverses cir-constances, on votât pour « les hommes qui parais-sent devoir mieux veiller aux intérêts de la religion et de la patrie, dans l'administration des affaires publiques. » Précisons sur-le-champ le point du débat, en observant que c'est là la théorie du *moin-dre bien*, et non pas, comme on s'est plu à le dire, celle du *moindre mal*. Il y a entre les deux une diffé-rence absolue. La solution donnée par le Saint-Père a une formule positive, elle vise un résultat bon *en*

soi par certains côtés, bien qu'inférieur à celui qu'on
pourrait désirer : le choix d'hommes capables de
veiller dans une certaine mesure au bien de la religion. Et, d'ailleurs, le cas qu'on lui soumettait, tout
différent de ceux qui s'agitent chez nous, supposait
cette qualité bonne : à défaut de candidats offrant
toutes les garanties, devait-on rejeter ceux qui,
bien qu'imbus d'idées libérales, sont cependant des
catholiques attachés à l'Eglise ?

Rien donc de commun entre ce *moindre bien*,
dont il faut savoir se contenter en cas de nécessité,
en acceptant un candidat *moins bon* qu'on ne le
souhaiterait, mais favorable à la religion, et ce
détestable principe du *moindre mal* par lequel les
catholiques libéraux français ont prétendu justifier
leurs compromissions avec les adversaires de l'E-
glise, et des concessions que la conscience, à l'envi
de l'honneur, devait leur faire repousser.

Le correspondant romain de *La Croix*, Mgr Vanneufville (B. Sienne), qui a toujours été l'un des
agents les plus actifs de cette regrettable tactique,
signalait à son journal la réponse du Saint-Père avec
un réel bonheur d'expressions :

La revue *Razon y Fè* « Raison et Foi » avait publié
deux articles — notamment en octobre 1905 — sur le
devoir électoral des catholiques.

Elle y écartait résolument les maximes outrancières ;
elle recommandait d'étudier les conditions de chaque
milieu, d'y reconnaître et d'y supputer les résultats possibles et de se conduire d'après cet esprit pratique, soit
pour le choix des candidats, soit pour les alliances à
proposer, à accepter, à pratiquer. La *Razon y Fè* allé-

guait d'ailleurs le sentiment du grand moraliste Lehmkuhl : qu'il est permis de voter en certains cas, même
pour un candidat non bon, quand on exclut pour le fait
un candidat pire encore.

Le P. Lehmkuhl donne en effet une solution que,
pour notre humble part, nous ne pouvons nous
empêcher de trouver pour le moins périlleuse, malgré les restrictions qu'il y met. Elle serait parfaitement défendable dans les cas où, comme dans la
discussion de l'intégrisme, *mauvais* est synonyme de
moins bon. Mais, enfin, il en est d'autres où le meilleur des candidats en présence est simplement et
formellement mauvais. A moins de dire avec l'*Ami
du Clergé*, comme on le verra plus bas, qu'un tel
candidat est cependant *bon* relativement à un autre
pire : ce qui nous paraît gros de conséquences. Il est
possible que le point où un candidat cesse d'être
moins bon et tombe au rang des mauvais ne se dis-
cerne pas du premier coup d'œil dans certains cas,
mais il en est d'autres où la limite est claire : la
conscience, la morale et les lois de l'Église sont faites pour aider à la reconnaître. Or, parlant dans
l'hypothèse de deux candidats *mauvais*, le P. Lhem-
kuhl dit : « Il n'est jamais permis, en principe, d'é-
lire un candidat mauvais ; mais cela peut être permis dans un cas donné, à savoir : Si le choix n'est
possible qu'entre deux candidats mauvais, on pourra
voter pour celui qui l'est moins, du moins si l'on
manifeste par parole ou par acte le sens et l'intention de ce choix, et si, en outre, ce vote est néces-

saire pour exclure le plus mauvais candidat (1).

N'est-ce pas un principe incontestable, et universellement enseigné, que le vote, émis librement et en connaissance de cause, est une réelle coopération de l'électeur aux œuvres de son élu ? D'autre part, est-il jamais permis de faire un mal positif pour obtenir un bien, et, à plus forte raison, en vue d'un mal, moindre peut-être, mais qui reste un mal formel ?

Hormis le cas de contrainte ou de violence morale dont le P. Lehmkuhl ne parle point ici, comment l'électeur catholique, ayant la liberté de s'abstenir, peut-il, en conscience, voter pour le candidat partisan déclaré des lois sectaires de laïcisation et de sécularisation, sous le prétexte de faire échec à celui qui veut, en outre, la socialisation des capitaux ?

Que d'actes intrinsèquement mauvais deviendraient légitimés par cette théorie *du moindre mal !*

Je pense, en effet, que le principe valable pour l'électeur peut être invoqué par l'élu à son tour, et voici ce qui en pourrait résulter : je suppose que, la persécution suivant son cours, on dépose un projet de loi frappant de bannissement l'évêque ou le

---

1. Aliquem pro deputato eligere absolute, qui prava sectatur principia, numquam licet : verum hypothetice licere potest ; nimirum si possibilitas eligendi est solum inter duos, quorum neuter sana et justa principia fovet, licebit eum, qui minus malus est, eligere, saltem si : 1° aut verbis aut facile declaratur, quo sensu et quo fine hæc electio instituatur, et si insuper. 2° Hæc electio seu cooperatio ad electionem necessaria videtur, ut pejor candidatus excludatur. (Theologia moralis, t. II, n° 799.)

prêtre qui aura détourné les parents d'envoyer les
enfants dans une école où est donné un enseignement impie. Il y a une majorité assurée pour voter
cette sanction. Mais un amendement est présenté
qui la réduit à un an de prison. C'est assurément là
un moindre mal, un résultat *bon relativement à
l'autre*; et comme il est, par supposition, impossible d'en obtenir un meilleur, le député catholique
pourra donc voter l'emprisonnement de l'évêque
ou du prêtre qui a rempli les obligations de sa
charge !

La solution du P. Lehmkuhl suppose que, préa-
lablement, les catholiques ont fait tout l'effort possible pour échapper à cette nécessité. Mais qui ne
voit à quels abus elle peut prêter, et quels compromis de conscience chercheront à se couvrir de ce
principe commode ? On pressent aisément que les
lecteurs de *La Croix* se sentiront invités à appliquer
aux candidats *mauvais* ce que *Razon y Fé* et le
Pape disaient des catholiques libéraux. Et les conseils pratiques de Mgr Vanneufville les y pousseront,
non sans ambages. Il conclut ici :

L'acte que S. S. Pie X vient de poser, sanctionne
pour l'Espagne cette politique modérée, pratique, qu'il
a lui-même pratiquée à Venise, et qui vient d'affranchir
du joug anticlérical de la ville de Turin.

En tenant compte des différences considérables qui
distinguent l'Espagne et la France, il est certain que ce
document contient des leçons précieuses pour les catholiques français aussi.

Or, ces leçons précieuses, le correspondant de
La Croix les avait par avance clairement et preste-

ment tirées dans une brochure publiée avant les
élections de 1906, et chaudement patronnée par ce
journal (1). La morale est bien simple : « Les catholiques doivent se porter vaillamment et avec une
abnégation vers la gauche », (page 22). Voilà ce
qu'on entendait en disant quelques lignes plus haut :
« Les catholiques doivent acquérir une flexibilité
plus grande d'allure et de tactique, et l'*Action
Libérale* est moralement nécessaire pour les diriger
dans cette voie nouvelle », (page 20). Et encore :
« Ce serait une criminelle imprudence que de renouveler certains errements locaux de 1902, et de dis-
puter son siège à un progressiste, une criminelle
imprudence, disons-nous : ajoutons que ce serait
aussi une injustice odieuse et une véritable trahison » (page 35).

Relisez bien cette phrase : il y aurait une véritable
trahison à faire passer un candidat franchement
catholique au détriment des progressistes. Tel est
le mot d'ordre propagé par *La Croix*. Il arriva que
l'Union catholique de la Mayenne n'en tint pas
compte dans les élections législatives de 1906, et
parvint à substituer toute une liste de francs défenseurs de la religion à des progressistes comme
M. Renault-Morlière qui avait voté l'article 7 en
1880, la loi scolaire, la loi du divorce, la loi sur les
enterrements civils, l'interdiction de l'entrée dans
les hôpitaux aux membres du culte, et soutenu le
Gouvernement dans la question des inventaires des
églises, mais que, cependant, la prévision de nou-

1. *Les élections et le Bloc.* Imprimerie de la *Croix du Nord.*
Lille, 1905.

Barbier   8

velles brutalités de la part de M. Combes inquiétait. En fallait-il davantage pour rassurer les catholiques et mériter leur reconnaissance ? On vit la *Semaine religieuse* du diocèse de Nice leur reprocher ce succès comme « *une mauvaise et inexcusable action* ». Elle aussi n'y vit qu'une injustice odieuse, une véritable trahison, et elle ajoutait : « Il tombe sous le sens que ce n'est pas comme catholique qu'on a agi ainsi envers eux (les progressistes) ».

On voit où nous en sommes. Ce n'est plus l'acceptation résignée, c'est la préférence du candidat moins bon ; s'il est vrai, toutefois qu'un républicanisme implacable ne soit pas une meilleure garantie pour les intérêts de la foi que la sincérité des convictions catholiques. Mais pour Mgr Vannoufville, et pour ceux si nombreux qui pensent comme lui, le salut ne se peut obtenir « qu'en provoquant avec intelligence et décision *un déclassement radical des partis* » (page 22). En réalité ce sont les catholiques qu'on déclasse. Depuis lors, au nom de ce même principe du déclassement des partis, M. Marc Sangnier et le *Sillon* nous ont prêché l'union des catholiques avec les protestants et les libres-penseurs.

En 1898, *La Croix* de Seine-et-Marne, dirigée par M. l'abbé Lefebvre, recommandait aux électeurs de voter pour le radical Ménier, intime ami de Waldeck-Rousseau. En 1906, elle prenait ouvertement parti contre le comte de Cossé-Brissac, dont la profession de foi était hardiment catholique, mais monarchiste, en faveur de M. Labori, lequel avait fait au préalable des professions de foi révolutionnaires, mais dont M. Lefebvre et *La Croix* garantissaient

la modération, bien qu'ils n'eussent reçu de lui aucune promesse. M. Labori a tenu les siennes. Cela
n'empêche pas, qu'en 1908, *La Croix* de Seine-et-
Marne et M. Lefebvre recommandaient aux élections sénatoriales la candidature de MM. Prevet et
Forgemol qui, l'un et l'autre, avaient voté la loi de
séparation et de spoliation. Et voilà qu'on lit dans
ce même journal, sous la signature de M. Lefebvre :
« En Seine-et-Marne, quelle doit être la tactique des
libéraux et des honnêtes gens aux élections qui vont
avoir lieu ? Ils doivent sans aucun doute avoir pour
le premier tour leur candidat *nettement démocrate
et courageusement libéral.*

« Pour le second tour, s'ils ont devant eux un
valet des Loges, et un socialiste, *leur devoir sera
de reporter leurs suffrages sur le Candidat Socialiste*, à la seule condition qu'il ne soit pas lui-même
un valet des Loges et qu'il ne veuille pour nous, ni
vexation, ni persécution (1). »

Les électeurs libéraux dont il est ici question, ce
sont les catholiques ; mais la plupart de nos *Croix*,
qui portent en tête l'emblème du Crucifix, estiment
que le nom de catholiques est compromettant et de
nature à effaroucher les honnêtes gens. Ils voteront
donc avant tout pour un candidat *nettement démocrate.* C'est là la garantie indispensable, tellement
qu'au second tour on pourra *voter pour le socialiste,*
que dis-je ? Ce sera *un devoir*, oui, un devoir de
voter pour l'ennemi de la société. Il est vrai que
M. Lefebvre qui a, comme tous ses amis, un sens
spécial des réalités, suppose un socialiste bien doux,

1. 17 janvier 1909.

nullement sectaire, qui ne veuille ni vexation ni persécution pour l'Eglise, comme on sait que sont nos
députés socialistes et les gens de leur parti.

Au lieu de discuter longuement de tels cas, ou
d'en relater d'autres semblables, qui pourront trouver leur place ailleurs, il me semble préférable d'expliquer comment se forme et se propage une telle
mentalité, en rapportant une consultation de graves
moralistes, bien faite pour montrer, mieux que tout
le reste, quel besoin ont les catholiques français
d'être de plus en plus encouragés à la modération
dans la politique électorale. Cette consultation vient
de l'*Ami du Clergé* dont j'ai rappelé précédemment
la valeur et la large influence. Elle parut dans le
numéro du 8 juin 1905 (p. 501 et suiv).

Mais, d'abord, un souvenir. On se rappelle le
scandale causé par certaines déclarations de M. l'abbé
Dabry, réclamant la préférence pour les candidats
républicains, quelles que fussent leurs opinions,
contre les conservateurs, même excellents catholiques. A part une choquante rudesse et brutalité de
forme, son programme n'était pas très différent au
fond de celui qu'on a vu exposé plus haut. Voici,
en particulier, comment il appréciait l'avis de la minorité, dans le congrès de la Fédération électorale
de 1897, à laquelle il a été fait allusion précédemment : « Ce qu'ils voulaient, hélas ! on ne le savait
que trop. Ils voulaient des candidats « catholiques »,
des candidats prenant l'engagement écrit de poursuivre l'abrogation des lois contraires à la liberté
religieuse, à la Chambre, ou de ne jamais émettre
un mauvais vote. D'autre allaient plus loin. Dans

une des séances du Congrès national, dans la section où l'on s'occupait de la franc-maçonnerie, on demanda d'exiger de tout candidat la déclaration qu'il n'était pas franc-maçon. J'étais là par hasard. Je me dis : Ils sont fous ! » (1).

Eh bien, *l'Ami du Clergé* donne raison à M. l'abbé Dabry sur ce dernier point, et décide qu'entre deux francs-maçons, également notoires, mais inégalement dangereux, et à défaut absolu d'un candidat meilleur c'est un devoir de voter pour le franc-maçon dont il y a moins à redouter.

Avouons-le sur-le-champ, quoiqu'il soit exact de dire que l'abstention est le pire des maux, autant que ce mot d'abstention est synonyme de mollesse et d'incurie, nous ne pouvons cependant comprendre que la conscience d'un catholique lui permette, et, à plus forte raison, lui impose de voter pour un excommunié, solennellement frappé par l'Eglise qui lui refusera la sépulture chrétienne, s'il n'a réparé son scandale. Si un tel homme peut être l'élu des catholiques, surtout si on leur fait un devoir de voter pour lui, ceux-ci prendront-ils les foudres de l'Eglise pour autre chose qu'un vague grondement ? Les papes, les uns après les autres, et, plus récemment, Léon XIII, par la célèbre Encyclique *Humanum genus* du 20 avril 1884, leur ont dénoncé les francs-maçons comme la peste mortelle des sociétés chrétiennes ; et, sous le prétexte très hypothétique d'éviter un mal moindre, on invoque la morale catholique, non seulement pour les excuser de donner leur voté à des francs-maçons notoires, ce qui pour-

1. Les catholiques républicains, p. 575.

rait peut-être trouver quelqu'explication, mais pour les y obliger !

L'Ami du Clergé est mis d'abord, par le consultant, en présence de deux candidats détestables, que distinguent seulement l'audace violente d'une part, et, de l'autre, une perfide astuce. Les supposant également mauvais, il oppose à la fameuse maxime « de deux maux il faut choisir le moindre », cette autre qui a cours, dit-il, en certains pays : « Entre deux pommes pourries il n'y a pas de choix. » Le moindre mal, ajoute-il, n'existe pas ici. L'abstention s'impose pour éviter une coopération qui semble impossible à justifier. Elle diminuera le succès de ce vilain monsieur, aussi dangereux, quoique moins chiche de belles paroles, et elle permettra aux catholiques de se compter.

Tout cela est excellent. Mais si, entre ces deux candidatures mauvaises, l'une était moins que l'autre, on s'apercevrait alors qu'entre deux pommes pourries il y a encore un choix possible, voire obligatoire. Ce serait l'application du principe du P. Lemkuhl. *L'Ami du Clergé* y apportera d'ailleurs toutes les précautions indiquées par celui-ci ; il répétera à qui veut l'entendre « qu'il vote la mort dans l'âme, etc... »

Mais le consultant avait résumé les divers mérites de ses deux candidats en remarquant que l'un et l'autre étaient connus pour francs-maçons, ce qui lui paraissait commander l'abstention à l'égard de tous les deux. *L'Ami du Clergé*, qui s'y serait attendu ? déclare flairer là un piège. Et voici intégralement cette partie de sa réponse, avant tout commentaire :

Ce piège le voici : Rien n'est plus facile que de tirer argument de notre réponse pour conclure que, dans tous les cas où deux candidats irréligieux, francs-maçons, sont en présence, l'abstention s'impose aux catholiques.

Telle n'est pas du tout notre pensée. Nous le répétons, parce que la chose est grave et en vaut la peine : 1° s'il y a *identité réelle* de mal des deux côtés, point de choix à faire, c'est évident ; 2° s'il y a *différence*, alors c'est le moindre que l'on *peut* et que l'on *doit* choisir.

On le peut, parce que, en théologie morale il est toujours licite de faire une œuvre qui n'est pas entachée de malhonnêteté, qui est bonne ou au moins indifférente en elle-même. Or, étant donnée l'alternative nécessaire de deux hypothèses entre lesquelles il faut opter, la moins mauvaise est *bonne* par rapport à l'autre, dans la mesure précisément où elle est *moins mauvaise*.

D'autre part, *on le doit*, parce que, en pareil cas, l'alternative entre voter et ne voter point se résout par un bien si l'on vote, par un mal si l'on s'abstient.

Or, la charité oblige de s'opposer à un mal qu'on a le plein pouvoir d'empêcher ; plein pouvoir ici s'entend de la parcelle d'influence qui appartient au bulletin individuel du votant, quel que soit le résultat futur, actuellement inconnu du scrutin.

On dit à cela : « Comment ? Où voyez-vous un bien — car enfin il faut en convenir, le *moindre mal*, c'est un bien — dans le fait d'appuyer la candidature d'un misérable qui déteste l'Église, cherche noise aux religieux et aux curés, est franc-maçon notoire, qui... qui... ? Ce misérable devient-il un honnête homme, digne de toucher votre main, parce qu'il a une certaine teinte de libéralisme, qu'il est partisan, par exemple, de la pleine liberté de l'enseignement ? »

Pardon ! Vous sophistiquez ! Il y a chez cet homme

quelque chose que je n'approuve pas et quelque chose
que j'approuve. Comme vous, je déteste tout ce qu'il
a de mauvais. Mais je ne me résous pas, comme vous,
à détester par là même ce qu'il a de bon. Or, il a
du bon ; son concurrent n'en a pas. Si ce moins mauvais
passe, voici quel sera le bilan de l'opération : un mal
sérieux en moins, une liberté précieuse en plus ; donc
un bien à l'actif, au lieu du mal correspondant. C'est
mathématique. Plaise à Dieu que les catholiques de
France envoient à la Chambre une majorité de *francs-
maçons* qui nous donnent la *liberté d'enseignement*, au
lieu d'une majorité de francs-maçons — *inévitable*, comprenez bien cela — qui ne nous donnerons rien du tout...
que la persécution et la ruine sur toute la ligne.

Le principe de cette solution et l'hypothèse à laquelle on l'applique nous paraissent, à des points
de vue différents, également faux et dangereux.

L'hypothèse d'abord. *L'Ami du Clergé* prend
soin, il est vrai, d'ajouter, pour la légitimer : « En
fait de fantaisie spéculative, mon hypothèse vaut
bien la vôtre. On a toujours le droit d'asseoir un
raisonnement sur une hypothèse. J'ai proposé celle-
ci, quoiqu'elle puisse valoir en fait, pour vous bien
montrer que chez un candidat le fait d'être franc-
maçon n'entraîne pas pour nous *ipso facto* le devoir
de nous abstenir». Mais cette dernière phrase, sans
parler de ce qui la précède, montre bien qu'il ne
s'agit pas simplement d'une fantaisie spéculative.
Non, l'hypothèse est envisagée ici comme un cas
pratique, et formée pour influer sur la conduite pratique à l'égard des candidats francs-maçons. C'est
pourquoi la fantaisie n'y peut réclamer sa liberté
entière, ni surtout aller jusqu'à l'absurde. Or, n'est-
ce pas une aveugle chimère de supposer un franc-

maçon partisan de la pleine liberté d'enseignement ?
Et quel peut en être l'effet, sinon de répandre parmi
les prêtres très nombreux dont *l'Ami du Clergé* est
l'oracle habituel, et par eux parmi le peuple catholique, la persuasion qu'il y a des francs-maçons sup-
portables et non indignes de leurs suffrages ?

Le principe, à notre avis, est encore plus contestable, plus dangereux encore, parce que plus universel. N'insistons pas sur le vice du raisonnement
par lequel on passe ici à l'application. Après avoir
posé comme première prémisse qu'une action est
toujours licite, pour une juste cause, quand elle est
bonne ou même indifférente *en elle-même*, on nous
dit dans la seconde : or, le vote pour le moins mauvais franc-maçon est un vote bon *par rapport à
l'autre*. Avec de si larges prémisses, la conclusion
peut être plus large encore. Ne nous arrêtons qu'au
principe. Il est contenu dans cette proposition : la
moins mauvaise des deux hypothèses devient *bonne*
par rapport à l'autre ; et, mieux encore dans cette
autre qui dit tout dans sa concision : *Le moindre
mal, c'est le bien*. Le voilà dans sa formule crue, le
principe du moindre mal. Les applications en sont
infinies, et l'on s'apercevrait que, contrairement au
premier avis de *L'Ami du Clergé*, entre deux pommes pourries il y a toujours moyen de choisir.

Tout le monde reconnaît cependant qu'il y a un
mal qui demeure le mal, même mis en comparaison
d'un mal plus grand, avec une seule différence de
degré, mais non de nature. On peut dire que le
moindre mal est encore un bien, quand cette expression de moindre mal est vraiment équivalente de

moindre bien, et ne désigne que l'inconvénient d'un choix *bon de sa nature*, quoique défectueux par certains côtés, comme l'était l'élection d'un catholique libéral, sans autre alternative possible, dans l'affaire d'Espagne. Mais entre deux choix formellement mauvais, le moins mauvais reste mauvais. Tel est le cas entre deux francs-maçons notoires. Et nous n'arrivons pas à concevoir comment on peut ne pas considérer comme un acte *mauvais en soi* celui de conférer par son vote la puissance législative à un ennemi juré de Dieu, de l'Eglise et de la société.

En voyant que ces notions sont devenues si confuses même chez les plus éclairés des catholiques français quand il s'agit du devoir politique, on conviendra qu'ils n'ont pas besoin d'excitation aux accommodements, mais plutôt d'un certain retour vers l'intégrisme.

CHAPITRE VII

QUELQUES ÉCLAIRCISSEMENTS

Une revue d'attitude tranchée attire inévitable-
ment à son directeur des lettres de chaude sympathie, si elle a trouvé un public qui l'adopte, et
d'autres, d'un genre différent, quel que soit son succès. Les premières ne nous ont pas manqué, grâce
à Dieu, et cela dès le premier jour. Elles apportent
le réconfort nécessaire et l'encouragement dans la
lutte, mais elles appartiennent à un domaine intime.
Les autres sont venues naturellement aussi. Mais
elles comptent peu, si ce n'est peut-être comme
symptôme d'un certain état de l'opinion. A ce titre,
en voici un spécimen, qui est d'un prêtre :

Monsieur le Directeur,

J'ai la satisfaction de n'être point abonné à votre
revue, mais on m'a passé et j'ai eu la patience de lire
les fielleux articles sur la politique chrétienne, dans
lesquels vous vous usez à décrier des hommes admirés
de tous, des ligues et des journaux catholiques qui
ont reçu l'approbation du Saint-Siège en plusieurs circonstances. Elle est pour tout le monde une réponse
suffisante à vos critiques.

D'où prenez-vous donc ce droit, vous qui, suivant

une voie toute contraire, vous êtes cavalièrement dispensé de cette forme nécessaire d'approbation qu'est l'*imprimatur*, sans laquelle il vous était interdit, comme à tout autre prêtre, d'entreprendre la campagne à laquelle vous vous acharnez depuis plusieurs années, ou qui avez passé outre quand cette autorisation vous a été refusée formellement, ainsi que l'*Ami du Clergé* vous l'a si bien dit l'an dernier ?

Ce refus n'aurait-il pas dû vous faire comprendre le devoir de vous taire ? Mais non, la condamnation solennelle dont un décret de l'Index vous a frappé n'a même pas obtenu ce résultat. Votre obstination est d'autant plus incroyable que vous étiez déjà suffisamment averti par le piteux échec de votre voyage à Rome, où vous aviez été éconduit par tout le monde et surtout par le Saint-Père.

Vos efforts pour arrêter la splendide évolution qui s'achèvera par la réconciliation de la démocratie avec l'Eglise sont ceux d'un pygmée qui voudrait empêcher la terre de tourner. Vous perdez votre temps et vous ne pouvez rien. On vous connaît trop bien.

Agréez mes salutations.

Cet aimable correspondant ne fait que répéter ce qui se dit partout depuis un an. Or, si le respect, tout d'abord, si la bonne édification et un devoir de charité chrétienne envers la masse catholique souvent peu instruite et peu éclairée, m'ont fait n'opposer jusqu'ici qu'un absolu silence à tant de jugements ou de bruits faux, alors que ma personne était seule en cause, j'ai une raison d'agir différemment à cette heure où leur persistance est de nature à porter un grave préjudice à cette Revue, que j'ai le droit et quelque motif de considérer comme ayant sa modeste utilité pour la défense de la vérité et de l'Eglise. On trouvera donc naturels quelques éclair-

cissements de ma part. Afin de réduire à leur juste
valeur les griefs exprimés dans cette lettre, je par-
lerai successivement des approbations pontificales,
de l'imprimatur, de l'index et de l'accueil reçu par
moi à Rome.

LES APPROBATIONS PONTIFICALES

Pour beaucoup de gens, c'est chose presque aussi
grave au point de vue catholique, de critiquer l'*Action Libérale* ou quelque Ligue similaire, que d'attaquer la Bible. Ce que j'énonce sous l'apparence d'un
gros paradoxe est cependant devenu presque vrai,
depuis que l'enthousiasme croissant des catholiques français pour les institutions démocratiques
se traduit en pratique par l'abdication de toute
initiative, par le besoin d'échapper à toute responsabilité de leur conduite et de tenir doucement
leur conscience en sommeil, en substituant aux
principes ordinaires de l'activité civique l'unique
impulsion d'une autorité suprême, sur laquelle ils
se reposent de tout. Et quand certains hommes ou
certaines œuvres paraissent avoir obtenu la confiance de cette autorité, rien de ce qu'ils disent ou
de ce qu'ils font ne peut plus se discuter sans atteinte à celle-ci. Ces hommes, ces œuvres entrent
dans l'ordre des institutions sacrées. On les défend
aussi jalousement que tout ce qui leur appartient.
Allons jusqu'au bout : on a même pour elles un zèle
plus ardent. La question de l'*imprimatur* le fera

Barbier   9

bien voir. C'est même là, si l'on se donne la peine d'y regarder, la vraie cause du bruit mené autour des incidents qui me concernent. La morale de ces éclaircissements doit justement être de remettre en état ces balances faussées de l'opinion.

Expliquons-nous donc.

L'Eglise seule est infaillible, et encore en matière déterminée. Ses représentants, eux, peuvent n'être pas exempts d'erreurs ni de passions. Cela étant, on nous accordera bien que tels ou tels laïques éminents, quelles que soient leurs capacités et leurs intentions, que telle ou telle association dirigée par eux, de quelqu'investiture qu'ils se réclament, ne jouissent pas d'un privilège ¡ lus absolu, et qu'il y a même une différence assez notable à faire. Pourquoi donc, à l'heure où tout le monde se préoccupe d'une reconstitution des forces catholiques, serait-il mauvais et défendu de signaler la faiblesse de certains essais, surtout si, d'une part, on le fait en apportant des arguments précis, sérieux, et si, de l'autre, on se borne à demander, non la suppression de l'œuvre, mais son amendement ?

Les approbations pontificales sont transformées pour ces associations ou ces hommes en rempart invulnérable. C'est un fait qu'ils en ont été comblés à l'envi, mais, cependant, pas plus que le *Sillon*, dont le cardinal Rampolla a béni, au nom de Léon XIII, « ˈc but et les tendances » ; sur qui, en 1906, le cardinal Merry del Val appelait, par une lettre publique, la faveur de tout l'épiscopat français ; que nos évêques ont, en effet, patronné de toutes manières ; à qui S. S. Pie X, lors du pèleri-

nage de 1904, adressa une allocution plus chaude
que celle, toute récente, à la *Ligue patriotique des
Françaises*. Et cependant le *Sillon* est aujourd'hui
complètement déchu de cette faveur. Il est devenu
pour le moins suspect.

Quelle est donc la valeur de ces approbations ?
Elles sont la récompense d'efforts souvent très mé-
ritoires, un encouragement, un précieux stimulant
pour le zèle des catholiques, et une manifestation
des sentiments, des intentions, des désirs du Saint-
Père, qui oblige ceux qui en sont favorisés, autant
qu'ils les honorent. Et c'est de quoi l'on paraît
moins se souvenir. A tout le moins, c'est abuser
sans respect de ces hauts encouragements que de
les donner pour une ratification solennelle d'actes
que le Saint-Siège peut ignorer, ou d'y chercher une
sorte de blanc-seing pour l'avenir.

Les approbations retentissantes données au *Sillon* font-elles donc que j'aie été dans l'erreur en
écrivant, en 1905, les *Idées du Sillon* ? Non, cette
brochure donnait dès lors la preuve évidente, appuyée sur de multiples documents, que cette école,
après être entrée à pleines voiles dans le mouvement de l'américanisme, qui est une première forme
du modernisme, se mettait en contradiction avec
les règles de l'action sociale catholique tracées par
les Souverains Pontifes, et cachait, sous l'apparence
du zèle religieux le plus désintéressé, une passion
politique ardente. Mais, tout le monde se plaisait
alors à la considérer comme complètement couverte par ces approbations, on aimait mieux n'avoir
pas à s'occuper du reste, et l'on feignait de trou-

ver triomphale la réplique tirée de cet argument
d'autorité, que Marc Sangnier opposait invincible-
ment à ses très rares contradicteurs.

Or, le Saint-Père ne peut que s'en rapporter aux
informations que lui présentent ceux en qui il a
confiance. Il bénit, il approuve les intentions parfaitement droites, les déclarations parfaitement
orthodoxes, les programmes parfaitement louables,
qu'on étale devant lui. Mais si, ensuite, les actes
ne sont pas d'accord avec ces belles protestations ?
C'est ce qui arrivait pour le *Sillon*. C'est ce qui
arrive aussi pour d'autres ; et c'est ce qu'il faut
laisser désormais à l'écrivain sincère le droit de
dire et de prouver (1). Le Saint-Père ignore que la
conduite de telle ou telle ligue ou de ses chefs
dément le programme qu'ils lui font approuver et
bénir. Mais, pour eux, comme pour le *Sillon*, la plupart ne veulent ni l'entendre, ni le savoir, ni admettre qu'on en parle. L'approbation couvre tout, légitime tout.

On dit encore : mais ces critiques ne s'adressent,
après tout, qu'à la tête, et non aux membres. Pourquoi rendre l'association responsable des vues et de
l'action personnelles de ses directeurs, au risque de
dérouter la masse sincère ?

C'est encore exactement l'histoire du *Sillon*. Voyez
ses groupes ruraux, et même urbains, dans certaines
régions : un bon nombre se sont formés sous l'inspiration d'un zèle parfaitement droit et pur. Il est

1. Il semble qu'on puisse voir un indice de dispositions
plus favorables à cette liberté dans la récente apparition
du livre de M. l'abbé Lugan contre l'*Action française* avec
le double imprimatur d'Albi et de Paris.

même bien à croire que, si, dès l'origine, leurs adhérents avaient connu le véritable esprit du mouvement dans lequel ils entraient, leur ardeur se serait
frayé une autre voie. Cela n'empêche pas qu'une
fois associés, le sentiment de la solidarité et la force
de la discipline, la séduction des théories, l'enthousiasme pour le chef, soumettent toutes ces forces à
une action unique et font pénétrer peu à peu partout l'*esprit du Sillon*. On le constate de tous côtés ;
et c'est pourquoi la suspicion et le discrédit qu'en-
courent les chefs s'étendent justement à toute l'œuvre. Ce n'est plus seulement M. Marc Sangnier,
c'est le *Sillon* qui est nuisible, qui stérilise des énergies précieuses et qui s'égare. De même, les membres de ces associations sont, en bon nombre, et
même pour la plupart d'excellents catholiques, ne
demandant qu'à suivre la meilleure direction, personnellement étrangers à des calculs mesquins et
dérobés, et convaincus qu'ils concourent à une
action franchement catholique, exempte de compromission avec la politique ; cela n'empêche pas que
la direction de ces ligues stérilise en grande partie
ces généreuses dispositions, détourne ces efforts de
leur vrai but et les fait concourir à des résultats
fâcheux.

S'il est vrai que l'*Action libérale*, et d'autres
ligues, malgré le bien accompli par elles, mais,
peut-être aussi, sous le couvert de ce bien, maintiennent dans l'armée catholique des causes de division et d'impuissance, en soutenant, même insciem-
ment, les résistances du libéralisme, qui donc nous
fera un crime de les signaler, et de demander qu'on
fasse disparaître, non ces ligues, mais leurs abus ?

L'Imprimatur

Il est complètement faux que je me sois cavalièrement affranchi de l'imprimatur, comme si je ne faisais nul cas de cette prescription disciplinaire. Il ne l'est pas moins de donner à croire que l'imprimatur a été refusé à mes écrits après examen. Les faits vont parler d'eux-mêmes.

La série d'études religieuses que j'ai publiées s'ouvre par *les Idées du Sillon*, qui datent du printemps de 1905. L'imprimeur auquel mon éditeur avait confié ce travail, et dont le nom devait figurer avec le sien sur la couverture, habitant le diocèse auquel j'appartiens, j'adressai le manuscrit à mon Ordinaire, avec une lettre exposant les motifs de cette publication et sollicitant l'imprimatur. Au reçu de cet envoi, Sa Grandeur me répondit que, vu la faveur considérable dont le *Sillon* jouissait alors à Rome et auprès de l'épiscopat, il ne croyait pas pouvoir « favoriser par un imprimatur la discussion que je me proposais d'entamer », et courrier par courrier, me renvoya mon manuscrit. Il semble bien d'ailleurs que ce refus préalable ne signifiait que l'abstention de sa part, car l'ayant ainsi compris et lui ayant adressé un des premiers exemplaires qui parurent, je reçus de Sa Grandeur un remerciement aimable.

Lorsque le succès de ce livre rendit peu après une réédition nécessaire, je renouvelai ma demande d'imprimatur. Cette fois, je fus renvoyé à l'archevêché de Paris. Or, le crédit avéré et les marques spéciales de faveur dont le *Sillon* jouissait à ce moment de la part du cardinal Richard rendaient nécessairement illusoire toute tentative de ma part. Je m'abstins donc.

La même difficulté, résultant des mêmes causes, s'offrait peut-être plus insurmontable encore, lorsqu'il s'agit, quelques mois après, de parler de l'*Action libérale*, alors en possesion de tous les appuis officiels. Comme je me proposais justement de traiter des rapports de l'Eglise avec elle, et de soutenir en forme de thèses la doctrine traditionnelle sur ceux de la Papauté avec la politique intérieure des Etats, je conçus le projet de faire éditer *Rome et l'Action libérale* à Rome même, et de solliciter l'Imprimatur du maître du Sacré Palais. On conviendra du moins, que ce n'est pas l'attitude d'un homme qui s'affranchit délibérément du contrôle et qui préfère les voies obliques. Le R. P. Lepidi, après avoir invoqué plusieurs fins de non-recevoir, finit par répondre qu'il consentirait à examiner l'ouvrage, à la condition qu'il lui fût présenté avec le *bene placet* préalable de l'archevêché de Paris. C'était me refouler dans l'impasse.

Voilà une première série de faits par lesquels je répondis aux articles de l'*Ami du Clergé* (29 juin et juillet 1907), qui terminait sa critique acerbe, en invoquant l'absence d'imprimatur comme dénotant chez moi, tout le premier, des traces « d'infection libérale », comme « un sans-gêne et un petit mystère d'indépendance » étonnant de ma part. Devant ce mystère éclairci, l'*Ami du Clergé*, qu'on ne peut suspecter d'ignorance en cette matière, confondant

comme à dessein le refus préalable d'examen avec
le refus formel d'imprimatur donné en connaissance
de cause, concluait avec plus de rigueur que de
bonne foi :

Nous savons maintenant que si le dernier ouvrage de
M. l'abbé E. Barbier ne porte pas l'*Imprimatur*, c'est
que l'Ordinaire *l'a refusé* à sa première brochure sur le
Sillon, que le maître du Sacré-Palais a refusé de
s'occuper de son second ouvrage *Rome et l'Action libérale*, à moins que l'Archevêché de Paris n'eût préala-
blement donné un *beneplacet* que M. E. Barbier n'a pas
cru devoir demander. Après avoir passé outre au refus
de l'Ordinaire pour son premier ouvrage, au refus du
maître du Sacré-Palais pour le second, il n'a pas même
demandé l'*Imprimatur* pour le dernier. Le n° 41 de la
Constitution *Officiorum ac munerum* oblige tous les
fidèles, même prêtres et bien pensants, à soumettre
leurs ouvrages intéressant la religion et les mœurs à
la censure épiscopale ; aucun article n'oblige les Ordinaires à laisser passer tout ce qu'on leur présente. —
(15 août 1907, page 746).

Heureusement, à l'encontre de ce jugement, on
pourrait en invoquer d'autres émanant de canonis-
tes d'égale valeur, et qui ramèneraient à une appréciation plus modérée ; celui-ci, par exemple :

En France, la loi oblige-t-elle avec autant de rigueur
(qu'à Rome), surtout pour les ouvrages qui ne traitent
pas *ex professo* de l'Ecriture sainte, de la théologie dogmatique, morale et mystique, du droit canon ? En fait,
la plupart des auteurs se heurtent à un obstacle insurmontable, c'est la force d'inertie des Ordinaires, qui ne
se croient pas obligés de faire examiner les livres, ou
qui déclarent ne pouvoir pas le faire parce qu'ils ne

pourraient y suffire (1). A l'impossible nul n'est tenu. Et c'est pourquoi beaucoup de livres et plusieurs revues qui devraient avoir l'imprimatur en France ne l'ont pas. *Ce n'est pas leur faute.* (L'*Ami du Clergé*, 1ᵉʳ août 1895, page 547) (2).

A cette question : « Que faire si l'imprimatur est refusé sans motif exprimé ni connu ? », le même *Ami du Clergé* répond encore ailleurs, après avoir rappelé l'obligation pour les évêques de faire examiner les livres à eux soumis, qu'en ce cas, l'auteur n'est pas tenu de laisser son ouvrage en manuscrit, et qu'il ne lui reste donc qu'à le publier sans autorisation, hormis ceux dont l'usage est interdit par là même qu'ils n'ont pas l'imprimatur. (26 novembre 1896, p. 1032 et 1033). Même réponse le 14 juillet 1792 (p. 443).

A la fin de l'année 1907, quelques mois après l'Encyclique *Pascendi*, lorsque je fis paraître les *Démocrates chrétiens et le Modernisme*, travail essentiellement doctrinal, je formai de nouveau le dessein d'éditer cet ouvrage à Rome. Le maître du Sacré-Palais fit à ma demande cette réponse déconcertante : « Je voudrais bien examiner votre livre et lui accorder l'imprimatur. Mais il s'agit d'une publication toute locale. Il me serait bien difficile de porter avec la prudence voulue un jugement sur

1. Tel est le cas bien connu pour l'archevêché de Paris. (N. D. L. R.)

2. Cette réponse est antérieure à la Constitution *Officio-rum*. Mais l'*Ami du Clergé* y soutenant et, à bon droit, l'existence de la loi, l'excuse alléguée a la même valeur dans les deux cas.

Barbier   9.

l'opportunité en question. C'est pourquoi je suis
fâché de ne pas pouvoir vous contenter comme je
le voudrais ». (Lettre datée du 21 décembre). Cet
ouvrage parut un peu plus tard avec l'imprimatur
de l'évêque de Nancy. Le correspondant romain du
journal de M. l'abbé Naudet, la *Justice sociale*,
ayant eu connaissance de ce fait, l'exploitait à son
tour, à la façon de l'*Ami du Clergé*, en ces doux
termes :

Puisque nous sommes sur ce chapitre : délations et
dénonciations, je vous apprends, si vous l'ignorez, que
l'abbé Emmanuel Barbier, qui est considéré ici comme
le grand délateur du clergé français, s'est vu refuser
l'*imprimatur* pour un volume paru récemment et qu'il
avait présenté au jugement du maître du Sacré-Palais.
Inutile de donner le titre de ce livre qui n'est qu'un
gros libelle diffamatoire, *nec nominetur in vobis*, on ne
prononce pas le nom de ces choses-là. M. Barbier a,
dit-on, été plus heureux en France où un évêque ami de
votre Dalbin a couvert de sa signature cet odieux fac-
tum. (La *Justice sociale*, 22 février 1908).

Tout ceci amène à se demander, comme je le faisais dans ma réponse à l'*Ami du Clergé*, avant
l'Encyclique *Pascendi* : quel est donc cet état d'esprit, prédominant depuis quelques années, par
l'effet duquel, dès qu'on touche aux auteurs ou aux
œuvres qui se réclament d'une politique libérale et
démocratique, les écrivains dont les décisions du
Saint-Siège finissent cependant par sanctionner les
critiques, ont moins de liberté pour attaquer l'erreur, que les novateurs pour la propager par le
journal, la revue ou le livre ?

Les prescriptions disciplinaires de l'Eglise sont spécialement dirigées contre ceux-ci ; cependant, l'on ne s'en fait guère une arme que contre ceux-là. Nous ne voyons chez l'*Ami du Clergé*, par exemple, aucune trace des mêmes susceptibilités au sujet de l'imprimatur, dans ses appréciations sur les ouvrages de MM. les abbés Dabry et Naudet pour lesquels il se montre rempli de bienveillance et de confiance ou même pour *l'Essai de philosophie religieuse* de M. l'abbé Laberthonnière, dont il donne l'exposé en se défendant d'en faire la critique (1). Même s'il fait quelques réserves sur la doctrine théologico-démocratique de M. Naudet, il commence par cet éloge : « M. Naudet est un noble esprit et une grande âme, travailleur infatigable, lutteur toujours sur la brèche, *et soumis avec une docilité d'enfant aux moindres indications de l'Eglise. Avec cela, on est toujours sûr*, quand on tient une plume de journaliste, *de faire du bien et de mener le bon combat* (2). » Cela explique que l'*Ami du Clergé*, pas plus que d'autres, ne se soit inquiété de savoir avec quelle autorisation, durant nombre d'années, M. Dabry, dans la *Vie catholique*, M. Naudet dans la *Justice sociale*, poursuivirent leur campagne ouverte en faveur de M. Loisy et de toutes les entreprises modernistes, et qu'il ait recommandé ce dernier journal. Au mois d'octobre

1. *Les Catholiques républicains*, par M. Dabry (*l'Ami du Clergé*, 1900, p. 440). — *Pourquoi les catholiques ont perdu la bataille*, par M. Naudet (*Ibid.*, p. 541. — *Essai de Philosophie religieuse* (1904, p. 607 et suiv.)

2. *La Démocratie et les démocrates chrétiens*, par M. Naudet (*l'Ami du Clergé*, 1900, p. 1017).

1901, l'*Ami du Clergé* répondait à un abonné qui demandait : est-il vrai que « la ligne de conduite de la *Justice sociale* soit en opposition avec les directions pontificales ? Un prêtre ou un laïque instruit peuvent-ils sans danger, ou fructueusement, lire ce journal ».

Il est absolument faux que sa ligne soit en opposition avec les directions pontificales. Elle s'efforce au contraire de les appliquer et de les défendre. Mais les directions pontificales, en indiquant le but à obtenir et les principaux moyens d'y arriver, laissent encore à étudier bien des questions particulières sur lesquelles on peut n'avoir pas le même avis. La *Justice sociale* est vive d'allure, hardie dans les solutions. Plusieurs estiment qu'elle va trop de l'avant ; *mais il est à remarquer que ce reproche vient surtout de ceux qui n'entrent qu'à regret dans la voie tracée par Léon XIII où même n'y entrent pas du tout.* On peut toutefois, tout en suivant les directions pontificales, ne pas aller du même pas que la *Justice sociale* ; elle se donne elle-même comme un tirailleur d'avant-garde, toujours prête, sur un signe du chef, à rallier le gros de l'armée qui doit s'avancer moins ; elle l'a déjà fait après quelque pointe trop hardie : *c'est la preuve de son bon esprit. — De danger il n'y en a aucun.* Cette lecture peut être fort utile à ceux surtout qui ne comprennent pas encore assez la nécessité de l'action sociale catholique, ou ne connaissent pas les moyens d'y donner leur concours (1).

Quant au *Sillon*, l'*Ami du Clergé* ne se contente pas de lui consacrer d'abord de longues apologies où il déclarait *qu'on ne saurait accorder trop de confiance à ce mouvement des jeunes* (1903, p. 468

1. L'*Ami du Clergé*, 17 octobre 1901, couverture jaune, p. 230.

et suivantes ; 1905, p. 200 et suivantes), bien que
d'autres eussent déjà signalé ses dangereuses tendances. Dérogeant à la gravité du moraliste pour
prendre le langage de la basse polémique, l'*Ami du
Clergé* dénonçait des traîtres et des délateurs dans
ceux qui se permettaient ces critiques, et les traitait
ni plus ni moins, de « Vadécards » (1).

Bien plus, et par une étonnante contradiction, le
14 novembre 1907, alors que la discussion sur les
Idées et les *Erreurs du Sillon* avait attiré l'attention
de tout le monde, après que plusieurs évêques s'é-
taient publiquement prononcés contre lui et que
nombre d'autres prescrivaient à leur clergé une
complète abstention, l'*Ami du Clergé* qui lui avait
précédemment consacré des études approfondies et
qui l'avait assez étudié pour conclure « qu'on ne
saurait accorder trop de confiance à ce mouvement
des jeunes », se dérobait par un déclinatoire d'in-
compétence :

QUESTION.— Le « Vieux Moraliste », qui a étudié avec
son bon sens et sa netteté accoutumés le «Modernisme»
et peut à bon droit se montrer fier de la concordance de
son jugement avec l'Encyclique, a-t-il également suivi à
ce point de vue les diverses publications du *Sillon?*

A-t-il remarqué dans ce mouvement quelque chose de
« moderniste » ? Et si oui, peut-il citer et donner des
références à l'appui ?

RÉPONSE. — Le « Vieux Moraliste », auquel nous
avons transmis votre question, nous répond ceci :

« L'heure ne me semble pas venue pour l'*Ami du Clergé*

1. L'*Esprit démocratique*, par M · Marc Sangnier. (L'*Ami
du Clergé*, 1905, p. 333.)

de prendre position pour ou contre le *Sillon*. Pour ma part je m'y refuse, faute d'éléments suffisants pour apprécier très exactement les *idées* et les *faits* qui lui sont propres. Je comprends très bien les décisions disciplinaires dont il a été l'objet de la part de certains évêques, et qu'il est le premier à trouver justifiées en raison de ce qu'il y a de politique dans son mouvement. Je ne vois pas que, jusqu'à présent, l'on ait précisé à son actif des doctrines condamnables ; et comme, à côté des reproches d'ordre pratique qui lui sont adressés, je vois le zèle catholique ardent des *Sillonnistes* honoré de compliments mérités, plutôt que de m'exposer à me faire une fausse opinion sur le compte du *Sillon*, j'aime mieux n'en avoir pas du tout, en attendant plus ample informé. Si quelqu'un de vos collaborateurs connaît assez les publications du *Sillon*, pour en penser et parler en pleine certitude de jugement qu'il parle ; je l'écouterai pour ma part avec infiniment d'intérêt. Pour moi, je me tais, ou, si vous le voulez, je me récuse. » (Couverture jaune, p. 224).

Outre un certain nombre de faits que d'autres ont rendus publics, je prends la liberté d'indiquer à l'*Ami du Clergé*, dans mes *Erreurs du Sillon* (1906), les chapitres II et III : doctrines novatrices du *Sillon* et la théologie de M. Marc Sangnier ; dans *La Décadence du Sillon*, le chapitre III : Le respect de la hiérarchie, et le chapitre V : Errements nouveaux ; et dans *Les Démocrates chrétiens et le modernisme*, le chapitre VIII : M. Marc Sangnier et le *Sillon*.

Mgr de Kernaëret, ancien professeur de droit canon à l'Université catholique d'Angers, avait donc bien raison en me disant dans une lettre datée du 30 août 1907, qu'il m'autorisait spontanément à rendre publique : « L'accueil que vous fait l'*Ami du Clergé* est une preuve que vous avez visé juste.

Quant à la chicane sur l'imprimatur, tout prêtre qui a un peu vécu, sait bien que ce n'est qu'une chicane ».

Pour juger plus complètement de la situation, il faudrait maintenant jeter un regard du côté de ceux qui se piquaient de ne point rencontrer les mêmes difficultés que moi.

La *Revue du Clergé français*, dont nous avons précédemment caractérisé les tendances (1), pouvait dire, au cours même des comptes rendus où elle s'efforçait de disculper M. Loisy : « Ajoutons que tous nos articles bibliques ont été soumis à l'approbation de l'examinateur désigné à cet effet pas S. E. le cardinal Richard (2). » Peu après, le directeur de cette Revue écrivait encore dans l'article *Dix ans après*, qui contenait sa profession de la foi progressiste et libérale : « J'ai eu l'occasion de dire à nos lecteurs que, depuis plusieurs années, la *Revue du Clergé français* n'ait rien publié, sur les matières bibliques, qui n'ait été soumis, au préalable, à l'examen de réviseurs officiels, particulièrement autorisés (3). » Le même M. Bricout y revenait encore plus tard, à l'apparition de l'Encyclique *Pascendi :* « Depuis plusieurs années que, sur le désir de notre Ordinaire, nous avons soumis nos articles à l'examen de prêtres judicieux et autorisés qu'on nous a désignés, nous n'avons eu qu'à nous en féliciter... » (4).

1. La *Critique du Libéralisme*. Une Revue progressiste et libérale, 15 octobre et 1er novembre 1908.
2. Numéro du 1er novembre 1902, p. 557.
3. 1er décembre 1904, p. 15.
4. 1er octobre 1907, p. 13.

Lorsque Mgr Turinaz, en dénonçant les *Périls de la foi et de la discipline*, releva entre autres de graves erreurs contenues dans le cours de religion de M. l'abbé Sifflet, collaborateur de M. Naudet, celui-ci objecta triomphalement à l'évêque de Nancy que les trois éditions de ce livre avaient reçu chacune l'imprimatur (1).

Muni de l'imprimatur, l'ouvrage de M. Paul Viollet sur le *Syllabus*, où l'auteur, non content de contester la valeur *ex cathedra* de ce grand acte, le qualifiait ouvertement de maladresse, essayait de prouver l'inopportunité et le non-sens de plusieurs des propositions, et allait même jusqu'à nier qu'on dût considérer ce document comme un acte personnel de Pie IX. Aussi fut-il plus tard condamné par l'Index. Et lorsqu'à la suite des premières protestations, M. Paul Viollet répliqua pour maintenir ce qu'il avait avancé, il obtint sans difficulté de Mgr Fulbert Petit, archevêque de Besançon, une lettre expliquant que ce prélat ne croyait pas devoir lui refuser l'imprimatur. Muni de l'imprimatur, l'ouvrage de M. l'abbé Dimnet sur la *Pensée catholique dans l'Angleterre contemporaine*, que ses tendances modernistes devaient également faire condamner. Dans un récent écrit, j'ai eu l'occasion de signaler la brochure d'un de mes homonymes, M. l'abbé Paul Barbier, sur la *Crise intime de l'Eglise*, parue peu de temps avant l'Encyclique *Pascendi*, œuvre de bonne foi, je le sais, mais qui, consacrée à la défense des prêtres démocrates, du *Sillon*, et des hypercritiques, concluait cette dernière partie en disant : « Il n'est

1. *Semaine religieuse de Nancy*, 29 mars 1902, pp. 269 et 274.

donc pas vrai que la foi du peuple catholique soit actuellement menacée par les nouveautés qu'on redoute ». Cette brochure était revêtue d'un double imprimatur (1). M. le chanoine Ulysse Chevalier ayant à publier son ouvrage sur la *Maison de Lorette*, destiné à ruiner la croyance commune relative à cet auguste sanctuaire, s'adressa au maître du Sacré-Palais ; il cite sa réponse dans une lettre adressée au *Temps* à la date du 25 mars 1907, et ajoute que la conséquence de son appréciation favorable fut une permission tacite de faire paraître ce livre.

Il faudrait lire dans la *Crise du Clergé*, par M. Houtin, l'analyse de l'*Histoire ancienne de l'Eglise* par M. l'abbé Duchesne, publiée avec un double imprimatur. M. Houtin prend un plaisir perfide à montrer que les théories novatrices sur la constitution de l'Eglise, sur la formation des Evangiles, sur l'élaboration des dogmes, etc..., y sont insinuées avec un art consommé, et il conclut : « Ce livre est donc la ruine de l'enseignement traditionnel : on pourrait le définir : une histoire ancienne de l'Eglise racontée avec toute la science du xx° siècle, dans la langue du xviii° et à la barbe des théologiens du xvi° (2). »

Il n'y a donc pas lieu de s'étonner qu'un homme d'une orthodoxie aussi énigmatique que M. l'abbé Turmel, dont, pour ajouter cela en passant, l'*Histoire de la Papauté*, suffisamment connue de nos

1. *Les Démocrates chrétiens et le Modernisme*, pp. 411 à 419.

2. *La Crise du Clergé*, 2° édition, pp. 150 à 166.

lecteurs, obtint aussi l'imprimatur, se soit permis ce persiflage en finissant son compte rendu du livre de M. Paul Viollet, cité plus haut, dans la *Revue du Clergé français* : « En terminant, je tiens à déclarer qu'on lira le livre de M. Paul Viollet avec le plus vif intérêt et le plus grand profit. J'ajoute que les âmes les plus soucieuses de l'orthodoxie peuvent le prendre sans crainte, car il est revêtu de l'imprimatur (1). »

Quant à nous, loin de méconnaître l'importance de la discipline ecclésiastique sur cette question, ni la sagesse des obligations qu'elle impose, nous ne cherchons pas seulement dans les faits cités plus haut l'explication des paroles de Pie X prescrivant aux évêques, dans l'Encyclique *Pascendi*, de remplir tout leur devoir en interdisant sévèrement tous les livres dangereux, fussent-ils revêtus de l'imprimatur, « car cet imprimatur a pu être accordé sur examen inattentif, ou encore par trop de bienveillance ou de confiance à l'égard de l'auteur » ; nous concluons encore, de la comparaison de ces faits entre eux, qu'inversement, et quoi qu'il en soit du droit, l'absence d'imprimatur n'était en ces derniers temps ni la preuve d'une volonté en faute, ni un motif suffisant par lui-même de suspecter une œuvre.

L'INDEX

Mon ouvrage *Le Progrès du libéralisme catholique en France sous le Pape Léon XIII* (2 vol. in-12

1. 1ᵉʳ décembre 1904, p. 89.

de 530 à 620 pages) et une plaquette explicative
de cette œuvre : *Ne mêlez pas Léon XIII au libéralisme*, ont été prohibés par un décret de la S. Congrégation de l'Index, signé le 25 mai 1908 et promulgué le 30 du même mois.

Puisque ces écrits ont subi cette sentence, c'est
qu'ils contenaient de quoi la justifier. Il ne peut y
avoir de discussion sur ce point.

Est-ce à dire que le Saint-Siège ait jugé spontanément cette condamnation opportune et nécessaire ?
Certaines circonstances qui l'ont accompagnée permettent de répondre non avec certitude. Ces circonstances, les voici :

Je vins à Rome, pour la première fois de ma vie,
au milieu du mois de février 1908, un an après la
publication de l'ouvrage dont il s'agit. Il y était bien
connu, car, j'avais pris soin de l'envoyer aux personnages les plus éminents, sans négliger l'entou-
rage immédiat du Saint-Père. J'appris dès mon arrivée qu'il avait frappé l'attention, et que naturellement, par l'effet d'un zèle sans doute très sincère,
mais qui se trouvait servir en même temps des causes
personnelles, il avait suscité une vive agitation dans
certains milieux. Un membre de la Secrétairerie
d'Etat me dit même à ce sujet ces paroles absolument textuelles : « Pour obliger le Saint-Père à vous
condamner, on a invoqué tous les credo et tous les
dogmes, et l'on a été jusqu'à répandre le bruit que
cet ouvrage vous avait été commandé par le Vatican même contre la mémoire du pape précédent. »
Cependant, lors de mon séjour à Rome, il n'était
nullement question au Vatican d'une sentence publi-

que contre moi. J'appris encore de source non moins
sûre, que mon ouvrage avait été plus d'une fois consulté à la Secrétairerie d'Etat, et l'on me fit même
compliment d'avoir produit des documents qu'on
n'y connaissait pas ou qu'on avait perdus de vue. Le
cardinal Gasparri, parlant d'une de ces pièces, avait
exprimé le regret de ne l'avoir pas connue assez tôt
pour l'insérer dans le Livre Blanc, en réponse aux
récriminations de M. Combes contre l'opposition
perpétuelle du clergé. Il s'agissait du discours du
Président Carnot aux nouveaux cardinaux, Mgr Lecot et Mgr Bourret, pour la remise de la barrette,
dans lequel il se félicitait de l'unanimité avec laquelle
l'épiscopat témoignait sa déférence envers le gouvernement républicain, et louait leurs Eminences
d'avoir été élevées à cette haute dignité de l'Eglise,
sur la proposition de ce gouvernement, à cause de
leur zèle à servir la politique de ralliement.

J'eus l'honneur d'être reçu en audience par le
cardinal secrétaire d'Etat. Je savais qu'il avait fait
examiner mon ouvrage. Il amena la conversation
sur ce sujet et me fit, à propos de la liberté avec
laquelle j'avais apprécié le rôle de Léon XIII, des
observations que j'écoutai dans un silence respectueux, d'abord parce que mon devoir était de m'incliner, et aussi parce que l'heure ne me parut pas
convenable pour expliquer les raisons de ma conduite. Ces observations, bien que précises, furent
assez exemptes de sévérité pour permettre à l'entretien de se porter ensuite très librement sur tous les
sujets intéressant l'état religieux de la France. L'audience se prolongea même si bien que, craignant

l'excès d'indiscrétion, j'enfreignis l'étiquette en me levant avant d'être congédié. Sur le seuil de la porte, Son Eminence daigna s'informer si je restais encore quelque temps à Rome, et, sur ma réponse affirmative, me laissa aller avec ce dernier mot : « Eh bien ! au plaisir de vous revoir. »

Peu de jours après, je fus admis près du Saint-Père qui daigna me traiter avec une bienveillance marquée, comme je le raconterai plus loin. Dans sa bonté paternelle qui le porte à ne pas mêler, hormis les cas nécessaires, la douleur d'un reproche aux consolations que ses enfants viennent chercher à ses pieds, il ne fit aucune allusion à cette affaire. Ce n'est évidemment pas de ce silence que je serais en droit de tirer un argument favorable. Mais il reste celui, positif, de la faveur témoignée, et il s'ajoute aux autres pour exclure l'intention d'une sentence officielle.

Comment celle-ci fut-elle donc amendée ? On sait que jusqu'à la réforme de la curie romaine accomplie par Sa Sainteté Pie X, en juillet 1908, la Congrégation de l'Index n'avait pas pour fonction de rechercher les livres suspects, mais jugeait seulement ceux qui lui étaient déférés par les personnes compétentes. Cela explique que nombre d'œuvres contenant de perfides erreurs n'aient pas été frappées, faute d'avoir excité l'attention et les alarmes de ceux qui les pouvaient traduire à ce tribunal, tandis que d'autres, infiniment moins offensives, telle la traduction des Evangiles par Henri Lasserre, poursuivies avec ardeur, tombaient sous ses coups : car si la Congrégation de l'Index ne prenait pas

l'initiative, en revanche, elle se prononçait nécessairement sur les cas à elle soumis.

Or, peu de temps après mon départ de Rome, plusieurs prélats français, et, parmi eux, quelques-uns
de ceux auxquels mon ouvrage déplaisait le plus,
s'y trouvèrent réunis à l'occasion d'un grand pèlerinage de dames. A l'instigation d'un prêtre intrigant
qui venait de s'y rendre aussi, et du groupe romain
dont les agissements m'avaient été précédemment
signalés dans les termes qu'on a vus plus haut, ces
prélats s'accordèrent pour demander la condamnation de mes écrits. Parmi eux, on peut citer le cardinal Lecot, puisqu'il ne faisait à ce moment aucun
mystère de ses intentions et en parlait tout haut. La
chose ne parut pas d'abord marcher à souhait, car,
un instant, les comparses engagèrent ces prélats à
porter d'abord sentence contre moi dans leurs diocèses respectifs, afin que Rome fût influencée par
ces actes ; mais enfin leurs instances obtinrent gain
de cause ; mes ouvrages furent mis à l'index, en
compagnie d'écrits modernistes, et, sous la même
forme que ceux-ci, prohibés en toute rigueur.

Rien ne manqua donc à l'humiliation de l'auteur,
rien non plus au succès de ceux qui s'étaient fait un
devoir de le poursuivre, car le discrédit tombé sur
lui ne pouvait être plus complet.

Quel sens et quelle portée attribuer à cette condamnation ? Etait-elle doctrinale ou simplement disciplinaire ? Condamnait-elle le fond du livre ou seulement quelques témérités d'appréciation ? Rien ne
le disait, et l'on peut ajouter, en un sens, que peu
importait, car l'effet de déconsidération demeurait

le même. Le champ s'ouvrait donc libre aux adversaires.

Les journaux modernistes d'Italie, oubliant leur campagne contre l'Index, félicitèrent insolemment le Pape de m'avoir frappé. L'*Avenire d'Italia* entre autres, que devaient imiter les journaux démocrates chrétiens de France et de Belgique, après m'avoir appelé un *malfattore intellectuale*, un *malfattore della penna*, etc..., se réjouissait du coup porté à un écrivain qui avait attaqué le *Sillon*, le Ralliement et l'*Action libérale*, et englobait aussi dans cette réprobation évidente mon récent « pamphlet », les *Démocrates chrétiens et le modernisme* (1).

Le décret de l'Index devenait le triomphe de la démocratie. C'est ainsi que le *Semeur*, organe de la *Jeunesse catholique* en Bourgogne, disait, le 5 juillet 1908, sous ce titre *Modernisme et Démocratie* :

Notre directeur avait dénoncé, il y a quatre mois déjà, la manœuvre déloyale mais habile d'un parti, d'accoler ces deux mots. Rome vient de parler ; elle a condamné, *non moins sévèrement que les ouvrages modernistes*, deux récents volumes de M. l'abbé Emmanuel Barbier, le théoricien du parti dont nous parlons : *Les Progrès du libéralisme catholique sous Léon XIII* et *Ne mêlez pas Léon XIII au libéralisme*. L'action sociale des catholiques risquait d'être entravée par l'étroitesse de vue de plusieurs : le Pape l'a libérée ; qu'il en soit remercié.

M. Gellé, membre du Comité central de la *Jeunesse catholique*, en prenait également occasion d'écrire dans le *Peuple français* du 4 juillet 1908 un

1. Voir l'*Unità Cattolica* du 3 juin 1908.

article de tête intitulé *La Route libre*, où, prétendant qu'une certaine école établissait systématiquement une confusion entre modernisme et démocratie, il développait la conclusion du *Semeur* :

Vous vous imaginez la joie de nos braves adversaires ! Ils avaient été un peu déconcertés par la poussée
sociale et démocratique qui s'était faite après les Encycliques de Léon XIII. Devant ce grand effort, ils ne
pouvaient plus aussi facilement montrer en l'Eglise
« l'Eternelle ennemie du progrès et du monde moderne »,
il y avait pour s'élever contre leur dire et les faits et
les paroles ; cette fois ils allaient reprendre l'avantage !
et déjà on en entendait répéter à l'envi : « La direction
donnée par Léon XIII sur le terrain social n'était pas la
direction de l'Eglise ; l'Eglise sera toujours antisociale,
antidémocratique, antipopulaire, et la meilleure preuve
c'est qu'aujourd'hui Pie X condamne ce qu'avait dit son
prédécesseur ! » Il faut avouer que, s'ils avaient cru aux
livres de M. l'abbé Barbier, ils avaient le droit de parler ainsi. Ce théoricien de la campagne s'efforçait en
effet de prouver que le glorieux pontificat de Léon XIII
avait été une erreur dans les solutions données aux
questions sociales et aux questions politiques. Mais
comme Léon XIII brisa la première attaque, Pie X brisa
la seconde ; il libéra l'Eglise et rendit la voie libre à
ceux de ses fils qui voulaient faire œuvre sociale profondément chrétienne et hardiment démocratique. La
condamnation de l'abbé Barbier vint montrer que le
Pape n'avait pas voulu par son Encyclique sur le modernisme rayer de l'histoire de l'Eglise la sublime page où
se lit l'Encyclique sur la condition des ouvriers.

En parlant d'une certaine école qui a inventé les
catholiques sociaux comme si, avant son apparition, l'action sociale eût été étrangère à l'Eglise,
ou comme si cette école avait pris de nos jours un

brevet pour l'exercer, j'ai bien pu penser et dire, avec documents à l'appui, qu'elle avait parfois tort de placer ses théories particulières sous l'autorité des encycliques de Léon XIII ; mais je n'ai jamais écrit un mot tendant à montrer que les actes de ce pape ont été une erreur dans la solution des questions sociales. C'est là une invention grossière, indigne de tout homme consciencieux. Il est vraiment étrange de voir les représentants de la *Jeunesse catholique* tirer avec tant de mauvais goût leur apologie d'une mesure pénale avec laquelle on ne lui découvre aucun rapport, et comme si elle était prise en leur faveur.

Il ne l'est pas moins de les voir tellement préoccupés de sauver la face de la démocratie qu'ils en oublient le danger du modernisme. Modernisme et démocratie, je n'ai jamais identifié ces deux formes abstraites. Mais, avec un luxe de preuves qui a découragé toute contradiction, j'ai démontré que ce sont principalement les chefs du mouvement démocrate chrétien qui ont vulgarisé, soutenu, propagé les tendances et les erreurs modernistes. C'est là un fait dont aucun catholique ayant le zèle de la foi ne devrait détourner l'attention. En prétendant que Pie X a voulu, par ma condamnation, rendre la route plus libre aux partisans d'une action hardiment démocratique, M. Gellé et ses amis dénaturent cet acte avec aussi peu de convenance vis-à-vis de l'autorité qui parle qu'à l'égard de celui qu'elle frappe, et cela au profit d'une cause très discutable, sinon mauvaise.

M. l'abbé de Lestang, associé à M. l'abbé Desgranges dans son ardent enthousiasme pour le *Sillon*, et ensuite, dans sa rupture violente avec M. Marc Sangnier, a trouvé, pour confirmer cette thèse de M. Gellé, quelque chose de plus ingénieux encore et de vraiment admirable. Selon lui, il y a cette différence entre le cas de MM. Dabry et Naudet et le mien, que ceux-ci ont été condamnés, non pas comme fauteurs de modernisme, mais par motif disciplinaire, tandis que la sentence portée contre moi est doctrinale. J'extrais, en respectant leur style, les lignes suivantes parues dans son journal *Le Progrès républicain* (19 juillet 1908), donnant le compte rendu d'une conférence faite par lui sur « les démocrates catholiques en face des partis et en face de l'Eglise » :

En effet, on sait très bien, maintenant que le pape a défini le modernisme en le condamnant, la différence qu'il y a entre cette théorie nouvelle et la démocratie. Le modernisme est un enseignement doctrinal et exégétique qui nie le catholicisme (1). Donc, ceux qui professaient cette doctrine n'étaient pas des catholiques. C'est tout ce que le Pape a dit et avait le devoir de dire en sa qualité de chef de l'Eglise. Il a condamné une doctrine religieuse, et c'est tout. Les condamnations des abbés Dabry et Naudet sont disciplinaires plutôt que doctrinaires. Et M. l'abbé de Lestang sait pertinemment par un de ses amis retour de Rome que la condamnation récente de M. l'abbé Barbier était due autant pour les idées émises que par le désir que Rome avait de montrer qu'il était faux de dire que l'Eglise catholique condamnait la démocratie.

1. Le modernisme est cela, et autre chose encore. C'est oublier qu'une partie de l'Encyclique est consacrée au moderniste réformateur.

Ces échantillons suffisent pour montrer quel heureux parti on a su tirer de cet incident. Ils n'ont pas de quoi surprendre, quand on voit les doutes et la suspicion que les esprits même exempts de semblables préventions en ont conçu. Cependant, à défaut de précisions contenues dans la sentence, à défaut de l'intelligence qu'un sens catholique tant soit peu éclairé aurait pu en donner, un fait péremptoire montrera qu'il faut en restreindre les motifs, et par conséquent le sens et la portée, aux observations qui m'avaient été faites par le cardinal Secrétaire d'Etat. Moins de huit jours après la promulgation du décret, je recevais de Rome, par l'intermédiaire d'une personne autorisée, l'encouragement à ne point déserter la lutte ; on attendait de ma part un acte de soumission qui ne pouvait faire doute, et l'on me conseillait de publier à nouveau. d'ici à quelques mois, mon ouvrage, en changeant le titre, en supprimant quelques pages qui mettent plus directement en cause le pape Léon XIII, et en évitant de le rendre responsable d'une situation dont le tableau mérite d'ailleurs d'être conservé. Par déférence pour un avis venu de si haut, j'ai préparé cette correction. Une telle bienveillance valait bien ce nouvel acte d'humilité. Mais, si je devais être placé dans la nécessité de recourir au maître du Sacré-Palais pour l'imprimatur, et non à d'autres, on s'expliquerait, après ce que j'ai raconté plus haut, que j'arrête là des démarches qui demeurent libres de ma part.

Il faut d'ailleurs bien se garder de voir dans la solution qui m'était indiquée avec tant de condescendance, et dans les paroles encourageantes qui en accompagnaient l'avis, une sorte de contradiction avec la condamnation publique. C'était, au contraire, une demande de souscrire une seconde fois à celle-ci sous cette nouvelle forme. Pourquoi n'avouerais-je pas que je sentais l'humiliation redoublée ? Cela me rendait aussi plus sensible la rigueur d'une sentence formelle que n'avait point adoucie le *donec corrigatur*, « jusqu'à correction », dont l'application m'était proposée comme si facilement réalisable.

Il faut donc conclure simplement, qu'en présence des instances persistantes du parti libéral, le Saint-Siège qui avait déjà dû récemment, et dans les circonstances les plus graves, lui imposer une conduite opposée à ses inclinations, n'a pas cru devoir ajouter à ces exigences le refus de condamner un auteur dont l'initiative trop hardie justifiait la censure, et, par suite, a décidé de lui en laisser supporter toutes les conséquences possibles.

Si lourdes et si écrasantes qu'elles soient, celui-ci soutiendra néanmoins son effort jusqu'à ce que la complète stérilité lui en apparaisse démontrée.

UNE AUDIENCE DU SAINT-PÈRE

L'éclat de cette condamnation parut une occasion propice de donner plus librement cours à certains bruits par lesquels on cherchait à m'enlever définitivement tout crédit. Ce voyage de Rome, que j'avais entrepris à l'insu de mes amis mêmes, et pour ma

stricte édification personnelle, se transformait en je
ne sais quelle mission diplomatique dont le complet
échec achevait de rendre évident l'éloignement du
Vatican pour ma personne et mes idées. Des informations venues on ne sait d'où avaient appris à une
foule de gens que j'avais été éconduit. Si quelques
personnes informées à titre privé de mes impressions consolantes, venaient à en parler, des prêtres,
des religieux fort estimés leur répondaient par
un démenti, en affirmant que je n'avais point été
reçu par le Pape. Je connais tel archevêque du Midi,
qui, étant venu à Rome après moi et rapportant
à son retour ce qu'il y avait recueilli, racontait dans
une réunion de prêtres que le Saint-Père n'avait pas
voulu me voir et qu'il m'avait fallu recourir à des
intrigues assez misérables pour me trouver un jour
en sa présence.

On fit mieux encore. Rentré en France dans les premiers jours de mars, je m'étais interdit dans la polémique tout usage de ce que j'avais pu entendre à
Rome, toute allusion publique à l'accueil que j'y avais
reçu ; et tout ami qui en recevait de moi la confidence
était prévenu d'avoir à observer strictement la même
réserve. Il arriva même que, par un malentendu avec
l'un d'eux, le journal *La Brigade de fer* en ayant
laissé percer quelque chose, j'écrivis à l'auteur de
cette indiscrétion involontaire pour le prévenir qu'il
fallait s'attendre à un désaveu de ma part si l'on allait
plus loin. Celui-ci pourrait en témoigner. Or, tandis que je m'enfermais dans cette discrétion respectueuse, le bruit se répandait dans certains milieux
que j'exploitais scandaleusement contre toute vérité

les paroles que j'avais pu entendre; à telle enseigne qu'un évêque ami de l'*Action libérale* m'écrivait pour me conjurer de mettre un terme à cette entreprise, me disant, ce sont ses paroles textuelles, qu'au Vatican on était irrité de la campagne que je faisais, d'un bout de la France à l'autre, pour rendre le Saint-Père solidaire de toutes mes appréciations.

Je me permets de croire au contraire que le silence gardé par moi jusqu'ici, contraste assez avantageusement avec l'indiscrétion prétentieuse de tant d'autres en pareille circonstance, qui n'ont pas manqué de faire connaître aussitôt *urbi et orbi* l'honneur reçu par eux, et d'en tirer avantage pour leurs idées. Après tout, pourquoi donc ce qu'on trouve si naturel de leur part m'eût-il été interdit à moi seul? Et qu'aurait-on trouvé à dire si, au sortir de l'audience pontificale où je fus traité avec une spéciale faveur, j'en avais fait passer la nouvelle dans les journaux, comme il m'eût été si facile? Cependant n'aurait-ce pas dû être là le préliminaire naturel et indispensables des menées qu'on m'impute?

Désormais, vis-à-vis d'un homme terrassé par le Décret de l'Index, on allait se donner carrière. Ce qui s'était colporté sous le manteau pouvait s'imprimer sans danger. On vit, par exemple, le *Peuple français*, encore dirigé par l'abbé Garnier, mais où les directeurs de la *Jeunesse catholique* avaient déjà toute l'influence, prendre à son compte les informations de la *Grande Revue*. Selon celle-ci, j'allais à Rome délégué par l'*Action française* où je fais « fonction de grand aumônier ». Par malheur, je ne suis même pas adhérent de cette Ligue, quoique j'en reçoive les publications, et malgré une profonde sympathie pour elle, redoublée par la répulsion que m'inspirent les procédés inconséquents et déloyaux de certaine école catholique envers celle-ci. Voici ce que racontait la *Grande Revue* :

L'abbé monarchiste vint au Vatican et, dans un langage plein de flamme, exposa au Saint-Père l'objet de sa mission. Le modernisme lui fournit une entrée en matière avantageuse : il le flétrit ; mais le libéralisme n'était pas moins exécrable : car ces deux fléaux ne conspiraient-ils pas à ruiner les sociétés et les gouvernements au spirituel et au temporel ? Il appartenait au Pape de les combattre et de les détruire, l'une comme l'autre. — Le pape écoutait toujours ; l'abbé continua. — L' « Action française » avait déclaré la guerre aux modernistes et aux libéraux ; contre eux, elle avait brandi le principe de l'autorité ; d'un vigoureux effort, elle entendait restaurer en France Dieu, le Pape et le Roi ; ces trois noms sont inscrits sur son drapeau, ils ne triompheront pas l'un sans l'autre : au pays de Clovis et de saint Louis, on ne saurait séparer sans crime la foi religieuse et la foi monarchique. L' « Action française » implorait de Pie X un encouragement et une bénédiction. Pour le coup, le pape perdit patience. « Ni je n'approuve ni je ne bénis », répondit-il assez durement, et il montra la porte à l'abbé. L'affaire fit quelque bruit. Soit que le pape ait voulu en savoir davantage sur la croisade et sur son apôtre, soit que des ennemis de l'aventureux abbé aient exploité contre lui l'incident, le fait est que, bientôt après, les deux livres où le prêtre avait « arrangé » Léon XIII furent déférés aux juges du Saint-Office. Tous les deux viennent d'être condamnés. Voilà les croisés de l' « Action française » sans bréviaire et sans aumônier...

M. J. de Narfon, qui connaît les bonnes sources d'informations ecclésiastiques, avait appris quel-

que chose de plus piquant encore, et que le pape
lui-même aurait raconté. Commentant copieusement
la mise à l'index dans un article du *Figaro* (9 juin
1908) qui inspira ensuite plusieurs journaux de province, il ajoutait :

> Dix-huit évêques français avaient demandé à Rome la
> condamnation du P. Barbier. On m'a raconté à ce pro-
> pos que ce dernier a fait vainement le voyage de Rome
> en vue d'empêcher cette condamnation qu'on venait de
> pressentir ; que Pie X ne voulut pas le recevoir en au-
> dience privée ; que le P. Barbier réussit néanmoins à
> s'approcher de lui au cours d'une audience générale,
> mais qu'il ne put en obtenir un mot *nec unum ver-
> bum* au propre témoignage du Saint-Père. On raconte
> cela. Je ne le répète que sous réserve, n'en ayant point
> la preuve.

Comment ne pas savoir gré à M. de Narfon de
cette réserve ? Mais faisons la mise au point.

J'étais venu à Rome, non pour prévenir une sentence qui n'était point alors à l'examen, mais pour
m'éclairer directement, s'il était possible, sur les
dispositions du Saint-Siège à l'égard du mouvement
d'idées auquel je participais, et aussi avec l'intention d'apporter au Vatican quelques informations
sur l'état des choses en France, si l'on daignait
m'écouter. Pour atteindre ce double but, j'arrivais
muni d'un mémoire assez étendu sur l'état d'esprit
des catholiques français. A la réserve près du silence que le respect et le tact le plus élémentaire
m'imposaient ici à l'égard du Pape Léon XIII, je ne
crois pas avoir écrit quelque chose de plus vigoureux ni de plus hardi que ces pages. Au surplus,

malgré l'inconvénient d'interrompre mon récit et
d'allonger ces éclaircissements, je vais placer ce
mémoire sous les yeux du lecteur, afin qu'il puisse
former son appréciation en pleine connaissance de
cause. Hormis une partie pour laquelle il compren-
dra le sentiment de haute convenance qui m'oblige
à n'en présenter qu'une analyse, je ne change absolument rien au texte que j'ai porté à Rome. On s'a-
percevra aisément que les articles dont j'ai commencé la publication dans cette revue n'en sont que
le développement. Ce sera, je l'espère, l'excuse de
quelques redites.

Mémoire sur l'état d'esprit des catholiques en France

I. — Etat général

L'esprit des catholiques français — je parle des
bons catholiques — est partagé entre deux tendances contraires qui lui causent un grand malaise. La
première, actuellement prédominante, est cependant la moins profonde : c'est le *libéralisme*. Il a
gagné beaucoup d'esprits parmi les dirigeants. On
a perdu en France la fixité des principes ; tout évolue, tout devient relatif, et par conséquent, tout est
acceptable.

Le programme du Saint-Père paraît avoir deux
caractères principaux, bien frappants ; la confiance
inébranlable dans la force de la vérité, dans l'effi-

cacité surnaturelle de l'affirmation doctrinale, et
l'acceptation simple, courageuse de la lutte que
l'Eglise ne peut éviter.

Or, le libéralisme a deux effets opposés en France:
on recule devant l'affirmation des principes et on ne
veut pas de la lutte.

Cela se trahit dans l'opposition faite actuellement
par nos chefs libéraux et par plusieurs évêques à
l'organisation du *parti de Dieu*, qu'on appelle le
parti catholique. Ce n'est pas seulement une question de mots. La peur des mots exprime bien la
répugnance aux idées : on proteste contre le mot
de *parti* parce qu'on ne veut pas sincèrement la
résistance et la lutte ; et on rejette la dénomination
de parti *catholique*, parce que toute profession
explicite de principes paraît compromettante. Tel
est le courant qui paraît dominer actuellement.

L'autre courant, contraire au premier, et coexis-
tant dans les mêmes esprits, a plus de profondeur:
c'est un attachement inébranlable à l'Eglise, au
Saint-Siège, le culte de leur autorité. Là est la vraie
tradition française. Elle a été singulièrement forti-
fiée par le courant romain du XIXᵉ siècle. N'est-ce
pas la France qui a le plus contribué à exalter la
Papauté dans la personne de Pie IX ?

II. — Le Pape.

C'est pourquoi, malgré nos divisions actuelles,
l'autorité spirituelle du Pape jouit en France parmi
les vrais catholiques, d'un prestige inouï que rien

n'a affaibli et dont S. S. Pie X ne connaît peut-être pas toute la puissance.

Ce prestige acquis à la Papauté est encore relevé par les qualités personnelles de S. S. Pie X dont le noble et intrépide caractère est si bien compris chez nous.

Il n'est pas douteux que si le Saint-Père avait condamné la loi de Séparation dès qu'elle a été faite, et avait fait appel à la foi du pays pour rejeter toute acceptation, la France aurait donné un magnifique exemple. Tandis que les longs délais, rendus probablement nécessaires par des causes que nous ignorons, ont accru les incertitudes, ont fait regarder la question comme douteuse, ont énervé l'esprit de résistance et facilité les manœuvres de plusieurs pour disposer les esprits à des accommodements.

Seule, l'impulsion directe, énergique du Pape peut nous relever. On fera tout ce qu'il voudra, mais on ne fera que ce qu'il demandera. A l'heure actuelle, après s'être engagé dans le libéralisme sous le prétexte de suivre les intentions de l'Eglise, on comprend cette erreur ; mais on attend de trouver dans cette même direction de l'Eglise une raison qui justifie la marche en arrière sans se déjuger.

III. — L'Épiscopat.

(Cette partie, qui n'était pas la moins développée du mémoire, avait rapport aux nominations épiscopales ; au sentiment d'une partie des évêques sur la loi de séparation ; à la préservation de la

foi et de la doctrine soit avant, soit après l'Encyclique *Pascendi* ; à la tolérance dont les novateurs
avaient pu jouir et à ses causes ; au genre de direction qui revient à l'épiscopat sur l'action publique
et politique des catholiques).

IV. — Le Clergé.

On peut partager le clergé en trois catégories ;
mais il va sans dire que chacune admet des exceptions nombreuses :

1º Le *haut clergé*, comprenant les curés des paroisses de grandes villes, les membres des administra-
tions diocésaines, les prêtres ayant une situation
avantageuse.

Beaucoup d'entre eux sont amis de la paix et de
leur aisance. Ils s'intéressent peu aux questions de
doctrine, et trouvent fâcheux le bruit qu'on fait
autour d'elles. Avec cela, ce sont souvent des prêtres pieux et réguliers.

2º Le *clergé moyen* qui constitue la masse et qui
comprend les curés des modestes paroisses de ville
ou de la campagne, et les prêtres qui occupent des
positions secondaires ou inférieures.

Si l'on considère, dans cette masse, les prêtres
arrivés à l'âge mûr, qui sont les plus nombreux et
les plus respectables, on peut dire que le clergé
moyen, le vrai clergé de France, est inébranlablement attaché au Saint-Siège, entièrement uni de
cœur avec lui, prêt à tous les dévouements et à tous
les sacrifices qu'il demanderait. Ce clergé se montre

souvent humilié et attristé des hésitations de ses chefs.

3° Le *jeune clergé* sorti des séminaires et des Universités catholiques depuis quelques années. Ses dispositions sont très inquiétantes. Beaucoup de ces jeunes prêtres sont ardents partisans des nouveautés et dédaigneux de toute tradition ; sans études théologiques sérieuses, ils se passionnent pour tout ce qui se réclame de la science moderne. Ils étaient remplis d'admiration pour Loisy, et n'ont qu'une pitié méprisante pour « les théologiens ». La foi même est en péril dans ces âmes de prêtres. Ils enseignent l'Evangile selon Marc Sangnier. En outre, épris de la démocratie, ils perdent l'esprit de soumission envers l'autorité et souvent ils attisent la haine des classes.

De ce côté, le danger est très grave pour l'Eglise en France. L'épiscopat a vis-à-vis du jeune clergé, de grands devoirs à remplir. S'il ne s'en acquitte pas, lorsque les prêtres plus anciens auront cédé la place aux nouveaux, nous aurons un clergé en bonne partie dévoyé. C'est une des raisons qui rendent cette tâche urgente. La partie peut encore être gagnée tandis que la foi pure demeure représentée par le clergé plus ancien et par nos anciennes familles chrétiennes. Plus tard, il sera trop tard. D'ailleurs, par la temporisation on ne ramènera point les égarés, mais on achèvera de démoraliser les bons ; au contraire, une réaction énergique rendrait courage à ceux-ci et tiendrait les autres en respect.

Barbier   11

V. — *Les Causes de la démoralisation.*

La cause qui a le plus contribué, depuis quinze ou dix-huit ans, à répandre parmi le clergé et les catholiques l'esprit de concessions et de capitulations perpétuelles sur tous les points, me paraît facile à démontrer par la comparaison avec une autre situation, sans oublier toutefois que toute comparaison se limite à certains rapports.

L'unité italienne n'est pas nécessairement liée à *Rome capitale*, et peut se concevoir sans cette usurpation sacrilège. Mais, comme les promoteurs de l'unité ont toujours maintenu, en fait, que cette spoliation faisait partie intégrante du système, le Saint-Siège, même abstraction faite de la réserve imposée par sa mission surnaturelle, croirait certainement manquer de dignité morale, créer une situation équivoque, enlever toute force à ses revendications et se lier les mains, s'il s'appliquait à protester chaque jour qu'il n'a pas de parti pris contre l'unité italienne, qu'il fait des vœux pour son développement, etc...

Il en est exactement de même pour les catholiques français vis-à-vis du régime actuel de leur pays. La République peut se concevoir indépendante de la conjuration antichrétienne. Cependant, dès 1892, les cinq cardinaux français disaient justement dans un écrit célèbre : « *Depuis douze ans, le gouvernement républicain a été autre chose que la personnification de la puissance publique ; il a été la person-*

nification d'une doctrine et d'un programme en opposition absolue avec la foi catholique. » Et, certes, depuis lors, ce jugement n'a pas cessé d'être vrai. Or, quelle a été depuis longtemps, et quelle est encore à l'heure actuelle, l'attitude du clergé, le mot d'ordre, imposé comme venant du Saint-Siège, par la plupart de nos chefs catholiques ? Ce n'est pas seulement la soumission sincère au pouvoir légitimement exercé et le soin de ne donner prétexte à aucune accusation plausible de parti pris contre le régime établi. Mais c'est, sous les coups mêmes de la persécution, une profession affectée de loyalisme envers les institutions existantes ; c'est l'adhésion sincère au régime, l'adhésion explicite, renouvelée, à tout propos, et dont on a fait un principe fondamental de l'action catholique. On peut dire que l'autorité dont les représentants de l'Eglise ne savaient pas faire un plus haut usage a été employée au triomphe de ce *Credo* politique.

Il était donc inévitable qu'une attitude aussi peu digne, aussi servile entraînât toutes les conséquences qu'aurait eues une conduite analogue du Saint-Siège vis-à-vis de l'unité italienne. Cette affectation de sympathie pour le régime, cette préoccupation excessive de ne pas prêter au soupçon de parti pris ou d'opposition, a nécessairement désarmé toute résistance efficace, conduit à toutes les concessions et fait croire au pays qu'en réalité l'Eglise prenait son parti des faits accomplis.

Il faut ajouter à cela que les mêmes voix plaçaient *l'évolution démocratique* sous son patronage direct. Or, cette solidarité avec un régime fondé sur les

principes révolutionnaires, ébranlait nécessairement les anciennes convictions, invitait les esprits
à une nouvelle orientation des idées et appelait
comme conséquence logique la *démocratisation de
l'Eglise.*

On s'était flatté de rompre l'alliance de l'Eglise
avec la monarchie qui, malgré ses fautes, a toujours
été un gouvernement catholique ; mais on lui a
forgé une solidarité, infiniment plus rigoureuse avec
la République qui a toujours été un gouvernement
antichrétien. L'Eglise n'a jamais accordé à la monarchie, dans le siècle passé, le concours officiel
qu'elle a donné au régime démocratique (1). Tant
qu'elle ne reprendra pas sa dignité, nous subirons
les conséquences de l'état actuel.

VI. — *Les grandes Associations catholiques*

L'Action libérale, la *Ligue patriotique des Françaises,* l'*Association de la Jeunesse catholique* ont

1. Note postérieure. — Au mois de mai 1908, s'est tenu
à Rome un congrès du parti républicain d'Italie. L'ordre
du jour suivant y fut voté : « L'on ne peut pas être inscrit
dans le parti républicain, et l'on doit en être exclu si l'on
y a déjà été inscrit, lorsqu'on ne fait pas preuve d'un esprit
nettement anticlérical et si l'on est assujetti à une superstition quelconque dérivant des sectes religieuses. » Supposons que, sur ces entrefaites, la forme républicaine se soit
légalement établie en Italie : pense-t-on que le Saint-Siège,
sans tenir compte des faits, mais considérant que toutes
les formes de gouvernement sont acceptables, engagerait
les catholiques Italiens à donner leur pleine adhésion à la
République fondée chez eux ? Or logiquement, selon ce qui
s'est dit et fait en France, c'est cependant à cela qu'on
devrait s'attendre.

été, et sont toujours, malgré leurs éléments précieux, les appuis de cette politique.

C'est pourquoi, en dépit de leurs grands services, elles contribuent à entretenir parmi nous la division et l'impuissance. Et c'est à cela qu'elles font servir les approbations dont le Saint-Père les honore. Cette attitude politique les rend, elles aussi, et surtout l'*Action libérale*, victimes du libéralisme : quoi qu'il en soit de leurs belles déclarations, elles reculent devant l'affirmation de la vérité et se dérobent à la vraie lutte.

Car le Saint-Père ne sait pas que les chefs de ces ligues démentent par leurs actes le programme qu'ils lui ont fait approuver et bénir. On proteste à Sa Sainteté qu'on fait l'union entre catholiques *sans distinction de parti* et qu'on admet les catholiques de toute opinion ; mais, en fait, on exige d'eux une profession de *loyalisme constitutionnel*. Cette profession, les chefs de nos ligues l'ont toujours à la bouche. Or, le loyalisme, c'est la *fidélité au régime établi*. C'est donc une véritable profession de foi *politique* ; et quand ces mêmes associations prétendent exclure la politique, leur langage est équivoque, leur conduite manque de sincérité. Elles ne font pas de politique, parce que, selon elles, le loyalisme constitutionnel est la base nécessaire de l'action catholique. Mais c'est là un postulatum monstrueux. Et l'on accuse ceux qui ne l'acceptent pas de mettre la division parmi les catholiques ! Les catholiques monarchistes, et ce sont, en général, les plus fidèles à la foi et les plus dévoués à l'église, protestent contre cette tyrannie ; leur opposition

devient même chaque jour plus ouverte et plus
résolue. Cependant l'*Action libérale* et la *Ligue
patriotique des Françaises* ne cessent de combattre
par des procédés souvent déloyaux tout ce qui
refuse de se placer sur le *terrain constitutionnel*
ainsi entendu. Ces ligues emploient une bonne partie de leurs ressources à supplanter des journaux
ouvertement catholiques, mais monarchistes, par
de nouveaux journaux dits modérés et libéraux, à
soutenir des candidats de cette même couleur, ou
même de plus mauvaise, contre des candidats catholiques déclarés, mais monarchistes. Le détail des
preuves ne peut entrer dans ce mémoire, mais il
serait facile à fournir.

L'action publique de ces ligues a surtout pour
résultat de propager cet esprit de fidélité au régime
établi, ou, du moins, elle paralyse par là toute autre
action.

Comment pourrait-on exciter les catholiques à
une résistance efficace, énergique, en leur imposant
ces protestations quotidiennes et serviles de *loyalisme*, bien plus, en prenant pour programme de ne
pas faire d'opposition politique ? C'est vraiment une
gageure. Tel est cependant le mot d'ordre général.

Alors, comme on sent bien qu'une action politique
résolue serait nécessairement une politique d'opposition, et afin d'en éviter jusqu'à l'apparence, on s'est
mis à préconiser exclusivement l'*action sociale et
religieuse* ; on la préconise par opposition à l'action
politique. Et, par là, on se trouve d'accord, sans y
avoir pensé, avec le libéralisme qui ne veut pas de
rapports entre ces deux actions. Il y a là une illusion

profonde. L'action sociale et religieuse ne donnera
point ses fruits, si elle n'est pas couverte par une
forte action politique. On se flatte vainement de je
ne sais quelle rénovation du pays opérée par la seule
vertu de l'Evangile ; nos ennemis détruiront toutes
nos œuvres à mesure qu'elles leur porteront ombrage, comme ils l'ont déjà fait. Mais, aujourd'hui,
la confusion dans les esprits français, autrefois si
clairs, est telle, que les expressions les plus simples
prennent des significations qu'elles n'ont jamais
eues. La *politique* est de ce nombre.

Il va de soi que les associations formées pour l'*action sociale* et *religieuse*, comme la *Jeunesse catholique*, doivent exclure de leur programme l'*action
politique*. Mais est-ce à dire, comme on le prétend
et comme on l'exige, que, même hors de l'association, les membres doivent renoncer à la liberté de
leurs opinions et de leur action politique, sous le
prétexte qu'ils compromettraient l'association ? Il en
résulterait que ceux qui s'occupent d'action sociale
et religieuse doivent s'interdire la politique. Ce serait
priver la défense politique de son meilleur appoint,
et tomber dans le séparatisme libéral. Tel est cependant le principe qui prévaut dans la *Jeunesse catholique*. Je sais bien que cette interdiction n'existe
pas pour ceux qui font de la politique *constitutionnelle*, mais c'est une contradiction de plus.

Il va de soi également que *la politique de parti* doit
être exclue des associations formées pour la défense
de nos libertés religieuses sur le terrain *civique*, telles
que l'*Action libérale* et la *Ligue patriotique des
Françaises*. Sur ce terrain où s'établit l'union entre

citoyens catholiques pour la lutte religieuse, c'est un devoir impérieux de faire *abstraction* de toute préférence politique et de subordonner ces préférences aux intérêts de la cause catholique. Mais, d'abord, c'est donc une raison pour que les chefs s'abstiennent de lier leurs membres par des protestations multipliées de loyalisme constitutionnel. Ensuite, en dehors des questions qui font l'objet de l'accord nécessaire pour la défense religieuse, il y en a mille autres n'ayant avec celle-ci qu'un rapport *indirect* et relevant de la pure politique. Pourquoi ne veut-on pas reconnaître franchement aux catholiques leur liberté d'opinion et d'action sur cet autre terrain ? Et pourquoi cherche-t-on à exclure ceux qui ne veulent pas y renoncer ? C'est toujours parce qu'on considère le loyalisme constitutionnel comme obligatoire.

Or, c'est là une source profonde de divisions.

C'est aussi une cause d'impuissance dans l'action.

En premier lieu, il est évident, comme je l'ai dit plus haut, qu'une opposition politique sérieuse, résolue, ne peut pas se concilier avec des protestations quotidiennes de loyalisme. Elle est paralysée par la crainte de rendre ces protestations suspectes. De là vient que la politique de ralliement a détruit l'ancienne opposition *catholique* qui comptait 180 députés, sans la remplacer par rien ; car on sait que, au point de vue politique, les résultats de l'*Action libérale* sont dérisoires.

Mais, en second lieu, ce qui est plus grave encore, comme on sent bien qu'en prenant franchement position au point de vue *catholique*, on ne pourrait échapper à la nécessité d'une opposition sérieuse, on se dérobe à l'affirmation des droits de Dieu et de l'Eglise dans la société, et on les remplace par les principes d'un vague libéralisme. On recule devant les vérités essentielles.

Les congrès catholiques et les banquets intimes retentissent, il est vrai, des plus magnifiques professions de foi ; mais au Parlement devant le pays dans les élections *on n'ose même pas prononcer le nom de Dieu*, et le nom de *catholique* est considéré comme une qualification imprudente.

Cette même peur de la vérité et de la lutte fait que ces ligues préfèrent des candidats semi-blocards ou radicaux aux candidats franchement catholiques. Elles ont ainsi soutenu Millerand, ancien ministre du cabinet Waldeck-Rousseau, Labori, avocat de Dreyfus, contre des candidats catholiques. Elles ont combattu par tous les moyens l'élection de Jules Delahaye qui avait le courage de signer sa profession de foi : *catholique avant tout*. Elles ont cherché à ruiner partout les journaux catholiques monarchistes, à Toulouse, au Mans, à Nantes, à Bourges, etc. Elles combattent avec déloyauté les œuvres et les ligues qui se tiennent plus franchement sur le terrain catholique, comme la *Ligue des Femmes françaises*, dirigée par Mme de Saint-Laurent, et la Ligue de *résistance catholique*, fondée par MM. Paul et Guy de Cassagnac et Delahaye.

Le crédit omnipotent dont l'*Action libérale* et les ligues similaires se vantent de jouir à Rome déroute les catholiques et les maintient dans cette fausse voie. En effet, tous les actes extérieurs émanés plus ou moins directement du Saint-Siège concourent à confirmer ce crédit. Elles sont et elles demeurent en possession d'une consécration quasi-officielle. Elles ont la puissance de faire désavouer tous ceux qui ne suivent pas aveuglément leur direction. Moi-même, tout le premier, j'ai été blâmé avec insistance par l'*Osservatore romano*, en 1906, pour avoir dit, dans un de mes livres, que l'*Action libérale* devrait être plus courageuse dans la résistance politique et dans l'affirmation des droits de Dieu, *rien de plus*. Mais M. Piou a prétendu et fait croire que je rêvais de le détruire à la veille des élections. Quand M. Keller, le plus respectable de nos lutteurs catholiques, voulut organiser quelque chose pour la résistance, à la veille de la loi de Séparation, le Nonce apostolique l'obligea à se mettre à la discrétion de M. Piou. La même influence obtint une intervention venant de Rome pour s'opposer aux débuts de la Ligue de *Résistance catholique* qui, depuis, a pris de magnifiques développements. La *Ligue des Femmes françaises* a été dénoncée, calomniée, comme n'étant pas ralliée à la République, et M. Piou a également obtenu contre elle l'intervention du Secrétaire d'État. Aujourd'hui la *Ligue patriotique des Françaises*, née d'une scission provoquée par M. Piou dans la précédente pour l'inféoder à l'*Action libérale*, se flatte de faire imposer à la *Ligue des Femmes françaises* une fusion qui l'obligerait à entrer dans la politique de ralliement.

Peut-être les dispositions intimes du Saint-Siège

se sont-elles modifiées à l'égard du président de l'*Action libérale*, dont le prestige est aujourd'hui ruiné par son insuffisance et sa conduite plus ambitieuse que loyale. Mais rien ne l'indique aux catholiques français. L'*Action libérale* continue à bénéficier, comme le *Sillon*, des encouragements publics qu'elle a reçus. Il n'y a eu d'éloges que pour elle et pour les ligues qui s'y rattachent. Quant aux personnages ou groupements plus ouvertement catholiques, on ne leur a jamais témoigné que la plus extrême réserve, parce qu'ils appartiennent généralement à l'opinion monarchique ; et, quoiqu'ils représentent la partie la plus sincèrement dévouée à l'Eglise, on sent peser sur eux la suspicion. En France, beaucoup d'évêques leur sont franchement défavorables.

L'opinion publique est donc nécessairement induite à croire que l'affirmation des principes et la résistance énergique réclamées par ces groupements et ces personnages catholiques répond moins à la pensée, au désir du Saint-Siège. Et voilà à quoi tient que la conduite générale des catholiques français imprégnée de libéralisme, continue de marquer des tendances opposées à ce qui paraît avec évidence constituer le programme du Saint-Siège : confiance absolue dans la force des principes et de la vérité, acceptation courageuse de la lutte qui s'impose inévitable.

Malgré ces tiraillements, malgré ces épreuves, le courage de ceux qui ont adopté ce programme n'est point ébranlé. Assurément, leur fidélité trouve là une rude épreuve. Mais il est évident pour tous les yeux qu'ils prennent de plus en plus conscience de leur force, et qu'on arrêterait difficilement leur révolte contre la prétention du *libéralisme* à étouffer la *vraie défense catholique* en imposant par des voies détournées *une fausse unité politique.*

Voilà pourquoi, soumettant, avec une très humble confiance, au jugement du Saint-Père, ces observations dont l'exposé m'a été douloureux à faire, je supplie très humblement aussi Sa Sainteté d'apporter remède, selon sa sagesse et son amour pour la France, à ces causes d'impuissance et de division.

———

Voici maintenant les intrigues auxquelles j'eus recours. J'allai trouver le Majordome du Sacré Palais, et sollicitai une audience privée du Saint-Père, en exposant que ma requête avait pour objet de lui présenter ce mémoire dont je donnai un aperçu. Mgr Bislell, de qui j'étais un peu connu par mes ouvrages, me répondit avec beaucoup de bienveillance que cette audience me serait accordée après ma visite au cardinal Secrétaire d'Etat. Le surlendemain, j'étais admis auprès de celui-ci, comme je l'ai dit plus haut, et lui présentai l'exemplaire de mon mémoire qui lui était destiné. Son Eminence, après l'avoir feuilleté dans la conversation, daigna le conserver. Revenu peu après chez le Majordome, je renouvelai ma demande, aussi bien accueillie que la première fois, et déposai entre ses mains une note de dix lignes pour être placée, si l'on m'en accordait la faveur, sous les yeux du Saint-Père, afin de lui faire connaître le solliciteur.

En attendant le jour de l'audience, le désir que
tout se passât, de la part du Saint-Père, en pleine
connaissance de cause, m'inspira la pensée de chercher à voir son chapelain, Mgr Bressan. J'eus le
bonheur d'être reçu par lui. L'exposé des idées
contenues dans ce mémoire l'intéressa assez pour
qu'au bout de dix minutes il me dît spontanément :
Je vais prendre une note sur tout cela, et la remet-
trai à Sa Sainteté. Que souhaiter de plus ? Cependant la même préoccupation me suggéra le lendemain une idée plus heureuse encore : Si je pouvais
faire passer d'avance le texte même de mon mémoire
sous les yeux du pape, j'aurais une certitude encore
plus grande de connaître son impression vraie,
quelle qu'elle dût être. Je revins donc. Reçu cette
fois par l'autre chapelain, je lui exposai en quelques
mots mon désir. Mgr Pescini me répondit aussitôt,
avec une parole aimable : Le pape vous connaît, je
vous promets que Sa Sainteté aura votre mémoire
aujourd'hui même entre les mains. Je le lui remis
et me retirai tout heureux. Voilà dans quelles conditions, cinq jours après, je fus prévenu de me présenter à l'audience du Pape.

Toutefois une déconvenue m'attendait. Soit que
la fatigue du Saint-Père obligeât à restreindre ses
réceptions, soit que des demandes comme la mienne
reçoivent souvent cette solution, l'audience privée
sur laquelle je comptais allait se transformer en
audience commune ; et je ne le sus qu'au moment où
je fus introduit en présence du Saint-Père avec cinq
autres compagnons. Or, j'apportais sous mon manteau une note destinée à servir de thème complé-

montaire à l'entretien, et trois mémoires particuliers sur certains points touchés dans mon premier travail, que je présenterais si l'accueil était favorable. Qu'allait-il se passer ?

Je laisse tous mes compagnons entrer avant moi. C'étaient le supérieur du petit séminaire de Montauban, celui du petit séminaire de Beaupréau, l'archiprêtre de Beaupréau, et deux autres prêtres du diocèse d'Angers, attachés, je crois, à ce même séminaire. Les uns après les autres ils mettent le genou en terre pour baiser l'anneau du Saint-Père, et tandis que j'attendais mon tour, celui-ci, levant les yeux, demande : « Et le P. Barbier ? » Je m'avance et plie le genou. « Mettez-vous ici, » me dit S. S. Pie X, et il me fait asseoir à sa gauche, au coin de son bureau, tout près de lui. Les autres s'asseyent sur des sièges formant un arc de cercle.

Le supérieur du petit séminaire de Montauban prend aussitôt la parole : Très Saint-Père, dit-il, en se faisant connaître, mon petit séminaire a été expulsé, j'en ai organisé un autre sans avoir de ressources, je sollicite pour ma maison la bénédiction de Votre Sainteté. Le Saint-Père répond en latin avec une effusion de bonté. Je suis aussi chargé par le P. Delbrel, reprend le même supérieur, de rappeler à Votre Sainteté qu'Elle lui a promis de parler un jour de l'œuvre des vocations ecclésiastiques. Pie X confirme son intention de le faire ; puis, se tournant vers moi, sans transition, le Saint-Père me dit avec une gravité pénétrante : J'ai lu votre mémoire, je vous remercie de tout ce que vous m'avez dit, j'en fais grand cas, *magnifacio*, et j'en

tiendrai certainement compte selon l'opportunité
des circonstances. C'est là le sens très précis de ses
paroles, quoique trop abrégées ; mais je n'en puis
traduire la solennité. Très ému, et cependant maître de moi, je m'incline profondément, et dis aussitôt : Très Saint-Père, j'aurais vivement souhaité de
pouvoir exposer à Votre Sainteté quelques points particuliers ; mais je ne m'attendais pas à avoir à parler
devant d'autres personnes ; ces messieurs m'excuse-
ront de le dire. — Si, si, reprend le Saint-Père, vous
pourrez parler tout à l'heure, je vous écouterai.

Le Supérieur du petit séminaire de Beaupréau
prend alors la parole, se fait connaître à son tour,
et rappelle en deux mots l'expulsion tragique de
cette maison. Avec la même bonté, le pape répond
qu'il bénit spécialement les élèves, leurs parents et
leurs maîtres. L'archiprêtre de Beaupréau sollicite
l'autorisation de donner la bénédiction papale à son
retour. Pie X y consent. Les deux autres prêtres
angevins viennent alors lui présenter sa photographie à signer. En voyant avec quelle condescendance il se rend à leur désir, je me reproche inté-
rieurement de m'être conformé à la recommandation
consignée sur les lettres d'audience qui interdit
cela. Pendant que le Saint-Père appose sa signature sur ces photographies, le supérieur de Beaupréau reprend la parole : « Très Saint-Père, j'aurais désiré aussi entretenir Votre Sainteté en
particulier, je suis dans le même cas que le révérend
Père. » Le pape laisse tomber cette parole, et continue
d'écrire sans répondre.

On a raconté qu'afin d'effacer cette différence

d'accueil, et grâce à l'intervention du cardinal
Merry del Val, le supérieur de Beaupréau aurait
obtenu la faveur d'une seconde audience. Il n'y a
aucune raison de ne pas le croire. *La Croix* publia
même, non peut-être sans une certaine intention, et
en très bonne place, l'information suivante : « M. le
chanoine Moreau, supérieur du petit séminaire de
Beaupréau, accompagné de M. le chanoine Parage,
ancien économe de cette maison, a été reçu, deux
fois dans le même jour, par le Souverain Pontife.
Pie X s'est fait retracer tout au long les épisodes du
siège du 19 janvier 1907. Ce récit a vivement ému le
Saint-Père. Comme M. le Supérieur sollicitait du
Saint-Père, à la fin de sa première audience, un
souvenir pour la chapelle du nouveau collège, Pie X
le pria de revenir le soir, et lui offrit un calice, un
ciboire, cinq ornements, des aubes et du linge d'autel. » Peut-être M. l'Abbé Moreau a-t-il été reçu
trois fois par le pape. Cela est possible, quoique
peu vraisemblable ; et je m'en réjouirais pour lui.
Mais s'il s'agit de l'audience qui nous fut commune,
je donne ma parole d'honnête homme, qu'en ce qui
la concernerait, la dépêche de *La Croix* ne contient
pas un mot qui s'y rapporte avec vérité. La nécessité
de maintenir scrupuleusement l'exactitude des faits
m'oblige à le dire.

Il ne restait plus, en effet, qu'à se retirer. Les
uns et les autres s'agenouillent pour faire indulgen-
cier divers objets de piété, puis défilent en baisant
de nouveau l'anneau de Sa Sainteté. Pour moi, pendant qu'ils sortent, encouragé par son extrême
bienveillance, je demeure debout à ma place, à côté

du Pape. Eux partis, il me fait rasseoir et nous restons seuls.

Déjà suffisamment fixé sur ce que Sa Sainteté pensait de mon mémoire, je tirai aussitôt ma note, et la traitai de vive voix. Elle était divisée en trois points : le tort fait à la défense de la foi et de la religion par la préoccupation, chez le clergé, de satisfaire l'opinion républicaine et la crainte, de paraître se trouver d'accord avec les partis d'opposition ; les résistances à l'idée d'un parti catholique ou parti de Dieu ; l'abus fait par certaines ligues des bénédictions ou des encouragements du Saint-Siège, pour en couvrir une attitude qu'il n'avait point entendu sanctionner. Et tout cela se rattachait naturellement au mémoire lui-même. J'exposai point par point avec une entière franchise et une respectueuse liberté.

Je n'aurai point l'outrecuidance de faire parler ici le Pape et d'invoquer chacune de ses réponses comme une ratification de tout ce que j'ai pu dire ou écrire. Ce serait tomber dans l'abus que je reproche à d'autres ; et pour le prévenir il ne resterait au Saint-Père qu'à refuser de prononcer une parole.

Ce qui suffit, c'est de dégager la physionomie de l'entretien. Pendant un quart d'heure qu'il dura, j'eus la suprême consolation de me sentir écouté, compris, confirmé par S. S. Pie X, dont la parole grave et chaude répondait avec plénitude aux propositions émises par moi. Rien de ce que j'avais écrit dans mon mémoire, aucune des confirmations que j'y apportai de vive voix ne provoqua de rectification ou d'avertissement de sa part. Pénétrant jusqu'au fond ma pensée dégagée de tout intérêt humain, le Vicaire de Jésus-Christ la faisait ensuite resplendir par l'irradiation de la sienne qui absorbait toutes les contingences. Et lorsque je lui dis : « Très Saint-Père, si Votre Sainteté daignait jeter un coup d'œil sur les mémoires que j'ai là, elle y trouverait des détails à l'appui des appréciations qu'humblement je lui soumets », il daigna en effet avancer la main, prit ces papiers et les posa sur son bureau avec un air satisfait.

Je ne pouvais vraiment rien attendre de plus, et songeant à l'état de fatigue du Saint-Père, j'allai de moi-même au-devant du congé, non sans avoir réfléchi que s'il daignait mettre sa signature au bas d'une photographie, il y consignerait certainement l'expression de l'extrême bienveillance dont je me sentais l'objet. Comment faire ? Enhardi par un tel accueil, je rompis donc l'entretien, en disant : Très Saint-Père, je regrette bien de ne pas avoir apporté de photographie. — Vous en avez une ? me demanda-t-il. — Mais non, très Saint-Père, je n'en ai pas apporté. — Alors le Pape se leva de son fauteuil, en choisit une sur le bord de sa bibliothèque, et, posément, y écrivit cette formule :

Dilecto filio sacerdoti Emm. Barbier
cœlestium bonorum auspicem
et benevolentiæ nostræ testem
apostolicam benedictionem ex animo impertimus.

Die 25 feb. 1908.
Pius PP. X.

« A notre cher fils prêtre Emm. Barbier, comme gage des biens célestes, et en témoignage de notre bienveillance, Nous accordons de tout cœur la bénédiction apostolique », 25 février 1908.

Je m'agenouillai alors, en demandant au Saint-Père une bénédiction pour ma famille et pour les âmes qui me sont attachées : le Pape posa ses deux mains sur ma tête, longuement, affectueusement ; et quand je me relevai après avoir baisé son anneau, par une condescendance inexprimable, il daigna retenir ma main, qu'il serra avec une bonté cordiale. Je sortis comblé.

Note. — Serait-il trop téméraire et présomptueux de penser que le Saint-Père n'avait pas complètement perdu de vue le présent mémoire et la promesse faite à son auteur, lorsqu'il traça en termes si énergiques la limite des sentiments que les catholiques français doivent au régime actuel, dans son inoubliable discours pour la béatification de Jeanne d'Arc, et lorsqu'un peu plus tard il les pressa d'une manière non moins formelle de prendre pour base de l'union entre eux le terrain « nettement catholique » ?

Les chapitres suivants qui continuent la discussion interrompue par cet article justificatif paru le 1ᵉʳ mars 1909, sont également antérieurs au discours pontifical et aux actes que nous venons de rappeler.

CHAPITRE VIII

L'ACTION LIBÉRALE POPULAIRE

LA DÉFENSE CATHOLIQUE

I. — Importance du sujet

On se souvient du récent discours de M. Piou au Congrès général de la Bonne Presse et des commentaires qu'en fit *La Croix* (1). Ce fut l'occasion de notre série d'articles sur la politique chrétienne. Le Président de l'*Action libérale* avait placé l'apologie de son œuvre sous l'autorité immédiate de S. S. Pie X, qui en aurait expressément ratifié le nom et le programme. *La Croix* affecta d'attribuer à ces déclarations une importance capitale, et soutint qu'elles vengeaient authentiquement l'*Action libérale* de toute critique. Sous le même titre que *La Croix* : « Une parole du Pape » le *Bulletin de l'Action libérale* reproduisit les assertions de M. Piou (novembre 1908, n° 299).

Nous possédons aujourd'hui le texte complet de son discours, publié dans le compte rendu du XVIII° Congrès général de la Bonne Presse (10-17 décembre 1908). Ce sont ces pages qui vont nous fournir le cadre d'une nouvelle étude.

1. Chapitre I.

Mais, avant de l'aborder, il importe d'en préciser la raison d'être.

Lorsque l'*Ami du Clergé* dressait *ex-professo* son plaidoyer (1), beaucoup plus modéré dans les conclusions que dans les arguments de défense, en faveur de l'*Action libérale*, il se bornait à le présenter comme une forme d'action licite, légitime, et bonne même dans les circonstances actuelles. « En fait en hypothèse, on peut admettre le concours transitoire d'une action non confessionnelle, dès lors que celle-ci, sans aucune opposition positive à la révélation, travaille efficacement à restaurer les bases naturelles de la société sur lesquelles le Christ Rédempteur entend greffer l'édifice surnaturel de la foi, de la grâce et du salut. » Et, plus haut : « Nous ne voyons pas ce que nous gagnerions à traiter l'*Action libérale* en ennemie, quand précisément elle sert au fond la même cause que nous, non pas sur le même terrain, ni avec les mêmes armes, mais en définitive avec la même substantielle volonté de coopérer au relèvement de l'ordre social menacé par les oppresseurs de nos libertés... Il est donc tout naturel que deux grands courants d'opposition, deux grandes concentrations d'opposition antigouvernementale existent à l'heure actuelle en France : le courant catholique, le courant philosophique, simplement naturel et libéral. »

Ce n'est plus le moment de revenir sur la possibilité du dédoublement admis ici entre l'ordre purement naturel et l'ordre chrétien, inséparables dans

1. 24 juill. 1904 et 2 février 1905.

un pays qui a reçu la foi. Je n'insiste même pas sur la question de savoir s'il est admissible que des catholiques, des catholiques pratiquants et fervents, comme sont la plupart des adhérents de M. Piou, se contiennent dans ce courant d'opposition simplement philosophique, naturel et libéral. Je crois, à vrai dire, que s'ils n'avaient pas la conviction d'être associés à une œuvre meilleure et plus chrétienne, ils se hâteraient, nombreux, d'en sortir. Je veux observer seulement que si l'on ne réclamait en faveur de l'*Action libérale* rien de plus que cette tolérance, ce droit d'être et de travailler à la défense sociale, la critique manquerait à peu près d'objet, à la réserve près des observations précédentes; et volontiers, pour ma part, je poserais la plume.

Mais tout le monde sait ce dont l'*Ami du Clergé* ne paraît pas tenir compte, à savoir que ni l'*Action libérale* ne borne ses prétentions à ce rôle modeste, parallèle à une action catholique, ni même les autorités ecclésiastiques ne la comprennent de la sorte. Tout le monde sait qu'elle est proposée, l'on peut dire imposée, comme la meilleure et même l'unique organisation *catholique*. Elle n'a aucunement cette forme secondaire et particulière décrite plus haut. Ses chefs, ses principaux agents, ses membres se recrutent parmi les catholiques les plus notoires; tous leurs efforts, nous le verrons plus en détail, tendent à identifier le programme et l'action de cette ligue, et ils ambitionnent même de ne laisser subsister aucune autre organisation que la sienne. Presque toutes les forces religieuses du pays ont conspiré jusqu'ici en faveur de ces prétentions.

Et, dès lors, qui ne voit que si l'*Ami du Clergé*
plaidant pour l'*Action libérale* en a exactement
défini le caractère, cela devient une question très
grave ? Elle se trouve ainsi parfaitement posée. Si
d'une part l'*Ami du Clergé* n'a pas calomnié l'*Action
libérale* par ce jugement : *On ne peut la dire
chrétienne, c'est clair ;* s'il est vrai, de l'autre, que
grâce à certaines professions de foi bruyantes, mais
démenties par sa conduite, elle est parvenue à se
faire passer, même aux yeux du clergé, pour la
seule organisation de défense religieuse méritant
d'être approuvée, au point que ce soit un devoir
pour les catholiques de lui réserver leur concours,
comment ne pas reconnaître qu'il en résulte une
situation étrange et inextricable, et que ce serait
l'abdication des principes catholiques au profit du
libéralisme ? Dira-t-on que c'est là une discussion
inutile ou fâcheuse ? Même au seul point de vue rétrospectif, elle serait nécessaire pour éclairer le
présent par les leçons du passé. Plût à Dieu que les
dispositions actuelles d'une grande partie des catholiques ne la rendissent pas encore plus opportune
que jamais.

II. — L'apologie de l'Action Libérale

Le discours de M. Piou qui doit nous occuper est
un exposé de ses vues sur la situation faite à l'Eglise
en France par la loi de séparation et des impressions qu'il a recueillies dans ses tournées. Il y
mêle, en commençant, son apologie personnelle, et
celle de son œuvre. Citons d'abord cette partie.

Je rapporte de toutes ces courses l'impression qu'il y a, en ce moment, dans notre pays, un mouvement religieux qui n'existait pas au même degré avec la loi de séparation.

On a cru, en séparant l'Église de l'État, porter à la religion le coup mortel ; on s'est persuadé, en brisant le lien qui la rattachait à l'État, l'avoir dépouillée de la situation qui faisait sa force, et l'avoir réduite à la misère. Il y a eu, c'est possible, un moment de trouble, d'hésitation. L'effondrement était si profond, il venait après tant d'autres violences qu'on croyait que le coup de mort lui avait été donné. Et il se trouve qu'une renaissance religieuse est la conséquence de cet attentat que l'on croyait l'attentat suprême.

On avait oublié une chose, c'est qu'en rendant à l'Église sa complète indépendance, on lui rendait la plénitude de sa force. On avait oublié que c'est par la liberté qu'elle a conquis le monde, et que plus on l'affranchit, plus on la fait puissante ! (*Applaudissements*).

Pie X, ce fanatique, cet intolérant, avait dès longtemps prévu la situation présente et l'attitude qu'elle commandait ; vous me permettrez de vous apporter ce souvenir d'un entretien que j'ai eu l'honneur d'avoir avec lui il y a quelques années, avant que la séparation ne fût votée.

Vous savez que j'ai été très mêlé à la création d'une association qui s'appelle l'*Action libérale populaire* (*Applaudissements*). Ce mot « libérale » avait effarouché des oreilles délicates. J'avais reçu, bien des fois, des avertissements sur le peu d'*orthodoxie* d'une pareille appellation et j'avais entendu des hommes de très bonne foi, des prêtres même, me témoigner leur angoisse.

Libéral ! Le mot a un mauvais renom, et il le mérite quand on le prend dans un certain sens.

Un docteur en droit canon voulut bien m'écrire un jour : « Monsieur, je crois que vous êtes un bon chrétien, cependant, je dois vous prévenir que vous êtes excommunié. Vous avez enfreint un article du *Sylla-bus*. » Quoique rassuré sur la droiture de mes inten-tions, je voulus en avoir le cœur net. J'allai à Rome et je dis au Saint-Père : « Nous avons fait, pourquoi ne le dirais-je pas ? c'est notre honneur et c'est notre raison d'être — sous l'inspiration de Léon XIII, — une asso-ciation que nous avons appelée l'*Action libérale popu-laire*. Il paraît que nous avons méconnu les dispositions du *Syllabus*, mérité des anathèmes, même l'excommu-nication ! »

Pie X me répondit : « Que cette excommunication ne vous préoccupe pas. » Et il ajouta : « *Libéral, on vous reproche ce mot ? Ils n'y comprennent rien !* Ce n'est pas une question de doctrine, c'est une question de con-duite. » Et il ajouta — je cite ces mots parce qu'ils sont un programme et étaient une prophétie : — « L'Église de France ne peut être défendue que par la liberté. » (*Applaudissements*).

Depuis ce jour-là, je ne lis plus les revues dans les-quelles on me démontre *ex cathedra*, paraît-il, toutes les semaines, que je suis en révolte avec la doctrine catholique. Je me console des anathèmes et même des injures en songeant que le Saint-Père veut bien nous juger orthodoxes et qu'en défendant la liberté nous défendons la cause de l'Église. (*Applaudissements*).

Et voilà que l'événement vérifie la parole du grand Pontife. Depuis que l'Église est affranchie, jamais elle n'a été, dans notre pays, plus puissante. Et, quoi qu'en disent nos ennemis et même quelques amis qui se lais-sent prendre à quelques apparences et déconcerter par quelques trahisons, jamais elle n'a été plus forte. Elle est affranchie et elle est pauvre ! La liberté, la pau-vreté, voilà les deux ressources auxquelles elle a puisé dès son origine la sève féconde qui l'a faite si forte. Elle est redevenue libre, elle est pauvre ; elle sera grande ! (*Applaudissements*.) Et elle l'est.

La seconde partie du discours, sur laquelle nous reviendrons, traite de l'attitude que cette situation

Barbier   12

permet aux catholiques de prendre. Elle se termine par cette déclaration qui nous ramène à l'apologie du début : « Déjà nous pouvons parler partout, nous pouvons lever partout notre drapeau, où est écrit le mot que Pie X lui-même nous a donné comme devise : « liberté », et avoir la certitude d'éveiller dans le cerveau des masses un écho qui désormais ne s'éteindra plus. »

Avant d'examiner la solidité de cette apologie de l'*Action libérale*, je ne puis m'empêcher de soumettre au lecteur attentif quelques observations générales sur le fond des idées. Ce n'est pas seulement pour inviter l'homme de sang-froid à constater, même chez ceux qui ont l'honneur et la charge de conduire les autres, la banalité décourageante de certains exercices de paroles que multiplient nos congrès. Il y a ici quelque chose de plus, et matière à réflexion plus sérieuse. Je ne sache rien, en effet, qui donne une impression à la fois plus exacte et plus attristante de la situation où nous sommes, que de voir un homme en qui presque tous se plaisent à reconnaître le chef de l'action catholique, ne trouver à dire, en face de circonstances si graves, que ce qui, dans la bouche d'un autre, passerait pour témérités, pauvretés et inexactitudes, et une assemblée de catholiques d'élite applaudir avec chaleur à tout cela comme à des paroles de vérité et de salut.

Qu'y a-t-il, en effet, au fond de ce langage, sinon l'éloge de l'état de séparation entre l'Eglise et l'Etat, que tout catholique a le devoir de réprouver ? Et, qui plus est, peut s'en faut que l'orateur ne semble prêter au Pape lui-même cette préférence.

De là un optimisme qui paraît se rire des réalités. Est-ce sérieusement qu'on nous parle de la *complète indépendance* rendue à l'Eglise ? Dans quelles régions M. Piou a-t-il donc voyagé, pour avoir eu le bonheur de la voir vraiment *affranchie* ? Quelle gageure quand ses milices sont dispersées, son culte mis à la merci des démagogues, ses prêtres traqués, ses protestations étouffées, Dieu chassé de partout, l'enseignement religieux devenu presque impossible, de prétendre qu'elle n'a jamais été *plus forte et plus puissante* ? Est-ce que, si nos ennemis nous tenaient le même langage, nous ne le leur reprocherions pas comme une dérision ?

On avait oublié, s'écrie l'orateur, que c'est par la liberté que l'Eglise a conquis le monde. Et tous d'applaudir. Mais quelle était donc cette liberté ? Etait-ce celle que donne la répudiation de l'Eglise par l'Etat, ou celle qui, durant des siècles, s'est exercée avec le concours et sous la protection d'un pouvoir chrétien ? On serait tenté de se demander quelle notion l'on conserve de l'Eglise et du genre de liberté qui lui est indispensable. En vérité, si les catholiques d'élite, si leurs chefs, les premiers, se nourrissent et se repaissent de pareilles nuées, quelle rectitude et quelle fermeté peut-on attendre de leurs déterminations ?

Mais ces illusions libérales frayaient une voie naturelle à l'apologie de M. Piou et de son œuvre. Venons-y.

Il n'est pas nécessaire d'insister sur le procédé puéril qui consiste, pour avoir raison d'une critique, à l'outrer jusqu'au point où elle devient fausse ou injuste. Il serait plus sérieux et plus digne de répondre à ce qu'on dit que de se plaindre de ce qu'on ne dit pas. Et, vraiment, si c'est pour se faire relever de l'excommunication que M. Piou s'est rendu à Rome, ceux même qui critiquent l'*Action libérale* eussent été les premiers à lui conseiller de s'épargner ce voyage. Il est clair, d'ailleurs, que cette façon de se poser en victime près du Pape, devait incliner le Saint-Père à quelques paroles de consolation. Malgré cela, jusqu'à quel point le langage que M. Piou lui fait tenir est-il vraisemblable, c'est ce qu'il faut examiner de plus près. L'apologie présentée en congrès porte sur la forme et sur le fond, sur le nom de l'œuvre et sur son programme. Il y a donc lieu d'envisager l'un et l'autre.

III. — Le nom de libéral

On peut douter, de prime abord, qu'il soit séant à un vrai catholique, s'adressant à une assemblée de bons catholiques, de parler de la qualité de libéral avec le ton léger qu'y met M. Piou. Il est encore bien plus délicat et plus osé de lui faire attribuer cette insignifiance par le pape lui-même. M. Piou, il est vrai, veut bien reconnaître que le nom de libéral a un mauvais renom, et qu'il le mérite quand on le prend dans un certain sens. Mais on sent qu'il s'estime complètement à l'abri d'un pareil soupçon. Nous aurons à voir si cette assurance est justifiée. Prenons d'abord la question telle qu'il la pose. On lui reproche d'avoir choisi cette enseigne, et le Pape l'en absout pleinement. La raison en est qu'il n'y faut pas voir une question de doctrine, mais seulement de tactique et de conduite.

A vrai dire, les catholiques libéraux n'ont jamais manqué de mettre en avant cette explication et cette excuse. Aussi, ne sont-ce pas seulement les principes du libéralisme professés par Lamennais, Montalembert et leur école, que l'Eglise a condamnés en eux. Elle l'avait déjà fait et le fit en des actes d'une portée plus générale. C'était également leur *tactique libérale*. C'est que cette tactique ne va pas sans une certaine connivence avec le catholicisme libéral. Elle l'implique même. Le nom porté avec ostentation ne peut être sans rapport avec la chose. Il y a lieu quelquefois d'invoquer des excuses en sa faveur, mais c'est certainement aller trop loin de le donner comme complètement inoffensif.

Qui donc ignore que les doctrines les plus dangereuses se sont répandues en ce siècle sous le couvert de mots dont le sens aurait été susceptible d'une acception tolérable, mais sur lesquels l'esprit du mal avait mis son empreinte indélébile ? La plus grande faiblesse des catholiques, en ce siècle, a été d'adopter, devant les foules, ces mots d'ordre de leurs adversaires, sous le prétexte de les ramener à une signification orthodoxe, dont personne au fond n'avait souci et qu'eux-mêmes ne songeaient pas à défendre avec courage. Comment l'eussent-ils fait, quand cette faiblesse ne leur est inspirée que par l'amour de la conciliation et la crainte de la lutte ? Si donc l'on appelle scandale le fait d'induire le prochain en erreur par des paroles ambiguës, de semer le doute, la méfiance, et d'ébranler la foi des simples par un attachement plus ou moins justifié à des formules qui sont le passeport des idées dangereuses, il faut bien avouer que cette conduite des catholiques n'en est pas exempte.

Mgr Pie disait dans son *Instruction pastorale sur les malheurs actuels de la France*, en 1871 : « Il n'y a rien à espérer de ces paroles vagues et creuses, *de ces banalités vagues et sonores*, dont on a chargé à leur berceau ou à leur lit de mort tous les régimes disparus. Il est une collection de mots qui ne disent plus rien à force d'avoir été à l'usage de tous les partis divers, qui leur ont fait dire ce qu'il leur a plu. Un penseur des premières années de ce siècle en demandait déjà l'expulsion du vocabulaire des hommes sérieux. Ce sont, disait-il, des expressions à double entente, où les passions trouvent d'abord un sens clair et précis, sur lequel la raison s'efforce en vain de les faire revenir par de tardives explications ; les passions s'en tiennent au texte et rejettent le commentaire. » M. Ollé-Laprune, peu de temps avant sa mort, adressait le même appel aux orateurs et aux écrivains honnêtes : « Je me dis souvent à moi-même, et je dis aux autres à l'occasion, qu'au milieu de l'anarchie intellectuelle où nous vivons, un des premiers remèdes à l'extrême division des partis, ce serait que tout ce qu'il y a d'orateurs, de penseurs, prît la résolution de ne jamais parler de quoi que ce soit qu'à bon escient. Il y a des idées courantes, je ferais peut-être mieux de dire des formules et des phrases qu'on retrouve partout, partout acceptées sans contrôle. Quel service ce serait rendre aux esprits que de diminuer le

nombre des mots vagues ! » Et M. Le Play : « L'abus
incessant des mots qu'on ne définit pas, plonge nos
esprits dans un état honteux d'inertie... Cette phraséologie endort en quelque sorte les esprits dans
l'erreur et retarde indéfiniment la réforme... Lorsqu'on nous aura débarrassés de cette phraséologie
abrutissante, nous reprendrons possession de nos
facultés intellectuelles (1). »

Non, il ne peut être sans inconvénient pour les
catholiques de changer leur nom en celui de *libé-*
raux, après que le pape Pie IX les a mis si fréquemment, si fortement en garde contre ceux qu'il appelait *les catholiques libéraux* (2), après que le *Syllabus*
a condamné la proposition disant que « l'Eglise doit
se réconcilier avec le libéralisme. »

Mais venons à un argument encore plus direct, et
aussi de plus fraîche date et de source, aux yeux
de plusieurs, moins discutable. Il montrera l'autorité pontificale mettant par avance l'*Action libérale*
à couvert du reproche d'hérésie, mais, en revanche,
justifiant expressément la critique dont elle se flatte
d'être absoute.

---

1. Je renvoie le lecteur au chapitre très intéressant de
Mgr Delassus sur les conditions de la rénovation : Revenir
à la sincérité du langage. *Le problème de l'heure présente*,
t. II, chap. XIX.

2. Ceux d'alors se glorifiaient d'être appelés *catholiques*
libéraux formant ce qu'on appellerait aujourd'hui la gauche du catholicisme, aujourd'hui ceux qui en représentent
la droite se font appeler *libéraux* tout court et évitent d'y
joindre le nom de catholiques. Et quand un des leurs,
comme il est arrivé, a l'imprudence de dire dans une réunion : nous, *catholiques libéraux*, ses amis le tancent pour
sa maladresse.

Au mois d'avril 1900, le cardinal Rampolla adressait, à l'archevêque de Bogota, en Colombie, par ordre du Saint-Père, une instruction sur le libéralisme. Après avoir rappelé la condamnation des formes doctrinales qui le rattachent au rationalisme et au naturalisme, puis l'acceptation tolérable du mot, le Secrétaire d'Etat ajoutait :

« Il faut se rappeler, en cette matière, ce que la Sacrée Congrégation du Saint-Office a fait savoir, le 29 août 1877, aux évêques du Canada : que l'Eglise, en condamnant le libéralisme n'a pas entendu condamner (1) tous et chacun des partis politiques qui, peut-être, prennent le nom de libéraux. La même chose a été déclarée par moi, selon l'ordre du Saint-Père, dans une lettre à l'évêque de Salamanque, le 1ᵉʳ février 1891 (2), en y ajoutant toutefois ces conditions. qu'avant tout, ceux qui s'intitulent libéraux acceptent sincèrement tous les points de doctrine enseignés par l'Eglise, et soient prêts à accepter ceux qu'elle pourrait enseigner par la suite ; qu'en outre *ils ne se proposent rien qui ait été explicitement ou implicitement condamné par l'Eglise ; qu'enfin, chaque fois que les circonstances l'exigeront, ils n'hésiteront pas à montrer des sentiments pleinement conformes aux enseignements de l'Eglise, comme ils le doivent* (3).

....

1. Ne point condamner n'est pas approuver.
2. C'était précisément l'heure du ralliement en France.
3. Quapropter, in re praesenti, illud prae oculis habendum est quod Suprema Congregatio S. Officii, die 29 Augusti 1877, Episcopis Canadiensibus edixit : videlicet, Ecclesiam, in damnando liberalismo omnes et singulas politicas partes, quae forte liberales nominentur, damnare non intendisse. Idipsum *et in epistola ad Episcopum Salmanticensem a me, Pontificis jussu, die 17 Februarii 1891 data,* iterum declaratum fuit, adjectis tamen hisce conditionibus, ut nempe, catholici, qui se liberales dicunt, imprimis, ea omnia doctrinae capita, quae ab Ecclesia tradita sunt, sincere accipiant atque ea, quae forte Ecclesia ipsa in posterum tradet, suscipere sint parati : nihil, insuper, sibi proponant quod ab Ecclesia explicite vel implicite fuerit

Une longue étude ne sera pas nécessaire pour constater si l'*Action libérale* vérifie ces conditions.

Ce qui suit est encore beaucoup plus intéressant, surtout quand on se rappelle que le cardinal Rampolla écrit par ordre de Léon XIII lui-même : « *Il était ajouté dans la même lettre qu'il est à souhaiter que les catholiques, pour désigner leur propre parti politique, choisissent et prennent une autre dénomination, de peur que ce nom de libéraux adopté par eux ne devienne pour les fidèles une occasion d'équivoques et d'étonnement* (1).

Ces paroles ont leur explication dans les réflexions que nous avons faites plus haut. Faut-il donc croire que la France, fille aînée de l'Eglise, soit à ce point de vue, dans d'autres conditions que la catholique Espagne ? Et, n'est-ce pas aussi en pareil cas qu'il n'y a plus de Pyrénées ?

Si l'intérêt de la politique de ralliement ne s'était pas opposé à ce que les mêmes instructions fussent aussi clairement données à la France, on n'aurait pas vu notre grand journal catholique *La Croix*, tout en conservant à son frontispice le crucifix, comme un emblème de confession hardie, nous

damnatum ; quoties, denique, adjuncta id requisierint, mentem suam Ecclesiae doctrinis plene congruentem aperte significare, uti oportet, non detrectent. (*Analecta ecclesiastica*, janvier 1906).

1. In eadem epistola et illud additum fuit, nimirum, optandum esse ut, ad designandas proprias politicas partes, catholici aliam seligant atque assumant denominationem, ne forte nomen liberalium sibi adscitum aequivocationis vel admirationis occasionem fidelibus praebeat ; de cetero, autem, non licere censura theologica liberalismum notare multoque minus veluti haereticum traducere, sensu quidem diverso illum sumendo ab eo, quem Ecclesia in ejus damnatione determinavit, donec aliud ipsa significaverit. (*Ibidem*.)

apprendre, pour se conformer au mot d'ordre du chef de l'*Action libérale*, à cacher partout notre titre de *catholiques*, en ne prenant que celui de *libéraux*.

C'est particulièrement dans ses chroniques et dans ses statistiques électorales que se manifeste la préméditation de cette tactique. Ceux qui possèdent ou qui ont la facilité de consulter la collection de ce journal, n'ont qu'à la parcourir aux époques des élections sénatoriales de l'hiver 1906, des élections législatives de la même année, et du renouvellement des conseils généraux en 1907. Ils constateront un parti pris évident d'exclure la dénomination de *catholiques*, et d'appliquer l'épithète de *libéraux* même aux candidats dont on relate les professions de foi les plus franchement religieuses.

S'il en est qui affirment leur foi avec plus d'éclat, on leur en donne acte, mais sèchement, sans commentaire aucun, sans un mot pour faire ressortir l'exemple et propager l'élan ; tandis que, tout à côté, on relèvera avec enflure les ovations qui ont répondu aux déclarations libérales des autres.

Or, il importe de noter que nous ne sommes pas là en présence des électeurs devant qui, tout le monde en convient, les circonstances particulières et les intérêts de tactique peuvent commander une certaine réserve selon les cas. C'est un grand journal catholique parlant pour son public, dirigeant son jugement et formant son état d'esprit. Il s'agit de la direction que *La Croix* s'efforce de donner à l'opinion catholique.

A l'approche des élections sénatoriales de 1906,

elle la réchauffe avec des cataplasmes comme celui-ci :

« On se prépare partout activement dans les départements intéressés aux élections sénatoriales ʼqui ont lieu dimanche. Tout fait espérer que *la cause libérale* remportera plusieurs succès sur la cause blocarde, dont la séparation de l'Eglise et de l'Etat, les excès des antimilitaristes et le péril extérieur détournent *l'opinion intelligente.* » (4 janvier 1906).

Jetez un coup d'œil sur ses chroniques électorales : *libéraux*, les sénateurs de Maine-et-Loire, le comte de Blois, M. Bodinier, M. Dominique Delahaye ; *libéraux* ceux de la Mayenne, M. Dubois-Fresney, M. Denis et les autres, qui ont formé dans leur département une *association électorale catholique*, avec laquelle ils emportent tous les succès ; *libéral*, M. de Lamarzelle, dans le Morbihan, etc... Ils le sont tous.

A toutes les périodes électorales qui suivent, c'est le même jeu. *Libéraux*, M. Baudry d'Asson et le marquis de Lespinay, en Vendée (13 mars 1906). Jugez des autres ! *Libéraux*, Paul de Cassagnac et le marquis de Gontaut dans le Gers (26 juillet 1907). Il faudrait citer intégralement ces chroniques.

L'entraînement est tel qu'on laisse tomber des perles comme celle-ci (29 mars) :

A Sartène (Corse) M. Gabrielli, député sortant, blocard, se représente : il aura pour concurrent M. Hyacinthe Quillichini, maire de Sartène, *libéral*.

Au sujet de la candidature de ce dernier, le *Temps* reçoit les renseignements suivants :

« Répondant à l'invitation du chanoine Perretti, curéarchiprêtre de Sartène, les curés doyens de l'arrondissement, délégués par le clergé de leurs doyennés, se sont réunis au chef-lieu pour choisir un candidat catholique aux prochaines élections législatives. Après la constitution du bureau, la parole a été donnée au chanoine Rocca-Serra ; celui-ci a exposé brièvement la situation et a insisté sur la nécessité pour tout bon chrétien, et en particulier pour tout membre du clergé, de remplir son devoir de citoyen en votant et faisant voter pour le candidat *qui s'engageait à défendre, envers et contre tous, les intérêts de la religion si gravement menacés.*

« Toutes les candidatures qui, jusqu'à présent, se sont manifestées, ont été examinées, et l'assemblée a décidé d'offrir son concours à M. Quillichini, avocat, maire de Sartène, à la condition qu'il maintiendra sa candidature jusqu'au bout *et qu'il fera une profession de foi nettement catholique.*

« M. Quillichini, consulté, ayant décidé d'accepter les conditions posées par l'assemblée, a été ensuite proclamé candidat catholique pour l'arrondissement de Sartène. »

Voilà un libéral !! C'est au *Temps* que *La Croix* laisse la responsabilité de lui donner sa vraie couleur.

Passons aux statistiques dressées après les élections en vue de déterminer l'état respectif des partis. Celles de *La Croix* sont encore plus éloquentes que ses chroniques avant les élections. Mais cette éloquence demande qu'on la médite. Une seule chose y est bien claire, c'est l'exclusion calculée de la qualité de catholiques. Les prêtres eux-mêmes sont rangés dans la classe des libéraux (ce ne sont pas eux que cela change le plus), et avec eux, MM. Quillichini, par exemple, A. de Mun, de Lamarzelle et tous les autres.

Pourquoi tous libéraux, et pas catholiques ? — C'est, me répondra-t-on, qu'on ne pouvait pas les classer autrement. — J'entends ; mais encore pourquoi ? — Parce que les catholiques doivent se présenter unis aux honnêtes gens de tous les partis, et que la dénomination de *libéraux*, un peu vague, peut-être, est la seule qui puisse leur être commune à tous. — Cette justification, sans être satisfaisante, pourrait, j'en conviens, paraître plausible à beaucoup de gens. Mais, par malheur, elle est complètement inexacte. — Ah ! par exemple ! — Mais oui ; et la preuve en est évidente : c'est que cette qualité de libéraux n'est appliquée par *La Croix* *qu'aux seuls catholiques*, et à aucune autre catégorie. *La Croix* a bien soin, au contraire, pour tous les autres, de les désigner par classification politique : les *progressistes* en premier lieu, puis les *républicains de gouvernement*, les *radicaux*, etc...

Cela fait même demander : pourquoi, alors, n'avoir pas simplement classé les catholiques, eux aussi, d'après leur opinion politique ? D'autant qu'on le fait pour une partie d'entre eux, les monarchistes, en leur appliquant comme un masque discret l'étiquette de *conservateurs*. Car si *La Croix* ne veut pas reconnaître de candidats catholiques, encore moins faut-il en avouer de monarchistes. *Nec nominentur in vobis* (1).

Ne nous arrêtons pas à rechercher en quoi MM. de Largentaye, de Rosanbo, de Lanjuinais, de Montaigu, etc... désignés comme *conservateurs*, sont

1. Voir la statistique des élections législatives, n° du 8 mai 1906.

Barbier   13

moins *libéraux* que MM. de La Ferronnays, Le Go-
nidec, de Maillé, etc... honorés de ce dernier nom,
ou en quoi ces libéraux sont moins conservateurs
que leurs amis de l'autre groupe. Mais revenons à
la question : Entre les *conservateurs*, les *nationa-
listes*, les *progressistes*, et toutes les autres classes
que vous distinguez si nettement, pourquoi n'avoir
pas rangé les catholiques non-conservateurs dans
celle qui devrait si bien leur convenir, de *républicains*, avec la mention *républicains catholiques*, ou,
à la rigueur, *républicains libéraux* ?

Vous aviez deux bonnes raisons de ne pas le faire.
L'une, secondaire malgré sa valeur, tient à ce qu'un
certain nombre d'entre eux ne l'auraient pas accepté, et n'hésiteraient pas alors à se classer parmi
les conservateurs, à votre grand déplaisir. Mais la
principale est que vous n'auriez osé ni ranger même
les progressistes avec nos amis sous la commune
étiquette des libéraux, ni nos amis avec eux sous
celle de républicains ; car les progressistes eux-mêmes auraient été les premiers à se dégager d'avec
vous en vous reprochant d'être de faux libéraux ou
de faux républicains.

C'est donc en pure perte que vous avez caché
votre nom de catholiques sans arriver à prendre
rang parmi les républicains, et sans obtenir l'alliance qui devait être le prix d'un tel sacrifice.

Dernier exemple. A propos du récent Congrès de
l'*Action libérale* à Paris (décembre 1908) on lit dans
la publication la plus populaire de la *Bonne
Presse* :

« Les diverses séances, au cours desquelles ont été discutées toutes les graves questions concernant la défense des libertés outrageusement violées, ont laissé aux auditeurs l'impression que *le grand parti libéral* s'organise merveilleusement, que de notables résultats sont déjà acquis partout où des Comités sérieux ont été fondés, et que, soit à Paris, soit en province, *les libéraux* ont à leur tête des chefs remarquables dont le talent, le zèle et le caractère sont le gage d'une action utile profondément bienfaisante pour le pays.

« Il est à souhaiter, et nous engageons vivement tous nos amis à le comprendre, que des comités de l'Action libérale populaire se fondent partout (1). »

Ne devez-vous pas regretter aujourd'hui de ne pouvoir relever la tête comme ce directeur de journal dont je vais rapporter le fier langage, qui, ayant conscience de n'avoir en rien diminué l'affirmation catholique, répondait à ceux qui lui reprochaient d'avoir compromis par une telle attitude le succès de certains modérés :

Aux élections, nous n'avons été ni trop, ni trop peu catholiques, *nous avons été ce que nous sommes, catholiques, et s'il y a honneur, il n'y a jamais danger à se montrer ce que l'on est.*

Quand des questions qui angoissent les catholiques sont soulevées, pouvons-nous, sans lâche forfaiture, nous dispenser, nous, catholiques, de les traiter devant nos électeurs catholiques ?

Nous serions désolés que de les aborder franchement et loyalement vous eût fait tort, à vous dont nous désirions le succès ; mais nous ne voyons pas bien comment cela vous eût porté préjudice, puisque vous étiez libres de faire autrement, et qu'en fait votre attitude contras-

---

1. *Le Pèlerin* du 13 décembre 1908, n° 1607, p. 2.

tait avec la nôtre, à moins que ce contraste même ne
vous ait pas été favorable, — à quoi nous ne pouvons
rien, puisque si vous étiez libres de ne pas faire comme
nous, vous l'étiez également de même, — et nous en aurions éprouvé grande satisfaction.

*Et puis, voyez-vous, pour un catholique, ne pas parler,
par un calcul politique quelconque, au nom de sa foi,
constitue une tare aux yeux de l'électeur, comme devant sa conscience.*

Qu'on se garde de voir dans ce qui précède une récrimination ou une réplique à récriminations, *il n'y a là
qu'une preuve de la nécessité qui s'impose à chaque
groupe de garder son caractère propre et sa responsabilité spéciale*, quitte à se fondre dans des assemblées
plénières ou dans des réunions d'études déterminées
avec les autres groupes d'opposition dans un effort
commun pour le bien, le progrès et la prospérité de la
France.

Mais, où donc ai-je lu cela ? Dans *La Croix*, dans
La Croix elle-même, à la date du 4 juillet 1906, sous
la plume de son rédacteur en chef ! Je ne crois pas
vraiment que, jamais, se soient étalées plus naïve-
ment l'incohérence des idées et les inconséquences
de conduite que la politique de ralliement a substi-
tuées chez les catholiques français à cette rectitude
de sens qui fut autrefois leur honneur.

Elle est donc naturelle et légitime, la réserve avec
laquelle certains écoutent les voix qui appellent tous
les catholiques à suivre aveuglément la direction de
La Croix, assurés qu'en obéissant à M. Féron-Vrau,
ils obéissent à l'Eglise et au Pape, ou que son journal est comme l'incarnation de l'idée catholique.
N'est-ce pas plutôt l'incarnation de l'idée de M. Piou,
et l'obéissance à l'*Action libérale ?* Là, en effet, se

trouve l'explication du changement qui s'est opéré
dans cet organe, dont la ligne de conduite était autrefois si franche et si courageuse. Pour s'expliquer que,
tandis que S. S. Pie X exhorte si fortement à la constitution du parti de Dieu, *La Croix* sert de tribune
à M. Piou pour déclamer contre le parti catholique, il faut recourir à l'aveu naïf de M. Féron-Vrau
confessant qu'il est hypnotisé par le président de
l'*Action libérale* : « ... La discipline est du reste très
douce avec des chefs comme ceux de « l'Action libérale populaire », avec le vaillant président de cette
association, M. Piou, qui ne peut être connu sans
être aimé et *sans être obéi, tant il a de bonne grâce
pour obtenir de vous ce qui, parfois,* EST LE PLUS
EN CONTRADICTION AVEC VOTRE PROPRE VOLONTÉ. »
(Extrait d'un article paru dans le n° du *Pèlerin*,
intitulé : « Comment on organise la victoire », et signé P.-F. Vrau.)

Voilà donc expliquée par le directeur propriétaire
de *La Croix* lui-même l'évolution de ce journal vers
le libéralisme catholique et les contradictions où
cette évolution l'a entraîné.

IV. — Le programme de l'Action Libérale

La suite du discours de M. Piou nous amène naturellement à parler du programme et du rôle de
l'*Action libérale*. Arrêtons-nous d'abord au programme. Il suffira déjà pour faire constater si vraiment son libéralisme n'est qu'une question de mot,
et non de conduite. Tout ce passage, et particulièrement les traits que nous soulignons, sont un premier

indice des inconséquences et de l'incohérence que nous aurons à signaler de sa part aussi. Le président de l'*Action libérale* poursuivait :

Il se passe, en France, un phénomène nouveau. Dans toutes ces grandes réunions que nous faisons les uns et les autres — il y a, à côté de moi, beaucoup d'amis qui en font plus que moi, — nous ne parlons plus politique, et c'est pour moi un grand bonheur, car j'en suis venu à la détester, *(Rires)* grâce au gouvernement qui a fait disparaître toutes les questions politiques derrière celle de la liberté religieuse, *nous ne parlons guère plus que de religion. Nous allons partout, et partout nous nous disons catholiques. (Applaudissements.)*

Ce n'est pas seulement dans votre pays, mon cher amiral, dans ce pays qui a si bien montré son esprit chrétien, en vous choisissant pour le représenter *(Applaudissements) ; ce n'est pas seulement en Bretagne, qu'on peut aujourd'hui librement affirmer sa foi catholique, mais c'est dans les quartiers les plus populeux de Paris ; mais c'est dans les plus grandes villes comme Lyon, Marseille.* Notre ami, M. de Gailhard-Bancel, me rappelait tout à l'heure, à la Chambre, qu'il y a quelques mois il avait été présider un Congrès de la Jeunesse catholique dans un pays qui n'est pas clérical, dans la Côte-d'Or ; et qu'à la tête de 1.500 jeunes gens catholiques, il avait traversé la ville de Dijon, musique en tête, recueillant dans tout le parcours de cette semi-procession le silence des uns, l'approbation et les applaudissements des autres !

Ce sont là des spectacles nouveaux. J'ai vu, dans cette Lozère que j'ai l'honneur de représenter, un évêque courageux, après une grande réunion, prendre la résolution de traverser la ville un jour de fête. On avait inauguré officiellement le matin le buste d'un personnage politique avec toutes les pompes officielles. Et au milieu de la journée, l'évêque qui avait tenu ce jour-là un Congrès diocésain, invita, à l'issue de la séance, les assistants à le suivre à la cathédrale : 1.500 paysans, fièrement vêtus de leurs blouses bleues, se mirent en marche à sa voix et, lui faisant cortège, traversèrent la ville ; et, devant eux, bien des têtes se découvraient...

Ce sont des faits qui sont nouveaux. Il y a bien longtemps que nous faisons des réunions, mais *je vous assure qu'il y a vingt ans ceux d'entre nous qui osaient
dire devant la foule qu'ils étaient catholiques étaient bien
rares. Aujourd'hui, on peut partout, sans exciter les co-
lères, parler de Dieu. L'on peut, en obtenant le silence,
confesser hautement sa foi dans le Christ on le peut, et
tous les jours l'expérience se renouvelle.*

Je ne dis pas que nous ayons encore conquis les masses ouvrières à notre cause, mais elles nous écoutent en
silence et si le silence est la leçon des rois, il est aussi,
quelquefois, le premier hommage des peuples, (*Vifs applaudissements*)...

Il y a dans l'âme française un vieil instinct religieux
qui lui vient des siècles. Il y a 52 générations qui, en se
succédant, ont transmis du père à l'enfant la foi dans le
Christ.

Maintenant que cet instinct national est atteint ouvertement, effrontément, l'âme française se soulève dans
un sursaut de révolte. Je ne veux pas dire que ce soulè-
vement d'opinion suffit à nous donner la majorité aux
élections ! Je sais bien qu'il y a l'urne à double fond ; je
sais aussi combien il y a de fonctionnaires en France,
et combien de gens timides et aveugles ! Mais si nous
n'avons pas la majorité aux urnes, je dis que *nous l'a-
vons déjà, cette majorité, dans le pays.*

*Déjà, nous pouvons parler partout, nous pouvons lever
partout notre drapeau, où est écrit le mot que Pie X
lui-même nous a donné comme devise : « Liberté », et
avoir la certitude d'éveiller dans le cœur des masses
un écho qui désormais ne s'éteindra plus (Applaudissements).*

Il vaudrait assurément la peine de discuter cette
assertion, que les orateurs catholiques étaient
moins courageux il y a vingt ans qu'aujourd'hui
dans l'affirmation et la défense de leurs convictions
religieuses, ou plutôt, je crois qu'elle fera hausser
doucement les épaules à ceux qui compareront ce
que fut, de 1870 à 1890, au Parlement, devant les
électeurs et dans la presse, l'attitude des Chesne-

long, des Keller, des Paul de Cassagnac, des Albert
de Mun d'alors, des Belcastel, des Lucien-Brun, des
Louis Veuillot, des Auguste Roussel, des Arthur
Loth, etc..; aux complaintes et aux palinodies
qui, depuis quinze ans, ont accompagné la marche
à reculons des catholiques, seul mouvement qu'ils
auront opéré en quittant la tribune de leurs congrès de famille.

Une observation encore plus importante trouverait ici sa place, concernant le dernier mot sur la
devise donnée, selon M. Piou, par Pie X aux catholiques. Ce mot est là pour rappeler la phrase attribuée plus haut au Saint-Père : « En France, l'Eglise
ne peut être défendue que par la liberté ». On conviendra, en effet, que la pensée dont Pie X aurait
livré là le secret à l'orateur, la devise et le programme qu'il lui aurait donnés, sont notablement
différents de ce qu'il enseignait publiquement dans
ses actes les plus solennels, en proclamant l'insuffisance *du parti de l'ordre et de la liberté* et la nécessité d'organiser par opposition *le parti de Dieu*.
Sans plus de détails, je me permets d'inviter le lecteur à se reporter au programme de Pie X, que j'ai
retracé d'après ses actes authentiques, et à examiner
si celui que M. Piou dit avoir recueilli de sa bouche s'accorde exactement et fidèlement avec lui.

Ce à quoi nous devons nous arrêter, comme au
cœur de la question, c'est le rapport entre les magnifiques déclarations qui précèdent et la conclusion
du discours. Je ne sache pas une plus juste application du *desinit in piscem*. C'est toute l'histoire
de l'*Action libérale*. Comment ! On vient de nous

dire que les orateurs catholiques, dédaignant la politique, n'ont plus à la bouche que le nom de la religion, que partout aujourd'hui l'on peut s'affirmer
catholique, qu'on peut partout sans exciter les colè-
res parler de Dieu, que la majorité du pays est avec
nous : et pour mot d'ordre que nous laisse-t-on ? le
vague nom de liberté — écrit sur le drapeau.
N'était-ce donc pas l'heure d'y inscrire celui de la
religion, de la foi et de Dieu ?

Et qu'on ne voie pas seulement là une simple
défaillance du discours. Non, c'est une tactique
réfléchie. Cette contradiction se renouvelle chaque
jour depuis le début. Les professions de foi retentissantes ne sont que pour engager dans la voie du
libéralisme. En voici un autre exemple non moins
frappant. On y verra à l'œuvre M. Piou et *La Croix*
ensemble. L'un donne le texte, et l'autre le commentaire. *La Croix* du 23 juin 1905, sous la plume
de son rédacteur en chef, annonce la publication
en brochure d'un grand discours prononcé par
M. Piou, président de l'*Action libérale populaire*,
au congrès catholique d'Angoulême, et en fait un
compte rendu dont voici la partie intéressante :

Mais où le catholique apparaît dans son zèle d'apôtre, c'est dans l'autorité, doublée d'une indomptable
énergie, avec laquelle M. Piou nous enseigne la voie à
suivre.

« *L'esprit de foi*, dit-il, est seul capable de vaincre
l'esprit de négation. En un temps de crise aiguë, les
sceptiques et les timorés n'ont rien à faire : ce sont des
inutiles ou des embarras.

Il faut que tous les hommes de foi agissent sur le
seul terrain où l'action leur soit possible : *sur le terrain*

Barbier   13.

de la politique et des luttes électorales. Rester à l'écart de ces luttes, c'est livrer la France aux démolisseurs du jacobinisme, et l'Eglise aux sectaires de la libre pensée.

Il faut « agir sans paix ni trève, avec un courage qui grandit en même temps que le péril, avec *la foi au cœur* et l'idéal divin sous les yeux. Voilà le devoir, voilà le salut ! »

Mais l'action isolée est une action qui, pour être méritoire, n'en est pas moins vaine ; il faut agir par l'organisation, il faut agir en association, *le sentiment chrétien* est le seul lien possible entre tant d'hommes, de groupes, de partis divisés. La vraie question qui domine en ce moment toutes les autres est celle de savoir si le gouvernement et la politique de la France resteront soumis aux influences maçonniques ou seront ramenés dans la voie des traditions chrétiennes. » Sur une question ainsi posée, comment l'accord ne serait-il pas facile !

Il faut agir, et il faut agir en catholiques : Nous sommes simplement des catholiques, fidèles à leur foi, revendiquant *non pas la domination et les privilèges*, mais le droit d'honorer librement le Dieu auquel ils croient ; *des catholiques toujours prêts à déployer leur drapeau, résolus à ne jamais mettre un masque par peur des défiances de la foule, à ne point s'abaisser à un silence qui serait un reniement ; des catholiques exposés sans doute aux défaites, mais certains de ne pas les mériter par leur lâcheté.* »

Est-ce à dire que M. Piou appelle de ses vœux la formation, en ce temps, d'un parti catholique ? Non. Jamais les catholiques, ni en Belgique, ni en Allemagne, bien qu'on puisse dire, n'ont pris dans les luttes qu'ils ont engagées pour conquérir le pouvoir ou l'amener à faire droit à leurs revendications, le titre de parti catholique. Ils ont tellement agi en catholiques, que leurs adversaires le leur ont donné, comme Jaurès nous le donne ; mais ils ne l'ont pas plus pris que nous n'avons à le prendre.

« Les deux mots : *parti catholique,* dit M. Piou, jurent d'être associés. L'un a un sens étroit, mesquin, restrictif, l'autre est synonyme d'universalité. L'un implique des passions et des rivalités, l'autre, la fraternité et l'amour. »

« Qui dit parti, dit parti politique, avec sa doctrine constitutionnelle, son plan de campagne, ses combinaisons, ses alliances, son programme financier, social, diplomatique.

« *Comprenez-vous la religion mêlée à tant d'intérêts secondaires et périssables, elle, la grande société spiri-tuelle des âmes, à qui son chef a dit : « Mon royaume n'est pas de ce monde. »*. La comprenez-vous, engagée dans les conflits que la force dénoue, elle, la société fraternelle, qui a entendu cette grande parole : « *Celui qui tirera l'épée, périra par l'épée !* »

« *Ne faisons pas de la religion l'enseigne d'un parti.* « Les catholiques forment une grande Eglise ; qu'ils ne s'abaissent pas à en faire une petite ».

Que leur foi soit, dans les luttes de la vie civile, la lumière de leurs intelligences ; qu'elle donne la force à leurs cœurs et à leurs bras, mais qu'elle ne devienne pas dans la mêlée des partis l'enjeu d'une guerre civile.

Elle fera d'eux des convaincus et des persévérants, cela suffit ! Les convaincus et les persévérants mènent ce monde, chaque génération a sa tâche. » M. Piou définit la nôtre, elle est de sauver, au milieu d'un désarroi pire qu'une tourmente, le patrimoine de grandeur et de foi qui a fait la force de nos devanciers et sans lequel nos enfants tomberaient dans la plus honteuse déca-dence.

Nul ne le voudrait croire si ce n'était imprimé.

Le journal *La Croix* qui était encore autrefois l'ardent champion du *Terrain catholique* (1), fait

1. On n'a qu'à se rappeler tant d'articles vibrants de foi et d'énergie, et les brochures intitulées : *Debout. — En avant sur le terrain catholique. — Dans la mêlée. — Le terrain catholique et les divers partis politiques*, — qui furent

aujourd'hui ouvertement la guerre au *Parti catholique*. Car, l'article qu'on vient de lire, n'est-il pas, malgré tant de belles déclarations, une charge à fond contre tout projet d'organisation d'un parti catholique français ? Pour le mieux confondre, M. Piou n'hésite pas à en donner une définition et à lui prêter des principes qui sont le contre-pied de la vérité. Il ne recule même pas devant ce ridicule cliché qui, si longtemps, traîna sur les bureaux de rédaction des journaux sectaires, et il ose bien opposer aux catholiques désireux de se grouper *comme tels*, ces paroles de leur maître : « *Mon royaume n'est pas de ce monde.* »

« *Ne faisons pas de la religion l'enseigne d'un parti. Celui qui se sert de l'épée périra par l'épée.* » Voilà deux belles maximes dont le sens est clair : on ne veut pas de la religion catholique pour enseigne, et l'on ne veut pas davantage d'une action virile pour sa défense. Ce sont les deux caractères du libéralisme catholique opposés à ceux du programme de Pie X.

On repousse l'idée d'un parti catholique parce que ce serait un *parti politique :* et justement, il faut, disait-on précédemment, que les catholiques agissent sur le seul terrain où l'action leur soit possible, le terrain de la politique et des luttes électorales. Quelle contradiction ! Mais j'entends : ils agiront, mais pas comme catholiques. Alors pourquoi dire plus haut : « Il faut agir, il faut agir en catholi-

imprimées, éditées, propagées et louées par *La Croix*, au temps des Pères Assomptionnistes, et qu'elle refuse aujourd'hui de rééditer.

ques ? » Avec la « foi au cœur », c'est très bien, mais pourquoi pas aussi au front, sur les lèvres et en plein drapeau ? C'est là la différence entre la tactique libérale et l'attitude digne de vrais croyants.

Avant la fin même du discours, on voit ce qu'il reste de cette belle déclaration : *Nous sommes des catholiques toujours prêts à déployer leur drapeau, résolus à ne jamais mettre un masque par peur des défiances de la foule, à ne point s'abaisser à un silence qui serait un reniement.* »

Que sera-ce à l'œuvre ? Il faut bien dire que le président de l'*Action libérale* s'est donné à lui-même un éclatant démenti. Il s'écriait dans la première partie de son discours : « Dieu est rayé de la langue du gouvernement comme il l'est de celle des maîtres de l'enfance... Une nation répudiant Dieu, niant Dieu, cela ne s'était jamais vu... » Eh bien ? quoique l'expression soit un peu dure, il a précisément *rayé le nom de Dieu* et supprimé toute affirmation religieuse dans les statuts et le programme de l'*Action libérale* qu'il a fondée ; et ce *silence* auquel on s'est volontairement réduit, a-t-il une autre cause que *la peur des défiances de la foule ?*

Qu'on relise ce programme de l'*Action libérale*, réédité dans le *Bulletin*, déjà cité, de novembre 1908, à l'heure où M. Piou allait déclarer au congrès de *La Croix* que lui et ses amis ne parlent partout que de religion, qu'on peut affirmer partout sa foi catholique ; et qu'on dise s'il y a le moindre rapport entre ces vibrantes affirmations et le contenu de cette pièce. La voici :

Les bons Français, sans distinction d'opinions, sont

las et dégoûtés du verbiage et des vaines promesses, comme des stériles agitations des politiciens qui vivent de nos divisions ; ils ont hâte de secouer le joug de tyrannie et d'espionnage organisé par les sectaires jusque dans les moindres communes.

Hostiles à toute révolution comme à toute violence, ils n'aspirent qu'à vivre et à travailler en paix.

Ils veulent pour tous leurs concitoyens, sans exception, comme pour eux-mêmes, la pleine et entière liberté de bien faire ; l'égal respect des droits des plus humbles comme des plus hauts placés ; la suppression de toute loi d'exception ; l'amélioration progressive et pratique de la condition des travailleurs des champs et des villes dans un esprit de justice et d'amour mutuel. C'est précisément là ce que la devise de notre Grande ASSOCIATION POPULAIRE résume en ces quatre formules : *Liberté pour tous.* — *Egalité devant la loi.* — *Droit commun.* — *Amélioration du sort des travailleurs.*

Et ce mutisme vis-à-vis de Dieu et de la religion catholique est si bien érigé en système, que M. Piou, comme je l'ai raconté, n'a pas hésité à l'invoquer comme une réponse triomphante à l'accusation de cléricalisme portée par M. Barthou contre l'*Action libérale.* Qu'on se rappelle aussi le nom de Dieu et l'affirmation religieuse absents de l'almanach populaire de l'*Action libérale* et des déclarations comme celles que j'ai extraites de l'apologie publiée par M. Piou dans le *Correspondant,* où il défend sa ligue d'être ni confessionnelle ni cléricale. Tout cela a-t-il d'autre raison que *la peur des défiances de la foule ?*

M. Piou disait dans ce même article que « la pensée ne viendrait jamais à ses amis de la Chambre d'y fonder un groupe de l'orthodoxie chrétienne ».Voici

en effet, le passage saillant du discours de M. de Castelnau, prenant la présidence du groupe parlementaire de l'*Action libérale* ; sa déclaration est aussi
nette comme attitude politique que fuyante et illusoire au point de vue catholique :

Et d'abord, il va sans dire que nous sommes groupés
aussi franchement et *aussi loyalement que qui que ce soit*
sur le terrain de la République, forme légale et indiscutée de notre démocratie. Il n'en est aucun parmi nous
qui ait jamais renié à cet égard sa profession de foi de
1902. Nous ne sommes pas de maussades résignés : nous
sommes vis-à-vis de nos institutions républicaines *des
loyalistes, dans la franche et complète acception du
mot...*

Nous ne cachons certes pas nos convictions religieuses et notre respect envers les vieilles traditions chrétiennes de la France qui lui ont valu la clientèle catholique du monde entier pour son plus grand profit. Mais
nous ne sommes pas un parti confessionnel, et dans les
funestes luttes soulevées à chaque instant par la triste
politique du jour contre l'Église et les libertés de la conscience, nous n'avons défendu et ne voulons défendre ce
qui est si odieusement attaqué et persécuté, *qu'en nous
armant du droit commun, des principes de liberté qui
sont la vie même de ce que l'on appelle la société laïque
contemporaine*, et de l'intérêt supérieur de la paix générale, fruit du respect scrupuleux des prérogatives les
plus sacrées de l'âme humaine (1).

J'ai rappelé plus haut le mal incalculable, le travail de décomposition des forces et même de l'idée
catholiques résultant du faux et lâche calcul qui
porte les croyants à se servir des mêmes formules

1. *La Croix*, 28 octobre 1904.

et mots d'ordre que les ennemis jurés de l'Eglise et
de la religion. Eh bien, la liberté dans le droit commun, cette immense *tarte à la crème de l'Action
libérale*, qu'on vient de trouver ici et qu'elle porte
toujours entre les mains, est exactement la devise
des francs-maçons et le programme de leur campagne de destruction. Leur revue l'*Acacia* disait dans
son numéro de février 1908 : « Comparez, mes frères,
les résultats négatifs obtenus à la fin du xviiie siècle par les moyens violents avec ceux des doux
moyens actuels. *La liberté dans le droit commun,*
voilà la meilleure, la seule bonne tactique ». Suit
une description de l'état présent de l'Eglise, puis un
peu plus bas : « Ne nous brouillons donc ni avec les
protestants ni avec les juifs, qui d'ailleurs ne nous
demandent rien que ce que nous contraignons les
catholiques à accepter : *La liberté dans le droit commun.* » Un peu plus tard, mai 1908, dans un article
extrêmement suggestif, où l'on expose qu'en s'habi-
tuant à ne réclamer leurs droits religieux qu'à titre
de citoyens, les catholiques en arriveront peu à peu,
par cette éducation politique et l'amour de la déclaration des droits de l'homme, à revendiquer leur liberté même vis-à-vis du pouvoir spirituel, et vien-
dront par le modernisme à la libre-pensée, l'*Acacia*,
ajoute de nouveau : « La meilleure arme à employer
contre la religion catholique, c'est de laisser l'Eglise
qui la professe *libre dans toute la mesure du droit
commun* de ne pas succomber aux excitations qu'elle
prodigue afin de se faire persécuter, ce qui est sa
dernière ressource ». Plus loin, dans le même numéro
(page 388), répondant au grief d'hostilité violente

contre l'Eglise, la même Revue dit encore : « La guerre sans pitié ! qu'est-ce que cela signifie ? *Nous réclamons pour l'Eglise la liberté de droit commun, tous les droits dont jouit la Franc-Maçonnerie.* Ne voilà-t-il pas de la férocité ? »

Dans un précédent article, nous avons suffisamment prouvé que la manière dont M. Piou et ses amis entendent la liberté dans le droit commun les rend solidaires du libéralisme condamné par Pie IX et Léon XIII (1). Il n'est donc plus besoin d'insister beaucoup pour être en droit de conclure que l'*Action libérale* est loin de vérifier les conditions auxquelles les instructions transmises par le cardinal Rampolla toléraient qu'à la rigueur un parti politique pût prendre le nom dont elle se glorifie.

Elles demandaient, qu'à tout le moins, les catholiques se constituant en parti libéral ne se proposassent « rien qui ait été explicitement ou implicitement condamné par l'Eglise ». Or, quels sont le programme et les principes que M. Piou donna au sien ? Sa première déclaration, lorsqu'il prit la direction des catholiques constitutionnels, en 1892, fut celle-ci : « *Nous ne voulons plus que personne puisse accuser les catholiques de vouloir autre chose que la liberté et empiéter sur les droits de l'Etat, et l'indépendance de la société civile* (2). » Elle signifie l'engagement des catholiques de ne rien demander au delà du droit commun reconnu par l'Etat, « l'exclusion de tout privilège et de toute faveur »,

1. La politique chrétienne : de l'hypothèse à la thèse.
2. L'*Univers*, 14 juin 1892.

comme M. Piou l'écrivit plus tard dans le *Correspondant*, et elle semble admettre la suprématie de l'État. Politiquement, cette tactique peut paraître sage à beaucoup de gens. D'autres réclament le droit d'y voir, même à ce point de vue, une faiblesse, pour ne pas dire une défection. Mais, religieusement, un catholique n'est pas libre d'y voir autre chose qu'une connivence, inconsciente, je le veux bien, avec une erreur explicitement condamnée.

Et, qu'on le remarque bien, ce ne sont pas là formules de circonstances, mais bien maximes précises qui n'ont pas cessé de déterminer la conduite, et auxquelles on se réfère en mainte occasion. On en a l'équivalent dans celle dont se servit M. Piou au congrès de l'*Action libérale* à Lyon, en 1906 : « Le droit commun sous la République » (!) Lorsqu'il lançait en 1902 l'entreprise de cette ligue, quel programme lui donnait-il ? « La liberté sous toutes ses formes et sous tous ses aspects, dans le domaine politique comme dans celui de la conscience, voilà ce qui peut nous guérir » (1). Qu'avons-nous donc fait du *veritas liberabit vos* ? Ce n'est plus en la vérité qu'est notre force et notre salut, c'est dans la liberté. Ce n'est plus du respect des droits de Dieu et de la mission de l'Église, c'est de la liberté sous toutes ses formes, sous tous ses aspects et dans tous les domaines, que les catholiques attendent le salut de la religion. Il n'est pas un étudiant en théologie, tant soit peu formé, qui ne verrait enfermées dans ces

1. Discours du Havre, 14 septembre 1902.

trois lignes vingt erreurs frappées par les encycliques de Léon XIII comme par le Syllabus de Pie IX.
Comment se fait-il que personne, ou à peu près, n'y
ait pris garde, qu'on regarde en pitié celui qui s'arrête à ces minuties, et que les personnages les plus
dignes d'être écoutés n'aient cessé de répéter aux
catholiques : Allez, allez à l'*Action libérale*, c'est la
seule association capable de nous sauver ! La fortune de l'*Action libérale*, comme celle non moins
prestigieuse dont le *Sillon* a joui pendant plusieurs
années, a tenu à ce que, pour l'une et l'autre association, le régime actuel est sacré. Voilà des groupements qui se déclarent fidèles à l'Eglise et qui, en
même temps, jurent de ne rien faire, quoi qu'il arrive, contre la République ; ce sont ceux-là qu'il
nous faut. La vérité, la doctrine, les principes, on
s'arrangera toujours avec eux : mais le loyalisme
constitutionnel, ah ! c'est sur ce point que l'intérêt
de la foi ne permet point d'équivoque.

Le Saint-Siège demandait encore que si les catholiques prenaient le titre de libéraux, ils ne manquas-
sent pas de montrer des sentiments pleinement
conformes aux enseignements de l'Eglise, *chaque
fois que les circonstances l'exigent.* Quel parti
on a su tirer du devoir créé par les circonstances
du moment, pour exiger des catholiques, et avec
quelle rigueur, la conformité aux directions politiques venues de Rome ! Eh bien, qu'on se reporte
aux conseils pressants que Léon XIII leur adressait
dans ses encycliques (1) sur le devoir de professer

1. « Il y en a qui ne voudraient pas qu'on s'opposât ouvertement au triomphe de l'injustice toute-puissante ; crainte

leurs convictions religieuses avec courage, qu'on se
rappelle toutes les exhortations pressantes de Pie X,
ses récents discours pour la béatification de Jeanne
d'Arc (1), auxquels les organes catholiques ont si
faiblement fait écho parce qu'il dénonçait la lâcheté
des catholiques comme la principale cause de leur
lamentable situation; que l'on consulte toute l'histoire de l'Eglise, et qu'on dise si le devoir du vrai

d'exaspérer la colère des adversaires. Ces gens-là sont-ils
pour l'Eglise ou contre elle ? On ne saurait le dire. « En
tout cas, leur prudence est celle que saint Paul appelle sagesse de la chair et mort de l'âme ; parce qu'elle n'est pas
et ne peut pas être soumise à la loi de Dieu. « Rien, continue le pape, n'est plus impropre à faire reculer le mal.
Nous avons en effet des ennemis, dont le dessein (et ils ne
s'en cachent pas, mais s'en vantent tout haut) est d'anéan-
tir s'ils le peuvent la vraie religion, la religion catholique ;
et pour y arriver, il n'est rien qu'ils n'osent : ils savent bien,
en effet, qu'en intimidant le courage des bons, ils se facili-
tent leur besogne. Aussi est-ce faire leur jeu, bien loin de
les arrêter, que de s'engouer de cette prudence de la chair
qui veut ignorer la loi imposée au chrétien d'être un militant... Honneur donc à ceux qui, provoqués au combat,
descendent dans l'arène avec la ferme persuasion que la
force de l'injustice aura un terme et qu'elle sera un jour
vaincue par la sainteté du droit et de la religion ! Ils dé-
ploient un courage digne de l'antique vertu. »
   « Céder ou se taire, quand s'élève de toute part une telle
clameur contre la vérité, est, ou bien lâcheté ou bien hésitation dans la foi : c'est dans les deux cas se déshonorer et
faire injure à Dieu ; c'est compromettre son salut et celui
des autres ; c'est travailler pour les seuls ennemis de la foi :
car rien n'encourage l'audace des mauvais comme la faiblesse des bons... Au surplus, les chrétiens sont nés pour
la lutte, dont l'issue est d'autant moins douteuse que le combat est plus acharné : « Ayez confiance, j'ai vaincu le monde.»
(Encyclique sur la Constitution des Etats chrétiens).
   1. Il s'agit ici des cérémonies préparatoires à la béatification et antérieures au discours du Pape aux pèlerins français . Le présent chapitre a été publié le 15 mars 1909.

chrétien n'est pas d'agir au nom de ses convictions dans la vie publique. Est-ce qu'en temps d'oppression surtout, et dans un pays chrétien, ce devoir ne devient pas plus impérieux, alors que les droits séculaires et l'intérêt national le plus évident donnent une force spéciale à cette profession de principes, à cette résistance déclarée qu'exigent la conscience et l'honneur ?

Chercherez-vous une excuse ou une défaite dans l'état actuel du pays et le triomphe écrasant de l'anticléricalisme ? Cet état n'est pas la cause de votre effacement, il en est la conséquence, la conséquence de vos longues abdications. Quel a été le point de départ de toute cette politique libérale ? Le premier soin de nos chefs, à son origine, et de M. Piou personnellement, a été de *minimiser* nos droits, nos affirmations, nos résistances et notre existence même comme catholiques. C'était, du premier coup, dissoudre nos forces et rompre tout élan. J'ai fait ailleurs l'historique de ce fameux *programme minimum* dont tout l'honneur revenait au futur président de l'*Action libérale* (1). Je renvoie le lecteur à ce récit d'un essai trop réussi d'américanisme français. On y verra comment se volatilisait toute énergie grâce aussi aux vrais conseils de trahison par lesquels le *Moniteur de Rome*, rédigé par l'abbé Beglin, appuyait auprès des catholiques français le mouvement dirigé par M. Piou.

Minimisant l'affirmation, l'aveu même de sa foi et de ses convictions devant le pays, comment l'*Ac-*

1. *Rome et l'action libérale*, chap. III, n° 3.

tion libérale, organisée pour servir ce programme, serait-elle parvenue à réveiller parmi le peuple, l'attachement à la religion, l'enthousiasme de la lutte et des sacrifices nécessaires ? La contradiction entre ces deux termes annonce d'avance le résultat (1).

J'ai sous les yeux l'appel au pays lancé par l'*Action libérale* avant les élections législatives de 1906 et signé de son président. J'invite le lecteur à analyser cette pièce, avant de lui en donner la clé. On se donne bien pour but la lutte contre les francs-maçons et les Jacobins, mais il n'y a là dedans ni souffle ni chaleur, parce qu'on a évité d'y parler

1. C'est le cas de rappeler le langage invraisemblable que tenait M. Pierre Veuillot au lendemain des élections législatives de 1906 (*L'Univers*, 22 mai). Ayant constaté l'indifférence du suffrage universel, il disait :

« Comment jamais le reprendre alors? En usant, à son égard, d'autres procédés. Au fond, si nous en disons beaucoup de mal, pratiquement nous l'honorons trop. *Nous croyons l'échauffer en lui parlant de droit, de liberté de nobles sentiments. Il bâille. Et nous l'entretenons aussi des injustices de la veille. Il s'endort. Nous l'ennuyons, tout simplement. Imitons les Jacobins, les sectaires et les socialistes, qui savent l'estimer à sa juste valeur et le prendre comme il est. Causons avec lui, surtout, de ses intérêts matériels et du lendemain. Voilà ce qui l'intéresse.*

« *Nous ne disons pas qu'il faille renoncer à toute revendication, à toute protestation d'ordre moral. Coûte que coûte, on doit s'affirmer ce qu'on est, et maintenir le droit. Mais il faut faire cela pour nous-mêmes, et aussi pour l'avenir, plus que pour l'électeur. Qu'importe-t-il avant tout ? De le gagner, de le persuader. Parlons-lui le langage qui le gagne et le persuade. Ensuite ? Eh bien ! nous renouerons avec Rome, s'il nous plaît, comme les sectaires ont rompu avec Rome sans demander d'abord au pays s'il le veut ou non Et il ratifiera le fait accompli »* — Ah ! vrai ami de la démocratie !

de l'Eglise et d'y nommer Dieu ; c'est la foi pour
tant qu'il s'agissait de défendre. Elle a ses accents
à elle, la liberté ne peut que les contrefaire. « L'intérêt national, ce sentiment de droiture et de fierté
qui reste dans notre pays, le grand ressort de l'opinion et le grand justicier des régimes oppresseurs »,
ce sont là de ronflantes banalités, exploitées indistinctement par tous les partis. Quand Dieu est renié,
l'Eglise proscrite, la religion persécutée, il y a un
autre langage à tenir, d'autres mots d'ordre à
donner. On dira qu'il est fait mention des croyances
dans cet appel, mention un peu honteuse, il est
vrai, qui les place après les traditions, la liberté,
la fierté patriotique. Mais ici encore le nom de Dieu
est exclu, celui de catholiques est dissimulé sous
l'appellation de chrétiens. On se croirait entre le
Sillon et les protestants. Dans ce programme, il ne
manque à peu près rien au tableau de la tyrannie
jacobine et de l'anarchie sociale, mais quand il
s'agit de leur opposer des principes, et de faire
entendre le cri de la conscience en révolte la voix
manque aux chefs. Voici cette pièce, extraite de *La
Croix* (17 janvier 1906) :

Le Bloc jacobin et maçonnique qui gouverne la
France, s'apprête à livrer aux élections de 1906, une
bataille décisive.

Son programme est connu :

Fonder le monopole universitaire sur les ruines des
écoles et des collèges libres, à peine reconstitués ; aggraver la loi de séparation pour en faire une arme de
guerre ; couvrir les prodigalités budgétaires sans cesse
croissantes par un impôt global et progressif sur le

revenu (1) ; donner satisfaction aux exigences socialistes en monopolisant, au profit de l'Etat, les chemins de fer, les mines, les alcools, les assurances.

Crise religieuse, crise financière, crise économique, tel est le triple danger de demain.

L'histoire de ces quatre dernières années montre jusqu'où peut aller la tyrannie d'une majorité parlementaire, que la Constitution tronquée de 1875 a faite toute-puissante, que la discipline des Loges a réduite à l'obéissance passive.

Au lieu de réaliser les réformes promises, le Bloc a fait de la haine sectaire sa doctrine politique, de la délation sa méthode de gouvernement, du gaspillage financier son moyen d'influence de la désorganisation des forces militaires et sociales son unique ambition.

Un grand effort conjurerait encore tous ces maux.

En 1902, 200.000 voix nous ont manqué — grâce à quels moyens ! — pour avoir la majorité à la Chambre. Que faut-il pour les reconquérir ? De la vaillance, de l'union, de la générosité.

Le Bloc le sait ; il osera tout pour rester le maître.

Pression administrative, corruption, fraude, déchaînées effrontément ; emplois publics, décorations, faveurs, transformés en monnaies électorales ; fonds publics, fonds secrets, caisses noires alimentant le trésor de guerre, nous assisterons à toutes les audaces, à tous les cynismes.

Nous n'avons à leur opposer que notre dévouement et nos sacrifices ; mais ils suffiront, si nous le voulons ; car nous avons pour nous le bon droit, l'intérêt national et ce sentiment de droiture et de fierté qui reste, dans notre pays, le grand ressort de l'opinion et le grand justicier des régimes oppresseurs.

L'Action libérale populaire fait appel à tous ceux qui gardent, avec le culte de la patrie, le respect de ses

1. On ne prévoyait pas alors qu'en 1908, M. Piou et les députés de *l'Action libérale*, incapables de résister au courant, voteraient le principe de l'impôt sur le revenu contre lequel on proteste ici.

traditions, de ses libertés, de son honneur, de ses croyances.

Elle a, dans ces quatre dernières années essayé, en organisant ses forces de préparer la lutte ; elle demande aux libéraux, aux patriotes, aux chrétiens, de l'aider à la soutenir.

En constituant un comité de souscription pour combattre les francs-maçons et les jacobins, elle n'a qu'une pensée : concourir à l'union et à la revanche des bons citoyens ; dans le combat, elle n'aura qu'une devise : France d'abord.

Mais il nous faut bien, dira-t-on, un programme commun avec tous les amis de l'ordre, quelles que soient leurs convictions. Un terrain d'accord pratique, oui, mais non des professions de foi identiques. Ou, alors, proclamez que les catholiques s'interdisent de parler de Dieu et ne veulent plus se reconnaître que pour d'honnêtes gens, partisans de l'ordre et de la liberté. Dans son livre hautement loué par la Sacrée Congrégation de l'Index pour la sûreté de sa doctrine, Dom Félix Sarda examine la question de « l'union entre les catholiques et les libéraux moins avancés, dans le but commun de contenir la révolution radicale déchaînée ». Il n'est pour ainsi dire pas un mot dans cette page qui ne condamne le programme l'*Action libérale :*

En thèse générale nous devons penser que de pareilles unions ne sont ni bonnes ni recommandables. Cela se déduit tout naturellement des principes posés jusqu'ici. Le libéralisme, si modéré et si patelin qu'il se présente dans la forme, est par son essence en opposition directe et radicale avec le catholicisme. Les libéraux sont donc ennemis nés des catholiques, et ce n'est qu'accidentellement que les uns et les autres peuvent avoir des intérêts *véritablement* communs.

Barbier   14

De ceci cependant il peut se présenter quelques cas très rares. Ainsi, l'union des forces intégralement catholiques avec celles du groupe le plus modéré du libéralisme contre la fraction la plus avancée des libéraux peut être utile en un cas donné. Quand cette union est réellement opportune il faut l'établir sur les bases suivantes :

1° Ne jamais prendre pour point de départ la neutralité ou la conciliation entre principes et intérêts essentiellement opposés, comme le sont les principes et les intérêts des catholiques et des libéraux. Cette neutralité ou conciliation est condamnée par le *Syllabus* et par conséquent elle est une base fausse ; cette union est une trahison, c'est l'abandon du camp catholique par une partie de ceux qui sont tenus de le défendre. Qu'on ne dise donc pas : « Faisons abstraction des différences de doctrine et d'appréciations. » Cette lâche abdication des principes ne doit jamais avoir lieu. Il faut dire tout d'abord : « Malgré la radicale et essentielle opposition de principes et d'appréciations, etc. »

C'est ainsi qu'il importe de parler et d'agir, pour éviter la confusion des idées, le scandale des simples et le triomphe de l'ennemi.

2° Bien moins encore faut-il accorder au groupe libéral l'honneur de nous enrôler sous sa bannière. Que chacun garde sa propre devise, ou vienne se ranger sous la nôtre quiconque veut lutter avec nous contre un ennemi commun. En d'autres termes : qu'ils s'unissent à nous ; mais ne nous unissons jamais à eux. Habitués qu'ils sont à leur enseigne bigarrée, il ne leur sera pas si difficile d'accepter nos couleurs ; pour nous qui voulons tout pur et sans mélange, cette confusion de drapeaux serait intolérable.

3° Ne jamais croire qu'on a établi ainsi les bases d'une action constante et normale, elles ne peuvent l'être qu'en vue d'une action fortuite et passagère. Une action constante et normale ne s'établit qu'avec des éléments homogènes s'engrenant entre eux comme des rouages parfaitement combinés. Pour que des personnes de con-

victions radicalement opposées s'entendissent longtemps, des actes continuels d'héroïque vertu seraient
nécessaires de part et d'autre. Or, l'héroïsme n'est pas
chose ordinaire et d'un usage journalier. C'est donc
exposer une œuvre à un lamentable insuccès, que de
l'édifier sur la base d'opinions contraires, quel que soit
d'ailleurs leur accord sur un point accidentel. Pour un
acte transitoire de défense commune ou de commune
attaque, un essai pareil de coalition de forces est très
permis, il peut être louable et d'une grande utilité,
pourvu toutefois qu'on n'oublie pas les autres conditions
ou règles que nous avons déjà posées : elles sont d'une
imprescriptible nécessité. En dehors de ces conditions,
non seulement nous croyons que leur union avec les
libéraux pour une entreprise quelconque n'est pas favorable aux catholiques, mais encore nous estimons qu'elle
est véritablement préjudiciable. Au lieu d'augmenter les
forces, comme il arrive quand on réunit des quantités
homogènes, elle paralysera et annulera la vigueur de
celles-là même qui auraient pu, isolées, faire quelque
chose pour la défense de la vérité. Sans doute, un pro-
verbe dit : « Malheur à qui va seul. » Mais il en est un
autre démontré aussi vrai par l'expérience et nullement
en contradiction avec lui, le voici : « Mieux vaut soli-
tude que mauvaise compagnie. » Saint Thomas, dit,
*croyons-nous, nous ne nous souvenons plus en quel
endroit : Bona est unio, sed potior est unitas* : « Bonne
est l'union, meilleure est l'unité. » S'il faut sacrifier la
véritable unité comme arrhes d'une union fictive et for-
cée, rien n'est gagné au change, et à notre humble avis
beaucoup est perdu.

A l'appui de ces considérations, que l'on serait tenté
de considérer comme de pures divagations théoriques,
l'expérience ne montre que trop le résultat ordinaire de
ces essais d'union. Leur résultat est toujours de rendre
plus acerbes les luttes et les rancunes. Il n'y a pas un
seul exemple de coalition de ce genre ayant servi à édifier et à consolider (1).

1. *Le Libéralisme est un péché*, chap. XXXVI.

V. — Les œuvres de l'Action Libérale

L'histoire de l'*Action libérale*, ses œuvres et leurs résultats confirment tristement la dernière réflexion de Dom Sarda. On a eu beau transformer la plupart des journaux religieux et certains autres modérés en autant de tribunes où l'éloge enflammé de M. Piou est célébré en toute occasion, ce bluff énorme ne séduit que ceux qui sont résolus à se laisser tromper, et ses audaces ne font que souligner la contradiction entre la crânerie des paroles et la faiblesse des actes.

Le Congrès général de l'*Action libérale*, après les mauvaises élections législatives de 1906, tenu à Paris au mois de décembre de cette année, fut particulièrement remarquable sous ce rapport. Sans parler de *La Croix* et de ses congénères, le *Gaulois* et l'*Eclair* rivalisèrent d'enthousiasme avec eux pour exalter l'œuvre libérale de M. Piou, mais chacun de ces panégyriques de commande s'évertuait à bien lui conserver son caractère amorphe. On peut se reporter à leurs articles. Je n'en citerai qu'un, dû à la plume ordinairement plus judicieuse et plus ferme de M. Ernest Judet. Ses dernières lignes atteignent le comble du paradoxe.

Au dernier banquet comptant 1.300 convives, M. Jacques Piou, qui lança et dirigea l'œuvre naissante, qui la présida avec une inlassable énergie, a précisé une politique large, tolérante et honnête pour combattre devant le suffrage universel tous les fléaux de la persécution jacobine, toutes les hérésies nationales menaçant le pays d'inévitables catastrophes.

Osant dire nettement que les Français indépendants
et patriotes ne devaient exclure personne dans les luttes prochaines, mais prendre *à droite comme à gauche*,
l'orateur a voulu répudier *toutes les étroitesses de secte*,
dégager et coaliser tous les hommes de bonne volonté
qui cherchent un parti plus ouvert et plus libre que les
anciens.

L'Action libérale populaire a obtenu un premier résultat, *celui de préparer à ce parti nouveau qui peut
comprendre presque tous ceux qui ne se sont pas irré-
médiablement liés des cadres.* M. Piou n'admet pas
l'éternité du régime que nous subissons, mélange innommable d'anarchie et de tyrannie, où la vie intérieure de
la nation perd toute dignité et toute justice, où sa vie
extérieure est follement compromise. *Il regarde comme
certaine la guérison des maladies sociales et politiques
dont nous sommes dévorés. Il s'efforce donc d'aider cette
reconstitution psychologique et morale, cette remise en
équilibre.* A l'heure du réveil salutaire, loin d'imposer
un gouvernement à la France, il entend lui offrir une
maison habitable, des groupements solidement constitués et prêts à seconder, par une longue habitude de la
discipline et du dévouement, le relèvement futur.

L'élasticité de cette formule d'appel a pour mérite de
fondre des oppositions, jalouses, incohérentes et par
conséquent battues par un adversaire qui a trouvé
dans la formation du *Bloc* son idéal, sa vigueur et son
succès. *En fuyant les distinctions subtiles ou aveugles
qui nous divisent sous les yeux de l'ennemi, M. Piou
repousse aussi les compromis équivoques qui ont singulièrement affaibli la minorité de la Chambre en face
d'une majorité unie et impitoyable. Il confond dans leurs
malfaisances la trinité ministérielle qui, sous les auspices du président Loubet, a pris successivement les noms
Waldeck-Rousseau, de Combes et de Rouvier. Il n'est pas
de ceux qui ont cru aux habiles combinaisons du premier,
aux atténuations suspectes du troisième (1).*

1. L'Éclair, 18 décembre 1906.

Barbier   14.

Hélas ! La triste réalité est, au contraire, que si
M. Piou faisait mine de tendre la main à droite, avec
quelle exigence impérieuse, nous le verrons, pour
recueillir l'argent et les voix des monarchistes, des
francs catholiques, c'est du bon vouloir des hommes du gouvernement qu'il s'obstinait à attendre
quelque gain de cause. Ces compromissions donnent
la clé des embarras et des réticences de ses appels
à l'opinion publique. Tandis qu'on fait sonner si
haut sa clairvoyance et la fermeté de son attitude et
qu'on nous le donne comme ayant percé à jour les
calculs astucieux de nos politiciens, on voit surgir
Rouvier, Constans, Doumer, dans ses combinaisons. Ce qui n'échappait point à ceux qui ne fer-
maient pas volontairement les yeux a été rendu
public par un témoignage ayant, quoi qu'on en ait
dit, les caractères les plus évidents d'une véracité
incontestable. Est-il croyable qu'un pareil manque
du sens des réalités, du sens politique, du sens
catholique, n'ait pas désabusé les catholiques et le
clergé sur le compte de l'O'Connell, du Windthorst,
du nouveau Montalembert, en qui ils avaient mis
toute leur confiance ! Mgr Montagnini mandait à
Rome le 23 février 1905.

« Piou a eu une conversation avec un de ses amis qui
connaît Rouvier. Celui-ci a proposé à Piou d'envoyer
deux personnes influentes auprès de Rouvier, dans le
but de faire cesser le conflit avec le S. S. Il s'agissait
du médecin de Rouvier et de Constans, qui, depuis
qu'il est ambassadeur, a modifié ses anciennes idées
radicales, est artisan du protectorat et désapprouve
la politique anticoncordataire.

« Constans, depuis qu'il est ambassadeur, a eu l'occasion de faire une fort belle fortune. Il est politiquement
intelligent et très judicieux et très grand ami de Rouvier, d'Etienne et de Thomson. Constans, avec Rouvier
et Etienne sont trois têtes sous le même bonnet. Ils sont
liés les uns aux autres par des faits plus ou moins honorables survenus au cours de leur carrière. Ils ont dormi
sous les ponts ; ils se disent « tu » et, actuellement
aussi, ils continuent à entretenir les rapports les plus
amicaux.

« Constans est sénateur dans le département de Piou.
« Comme Piou a toujours été courtois pour Constans,
« Piou a cru comprendre que Constans le recevrait avec
« bienveillance et serait heureux d'intervenir près de
« Rouvier et près d'Etienne... *Ceux-ci auraient intérêt*
« *dit-on, à parler avec Piou en vue des prochaines élec-*
« *tions.* Le plan de Rouvier, s'il restait au pouvoir,
« serait de faire sortir des élections une *majorité de*
« *gauche étendue jusqu'à la droite*, et d'éliminer le plus
« possible l'élément socialiste.

« Piou voudrait être, dans ce but, AUTORISÉ PAR
« ROME.

« Le personnage politique qui, entre tous les hommes
« politiques sûrs et sérieux, est plus que jamais signalé
« d'une façon discrète, mais avec insistance, est
« M. Doumer.

« M. Doumer est le personnage politique le *moins*
« *compromis de tous.* Fils du peuple, il réussit lui-même,
« par son étude, à se faire une situation dans l'ensei-
« gnement. *Il entra ensuite dans la Franc-Maçonnerie*
« *pour arriver à la politique et aller de l'avant.*

« Le boulangisme lui plut.

« De retour du Tonkin, il se tourna *de deux côtés*, par
« deux discours qui firent beaucoup parler de lui, mais
« peu après, comprenant que sous l'action de Combes
« la Franc-Maçonnerie *allait trop loin*, il déclara la
« guerre à Combes et subit la disgrâce de la Maçonne-
« rie.

« Alors, il s'unit aux dissidents du « Bloc » et, se

« *rapprochant discrètement des progressistes et de la*
« *droite*, il réussit à se faire élire président de la Cham-
« bre.

« On sait maintenant qu'il travaille plus que jamais
« pour succéder à Loubet. Il ne se préoccupe pas de
« sa présidence à la Chambre, mais de rendez-vous po-
« litiques à six heures du matin, *de gagner les nôtres en*
« *n'hésitant pas à se faire des promesses.*

« *Il a lui-même dit que les futures élections devront*
« *se faire pour la gauche républicaine et pour l'Action*
« *populaire, cléricaux et progressistes, une façade.*

« A propos de la campagne faite par la délation, il a
« pu porter « au Bloc » de nombreux coups. S'il réussit
« à être Président de la République, il y aura réelle-
« ment quelque chose de changé et il se servira de Mil-
« lerand et de Leygues pour se pousser vers la droite.

« PIOU EST INFORMÉ DE TOUT CELA POUR POUVOIR ME
« TENIR AU COURANT EN VUE DES ÉLECTIONS. »

Quelque odieux que soit l'acte de brigandage gouvernemental par lequel ces documents sont tombés
dans le domaine public, il n'enlève rien à la vérité
des faits. D'ailleurs, il n'y a rien là que n'aient confirmé les indécisions, les faiblesses, les obséquiosi-
tés, le mutisme de l'opposition parlementaire dirigée par l'*Action libérale*. Elle n'a montré d'obstination que pour sauver par ses votes ce Rouvier
dont l'*Éclair* nous raconte que M. Piou a été l'adversaire aussi résolu que perspicace. Il ne s'est
même pas trouvé un homme parmi elle pour relever les outrages directs faits à Jésus-Christ du haut
de la tribune. Elle a courbé la tête sous l'apostro-
phe de Jaurès la bafouant de son impuissance et
lui criant : « Votre Dieu crucifié, vous l'avez livré
en échange de quelques préfets ! » Et la sagesse

parlementaire ne lui en a pas permis de voter contre l'affichage d'un discours de Clemenceau, répondant aux attaques du même Jaurès, quoique dans ce discours, le président du Conseil ait outragé l'Eglise, outragé Jésus-Christ, en dénonçant la faillite de son enseignement social.

Ce sont là les fruits de la politique du *moindre mal*. On s'explique cette boutade de Léon Daudet, la dépeignant :

« Sa méthode : enregistrer tous les camouflets, subir tous les affronts, supporter, pâtir, mais en tenant un compte exact desdits camouflets ; affronts, stupres et vols à main armée. Désarmer l'adversaire à force de bienveillance. Verser des flots d'or dans les élections pour obtenir des candidats « potables » ou « moins pires ». Si Jaurès et Hervé sont en concurrence, voter pour Jaurès. Si Hervé et Soleilland entrent en lutte, voter pour Hervé. Si Soleilland triomphe, s'abstenir de tout commentaire fâcheux, mais chercher à acheter Soleilland, afin d'obtenir de sa gratitude qu'il ne vote pas l'impôt sur le revenu. Quand l'impôt sur le revenu sera voté, s'abstenir de tout commentaire, mais lutter contre les milices et le désarmement en *préparant les élections futures*. Quand les milices et le désarmement seront votés, reporter toute la diligence, tout le zèle, tous les fonds sur la propagande en faveur de la non-extermination des prêtres et des bourgeois... En somme, reculer pour bien moins sauter, mais avec des salamalecs, de belles protestations, des serments, des objurgations et des dépenses vaines, en temps, en hommes, en argent surtout. »

⁂

Si les limites de cette étude permettaient d'embrasser l'œuvre de l'*Action libérale*, on serait frappé

de voir que, sous leur exagération plaisante, ces
traits sont d'une parfaite justesse. Laissons de côté
les épisodes épars, et arrêtons-nous plutôt à une
sorte de monographie. L'intérêt en sera plus sérieux. Et pour que rien ne lui manque, choisissons
le département de la Lozère que M. Plou représente
au Parlement (1).

On l'a entendu plus haut raconter, dans la seconde partie de son discours au Congrès de *La
Croix*, le spectacle émouvant des solennelles affirmations religieuses dans cette Lozère qu'il a l'honneur de représenter, et rappeler avec émotion ce
magnifique défilé de 1.500 paysans « fièrement vêtus
de leurs blouses bleues » traversant la ville, conduits par leur évêque, pour se rendre à la cathé-

1. La *Semaine Catholique de Saint-Flour* (5 avril 1906),
rapporte certaines déclarations de Mgr Gély, nouvellement
sacré évêque de Mende par S. S. Pie X. Ce que le Pape a
dit aux quatorze nouveaux évêques ? Il a surtout recommandé la paix et l'union. Les uns disent que le pape ordon-
nera aux catholiques de subir la loi de séparation, mais il
a dit aux évêques : Soyez indomptables dans la défense de
l'Eglise. D'autres ne retiennent que ce mot, et clament aux
quatre coins du pays que le pape ordonne la résistance, le
pape a-t-il lui-même, à cette heure, une opinion ferme et
décidée ? On demande à Sa Grandeur : « Le pape aime bien
la France. Il doit suivre avec anxiété les préparatifs des
catholiques pour la bataille électorale ? » — « Oh ! oui,
Pie X aime la France. Notre nation demeure la fille Aînée
du Saint-Siège. Il recommande instamment l'adhésion à
l'Action libérale. Il espère beaucoup de cette organisation.
L'Action libérale s'est nettement placée sur le terrain constitutionnel ; c'est ce que veut le pape. A plusieurs reprises
il a fortement insisté sur la nécessité du ralliement. Il maintient fermement et renouvelle dans leur intégrité les directions politiques de Léon XIII. Ah ! oui, il faut être rallié ! »

-------- --------drale. Eh bien ! quelle est la conduite électorale des amis de M. Piou dans cette région où l'on professe si librement sa foi ?

Laissons parler les documents. Aux élections municipales de Mende, en mai 1908, les candidats de la liste de M. Balmelle, presque tous catholiques pratiquants, distribuèrent l'invraisemblable profession de foi qu'on va lire :

CHERS COMPATRIOTES,

Tous les Mendois sont écœurés des funestes divisions qui agitent notre ville. Les appétits sont déchaînés, et chacun, âprement, poursuit son profit sur le dos des électeurs.

Nous nous présentons à vos libres suffrages.

Voici qui nous sommes :

Nous sommes des Républicains sans épithète, profondément attachés aux institutions que le pays a librement choisies. *La question religieuse met aux prises une partie des citoyens contre l'autre. Il faut qu'elle soit résolue dans le sens de la liberté*, afin, que personne n'étant plus opprimé, on n'ait aucune raison de ne pas se ranger sous le drapeau de la République.

Nous supplions le Gouvernement de poursuivre l'œuvre de pacification religieuse dont la loi du 13 avril 1908 marque le premier pas (!!)

Nous ne sommes donc pas des RÉACTIONNAIRES.

On vous dira peut-être que nous sommes des CLÉRICAUX.

Ce n'est pas vrai.

NI CLÉRICAUX, NI ANTICLÉRICAUX (!!!).

Nous voulons pour tous la liberté de conscience. Conformément à l'article premier de la loi de Séparation, conformément aux réclamations unanimes des commerçants mendois *nous rétablirons les processions*. La rue appartient à tous et ne doit être interdite qu'à la sédition ou au désordre.

Dans l'administration communale, nous viserons à *l'entente loyale et franche avec M. le Préfet.* Ce n'est pas nous qui cherchons à lui forcer la main par des comités occultes, à l'accabler de sollicitations intéressées, à lui demander la tête de tels ou tels fonctionnaires, à l'assiéger d'une armée de mouchards. Aucun de nous ne désirant des places, nous lui offrirons une collaboration sincère et désintéressée.

Nous nous en voudrions de substituer nos commentaires à ceux de l'excellent *Courrier de la Lozère* (7 mai 1908). Après avoir reproduit cette pièce, il ajoute :

La plupart des membres de la liste Balmelle sont des catholiques croyants et pratiquants.

Quelle influence enjuivée ont donc subi ces braves gens, à quelles suggestions modernistes ont-ils obéi pour signer un programme où, dans la partie politique, ils prennent à tâche de se grimer en écœurants Blocards ? où ils affichent un amour indécent pour la République, un aplatissement inconcevable vis-à-vis du Pouvoir tant central que local, une neutralité ou indifférence absolue en matière religieuse ?... où ils osent faire honneur au gouvernement de la loi de Séparation et considérer cette loi spoliatrice des vivants et des morts comme un pas vers la pacification religieuse ?... où ils se laissent aller jusqu'à inviter le gouvernement, que dis-je, jusqu'à supplier le gouvernement de poursuivre une pareille œuvre ?

Nous n'avons pas cru devoir, avant l'élection, reproduire cette étrange profession de foi et en signaler les singularités. Nous le faisons à cette heure, très brièvement, pour montrer à nos amis la fausse voie dans laquelle ils se sont engagés et engagent les fidèles, la perturbation qu'ils jettent dans les esprits, pour éclairer la conscience du peuple et le maintenir dans l'exacte vision des hommes et des choses.

Que voulez-vous, en effet, que pense, que dise et que fasse le peuple, quand il entend prôner tout à coup, comme un acte de pacification, la loi de Séparation par ceux-là même qui jusqu'aux élections l'avaient maudite et jugée infâme ? Quand il entend supplier le gouvernement de continuer son œuvre, l'œuvre qu'il poursuit depuis près de trente ans, honteusement qualifiée de pacificatrice par des citoyens qu'on leur présente comme les seuls détenteurs de la vérité, par ceux-là même en qui l'évêque et le député libéral du lieu ont mis toute leur complaisance et leur espoir, et que, dans son langage quelque peu irrévérencieux, mais bien pittoresque et expressif, il appelle les candidats des deux Jacques ?...

Il doit fatalement aboutir à penser et à dire : « On me trompe et on m'a toujours trompé. La vérité n'est pas dans l'Église, dans les pratiques de l'Église, dans les hommes de l'Église. La suprême sagesse est de servir le gouvernement, quel qu'il soit, et de l'approuver toujours dans toutes ses lois, dans tous ses actes, dans toutes ses prescriptions et proscriptions. Puisque la loi de Séparation est un acte de pacification, les curés ont eu tort de crier tant après elle, et nous, de nous faire du souci pour les curés. Le plus simple, c'est de nous ranger autour des amis de la première heure, des Clemenceau, Briand et autres saints pacificateurs du bloc, et de dire à ces grands Pontifes comme les autres : « Du moment qu'on vous en supplie, continuez ».

Le premier pas vers la pacification, c'est la Séparation ; le deuxième ne peut être que la fermeture des Églises, le troisième sera la suppression des prêtres : l'interdiction de tout culte, tant privé que public, constituera la pacification totale.

Nous espérons que les libéraux du lieu se rendront compte des conséquences que peuvent avoir leurs manifestes, et que, désormais, ils en surveilleront la rédaction.

Barbier   15

Un autre sujet d'études, relié au précédent et non moins intéressant, est l'intrusion du juif Louis Dreyfus dans la Lozère, et la destruction de toute opposition catholique à son profit. En 1905, le député radical-socialiste Louis Jourdan lui cède sa place. Le libéralisme et le ralliement font bon accueil à cet exotique, en dépit de son origine, de ses attaches, de ses déclarations avancées. Sachant que les doctrines et les praticiens du moindre mal et du fait accompli s'accommodent de tout, le juif Dreyfus ne se gêne nullement. Il arbore l'étiquette la plus courante et la plus courue et se pose en radical-socialiste. Dans sa profession de foi, il proclame, au sujet de la Séparation de l'Eglise et de l'Etat, que si elle revient à la Chambre, il la votera résolument avec les républicains soucieux d'assurer les droits de l'Etat laïque en même temps que la liberté des consciences. Il promet : l'impôt progressif et global sur le revenu, la réduction du service militaire à un an « en attendant les milices nationales », le monopole de l'Etat pour les mines, sucres, pétroles, etc...

Louis Dreyfus est élu...

Son succès comble de joie ralliés et libéraux. D'un bout à l'autre de la Lozère, ils se congratulent de ce qu'ils considèrent comme un triomphe personnel. L'*Action libérale* ne peut se retenir d'enregistrer sa satisfaction. Dans son almanach de 1906, elle écrit :

« Nous n'avons pas lieu de nous plaindre du suffrage universel en 1905.

« Sur les 10 scrutins, 5 ont été favorables à des libéraux... Pour nous, les élections sont pleines d'encouragement, nous ne perdons aucun siège, mais... etc...
A Florac même, la citadelle des sectaires, le candidat
de l'administration succombe devant M. Dreyfus, *qui
doit son succès à ses déclarations libérales.* »

Ce passage fait bien ressortir ce mal incurable
dont est atteinte l'*Action libérale* et qu'on pourrait
dénommer la pseudomanie : ce besoin irrésistible de
tout dénaturer, de tout déformer, — même le sens
des mots, — de se tromper soi-même et de tromper
les autres — Dreyfus, le juif et le blocard, en lutte
avec l'Ad-mi-nis-tra-tion !...

Libérales, les déclarations que résume la profession de foi de ce Dreyfus !! Mais qu'est-ce donc que
le Libéralisme ? et par quoi, si ses formules se con-
fondent avec celles de Dreyfus, se distingue-t-il du
radicalisme, du socialisme, du collectivisme et
autres doctrines subversives dont il prétend nous
sauver ?...

Le *Courrier de la Lozère* (18 juin 1908) trace
d'une plume sobre et vigoureuse cet historique de
la situation politique dans l'arrondisseemnt de Florac. Le tableau vaut la peine d'être contemplé.

L'arrondissemeut de Florac comprend deux parties
distinctes : les *Cévennes* proprement dites, faisant partie du bassin du Rhône ; la Montagne et les Causses
dans le bassin de la Garonne ; les premières sont peu-
plées presque exclusivement de protestants, les secondes
de catholiques.

Le protestant est toujours gouvernemental et anti-
catholique.

Le catholique est traditionnaliste, conservateur libéral, plutôt monarchiste, monarchiste conscient ou qui s'ignore, conduit au ralliement par son chef naturel, le clergé.

Ce clergé comprend lui aussi deux éléments bien distincts : 1° les anciens, généralement monarchistes ; mais, disciplinés par le Concordat, ils ont peu de goût pour les luttes politiques ; 2° les jeunes, en très grand nombre ralliés et démocrates. Intoxiqués par certains de leurs maîtres et par la rédaction de *La Croix de la Lozère* (journal fondé il y a dix-neuf ans, du moins extérieurement et en apparence par M. Daudé, devenu, grâce à cela, le sénateur de la Lozère), ces jeunes prêtres se lancent à corps perdu dans la politique. Ils font de la démocratie, même de la démagogie, détruisant à plaisir toute autorité et toute discipline politiques, chez un peuple dont l'instinct de fidélité aux chefs et aux principes est admirable.

Le résultat cherché par ces politiciens en soutane paraît être de disqualifier tous les laïques influents, suspects d'idées monarchiques, et de régenter en maîtres absolus les électeurs et leurs élus.

Ce résultat, ils l'ont atteint ; mais c'est le seul dont ils puissent se targuer, car leurs maigres succès électoraux ont été frappés de stérilité.

De la phalange irréductible des royalistes catholiques Cévenols (les Rayoou) — les Royaux — ils ont fait un troupeau bêlant de libérâtres, vaguant — sous la houlette d'un quelconque Piou ou sous-Piou — d'un parti à l'autre, au petit bonheur des combinaisons électorales.

Deux partis sont en présence : le bloc, l'antibloc.

Le bloc comprend de droit tous les huguenots ; ensuite les fonctionnaires, les arrivistes, les mauvais catholiques.

L'antibloc englobe tous les catholiques sincères, quelles que soient leurs opinions politiques.

Les forces respectives sont approximativement de 5.000 voix pour le bloc, et 3.000 voix pour l'antibloc.

Mais cette proportion, basée sur les résultats électoraux, ne représente pas les forces effectives de chaque parti : un grand nombre d'opposants tièdes votant pour les candidats du gouvernement ou de l'administration ; par faiblesse ou intérêt, ou bien encore par ignorance du devoir.

Depuis vingt ans au moins, l'antibloc ne lutte que sur le terrain religieux ; les candidats, s'ils sont notoirement monarchistes, se proclament républicains ; l'appui du clergé et de la *Croix de la Lozère* est à ce prix. C'est, du reste, une question de mode, depuis que M. de Las Cases, pour obtenir son siège de sénateur, a cru devoir se proclamer républicain-libéral, sous l'inspiration des Ralliés et de leur souple créature, le grand électeur Daudé.

Jusqu'en 1904, l'antibloc marchait carrément à la bataille, même sans espoir de succès. Les chefs estimaient que la lutte électorale leur fournissait une bonne occasion de rapprocher, grouper et recenser tout leur monde.

Jamais ils ne se livraient à des compromissions ou à des combinaisons louches.

Mais, en 1905, M. Louis Dreyfus pose sa candidature aux élections législatives ; il lutte contre deux adversaires blocards comme lui, indigènes et influents. Le succès n'était pas possible sans l'appoint des forces catholiques. Par M. Daudé et sa séquelle, le candidat Dreyfus obtient cet appoint ; sa victoire est assurée.

Mais, en 1906, ont lieu les élections générales ; Dreyfus se heurte encore à deux candidats : un socialiste unifié, un catholique libéral, du reste sans valeur ni notoriété.

M. Daudé intervient à nouveau au profit de M. Dreyfus ; mais, jugeant sans importance la candidature du catholique Molhérac, ou plutôt voulant faire apprécier par M. Dreyfus toute la valeur de son concours, il n'agit que mollement.

M. de Valmalète, avoué à Florac, catholique et royaliste connu, prend en mains la candidature Molhérac, et, en quarante-huit heures, dans le seul canton de Florac, amène à cette candidature 1.200 suffrages, mettant Dreyfus en ballottage.

Le candidat Molhérac se désiste; De Valmalète se dévoue pour sauver l'honneur du parti catholique; il fait une courte campagne et obtient 1.000 suffrages. Il est vrai qu'au lendemain du premier tour, M. Daudé entre en campagne, le libéralisme s'agite, le clergé rallié envoie un émissaire porter le mot d'ordre dans toutes les communes catholiques ; *La Croix* fait le silence sur la candidature de De Valmalète, refuse d'insérer les communications transmises par certains prêtres sur ce sujet. Bref, dans l'arrondissement, à quelques rares exceptions près, tous les Ralliés, tout le clergé, se ruent contre celui qui fut pendant vingt ans l'ami, le conseil, le défenseur des prêtres et des religieux ; *tous combattent leur ami d'hier, pour le circoncis.*

Viennent les élections des Conseils généraux : Le grand électeur Daudé et les prêtres ses caudataires manœuvrent pour écarter la candidature de De Valmalète qui présentait des chances de succès, feignent de susciter des candidats absolument inconnus par les électeurs du canton ; bref, laissent le champ libre au candidat blocard.

Enfin, les dernières élections municipales, dans la commune de Florac, fournissent un curieux exemple des combinaisons cléricu-libérales. Trois partis se trouvaient en présence : le bloc divisé en Dreyfusards et anti-Dreyfusards, et le parti catholique. Les Dreyfusards comptaient 120 ou 130 électeurs, les anti-Dreyfusards 210, les Catholiques 23 (1).

---

1. Les chefs spirituels des Floraçois s'évertuent à empêcher la formation d'une liste municipale catholique. Ils tiennent pour réfractaires ceux qui préconisent la résistance. Aux catholiques qui leur rappellent leurs anciens enseignements, ils répondent : Il faut voter pour Dreyfus, c'est le *moindre mal.* Il faut le faire passer au premier tour. (*Courrier de la Lozère*, même numéro.)

Il semblait naturel que ce dernier parti affrontât la lutte au premier tour, pour profiter au ballottage de la scission du bloc. Le grand électeur Daudé, la *Croix de la Lozère* et le clergé local (qui se disait couvert par ordres supérieurs), en décident autrement. Ordre est donné aux Catholiques de voter la liste entière Dreyfus au premier tour ; les avis du chef jusqu'alors incontesté du parti sont méconnus et méprisés.

Comme conséquence de cette tactique, M. Louis Dreyfus est maire de Florac ; il a pour adjoint le même que son prédécesseur, huguenot président du groupe de la Libre-Pensée ; pour conseillers douze huguenots, blocards du meilleur teint, anticatholiques notoires, et trois vagues catholiques, ayant jusqu'ici marché avec le bloc.

De plus, le royaliste De Valmalète perd la direction du parti catholique libéral. Et toute cette piètre besogne a été accomplie par M. l'archiprêtre de Florac, sous la foi de vagues promesses qu'on ne saurait tenir.

De tout cela il faut conclure :

1° Que l'*Action libérale* et les abbés démocrates préfèrent les Juifs millionnaires, fussent-ils francs-maçons et radicaux-socialistes, aux bons catholiques qui sont en outre royalistes ;

2° Que le clergé mérite en grande partie le grief que lui fait Drumont dans le *Testament d'un Antisémite*, à savoir : qu'il n'aime pas les catholiques militants, même quand ils se font assommer pour lui.

VI. — L'Équivoque

Si M. Piou s'était contenté de donner son œuvre pour une organisation de libéraux, parallèle à l'organisation des catholiques et distincte d'elle, comme le supposait l'*Ami du Clergé* cité au début de cette étude, on aurait moins lieu d'en critiquer le programme et le pieux résultat, l'un et l'autre étant en harmonie avec le principe libéral. Mais il en va tout autrement, nous l'avons dit. De la part même des catholiques et du clergé, tout, à peu près, conspire en faveur des prétentions de l'*Action libérale* à absorber l'action catholique et à en être la forme unique. Vu la force de ce courant, ce n'était pas trop des preuves accumulées dans ce travail pour convaincre de sa fausse et dangereuse direction et faire comprendre la nécessité de réagir contre elle.

L'effort déployé pour ce travail d'absorption est tellement manifeste, tellement audacieux même, qu'il est peut-être superflu d'y insister. Quelques traits en feront ressortir le procédé.

On sait que *La Croix*, comme l'*Univers*, a pris depuis quelque temps le rôle commode et conforme à l'humeur libérale d'être une sorte de tribune ouverte, à laquelle peut prétendre tout ce qui sert l'idée catholique, sans qu'on fasse attention de trop près aux nuances, si ce n'est quand elles commencent à trancher sur ladite humeur et couleur. C'est ainsi que ces journaux ont fait de quotidiennes et larges réclames à Marc Sangnier et au *Sillon*, jusqu'à l'heure de sa culbute. Or, voilà-t-il pas que, parmi tant d'écrits de toute sorte dont *La Croix* présente l'analyse et les extraits, le brillant article de M. l'abbé de la Taille en faveur du parti catholique obtient les honneurs d'un très élogieux compte rendu et d'une reproduction presque intégrale dans ses numéros des 16 et 17 mai 1907 ! Que nous parliez-vous donc de son opposition ? Dans ce remarquable travail, M. de la Taille réfute avec éclat toutes les objections déjà formulées par *La Croix* elle-même contre le parti catholique : il n'en laisse rien debout. Et *La Croix* adhère, applaudit (1).

Mais quelqu'un veillait, dont la sollicitude jalouse avait l'œil ouvert du côté de M. l'abbé de la Taille, comme du côté de *La Croix*. Celle-ci annonçait, il est vrai, qu'elle se réservait de juger la question dans un prochain article. J'ai cherché cet article sans le trouver. Mais, dès le lendemain 18 mai, *La Croix* insérait en belle place, le filet qu'on va lire, et qui ressemble à une rectification faite par ordre, beaucoup plus qu'à une omission. Et, d'autre part, sous la plume de M. l'abbé de la Taille, ce préambule est tellement en contradiction avec son éloquent plaidoyer (1), il dénoterait une si complète ignorance des faits dans un esprit qui se révèle très perspicace, que, n'eût-on pas d'autre motif de le dire, on ne peut s'empêcher d'y voir un désaveu préalable de toute pensée de critique, exigé par quelque volonté supérieure. Voici ce filet de *La Croix :*

Nous avons analysé dans un double feuilleton l'important article publié sous ce titre dans les *Études*, par M. de La Taille. Pour préciser la pensée du rédacteur, il convient de reproduire les phrases par lesquelles s'ouvrait son étude :

1. Peu de temps après, elle insérait une consultation de M. Piou, en sept colonnes, qui est une charge à fond contre le parti catholique.

2. « Vous nous présentez, sous diverses dénominations, des *partis de l'ordre ;* et nous restons froids, et nous sommes battus... »

Barbier   15.

« ... C'est un service de premier ordre que d'avoir fait apparaître à découvert ce qui ne se voyait encore qu'à travers une brume, si ténue fût-elle, *le rôle de l'Action libérale populaire comme parti catholique. Personne ne peut plus aujourd'hui se dissimuler qu'elle a été et reste l'appui que s'est donné l'Eglise dans notre pays, officiellement soustrait à son influence.* « Depuis un mois, écrivait Veuillot en mai 1844, M. de Montalembert, déjà si haut placé dans l'estime des catholiques de France, a immensément grandi parmi ses amis et parmi ses adversaires... Jusqu'ici (il) avait en quelque sorte parlé pour lui-même ; il s'est montré aujourd'hui *le représentant avoué de la cause catholique...* Sans doute, M. de Montalembert, comme le dernier de ses frères et le plus inconnu, n'est que l'enfant de l'Eglise, mais il est l'enfant sur qui la mère s'appuie. » Ces paroles sont aussi vraies aujourd'hui qu'alors ; *il n'y a qu'un nom à changer.* »

Cette fois, M. Piou a dû se tenir pour satisfait. Le voilà sacré Montalembert des temps nouveaux. Ce n'est pas pour gêner sa modestie. L'un des plus doctes et éloquents défenseurs du parti catholique salue en lui le représentant avoué de la cause. Il ne sera donc plus permis de parler de parti catholique et de son programme, qu'à la condition de dire : le parti catholique existe, c'est l'*Action libérale populaire ;* ce parti reconnaît pour chef, M. Piou, nouveau Montalembert, et le programme des catholiques n'est autre que le programme libéral.

Le parti de Dieu est donc une fois de plus mis dans le sac. Pour juger de l'aisance avec laquelle cela se fait, il suffira d'ouvrir, par exemple, *La Croix* du 16 novembre 1907. Rendant compte d'un Congrès catholique tenu à Nevers, elle reproduit avec enthousiasme un discours de M. Bouchacourt, à qui elle fait terminer un pompeux exposé des ressources et de l'organisation de l'*Action libérale* par cette déclaration : « Elle aspire, suivant le mot de M. Piou, à constituer en France *le grand parti de Dieu.* » Et dans le même numéro, dans la même page, en rez-de-chaussée, *La Croix* qui, un moment, avait paru sourire au parti catholique, prononce ce jugement féroce : « La chimérique et dangereuse conception du parti catholique n'est plus à redouter. Elle était déjà repoussée par une bonne partie de l'opinion catholique, les évêques la repoussent à leur tour. » A quoi bon, en effet, puisque : L'*Action libérale* vit plus puissante que jamais, avec son programme, *le programme des catholiques.* » *La Croix* (11 sept. 1907), article du rédacteur en chef.

La substitution se trouve ainsi complétée. *Le parti libéral* (ou Action libérale) et son programme ne seraient pas autre chose que le parti et le programme catholiques. Or, nous savons que les formules vagues et fallacieuses constituant l'unique programme de l'*Action libérale : Liberté pour tous, égalité devant la loi, droit commun*, sont identiquement celles au nom desquelles le parti républicain anticlérical a forgé toutes les lois d'oppression. D'où il résulterait que le programme des catholiques, d'après M. Piou, Albert de Mun, *La Croix*, et tous ceux qui font de l'*Action libérale* l'arche de salut, se confondrait avec celui des anciens opportunistes, des progressistes, auteurs des lois de laïcisation et de sécularisation. Unis par les principes du libéralisme, ils différeraient seulement par la manière d'entendre la liberté.

Eh bien, non ! La confusion voulue qu'on fait entre l'*Action libérale* et son programme d'une part, et le parti et le programme catholiques d'autre part, est vraiment intolérable. Car le nom, ici, entraîne avec soi la chose, c'est-à-dire le principe. Dire que l'*Action libérale*, c'est le parti catholique sous un autre nom, équivaut à cette fameuse définition : « La franc-maçonnerie, c'est la République à couvert ». Dans cet ordre d'idées, en effet, l'*Action libérale* serait le parti catholique à couvert. En vérité ce quiproquo n'aurait pas dû trouver place dans un grand journal catholique comme *La Croix*. Les Français, qui aiment la clarté, les situations nettes, savent que les libéraux et les catholiques sont deux types distincts, au moins quant aux traits principaux, de même que leurs programmes diffèrent essentiellement. A qui donc *La Croix* espère-t-elle démontrer le contraire, et comment a-t-elle pu sérieusement penser à établir que le parti catholique doit s'intituler *Action libérale populaire*, malgré l'exemple contraire que lui donne le Pape lui-même en approuvant expressément, dans l'organisation des catholiques italiens, les dénominations suivantes : I. Union *catholique* populaire. — II. Union *catholique* électorale. — III. Union *catholique* économique ? Le programme des catholiques est celui de Pie X ; il se résume en cette courte phrase : « Tout restaurer dans le Christ ». Or, le programme de l'*Action populaire*, qui est devenu celui de *La Croix*, consiste à tout restaurer dans et par la liberté et le droit commun. Le programme catholique est celui du parti catholique — ou parti de Dieu — que *La*

Croix combat de concert avec l'*Action libérale*. Le programme catholique affirme et revendique par-dessus tout les droits de Dieu et de l'Eglise. Le programme libéral tait le nom et les droits de Dieu ; il ne fait aucune allusion à la religion catholique, laquelle, d'après M. Piou, doit être sévèrement proscrite du terrain électoral et politique. Le programme libéral est la formule même de la neutralité sur ce terrain spécial, tandis que le programme catholique consiste essentiellement dans l'affirmation et la proclamation, sur tous les terrains indistinctement, de la prééminence qui est due aux droits de Dieu et de l'Eglise.

Loin de nous, la pensée de contester le beau talent et la très haute valeur du président de l'*Action libérale*, ou de diminuer sans raison son prestige. Mais pour jouer honorablement et avec succès le rôle de chef des catholiques, il lui faut prendre en main un autre drapeau que celui du libéralisme. Nul doute que le buste de M. Piou placé dans toutes les salles de comité de l'*Action libérale* ne soit déjà une exhortation vivante (1) ; cependant elle n'aura l'éloquence nécessaire que si M. Piou fait placer au-dessus le crucifix. Et c'est le jour où son programme et son

1. Pour répondre au vœu que plusieurs Comités nous ont exprimé, nous donnons ci-contre les prix auxquels on peut se procurer dans nos bureaux, ou se faire expédier à domicile, le buste de M. Piou. — Buste grandeur nature : Matière durcie, patine bronze, prix dans nos bureaux : 60 fr. ; Franco à domicile : 78 fr. — Terre cuite, patine bronze, dans nos bureaux : 82 fr. ; franco à domicile : 100 fr. — Bronze, sur commande, 600 fr. — marbre, sur commande : 1,500 fr. (Almanach de l'*Action libérale*, pour 1906, p. 10 et 11).

mot d'ordre exprimeront franchement notre foi et nos droits, que ses discours, même écoutés devant la bouche d'un phonographe (1), feront tressaillir les catholiques jusque dans le plus petit village de France. Sans cela, *œs sonnas aut cymbalum tinniens.*

1. Notre pré sident général M. Jacques Piou ne pouvant comme il le désirerait, aller visiter et encourager chacun de nos 1.800 Comités et de nos 250.000 adhérents, nous avons voulu que tous du moins puissent entendre et conserver le son de sa voix, sa réconfortante parole, ses exhortations à l'organisation et à l'action. Nous sommes donc heureux d'annoncer à tous les adhérents et Comités de l'*Action libérale populaire* qui possèdent un phonographe qu'ils peuvent dès maintenant nous commander des cylindres reproduisant un discours sur « l'Association » de M. Piou *authentiquement prononcé par lui*, au prix de 1 fr. 25 le cylindre petit format et 2 fr., le cylindre inter. Il faut ajouter à ce prix les frais de port et d'emballage soit (1 fr. 20 en gare ou 1 fr. 45 à domicile). — *Bulletin de l'Action libérale,* 7 mai 1908.

CHAPITRE IX

L'ACTION LIBÉRALE POPULAIRE

II. — La question politique

La Croix du 8 décembre 1908 rendant compte
du congrès général de l'A. L. P. cite ces paroles
prononcées par son président, M. Piou : « Quelles
qu'aient été les péripéties parfois troublantes des
événements, l'A. L. P. n'a pas déserté le *terrain
constitutionnel* sur lequel elle s'est placée dès le
premier jour, demandant seulement à la République
de cesser d'être un gouvernement de secte et de
parti pour devenir un gouvernement national ». Et,
sous la plume de son rédacteur en chef, le même
journal ajoute : « Cette déclaration a soulevé des
applaudissements frénétiques, *presque compara-
bles à ceux qui ont salué sa profession de foi en
Dieu* ». Cette phrase monumentale, faite pour inspirer l'étonnement de ne pas voir le buste de Marianne
figurer comme le pendant du Crucifix au frontispice
de *La Croix*, donne la mesure de la place qu'un
loyalisme républicain à toute épreuve tient parmi
les principes de l'*Action libérale*. Mais *La Croix* ne
dit pas encore assez. Si l'on faisait abstraction des
convictions intimes, pour ne juger que d'après la

ligne extérieure de conduite, on trouverait peut-être
la situation encore plus exactement définie par ce
mot cinglant, dit sans intention maligne, par le
Radical du 20 décembre 1905, sous ce titre *Réaction
impuissante* : « M. Piou se distingue des monarchistes, en ce qu'il accepte la forme républicaine, ET
DES CLÉRICAUX EN CE QU'IL MET LES INTÉRÊTS DE
L'ÉGLISE AU SECOND PLAN. »

Tels sont, en effet, le contraste éclatant et la
criante contradiction qu'offre l'attitude de l'*Action
libérale*. Tandis qu'elle affichait avec ostentation
pour unique but la défense des droits de Dieu et des
intérêts de l'Eglise, à l'exclusion de la politique, et
qu'à ce titre, elle provoquait avec tous les appuis
ecclésiastiques l'adhésion des catholiques en masse,
ce qu'elle excluait de son programme électoral et de
ses principes avoués, c'était toute profession publique de foi religieuse et toute affirmation des principes du droit chrétien, quoi qu'il en fut de certaines
manifestations oratoires dans l'enceinte de ses congrès. Le précédent chapitre ne laisse subsister aucun
doute sur ce point. D'autre part, elle donnait un ou-
trageant démenti à sa prétention de réaliser l'accord
entre tous les catholiques grâce à l'exclusion de la
politique, en imposant une profession de foi politique comme base indispensable de cet accord.

C'est cette seconde face de la question que nous
avons maintenant à éclairer d'un jour complet.

Quelles tentations de découragement sur le chemin de celui qui s'y dévoue ! Pour les expliquer, il
faudrait prendre la liberté de dire que dans cette
France catholique, qui avait eu jusqu'ici pour apa-

nage la fierté de l'honneur, la passion de la justice
et de la vérité, ces nobles sentiments se sont obs-
curcis, et que les choses auxquelles ils répugnent le
plus deviennent indifférentes ou mêmes bonnes aux
yeux de ceux qu'a piqués la tarentule du ralliement,
pourvu qu'elles se couvrent d'un prétexte religieux.
Mais afin de mettre hors de cause les intentions et
le domaine intime de la conscience, parlons seule.
ment d'équivoques facilement acceptées et d'inconséquence pratique, et désignons par ces expressions
parlementaires un état d'esprit et une conduite pré-
dominants aujourd'hui, qui sont vraiment au
rebours de notre vieille mentalité française, faite de
logique, de franchise et de lumière.

Le plus déconcertant est que la masse des catholiques se complaît maintenant dans cet état. Elle
n'aime pas qu'on cherche à l'en tirer et sait franchement mauvais gré à ceux qui l'avertissent qu'on
l'égare en l'endormant. C'est là le grand triomphe
de ses conducteurs. C'est aussi le signe d'une déca-
dence qui se mesure à la hauteur d'où l'on est tombé.
Grâce à la confiance absolue et aux pleins pouvoirs
dont il a été investi, le président de l'*Action libérale* peut dire blanc ou noir à son gré, on le suivra
toujours ; il peut dire blanc et noir à la fois, personne n'en sera ébranlé ; il peut combattre ouvertement certaines catégories de catholiques, tout le
monde se montrera néanmoins persuadé qu'il leur
tend les bras ; il peut, après avoir gravement compromis la diplomatie pontificale au profit de ses
intérêts par les obsessions les plus imprudentes et
les moins justifiables, tourner ensuite le dos à ses

protecteurs et prendre le pays à témoin que les agents du Saint-Siège le compromettent gratuitement, sans que les catholiques français se lassent de saluer en lui le modèle accompli du dévouement à l'Eglise et le type vivant de l'honneur chrétien.

Et si quelqu'un, froissé dans tous ses sentiments, jette une note discordante de critique, on entend s'élever aussitôt un haro général contre lui. C'est celui-là qui devient l'obstacle à l'union et à la paix. Il faut cependant braver ce haro.

Cette décadence de l'esprit français est le vrai point de vue de la discussion d'où s'effacent les questions de personnes. Le mal est là. Il s'agit d'en établir le diagnostic exact, sans lequel il ne fera qu'empirer par les tâtonnements. Le malade crie quand on met le doigt sur le point sensible, mais c'est la découverte d'où peut sortir le salut.

L'ACCORD SANS DISTINCTION DE PARTIS

Il est entendu pour tout le monde, depuis l'origine, que l'*Action libérale* a été fondée pour réaliser l'union de tous les catholiques, de tous les honnêtes gens, sur le terrain de la défense des libertés religieuses, *sans distinction de partis*. Cette formule est tout son programme, toute sa raison d'être. C'est elle que l'autorité ecclésiastique a sanctionnée de son appui.

Or, comment l'a-t-on mise en pratique ? Au rebours de ce qu'elle promettait. Cela crève les yeux, mais on est convenu de n'en rien voir. M. Piou n'a donc pas à se gêner. Si les mots ont encore quelque sens dans notre langue, il est clair qu'une association proposant l'accord sans distinction de partis s'interdit par là même toute profession de foi politique, car les membres d'un parti ne sauraient se rallier à celle d'un autre. Royalistes, impérialistes et républicains peuvent parfaitement se concerter sur un plan de défense religieuse, mais à la condition de réserver la liberté de leurs opinions et de leur action politique en tout ce qui ne fait pas l'objet de cette entente. Dans tous les cas, c'est à un accord ainsi expressément déterminé que l'*Action libérale* les conviait. Cependant son président ne s'est nullement senti lié par un tel engagement, et, tantôt avec des expressions ambiguës, tantôt en des termes et par des actes formels, il lui a donné pour axe la politique républicaine. J'ai rapporté ailleurs plusieurs de ses déclarations qui ne permettent pas de le contester. En voici une ou deux autres.

Dans son grand discours de Tarbes (22 octobre 1905), parlant de la coalition du bloc maçonnique, il ajoutait : « L'*Action libérale populaire* vous offre une organisation pour la combattre ; pour la vaincre, son programme si large : liberté pour tous, égalité devant la loi, amélioration du sort des travailleurs. *Placée sur le terrain républicain, loyalement attachée au régime,* elle est à peu près la seule organisation sérieuse sous laquelle l'opposition puisse la combattre. »

M. de Castelnau en prenant la présidence du groupe de l'*Action libérale* à la Chambre, disait également : « Et d'abord il va sans dire *que nous*

sommes *groupés aussi franchement et aussi loya-*
lement que qui que ce soit sur le terrain de la Ré-
publique, forme légale et indiscutée de notre démocratie... Nous ne sommes pas des maussades résignés : *nous sommes vis-à-vis de nos institutions*
républicaines, des loyalistes dans la profonde et
complète acception du mot. » (*La Croix,* 20 octobre
1904.)

Enfin tout récemment le bulletin de l'*Action libé-*
rale (n° 299, novembre 1908, p. 6), rééditant son
programme, porte que « chez elle, la forme actuelle
du gouvernement est placée *au-dessus* de toute discussion ». *Au-dessus* et *en dehors* sont deux choses très différentes.

Il y a bien mieux encore. M. Piou ne fait nulle difficulté d'avouer qu'il combat les monarchistes aux
élections. On le savait déjà ; cependant la campagne était conduite un peu honteusement, et la constatation du fait échappait à beaucoup de personnes.
M. Piou leur épargne cet effort, et, pour comble, on
apprend qu'il attend de ceux auxquels il fait ainsi la
guerre des subsides encore plus larges que par le
passé.

Et les catholiques trouvent cela très bien. On n'a
point entendu dire que ces aveux de leur chef aient
paru gênants le moins du monde à la masse qui s'honore de le suivre, et si ceux qui ne sont pas *loyale-*
ment attachés au régime en témoignent quelque
surprise et indignation, les gens se regardent entre
eux et se disent les uns aux autres : voyez quel est
leur parti pris contre l'*Action libérale !*

C'est à ses féaux de *La Croix* que M. Piou a livré

ces déclarations. On peut donc être certain que ses paroles ont été fidèlement rendues. A propos des incidents soulevés par la publication du dossier de Mgr Montagnini, M. Piou répond à ce journal :

Le Saint-Siège est intervenu dans une seule circonstance, pour demander à un groupement féminin, par l'intermédiaire du cardinal archevêque de Lyon, de ne pas consacrer à soutenir des candidats royalistes contre des candidats républicains libéraux l'argent que cette ligue avait recueilli...

Les royalistes ont seuls une apparence de logique et de justice dans leurs attaques contre moi, puisqu'ils peuvent me reprocher d'avoir empêché une ligue de distribuer de l'argent à leurs candidats libéraux (8 avril 1907).

Le Saint-Siège est intervenu dans une seule circonstance, pour demandature personnelle. Il est intervenu pour s'efforcer d'empêcher une ligue féminine de verser les sommes recueillies par elle à des candidats non constitutionnels.

Un point c'est tout, en ce qui concerne l'*Action libérale* (9 avril 1907).

De Rome, Mgr Vanneufville (B. Sienne), correspondant de *La Croix*, confirme le fait dans les mêmes termes :

Quant à l'intervention du cardinal Merry del Val touchant les dames de Lyon, elle consiste essentiellement à recommander que cette association envoie son argent à l'association constitutionnelle de l'*Action libérale*, de préférence aux candidats monarchistes (3 avril 1907).

Et c'est bien pour répondre aux sollicitations de M. Piou que cette intervention s'est produite, comme en témoigne une lettre de Mgr Gasparri à Mgr Montagnini :

Au sujet de votre rapport 434 et de la note ci-jointe de M. Piou, l'éminent supérieur a écrit à l'archevêque de Lyon une lettre dont je vous transmets une copie. Après avoir donné communication de vive voix à M Piou, vous la détruirez ; vous me direz aussi si M. Piou juge nécessaire que le Saint-Siège fasse quelque autre chose dans le même sens.

Et d'autre part, à la date du 23 novembre 1905, Mgr Montagnini raconte au cardinal Merry del Val les grandes choses que fait M. Piou. Celui-ci vient de lui annoncer qu'il a mis 200.000 francs dans l'achat de la *Presse* et de la *Patrie*. « Cette force accroîtra encore l'influence de l'*Action libérale*, et fait espérer à M. Piou l'avènement de 80, de 100 et peut-être 120 députés de la même *Action libérale* aux futures élections (1). » Et il ajoute :

Pour cela, M. Piou insiste sur la nécessité d'écarter de plus en plus, pour l'avenir, tout soupçon de réaction.

1. *L'Autorité* disait à ce propos :

« Etait-ce M. Piou qui se payait irrespectueusement la tête du pro-nonce, ou Mgr Montagnini qui s'amusait à faire prendre au cardinal Merry del Val des vessies pour des lanternes ? Laissons à l'histoire le soin d'éclairer ce mystère.

« Nous, gens du vulgaire, nous dirions tout simplement que la *Presse* et la *Patrie*, journaux purement parisiens, journaux de boulevard, ne se sont jamais doutés eux-mêmes qu'on établît un rapport quelconque entre eux et la politique électorale. C'est comme si l'on parlait de l'influence de la hausse des cuivres sur la baisse de la température.

« Et voilà l'heureux emploi qu'il faisait, le bon M. Piou, pour la défense de nos intérêts religieux, de l'argent fourni, au prix de mille sacrifices, par les catholiques de toute opinion.

« Après cela, s'il n'a pas introduit 120 députés de l'Action libérale à la Chambre, soyons-lui indulgents. »

contre la République, ce qui sera possible si le Saint-Siège recommande le respect des pouvoirs établis, et si le clergé évite de se faire l'allié des royalistes, *qui devraient, en outre, aider avec des offrandes plus généreuses.* »

Cet « en outre » ne vaut-il pas à lui seul un long poème ? Mais qui a entendu dire que ce beau geste de M. Piou ait surpris, choqué l'opinion catholique, à laquelle on avait proposé l'accord *sans distinction de partis*, et que la bonne presse et les autorités de tout ordre aient marqué au président de l'*Action libérale* autre chose qu'une confiance et une admiration croissantes ? Cependant on voit clairement la question politique se substituer à la question religieuse. Il s'agit d'arracher son argent à la *Ligue des Femmes françaises* afin qu'on ne soutienne pas de candidats royalistes, mais que tout soit réservé à des candidats ralliés au régime. De choisir les meilleurs candidats catholiques *sans distinction de partis*, c'est ce qu'on ne songe même pas à envisager.

Au reste, le motif mis en avant pour obtenir cette intervention n'était qu'une calomnie. La présidente de la ligue incriminée, Mme la comtesse de Saint-Laurent, en fit justice avec une dignité fière, au Congrès général qui se réunit à Lyon le 15 mai suivant, et S. E le cardinal Coullié ajouta à cette protestation le poids de la sienne. Mme de Saint-Laurent eut seulement la générosité de ne pas rappeler dans son rapport qu'aux élections précédentes, la ligue avait versé près d'un million entre les mains de M. Piou. Elle dit :

EMINENCE,

Il est des jours solennels où les œuvres, nées d'une pensée de foi et de patriotisme, doivent redire à la face de tous pourquoi elles ont été créées, comment elles ont poursuivi leur but et avec quelle intégrité absolue elles ont été fidèles à leur programme. Il semble que ce jour soit venu pour la Ligue des Femmes françaises et que la Providence, qui ne fait rien en vain, ait préparé cette heure, dans sa prévoyante bonté, afin qu'il soit permis à la vérité de se renouveler avec une telle netteté et une telle précision qu'elle ne laisse plus de doute à personne.

Il y a quelques jours à peine, la ligue a été mise en cause d'une manière tout à fait imprévue, et l'attention dont elle a été l'objet a donné lieu à des interprétations erronées.

Jusqu'à présent, il a paru plus sage de garder le silence ; mais, devant des commentaires inexacts, une rectification s'impose.

Cette rectification ne pouvait se faire qu'en présence de Votre Eminence, qui a daigné nous entourer sans cesse de sa sollicitude paternelle et de sa particulière bienveillance, et aussi en présence de nos déléguées, venues si nombreuses à cette réunion. Elles emporteront avec elles, dans nos plus lointains comités, la certitude absolue que la ligue n'a pas failli à sa tâche.

Quand elle fit sa première apparition, en septembre 1901, grâce à une initiative dont personne n'a oublié la générosité, elle déclara que la défense de la foi chrétienne était son programme unique, qu'elle n'avait de lien avec aucun parti politique, que, respectant les opinions de chacun, elle voulait unir les volontés sur le terrain de la religion et serait avec quiconque combattrait pour Dieu. Elle l'a prouvé en 1902, par la scrupuleuse impartialité avec laquelle elle fit distribuer les sommes qui lui avaient été confiées.

Quand arrivèrent les élections de 1906, la ligue ne pouvait et ne devait s'y intéresser qu'au point de vue catholique, et jamais la pensée ne lui serait venue de s'en occuper autrement que par la transmission pure et simple des faibles sommes qui lui étaient remises la plupart du temps avec la désignation du candidat auquel le donateur voulait qu'elles fussent appliquées. Pourrait-on donc lui faire un reproche d'avoir étendu à tous les catholiques, quel que fût leur drapeau, la même bienveillance impartiale.

Si elle avait agi autrement, c'est alors qu'elle eût été coupable, parce qu'elle aurait manqué à ses promesses, *et, grâce à Dieu, sur notre vieux sol de France, les femmes chrétiennes savent encore ce que c'est que l'honneur.*

En réponse à ce rapport, le vénérable archevêque de Lyon répondit par ces courtes paroles dont je garantis, comme auditeur, l'authenticité rigoureuse:

Quand j'ai accepté de patronner la Ligue des Femmes françaises, j'ai demandé trois choses à sa présidente : la loyauté dans le but, la charité dans les rapports, la persévérance dans l'action.

Sa loyauté a été absolue. *Je défie qu'on y trouve aucune tendance politique.* Sa conduite témoigne de la charité de ses rapports et ses progrès prouvent sa persévérence. Je me félicite d'avoir adopté la Ligue des Femmes françaises.

D'ailleurs M. Piou en fut pour ses démarches étranges. Le Saint-Siège, mieux éclairé par le cardinal Coullié, abandonna sa demande. Le *Nouvelliste de Lyon* se déclara peu de jours après, en mesure d'affirmer:

L...

16

1° Que la *Ligue des Femmes françaises* a fourni des subsides aux candidats catholiques, sans distinction de nuances politiques.

2° Qu'elle ne pouvait pas en fournir à des candidats royalistes contre des candidats de l'*Action libérale*, puisque, nulle part, des concurrents de ces nuances ne se sont trouvés en présence.

3° Que la ligue était d'autant plus impartiale qu'elle avait comme représentante, à Paris, Mme de Cuverville, femme de l'amiral-sénateur, dont les opinions républicaines sont connues.

4° Qu'enfin la ligue n'a pas versé un sou directement à l'*Action libérale*, malgré toutes les démarches, et que Rome a laissé la *Ligue des Femmes françaises* libre d'agir comme elle l'entendrait en toute indépendance et au mieux des intérêts des candidats catholiques.

La Croix du 9 avril 1907, reproduisant cette note, donne un commentaire du premier point qui renferme dans sa brièveté des choses d'un prix inestimable.

On n'aperçoit aucun désaccord entre cette déclaration et celle de M. Piou.

Nul ne saurait douter, en effet, que « la Ligue n'a fourni ses subsides qu'à des candidats catholiques. »

« *Sans distinction de nuances politiques* », ajoute la *Croix*, c'est le seul point qui la distingue de l'Action libérale *placée sur le terrain constitutionnel*.

Il y a là deux assertions aussi inexactes l'une que l'autre. Si nul ne peut douter que la *Ligue des Femmes françaises* n'ait fourni de l'argent qu'à des candidats catholiques, nul ne peut contester, non plus, que l'*Action libérale* et ses comités n'aient donné leur concours à des candidats qui ne l'étaient point.

Ce n'est donc pas en ce point qu'il y aurait parité complète. Par contre, la *Ligue des femmes* en distribuant ses ressources *sans distinction de nuances politiques*, s'est admirablement tenue sur le *terrain constitutionnel*, on l'avoue, tandis que *La Croix* laisse échapper à ce propos un aveu énorme. Car, d'après cet organe de l'*Action libérale*, ce fameux *terrain constitutionnel* sur lequel nous savions bien que le ralliement avait embusqué ses batteries, mais où les voix les plus respectées des catholiques les pressaient impérativement de se concentrer, se différencie des autres organisations en ce qu'il n'admet pas la diversité des opinions politiques. Ainsi, l'*Action libérale* qui s'est, ou qu'on a imposée au pays comme réalisant l'accord sans distinction de partis, est la première à dénoncer cet accord et met en branle l'autorité du Saint-Siège pour battre en brèche la *Ligue des Femmes françaises* justement parce qu'elle le pratique !

Voilà le Ralliement et voilà l'*Action libérale !*

Ce qui n'est pas moins étonnant après cela, c'est de voir tous les gens du parti, et les directeurs de *La Croix* en tête (24 février 1909), ouvrir de grands yeux, quand on dénonce les équivoques peu dignes d'une politique honorable qu'ils cachent sous les expressions de *candidats constitutionnels* et de *terrain constitutionnel*.

Qu'est-ce donc qu'un candidat constitutionnel ? Est-ce celui qui se soumet aux lois légitimes de son pays et ne tente rien d'illégal contre la Constitution ? Mais, alors, quelle différence y a-t-il entre un monarchiste et un républicain, entre M. Jules Dela-

haye et M. Piou ? Non, le candidat consti tutionnel
est celui qui fait profession d'adhérer à la forme du
gouvernement et se déclare républicain. Ici apparaît l'équivoque qui est tout le fond du ralliement.
Elle consiste à confondre, j'allais dire sournoisement, le *terrain constitutionnel* et *la profession de
foi constitutionnelle*.

En principe, affirme-t-on, on ne demande que la
subordination sincère au gouvernement établi ;
mais, en fait, on exige une profession de foi politique.

Un incident récent vient de démasquer ce parti
pris. Le comte X. de Cathelineau avait pris l'initiative d'un projet destiné à grouper dans un comité
directeur les principaux représentants de ch acune
des ligues ou associations fondées pour la défense
de nos intérêts religieux et sociaux. Les points fondamentaux de cette *fédération*, présentée sous le
nom d'*Entente catholique*, consistaient à confier
aux décisions de ce comité la direction de la résistance à la tyrannie anticléricale, en laissant à chaque groupement son autonomie et sa liberté d'action politique en tout ce qui n'était pas l'objet de
l'entente. Se fédérer, c'est faire l'union sur certains
points communs, en vue d'un but déterminé, en
réservant l'indépendance de chacun sur le reste.
Nombre de groupes avaient adhéré avec empressement à la proposition. Sollicité des premiers,
M. Piou répondit d'abord par des fins de non-
recevoir. Puis, en réponse à une démarche plus
pressante de MM. de Ramel et de Lamarzelle, il

envoya cette étrange lettre qu'on lit dans *La Croix*
du 21 février 1909 :

Paris, le 7 décembre 1908.

Monsieur,

J'ai l'honneur de vous communiquer le procès-verbal
de la réunion de ce jour du Comité directeur de l'*Action
libérale populaire :* « Le Comité directeur de l'*Action
libérale populaire*, saisi par son président d'une lettre
de M. de Cathelineau dans laquelle celui-ci exprime le
désir de voir l'A. L. P. entrer dans une Confédération de
tous les groupes politiques défendant les idées catholiques, confirme sa décision précédente ; *déclare qu'elle
ne peut entrer que dans une Fédération qui se placerait
sur le terrain constitutionnel ;*

« Affirme son désir de continuer les précédents de
1902 et de 1906, et de s'entendre avec tous les groupes
d'opposition de gauche ou de droite pour les questions
électorales. »

Veuillez agréer, etc.

Jacques Piou.

Et, à la suite, *La Croix* reproduisait une lettre
rectificative adressée par M. Piou au *Gaulois*, où il
disait :

L'*Action libérale* n'a jamais, ni aux élections de 1902,
ni à celles de 1906, subordonné son concours à l'acceptation par les impérialistes et les royalistes de l'étiquette
républicaine. Loin d'exiger des candidats qu'ils montrent « patte blanche », elle ne leur a demandé, *sans
s'inquiéter de savoir s'ils venaient de droite ou de gauche*,
que de défendre sans réserve et sans faiblesse les libertés en péril, et surtout la liberté religieuse, la plus menacée et la plus précieuse de toutes...

Barbier   16.

Ce que l'*Action libérale* a fait en 1902 et en 1906, elle le fera encore en 1910 ; la lettre de son Comité directeur le dit expressément.

Ce qui y est dit aussi, c'est que toujours prête — comme elle fait depuis dix ans — à joindre ses efforts à ceux de tous les catholiques pour la défense des intérêts communs, elle entend maintenir son organisation et son action politique sur le terrain constitutionnel. Il a été celui de l'Église à toutes les époques ; il l'est encore aujourd'hui ; cela lui suffit.

Veuillez agréer, Monsieur, l'assurance de mes sentiments distingués.

Jacques Piou.

Il serait vraiment cruel d'insister sur le défaut de mémoire qui permet au président de l'*Action libérale* d'affirmer que, dans les élections précédentes, il ne s'est pas inquiété de savoir *si les candidats venaient de droite ou de gauche*. Mais on conviendra qu'en exprimant son intention de se comporter dans les élections de 1910 comme dans celles de 1906, il justifie les appréhensions de ceux qui se défient de son omnipotence.

Embarrassé d'avouer bonnement que l'*Action libérale* repousse tout concert avec ceux qui ne sont pas républicains, car c'est bien là ce que signifie sa réponse à M. de Cathelineau, M. Piou prend une formule complètement inintelligible pour qui parle de fédération, en disant que sa ligue « ne peut entrer que dans une fédération qui se placerait sur le terrain constitutionnel ». Et comme pour corser l'imbroglio, le rédacteur en chef de *La Croix* écrit deux jours après (24 février) : « C'est lui demander d'abandonner le terrain constitutionnel que de lui

demander de se fédérer avec les partis inconstitu-
tionnels. » Ainsi, tandis que les promoteurs de l'entente commencent par assurer à l'*Action libérale* sa
liberté politique ainsi qu'à tous les autres groupes,
celle-ci répond : ma liberté n'est pas sauve si vous
gardez la vôtre: et la seule manière de vous fédérer
avec moi est d'accepter tout mon programme.

Devant ces prétentions exorbitantes, quelque peu
exaspérantes pour le bon sens autant que pour l'indépendance légitime des autres groupes, quelle est
l'attitude des principaux journaux de doctrine ? *La
Croix*, l'*Univers*, le *Peuple français* font un rempart à M. Piou. *La Croix* surtout se distingue par
un zèle effréné. Son rédacteur en chef, M. Bouvattier, son directeur, M. Féron-Vrau, tour à tour,
s'engagent à fond (21 et 24 février 1909). Ils com-
mentent copieusement, dans le premier de ces articles, les deux lettres de M. Piou citées plus haut
et formulent ainsi leurs conclusions : *Le terrain
constitutionnel est le seul qui ne soit d'aucun parti.*
C'est précisément pour être toute à la défense religieuse qui nous unit, que l'*Action libérale* a adopté
le terrain constitutionnel, *qui n'est pas un terrain
de parti politique.* M. Piou fait plus que de moti-
ver son refus d'entrer dans la fédération projetée
par M. de Cathelineau, il motive de plus son inébranlable résolution de rester sur le terrain constitutionnel (qui donc s'y oppose ?) et son motif est
celui-ci : *ce terrain a été celui de l'Église à toutes
les époques ; il l'est encore aujourd'hui.* A l'appui
de cette assertion, suivent de longs extraits de l'Encyclique de Léon XIII sur le ralliement, qu'accom-

pagne cette conclusion : *L'action libérale est donc bien sur le terrain constitutionnel enseigné par l'Eglise.*

Ce serait à désespérer de la sincérité intellectuelle des catholiques français s'ils ne faisaient d'eux-mêmes justice des substitutions que *La Croix* se permet, et, en premier lieu, du stratagème par lequel on déguise le *terrain républicain,* le *loyalisme* constitutionnel dont se pique l'*Action libérale,* sous l'étiquette de *terrain constitutionnel* qui ne dit rien de plus que la subordination sincère au régime éta-bli dans tout l'exercice légitime du pouvoir.

L'ACTION LIBÉRALE ET LES DIRECTIONS DU SAINT-SIÈGE

Mais, pour masquer leur défaite, le président de l'*Action libérale,* et *La Croix* de concert avec lui, ou sous ses ordres, vont beaucoup plus loin et ne craignent pas de réveiller un autre sujet de discorde, en ramenant la question aussi usée que troublante du ralliement. Et, à ce propos, ils avancent deux choses également contestables, également inexac-tes.

En premier lieu, s'appuyant sur de longues cita-tions de l'Encyclique de Léon XIII, ils affirment avec éclat que le *terrain constitutionnel,* au sens où l'entend et la pratique l'*Action libérale,* bien en-tendu, est *enseigné* par l'Eglise. Usant du même stratagème que plus haut, *La Croix* donne pour titre à son leader-article du 21 février : « *Le terrain cons-*

titutionnel a été celui de l'Eglise à toutes les époques.

Sans se perdre dans une discussion désormais superflue, car nous ne nous flattons pas de vaincre le parti pris, on peut dire que cette proposition même condamne les interprétations des tenants de *l'Action libérale.* C'est vainement que, depuis 1892, on s'applique à identifier la doctrine et la pratique constantes de l'Eglise, rappelées par Léon XIII dans son Encyclique, avec ses instructions pratiques poussant les catholiques à se faire républicains afin d'obtenir une république catholique. La coïncidence de cet acte pontifical avec ses instructions renouvelées plusieurs fois dans la suite et sous diverses formes a bien pu favoriser cette confusion. Cette cause a été indiquée avec perspicacité par un théologien de premier ordre, M. le chanoine Gaudeau, dans un article que publia le *Soleil* du 1er février 1906. Après avoir observé qu'en fondant ces instructions ou cette direction politique sur le rappel de la doctrine et de la pratique constantes de l'Eglise, on tombait dans un inconvénient d'incohérence s'il n'y avait pas entre elles de rapport essentiel, ou dans le péril d'exercer sur la conscience des catholiques une pression indue en s'appuyant sur ce prétendu rapport, il ajoutait ce raisonnement qui ruine par la base les prétentions de *La Croix* et de *l'Action libérale :*

Si l'adhésion formelle au régime était la conséquence logique et moralement obligatoire de la doctrine immuable rappelée par Léon XIII comme bases de ses instructions sur l'indifférence de l'Eglise à l'égard de tou-

tes les formules théoriques de gouvernement, voici
trois conclusions inévitables :

1° Tous les papes avant Léon XIII s'étaient trompés
en ne tirant point des mêmes principes la même conséquence et en enseignant le contraire, c'est-à-dire en ne
pressant point, par exemple, les sujets de Napoléon Ier
de se faire bonapartistes, ni ceux de Louis-Philippe de
se rallier à l'orléanisme ;

2° L'indifférentisme politique serait alors une doctrine
obligatoire pour tous les catholiques, puisqu'ils devraient comme catholiques, se rallier politiquement
tour à tour, d'une manière positive et par une adhésion
formelle, à tous les gouvernants de fait qui se succéde-
raient dans leur pays ;

3° Alors, enfin, l'ingérence de Rome dans la politique
de chaque pays, la pression immédiate du pouvoir spirituel sur l'opinion des catholiques et sur leur action
politique serait chose normale, légitime, habituelle, et
qui découlerait directement et logiquement de la doctrine catholique elle-même.

Ces conclusions sont graves, et je connais peu de
théologiens, s'il en est, qui les oseraient signer. Et il
n'est point de gouvernement avisé qui les voulût ratifier, car un tel pouvoir serait une arme terrible et à
deux tranchants » (1).

Il y a plus encore. Non contents de plier l'enseignement doctrinal de Léon XIII aux intérêts particuliers de leur politique, *La Croix* et M. Piou ne se
font pas scrupule de prétendre que ces prescriptions
ainsi interprétées sont confirmées par son successeur et que Pie X, à son tour, maintient l'obligation
du ralliement à la République. C'est évidemment là

1. Je me permets de renvoyer le lecteur à mon livre : *Cas
de conscience. Les Catholiques français et la République*,
chap. III. L'intervention pontificale de Léon XIII.

ce qu'ils entendent en ajoutant à l'envi : « Ce terrain a été celui de l'Eglise à toutes les époques : *il l'est encore aujourd'hui* ». Personne ne l'a pu comprendre autrement.

Assertion d'autant plus surprenante et plus audacieuse, que M. de Catholineau affirme avoir administré à M. Piou la preuve des encouragements actifs donnés à son projet par quelques-uns des plus hauts personnages ecclésiastiques de France, parmi lesquels est, croyons-nous, le cardinal Luçon, archevêque de Reims, et par le Vatican même. D'où il résulte que le reproche de négliger les directions du Saint-Siège, clairement insinué par M. Piou et par *La Croix* contre le projet d'entente catholique, se retourne contre eux avec l'aggravation de ce faux zèle.

On a vu précédemment avec quelle assurance ils font parler le Pape (1). Certes, c'était déjà un déplorable abus, même sous Léon XIII, de placer sous l'égide des directions pontificales, les inconséquences, les faiblesses, les erreurs et les procédés injustes qui caractérisent la politique du ralliement ; et il faut que celle-ci ait bien profondément chloroformisé l'opinion catholique, pour qu'elle ne se soit montrée ni émue, ni surprise de voir ceux qui avaient toujours à la bouche les instructions de ce pape en faveur du régime établi, passer entièrement sous silence celles plus formelles encore et plus graves qui rappelaient aux enfants de l'Eglise le devoir de résister pour la défense de leur droits, dénonçaient les faux prétextes de l'inertie et stigmati-

1. Chapitre I.

saient leur mollesse. Mais c'est un abus moins tolérable encore, de répéter partout, encore aujourd'hui, qu'au point de vue de ces directions politiques, « il n'y a rien de changé ». Ici encore se retrouve la perpétuelle confusion entre la doctrine de l'Eglise et celle de l'*Action Libérale*, engendrée par les instructions qui semblaient donner l'une pour point de départ à l'autre. Il n'y a rien de changé dans l'une, il y a quelque chose de changé par rapport à l'autre.

Pour mettre à nu le néant de telles affirmations, il n'est nullement besoin d'opposer un pape au précédent. Il suffit de constater que leur attitude est différente. Or, qui voudrait soutenir sérieusement qu'entre la ligne de conduite de Léon XIII et celle de Pie X il n'y a pas de différence à cet égard ? Différence discrète, comme elle devait l'être nécessairement, mais différence claire, évidente. Elle se manifeste par les paroles de Pie X, elle se manifeste par son silence. Ce qu'il dit et ce qu'il ne dit pas accentue chaque jour, dans une note admirablement calme et sereine, le caractère de son action. Ce n'est pas mettre une opposition entre Léon XIII et son successeur, de constater que le génie du premier le disposait à user plus largement des ressources de la diplomatie et de la politique, tandis que Pie X semble se confier surtout en la force intérieure de l'action catholique.

C'est ici le lieu de rappeler et d'appliquer les paroles que le cardinal Lavigerie adressait, en termes durs et excessifs, au directeur de l'*Univers*, en le pressant d'entrer dans le mouvement du ralliement :

Laissez-moi, Monsieur, vous dire avec autant de sincérité que de tristesse, combien je m'afflige de voir *l'Univers* suivre une voie qui le sépare de N. S. P. le Pape. Un journaliste ne peut être catholique qu'à la condition de l'être avec le Pape et comme le Pape, non seulement dans les choses qui sont définies et par conséquent immuables, mais encore dans celles qui sont susceptibles d'interprétations et de changement dans les opinions, dans les jugements sur les personnes, dans la direction de la politique ecclésiastique. Chaque Pape est libre. Il peut, souvent même il doit ne pas ressembler à son prédécesseur, parce que les événements ont changé et les devoirs avec eux.

Or, dans ces divergences naturelles et nécessaires, *c'est avec le Pape vivant que nous devons être*, parce que seul Il a grâce pour diriger l'Église de Dieu dans les circonstances où la Providence l'a placé. Si nous sortons de là, le principe d'autorité n'est plus permanent dans l'Église; il n'y a plus pour les catholiques de centre toujours obligatoire : ils tombent dans l'esprit de division et de secte... *Qui non est mecum, contra me est, Qui non congregat mecum spargit.* Cette sentence, je l'ai entendu prononcer contre vous dans une circonstance récente avec une netteté et une tristesse dont le souvenir m'effraie. Comment vos amis d'autrefois, même les plus dévoués, pourraient-ils hésiter entre vous et le Vicaire de Jésus-Christ ? (1).

Et le Souverain Pontife Léon XIII lui-même, dans une lettre datée du 17 juin 1885, à Son Éminence le cardinal Guibert disait :

... Ceux qui, entre deux directions différentes, repoussent celle du présent pour s'en tenir au passé, ne font pas preuve d'obéissance envers l'autorité qui a le droit et le devoir de les diriger, et ressemblent, sous quelques rapports, à ceux qui, après une condamnation, voudraient en appeler au futur concile ou à un Pape mieux informé.

1. Vicomte de Colleville. *Le cardinal de Lavigerie*, chap. XI.

Ce qu'il faut tenir sur ce point, c'est donc que, dans le gouvernement général de l'Eglise, en dehors des devoirs essentiels du ministère apostolique imposés à tous les Pontifes, il est libre à chacun d'eux de suivre la règle de conduite que, selon les temps et les autres circonstances, il juge la meilleure. En cela il est le seul juge, ayant sur ce point non seulement des lumières spéciales, mais encore la connaissance de la situation et des besoins généraux de la catholicité, d'après lesquels il convient que se règle sa sollicitude apostolique...

Or, le premier fait à relever, et qui devrait suffire à lui seul, est, qu'à l'encontre des manifestations si fréquentes sous le précédent pontificat, S. S. Pie X n'a pas prononcé en public une seule parole ouvertement favorable à la politique de ralliement. En outre, ceux qui se sont chargés sans mandat de le faire parler en ce sens ont été formellement désavoués.

Abstraction faite des hauts principes de morale sociale et politique enseignés par l'Eglise à toutes les époques et dont aucun régime particulier n'est en droit de se réclamer, autant les interventions de Léon XIII étaient multipliées et pressantes, autant les déclarations de Pie X sur ce point sont rares et réservées. Plus exactement, quand il parle, c'est dans le sens de la liberté des opinions et pour dégager le Saint-Siège.

J'ai donné ailleurs le récit détaillé d'une audience pontificale publié par M. Louis Dimier, au mois d'avril 1904 (1). Il précisait en ces termes le sens de la réponse qu'il reçut :

1. Cas de conscience. Les catholiques français et la République, chap. X.

« Sa Sainteté ne veut point du tout qu'on appelle
« une question de conscience, pour les catholiques en
« France, celle d'adhérer à la République. L'Eglise doit
« demander que dans les élections les catholiques
« votent sans dissidence, et tirent de leurs suffrages la
« plus grande somme contre leurs communs ennemis.
« Toute scission entre eux, d'où s'ensuive une disper-
« sion de ces suffrages, est nécessairement réprouvée.
« Mais de savoir si le gouvernement restaurateur de l'or-
« dre, celui que, devenus les maîtres, ils devront établir,
« doit être la République, Orléans, Bonaparte — Sa Sain-
« teté prononça directement ces mots — c'est une chose
« où Rome n'a rien à dire, et qui ne regarde qu'eux
« seuls, catholiques et Français.

Il n'est aucun homme bien informé qui ne sache
que ces dispositions du Saint-Siège se sont de plus
en plus affirmées. Je me souviens, pour ma part,
du franc rire et du geste de parfaite indifférence
avec lesquels S. S. Pie X, professant devant moi
la même abstention, ajoutait : « On dira, si l'on
veut, que le pape est royaliste ». Ces déclarations
de M. Dimier ayant paru fort gênantes, un journaliste républicain se proposa de les faire démentir.
La *Liberté* du 11 mai 1904 donne le récit détaillé
d'une audience que M. Louis Latapie avait obtenue
du cardinal Secrétaire d'Etat. Il en résultait que,
selon la formule consacrée, « rien n'était changé »
dans les directions politiques du Saint-Siège, et les
assertions de M. Dimier se trouvaient ramenées
à des propos sans signification ni valeur. Malheureusement pour l'auteur de cette habile démarche,
ce fut sur lui-même que tomba le démenti, et de
source officielle. Trois jours après l'*Osservatore*

romano du 14 mai 1904 insérait une note, reproduite par *La Croix* du 17, destinée à mettre les catholiques en garde contre des informations sans autorité, et se terminant par ces lignes : « Nous n'entendons pas apprécier la valeur des entretiens que le rédacteur de la *Liberté* rapporte avoir eus avec S. E. le cardinal Secrétaire d'Etat. Disons seulement que si le Saint-Père voulait faire des déclarations, il n'aurait recours, ni à des journalistes, ni à des interviews privées ; *de plus, en ce qui concerne les paroles prêtées par M. Latapie à Mgr Merry del Val nous sommes en mesure d'affirmer que, en ce point, beaucoup de choses ont été changées.* »

D'autre part, le sens de l'entretien rapporté par M. Louis Dimier est entièrement conforme aux déclarations faites par un personnage ecclésiastique de Paris, dont l'autorité ne saurait être contestée par personne. M. l'abbé Odelin, vicaire général de Paris, au retour d'un pèlerinage conduit par lui à Rome, interrogé sur les intentions du Saint-Père, a parlé absolument dans le même sens. Son témoignage, tout aussi explicite, fut reproduit par la presse. N'est-il pas à croire que cette déclaration de M. l'abbé Odelin aurait été démentie si elle était inexacte ?

Ce qui m'a le plus frappé dans S. S. Pie X, c'est son merveilleux bon sens, la netteté de ses vues et sa parfaite connaissance des choses dont il parle. Entre la politique de Léon XIII et celle de Pie X, il y a certainement une différence, qui me paraît consister précisément en ce que Léon XIII faisait de la politique, et que Pie X n'en veut pas faire et n'en fait pas...

L'union sur le terrain constitutionnel, Pie X la recommande, lui aussi, mais en des termes qui se prêtent malaisément aux exagérations intéressées. Voici ce qu'il m'a dit. Je garantis au moins le sens de ses paroles :

« Vous êtes royalistes, restez royalistes ; vous êtes impérialistes, restez impérialistes ; vous êtes républicains, restez républicains ; mais royalistes, impérialistes ou républicains, si vous êtes catholiques, unissez-vous pour la défense de l'Eglise. »

Et le pape, tout en parlant, illustrait son langage d'une sorte de graphique, par lequel il mettait, d'une manière plus tangible, le catholicisme et la défense religieuse en dehors et bien au-dessus de la politique et des intérêts de parti.

En somme, le Pape n'a cure des opinions politiques des catholiques français. *De la doctrine dite du ralliement, il ne retient que la partie traditionnelle et théologique, par laquelle l'Eglise a toujours enseigné l'obéissance aux lois civiles, en tant qu'elles n'ont rien de contraire à la loi de Dieu.*

Un peu plus tard, même tentative de faire parler le Pape en faveur du ralliement, même insuccès et même désaveu.

En février 1906, le *Gaulois* venait de publier une interview sensationnelle du Saint-Père, reproduite avec empressement par tous les journaux amis de l'*Action libérale*.

Le collaborateur du *Gaulois* disait qu'il avait eu un entretien avec le Saint-Père qui lui avait donné des conseils pour les catholiques français. Ce que, d'après lui, le saint-Père nous demandait, c'était de faire « abnégation de nos préférences politiques »

pour nous unir solidement pour la défense des intérêts religieux. On y lisait, à la suite de cette phrase,
et de manière à faire converger là-dessus toute la
force de l'insistance, que le Pape l'exigeait, qu'il
l'exigeait comme Pape et comme Père. « Il faut
que les Français obéissent. » Non point le sens de
ces paroles, mais leur disposition, mais leur enchaînement, mais le choix et la suite des termes
employés par le rédacteur du *Gaulois* présentaient
l'apparence d'une manœuvre républicaine. Sous
couleur de recommander l'union, la conversation
rapportée par le *Gaulois* semblait tendre à réveiller les vieilles divisions et même à en instituer de
nouvelles.

Or, dans le numéro du mardi 27 février de l'*Osservatore Romano*, l'interview du *Gaulois* se
trouve enregistrée et résumée ; elle y est précédée
d'un titre significatif et d'une notule qui a la valeur
d'un démenti.

Le titre est : *Une prétendue interview.*

La notule est conçue en ces termes :

« Nous mettons nos lecteurs en garde contre la florai-
son d'interviews de correspondants avec le Saint-Père
où se révèle la manie qui règne de faire du bruit (ou de
se donner de l'importance) avec d'irrévérentes trouvail-
les sensationnelles (1). »

1. *Parioi, 25.* — Un collaboratore del *Gaulois* dice che ha
avuto un colloquio col Pontifice, il quale gli ha dato dei
consigli pei cattolici francesi. Ciò che il Pontifice chiede
loro è di fare il sacrificio delle loro preferenze politiche per
unirsi solidamente nella difesa degli interessi della religione.
Ciò che esige da essi come Pontifice e come padre è l'ob-
bedienza alle decisioni che prenderà ed ai consigli che

Lors du Congrès catholique allemand, à Essen, en septembre 1906, le cardinal V. Vanutelli avait prononcé à la séance de clôture un discours dont certain passage, tel qu'il fut communiqué à la presse, souleva des polémiques. Il disait : « Ils (les catholiques allemands) sont grands aux yeux du Saint-Père, parce qu'ornés de tant de sagesse, ils écoutent volontiers la voix de leurs évêques et se soumettent à l'autorité de ceux-ci ainsi que du Saint-Siège dans toute leur conduite, qu'il s'agisse de la religion ou d'affaires civiles ou sociales. C'est pourquoi vous méritez cette louange de l'apôtre : Leur obéissance est partout connue. » Mais presque aussitôt se produisit la rectification. « En parlant de la soumission des catholiques allemands à l'autorité ecclésiastique dans les affaires civiles et sociales, le cardinal avait ajouté : « Pour autant qu'elles touchent à la religion : *quatenus religionem attingit.* » Et le Saint-Père, dans une lettre publique au cardinal Fischer, archevêque de Cologne, le 30 octobre, le félicitant du succès de l'Assemblée d'Essen, prenait soin de dire : « Non moins grande a été la satisfaction que nous avons éprouvée par suite de la promesse réitérée des catholiques allemands de vouloir suivre l'autorité du Siège apostolique en toutes choses religieuses. Bien que quelques-uns,

dard. Il Papa ha ripetuto, con crescente energia, queste parole : « Bisogna obbedire in Francia. »...
Mettiamo in guardia i nostri lettori contro la fioritura d'interviste di corrispondenti col Santo Padre, rivelando esse la smania che c'è di farsi largo con irriverenti trovate sensazionali.

qui ne connaissent pas la vérité, l'aient vivement
contesté, cette obéissance laisse cependant à chacun, l'expérience quotidienne le démontre, une
entière et complète liberté dans les choses qui ne
concernent pas la religion. »

Ces faits sont assez éloquents par eux-mêmes.
Quant au langage public de S. S. Pie X à l'égard de
la France, il n'est pas moins réservé sur cette politique de ralliement que net dans l'affirmation de la
pratique constante de l'Eglise, et ferme dans celle des
droits du Saint-Siège. Il disait dans l'allocution
consistoriale du mois d'avril 1907 :

Au moyen de sophismes manifestes, ils s'efforcent à
confondre les institutions, la forme établie du régime
républicain avec l'athéisme, avec la guerre à outrance
contre tout ce qui est divin ; et cela, afin de pouvoir
accuser d'ingérence illégitime toute intervention de
Notre part dans les affaires religieuses du pays, intervention que Nous commande le devoir sacré de Notre
charge. Ils espèrent, du même coup, arriver à faire croire
au peuple que, quand Nous défendons les droits de
l'Eglise, Nous Nous opposons au régime populaire ; et
cependant, ce régime, *Nous l'avons toujours accepté, toujours respecté*. Grâces en soient rendues à Dieu ; une
fois de plus s'est vérifiée cette parole : « Ils ont inventé
des crimes ; mais ils se sont épuisés dans leurs recherches profondes » (Ps. LXIII, 7).

Il est temps de conclure. Pour être bref, nous
relèverons seulement un contraste frappant entre le
bruit qu'on s'efforce de faire autour de prétendues
directions politiques de S. S. Pie X, ne reposant sur
aucune parole de lui, et le froid accueil réservé,

même par certains grands journaux catholiques, à ses discours solennels sur la situation religieuse et les devoirs qu'elle nous crée. A l'occasion des béatifications récentes, par exemple, le Saint-Père a fait entendre de magnifiques paroles. Nous étions habitués, du temps de Léon XIII, à ce que de tels discours, et même de moins frappants, fussent salués et commentés comme des événements de grande importance. Aujourd'hui ces enthousiasmes se sont refroidis sans qu'on s'explique pourquoi.

Nous avons cité précédemment une correspondance romaine où se reflète l'étonnement pénible qu'on ressent à Rome de cette réserve (1).

Peu de jours après, 16 février, une note de la *Corrispondenza Romana* le soulignait avec plus de force encore et plus d'autorité. A propos de l'attitude singulière desdits journaux dans l'affaire de la « Maison sociale », elle émet ces observations dont les termes, quelque peu voilés par ménagement, n'en confirment pas moins clairement ce que nous venons de dire. Ils méritent d'être pesés.

Le boycottage et le sabotage appliqués dans certains milieux à la déclaration romaine ont été, vraiment, aussi déplorables qu'éloquents ; car ils ont donné, pour ainsi dire, la carte topographique des influences, aveugles ou avisées, dont l'Œuvre visée par Rome jouit largement à Paris. *Malheureusement, cet incident n'est qu'un point saillant d'un système qui semble se répandre dans certaine presse française, où tout ce qui vient de Rome — depuis les discours du Pape et les actes du Saint-Siège*

1. Voir *La Critique du Libéralisme*, n° du 15 février. *Informations tendancieuses*, page 386.

Barbier   17.

jusqu'aux simples notes romaines — est soumis à un contrôle, qui rappelle un peu le fameux caviar de la censure russe, par son inspiration et par ses effets.

Les lecteurs doivent quelquefois s'estimer heureux si quelque bribe en sort intacte et paraît dans un « coin de pénitence » des publications dont il s'agit. Rien que pour compléter objectivement ces informations, nous pourions dire que l'aversion profonde de certains milieux, rien moins que blocards contre la *Corrispondenza Romana*, n'a pas d'autre base sérieuse que le fait que notre humble bulletin empêche pratiquement ledit *caviar* de fonctionner au grand complet. Certaines de nos constatations et de nos réflexions très objectives nous ont valu des haines, qui nous honorent de leur persistance, et qui ont même trempé dans maintes attaques ignobles à signature libérale ou blocarde, contre nous. Mais cela soit dit en passant et sans rancune seulement pour des points ni officiels ni officieux sur les i autorisés. Et si l'attitude déplorée cesse, nous serons les premiers à constater que tout est bien qui finit bien.

Les catholiques français ont donc mieux à faire que de chercher par des arguties et des sophismes peu dignes d'esprits sincères à tirer des actes ou du silence du Saint-Siège des arguments en faveur d'une politique à laquelle il veut rester étranger, tandis qu'il ne néglige aucune occasion de stimuler en eux l'énergie de convictions religieuses endormie depuis quinze ans par cette politique, et la résolution de les défendre avec intrépidité.

CHAPITRE X

LA LIGUE PATRIOTIQUE
DES FRANÇAISES

La *Ligue patriotique des Françaises*, née d'une scission dans la *Ligue des Femmes françaises*, est l'organisation féminine de l'*Action libérale*.

Par une conséqrence inévitable, elle en partage les faiblesses et les torts. On y retrouve le même désaccord entre les déclarations et les actes, les mêmes partialités, le même défaut de netteté dans les procédés et l'allure.

Comme l'*Action libérale*, elle prêche avec fracas l'union, mais à son profit exclusif, au profit d'une politique de parti, moins catholique que libérale, et, ainsi qu'elle, recourt aux plus habiles moyens pour représenter comme fauteurs de trouble et de division tous ceux qui n'entrent pas dans son jeu.

Loin de nous, certes, l'intention d'englober indistinctement dans cette critique tous les membres de cette association, car un grand nombre agissent avec un zèle aussi pur qu'admirable, ni de diminuer la valeur du grand bien qu'ils opèrent, et dont les plus hautes approbations sont la légitime récompense. Mais, ayant à faire ressortir les causes de division et d'impuissance qui paralysent l'action catholique, nous ne pouvons omettre de relever celles qui se rencontrent dans cette Ligue.

Quoi qu'en puissent dire ceux qui auraient intérêt à obtenir le silence, notre dessein est absolument affranchi de toute vue personnelle, exempt de tout sentiment d'animosité. C'est notre force. Si l'on demande ce qui nous pousse à parler, nous répondrons : c'est un besoin de vérité, c'est une passion de justice, exaspérés, qu'on pardonne cette expression, par l'indifférence ou l'aveuglement de l'esprit public, et la conviction que toute restauration des forces catholiques est subordonnée au respect absolu de ces grands principes.

Cette étude, comme toutes les nôtres, aura d'ailleurs un caractère purement objectif. Ce sont les faits qui parleront.

Il y a surtout deux choses dont la *Ligue patriotique des Françaises* se défend : l'inféodation à l'*Action libérale* et la participation à une action politique. Telles ont été cependant ses deux principales raisons d'être.

Ecoutons d'abord cette défense :

I. — BONNE ENTENTE ET SECOURS RÉCIPROQUE

Parmi les innombrables imprimés répandus par cette Ligue, une circulaire émanant du secrétariat central (Circ. 1-4o) et ayant pour titre : *Qu'est-ce que la Ligue patriotique des Françaises ?* donne les explications suivantes :

Se plaçant *exclusivement* sur le terrain de *défense religieuse et sociale*, la Ligue évite avec le plus grand soin de mêler la politique à sa propagande. Cherchant avant tout à faire *l'union* entre toutes les femmes chrétiennes, elle mentirait à sa raison d'être, si elle parlait et agissait au nom d'un parti quelconque. La Ligue n'a d'autres ennemis que les ennemis de la religion et de la patrie ; elle a ou doit avoir pour amis, tous ceux qui, selon la belle parole de Pie X, veulent former en France le *parti de Dieu*.

Il suit de là que la Ligue n'exige de ses adhérentes ou de ses zélatrices aucun renoncement à leurs convictions, à leurs traditions, à leurs espérances. Toute femme ayant au cœur l'amour de l'Eglise et de la France peut et doit faire partie de la L. P. D. F. On ne lui demandera pas quel est son idéal (?) politique ; on lui demandera seulement de travailler, en attendant le libérateur ou le remède espéré, à la conservation de la foi dans les âmes, au bien moral des personnes sur lesquelles elle peut avoir quelque influence.

Ici se place une objection que l'on fait trop souvent aux membres de la Ligue. On leur dit : « Vous prétendez ne pas faire de politique, et vous êtes les auxiliaires de l'*Action libérale populaire*, association éminemment politique. Vous ne faites pas de politique et vous avez une caisse électorale, et vous soutenez tel candidat appartenant à tel parti !... N'est-ce pas là se mêler de politique ?... »

Il y a là une *confusion fâcheuse* qu'il faut s'efforcer de dissiper. Répondons d'abord que la L. P. D. F. est alliée et non liée à l'*Action libérale*. Les deux œuvres, unies par ce qu'il y a de commun dans leur but, se prêtent un mutuel secours, mais leur action parfaitement distincte. Complètement autonome, absolument indépendante dans son organisation et dans son fonctionnement, la L. P. D. F. n'est pas, comme on le prétend, placée sous la tutelle de l'A. L. P., dont elle tâche, il est vrai, en bien des cas, de seconder la propagande. Ce faisant, la Ligue est simplement logique avec son principe. En effet l'A. L. P., veut avant tout rendre à la France la paix et la liberté religieuse ; si elle ne constitue pas, à proprement parler, un parti catholique, c'est du moins un parti résolument favorable au catholicisme. Or, à ce titre seul, l'A. L. P. n'a-t-elle pas le droit de trouver une auxiliaire dévouée dans une association de Françaises, chrétiennes de cœur et de volonté ?

Il y a plus. Cette alliance avec l'A. L. P. est presque partout d'un grand profit pour la Ligue. Les éloquents conférenciers, membres de l'A. L. P., apportent à la Ligue le plus précieux concours, et si elle a pu prendre en France une rapide extension, c'est, le plus souvent, en imitant l'A. L. P. dans sa manière de procéder pour obtenir des adhésions et fonder des groupements.

Bonne entente et secours réciproque, voilà à quoi se bornent les rapports de la L. P. D. F. et de l'A. L. P. Quant au programme politique de cette association, la Ligue n'a pas à s'en occuper et encore moins à le juger.

Le Comité de Saint-Germain-en-Laye, répandant le même tract avec quelques modifications adaptées à son milieu, ajoute après les derniers mots qu'on vient de lire :

Et maintenant, est-ce faire œuvre politique que d'avoir une caisse électorale? Oui, si cette caisse était destinée à faciliter l'élection des représentants d'un parti quelconque, à l'exclusion de tous autres. Non, si comme il est de règle dans la Ligue, les fonds dont ses comités peuvent disposer vont, après enquête, à tout candidat, sous quelque drapeau qu'il marche, qui, ayant des chances suffisantes de succès, *s'engage formellement à défendre la religion* et la société contre les Francs-Maçons et les révolutionnaires. Un tel engagement pouvant être pris par des hommes d'opinions politiques très différentes, rien ne peut mieux prouver que la Ligue, *préoccupée uniquement du triomphe de la cause catholique*, tient à rester en dehors de la politique. Au reste, les élections ne sont pas pour elle un but, ce n'est qu'un moyen, un des mille moyens que peuvent employer les catholiques pour lutter contre les sectaires.

Cette déclaration est fort satisfaisante, mais elle a le défaut d'être en contradiction évidente avec les faits. Non seulement l'*Action Libérale* à laquelle la *Ligue patriotique des Françaises* verse les fonds de sa caisse électorale et le quart de ceux qu'elle recueille pour ses œuvres, n'a jamais demandé à aucun candidat l'engagement de défendre la religion mais l'une et l'autre Ligue ont combattu le concert des candidats franchement catholiques, parce qu'ils se refusaient à donner des garanties de loyalisme constitutionnel (1). Rien ne prouve mieux qu'on n'est pas « exclusivement préoccupé du triomphe de la cause catholique. »

Le caractère exclusif d'œuvre d'*action sociale catholique* dont la *Ligue patriotique des Françaises* s'est parée lors de son retentissant pèlerinage à Rome, l'an dernier, et auquel le Saint-Père a appliqué une approbation éclatante, ne laisserait pas que de rendre embarrassante l'explication de son passé, même tout récent, car il n'est pas toujours facile de supprimer les faits. Nous y reviendrons plus loin. Bornons-nous ici à livrer au lecteur un essai de justification, qui est un parfait spécimen d'explication

1. L'*Action libérale* n'a pas reculé, par exemple, devant les moyens les moins honorables uniquement usités par des gens sans scrupules et acharnés contre un adversaire, pour faire échouer l'élection législative de Jules Delahaye, candidat *catholique avant tout* et désigné par le comité conservateur de Maine-et-Loire, jusqu'à amasser et colporter contre lui un dossier calomnieux, jusqu'à suborner ses porteurs de bulletins pour qu'ils ne les distribuent pas.

ambiguë, au point que la vérité ne s'y trouve plus à l'aise. C'est tiré d'un bulletin qui s'intitule l'*Action catholique* et s'imprime aux bureaux de *La Croix du Nord* (mars 1908). On y lit sur le point en question :

LA LIGUE ET LA POLITIQUE. — *La Ligue n'a jamais eu le dessein d'en faire.*

Elle l'a moins encore, si possible, depuis que le Saint-Père et l'archevêque l'ont félicitée de se tenir en dehors de ce terrain peu favorable à l'action féminine. Si ses membres, *à un moment donné*, ont prêté leur concours à l'*Action libérale populaire*, ce ne fut pas en la considérant comme une association politique, mais en voyant en elle *la grande association catholique* qui assumait la charge de défendre les libertés religieuses nécessaires. En cela, les Ligueuses remplissaient tout simplement leur devoir de bonnes chrétiennes et montraient, dans la crise que traversait la France, leur inaltérable dévouement à l'Église et au pays. Elles firent alors de la politique comme en font, sans s'en douter, toutes les mères, toutes les institutrices et tous les prêtres qui élèvent honnêtement et chrétiennement les enfants. Enfin, si les adhérentes de la Ligue ont recueilli des fonds pour les transmettre à l'A. L. P., ce ne fut encore que pour contribuer, comme toutes les bonnes Françaises, à la Caisse électorale. Elles n'auraient pas fait partie de la Ligue que, par un juste sentiment de leur devoir chrétien, elles auraient agi de la même façon.

Bonne entente et secours réciproque, voilà donc à quoi se borneraient les rapports de la *Ligue patriotique des Françaises* avec l'*Action Libérale*. Eh bien ! non, c'est vraiment trop atténuer la réalité et faire prendre le change à l'opinion.

Rétablissons les faits.

II. — L'INFÉODATION

Il suffit de rappeler les origines de la Ligue. D'où est-elle sortie ? Du refus de la *Ligue des Femmes rança ises* de se mettre à la disposition de M. Piou.

La *Ligue des Femmes françaises* naquit à Lyon, 1901, pour la défense de nos libertés catholiques. Créée pour cette cause sainte, elle faisait abstraction de toute opinion politique, et se donnait pour mission de soutenir tous les défenseurs de la religion, sans distinction de partis.

Au début, son principal moyen d'action avait été la concentration de fonds destinés aux élections législatives de 1902. L'appel de la Ligue suscita de toutes parts de généreux dévouements. Fidèle à son principe, elle fit distribuer ces sommes aux candidats *catholiques* de tous les partis, à proportion du nombre d'adhérents que représentait leur groupe. M. Piou reçut pour sa part près d'un million, beaucoup plus que tous les autres ensemble. C'était de quoi répondre par avance à tous les reproches.

Il n'en fut pas satisfait, et commença par vouloir imposer à cette Ligue *catholique* son programme de politique républicaine. En outre, il demandait qu'elle voilât ses opinions franchement chrétiennes sous les formules d'un vague libéralisme.

La présidente générale de la Ligue de qui l'auteur recueillit personnellement ce récit il y a deux ans, opposa et maintint un refus, résolue à conserver son indépendance à l'égard des partis et son programme franchement catholique.

M. Piou, avait encore une autre exigence : les fonds de la Ligue seraient exclusivement réservés à l'*Action libérale*.

Se voyant repoussé dans ses tentatives, il essaya une dernière démarche auprès de la présidente d'honneur, l'amirale de Cuverville, et n'ayant pu vaincre non plus ses résistances, finit par s'écrier : Puisqu'il en est ainsi, je vous briserai !

Et il se mit à l'œuvre.

Il commença à porter contre la Ligue, devant le Saint-Siège, ces injustes accusations de royalisme, que nous l'avons vu répéter à la veille des élections de 1906, toujours dans le but d'obtenir la remise intégrale des fonds.

Puis il fit des démarches près des supérieurs d'un Ordre religieux illustre, pour avoir des quêteuses. Ceux-ci l'adressèrent à une association de femmes du monde vouées aux œuvres. De l'accord entre M. Piou, cet Ordre et cette association dont les adhérentes allaient diriger la scission, naquit la *Ligue patriotique des Françaises*, formée pour s'inféoder à l'*Action libérale* et à sa politique, en offrant à M. Piou tout ce que la *Ligue des Femmes françaises* lui avait refusé.

Le 22 mai 1902, les membres actifs de celle-ci, à Paris, furent convoqués à une réunion, où ils eurent la surprise d'apercevoir pas mal de visages inconnus. On prétexta des difficultés avec le comité de Lyon, et le bureau annonça qu'on avait résolu de s'en séparer. Sa présidente, la baronne de Brigode,

destinée à prendre la tête de la Ligue dissidente, fit
connaître cette détermination prise sans accord
avec la présidente générale, Mme la comtesse de
Saint-Laurent, et en l'absence de la présidente
d'honneur, l'amirale de Cuverville, et ajouta que la
Ligue nouvelle, avec une modification du nom et
tout en conservant son autonomie, allait s'affilier à
l'*Action libérale* de M. Piou (1).

Le surlendemain, 24 mai, une nouvelle réunion
avait lieu chez la baronne de Brigode, où se trouvaient encore toutes les militantes : les unes, fidèles
à la *Ligue des Femmes françaises*, formaient la minorité ; les autres, sous le nouveau nom de *Ligue
patriotique des Françaises*, devenaient les auxiliai-

1. Par un étrange retour des choses, Mme de Brigode, présidente de la *Ligue patriotique des Françaises*, devait elle-
même être plus tard victime d'une manœuvre semblable. Sa
direction ne répondant plus à ce que désirait l'aumônier-
conseil, un conseil, réuni sans convocation régulière, décida
son changement et le lui signifia avec une rare élégance et
une liberté tout apostolique. Cette pièce, qui a passé ensuite
de mains en mains, débutait ainsi : « 10 mai 1906. Chère
Madame, Nous venons de prendre une grande détermination. Sachant qu'à maintes reprises, vous avez, ainsi que
Mme de V., manifesté le désir de ne plus vous occuper activement de la Ligue après les élections, le Conseil, en éli-
sant un nouveau bureau, vous demande de vouloir bien
accepter la présidence d'honneur de la Ligue. Nous espérons toutes, chère Madame, que vous resterez ainsi unie à
notre œuvre, car, s'il y a eu entre nous des divergences de
vues, d'où naissaient des difficultés constantes et graves, etc... »

Comme on s'explique, alors, de quelle importance il était
que la décoration sollicitée de Rome par l'entremise de
Mgr Montagnini ne fût pas accordée à Mme de Brigode, sans
que la baronne Reille l'obtînt aussi !

res de l'*Action libérale* ; et, pour consacrer cette adoption, M. Piou était venu présider en personne cette réunion.

Ces faits ont eu trop de témoins pour être démentis. Mais, au surplus, comme le sage, en pareil cas, n'avance rien qu'il ne prouve, voici la circulaire de la nouvelle Ligue qui les confirme. Elle porte le n° 2 dans la collection, et a pour titre *Quelques mots d'explication*. Il fallait que la situation fût bien fausse, pour que des femmes n'aient pas trouvé moyen de la présenter moins gauchement, sans un peu de cette délicatesse et de cette bonne grâce qui leur servent à faire tout passer. Quant au vrai but de la scission, la peine même qu'on se donne pour le dissimuler ne fait que rendre l'aveu plus clair.

Le Comité de Paris de la Ligue des Femmes françaises, instruit par l'expérience de la campagne électorale, a compris les inconvénients de l'organisation première de la Ligue des Femmes françaises.

Un Comité local, composé de femmes aussi dévouées et actives qu'on le suppose, ne peut évidemment prétendre à la connaissance sérieuse des situations si variées de nos diverses provinces de France.

Il ne pourrait non plus trouver dans son sein des représentants en mesure à la fois de tout diriger et d'aller à travers le pays assurer la propagande.

N'était-il pas d'ailleurs tout au moins regrettable, en face du bloc organisé contre nos croyances et nos intérêts les plus chers, de maintenir nos Comités des Femmes Françaises dans l'isolement des autres groupes d'action ; alors surtout que s'unir et se discipliner, pour ne rien perdre de leur force, s'impose à la conscience des persécutés ? (1).

1. Comme on avait bonne grâce, en pareille circonstance,

Ces raisons, entre autres, nous ont démontré qu'il était plus sage d'appuyer les efforts des divers Comités de Femmes françaises *sur un groupement d'hommes ;* ceux-ci sauront résoudre les délicates questions qui, peut-être, nous diviseraient.

Le Comité de l'*Action libérale populaire,* où sont représentées toutes les régions de France, parut, mieux que tout autre groupe, offrir à nos Comités, avec un point d'appui et *une orientation sûre,* la hardiesse et l'élan qui jaillissent de l'union.

Son programme, qui garantit la liberté à nos croyances, le rôle considérable qu'elle a joué dans les dernières élections *nous ont décidées à nous entendre avec elle*.

Dans ce but, *renonçant à la vaine satisfaction de régler tout par nous seules,* nous avons, d'accord avec un grand nombre de femmes françaises, *résolu de nous allier à l'Action libérale populaire.* Cette *alliance,* qui n'est pas une *inféodation,* qui ne touche en rien ni à notre autonomie ni à notre vie propre, *nous permettra de faire passer avant les considérations personnelles les grands intérêts généraux du pays.* (Quelles insinuations !)

L'*Action libérale populaire* et la *Ligue patriotique des Françaises* sont donc *amies et alliées.* C'est tout, mais c'est assez pour se prêter à l'occasion un mutuel concours et doubler leurs forces.

Les Femmes de France peuvent donc, *sans distinction de partis,* se grouper dans la L. P. D. F.

Si l'on nous disait que c'est ainsi nous effacer et passer au second rang, nous répondrions que c'est à nous, Femmes chrétiennes de France, à donner le conseil et l'exemple du renoncement comme de la générosité dans un ralliement de toutes nos énergies à la défense des intérêts les plus sacrés, non plus seulement menacés, mais déjà si profondément lésés.

Nous osons compter que toutes les Femmes chrétien-

à invoquer l'union et la discipline ! Cependant c'était logique, puisqu'il ne devait plus y avoir d'union pour les catholiques que sous la discipline de M. Piou.

nes de France, d'un seul élan et d'un seul cœur, s'uni-
ront à la *Ligue patriotique des Françaises.*

On lit encore dans le tract n° 18, qui est de l'année
suivante, 1903 :

Pourquoi sommes-nous si faibles en face de nos adversaires ? Uniquement parce que nous manquons d'*union*,
de *cohésion*, de *discipline*, parce que nous ne sommes
pas *organisés pour la lutte*, pour la défense de nos
droits, parce que nous sommes trop apathiques... Sa-
chons donc reconnaître les causes de notre faiblesse,
chassons le découragement, secouons notre apathie,
oublions nos lamentables divisions, unissons-nous enfin
dans un suprême effort pour repousser le joug des sectaires. Le salut est encore possible, mais il faut que
nous soyons parfaitement unis et disciplinés.

Seule, une association nationale puissamment organisée, rayonnant dans tout le pays et groupant autour
d'elle tous les catholiques dévoués, pourra faire reculer
la Franc-Maçonnerie, et l'empêcher d'accomplir son œuvre de destruction.

Cette association existe, elle se nomme l'*Action libérale populaire*, elle compte déjà, dans toutes les parties
de la France, des milliers d'adhérents, parmi lesquels
80 députés et sénateurs.

Quoique de création récente, l'*Action libérale populaire* est une puissance dont le développement inquiète
les francs-maçons...

Vous vous demandez sans doute, Mesdames, comment
vous pourrez coopérer à cette grande œuvre dont vous
comprenez maintenant la nécessité.

Vous pouvez coopérer de deux façons : par la parole
et par le sacrifice.

Par la parole : en montrant à tous ceux qui vous en-
tourent le péril qui menace l'Eglise et la France, *en les
pressant de donner leur adhésion à l'Action Libérale
Populaire et à la Ligue patriotique des Françaises.*

S'il était nécessaire d'ajouter quelque chose, nous nous bornerions à un simple détail. La circulaire en date du 6 juin 1902 qui annonçait aux adhérents de province l'annonce de la transformation portait en tête :

Ligue patriotique des Françaises.
Comité de l'Action libérale

Et, depuis lors, jusqu'à l'époque actuelle, tous ses imprimés portent les deux noms réunis. Chacun le peut vérifier. Celui qui écrit ces lignes a reçu par erreur des bulletins de réabonnement à l'*Echo* de la Ligue, en 1907 et 1908, qui portent en tête : *Ligue patriotique des Françaises. Action libérale populaire*. On retrouve la même mention sur le titre du compte rendu du grand congrès tenu à Lourdes et à Pau en octobre 1907.

Réciproquement, j'ai sous les yeux une invitation émanant des Comités de l'*Action libérale* dans le XVIᵉ arrondissement de Paris, pour la soirée du 19 février 1908, qui porte : *Action libérale populaire Ligue patriotique des Françaises.*

Tout le monde avouera qu'une bonne entente aussi complète et une alliance aussi intime constituent une véritable et entière solidarité.

III. — LA POLITIQUE

Comment cette solidarité aurait-elle pu ne pas engager la *Ligue patriotique des Françaises* dans la politique de l'*Action libérale* ?

Déployer tant de zèle pour recruter des adhérents et rallier tous les catholiques à M. Piou, n'était-ce pas déjà une efficace coopération ? Mais cela n'eût suffi ni à l'attente de celui-ci ni à l'ardeur des ligueuses. La part prélevée en sa faveur sur l'argent qu'elles recueillent, sans parler de la caisse électorale, est une preuve non moins sensible de bonne entente et d'aide mutuelle. Cependant il fallait plus encore, et c'est à l'œuvre aussi que cette solidarité se fait connaître. Et aussitôt se retrouve la similitude de procédés.

En voici un premier exemple, relatif à l'organisation de la bonne presse. On sait, et nous aurons peut-être à le rappeler plus en détail, que, sous le prétexte de créer de bons journaux « dans les régions où la bonne presse n'existe pas », le plus clair des ressources recueillies a servi à supplanter, autant qu'on a pu, les journaux franchement catholiques, mais sans ferveur pour le ralliement, par des journaux de couleur indécise et libérale. Nulle part ces efforts n'ont été plus persévérants que dans la région de Toulouse, où la cause catholique est admirablement servie par l'*Express du midi*, organe très important et qui était parvenu à se créer plusieurs feuilles filiales dans les départements voisins. Invité à ce propos, par le *Soleil*, à donner des explications claires sur le sens de cette expression « la bonne presse » qui remplissait toutes ses circulaires, le Comité de la *Ligue patriotique des Françaises* lui faisait cette réponse, insérée le 19 novembre 1903, qui ne laisse vraiment rien à désirer :

Un des caractères les plus essentiels de la *Ligue patriotique des Françaises* est de n'avoir aucune couleur politiquePar conséquent, elle ne peut montrer, en tant qu'association, ni prédilection ni éloignement pour un idéal politique quelconque.

Nous voulons donc contribuer de tout notre pouvoir à la diffusion des journaux qui combattent la Franc-Maçonnerie et se font les champions de la vraie France, de la France restée fidèle à ses croyances et à ses traditions.

Entre ces journaux nous ne voulons faire d'autre distinction que celle que nécessiterait le genre de public auquel ils s'adressent plus particulièrement. Mais pour qu'ils aient droit à toutes nos sympathies, pour que nous cherchions à les répandre, il suffit qu'ils fassent la guerre aux mêmes adversaires que nous.

Mais, peu de temps après (26 janvier 1904), l'*Express du midi* relevant les manœuvres dont il avait à se plaindre, ajoutait à ce texte les réflexions suivantes :

Voilà par quelles déclarations, par quelle définition de la bonne presse, on attirait les *Femmes françaises* dans les rangs de la *Ligue patriotique*. Nous n'en suspecterons pas un seul instant la sincérité. *Mais alors pourquoi, sous la signature de membres du Comité de cette Ligue, lance-t-on des circulaires déclarant qu'un bon journal est nécessaire autrement dit qu'à l'heure présente il n'en existe pas ? Qui expliquera cette contradiction?*

Même attitude dans les questions électorales. On a vu la *Ligue patriotique des Françaises* soutenir plus ou moins officiellement, avec l'*Action libérale* M. Caillaux, membre du méprisable Cabinet Wal-

Barbier   18

deck-Rousseau et père de l'impôt sur le revenu, contre M. d'Allières, catholique déclaré ; M. Millerand, autre compère de Waldeck-Rousseau, et, à son heure, chef du parti socialiste ; M. Lebon, également ancien ministre du gouvernement anticlérical. Ensemble, les deux Ligues ont pris parti pour M. Labori, l'avocat de Dreyfus, anticlérical notoire, contre le comte de Cossé-Brissac qui s'affirmait hautement candidat catholique, mais dont les convictions monarchistes les offusquaient. Lorsque, plus tard, on exprimait aux femmes de la Ligue la surprise qu'une telle conduite avait causée, elles répondaient sans feinte : Que voulez-vous, nous avons fait ce qu'on nous a demandé. Effet naturel de la « bonne entente ».

Pour en venir à un fait récent, prenons l'élection législative partielle qui eut lieu en février 1908 dans l'arrondissement de Die. M. Faure-Biguet, catholique de couleur non douteuse, se présente contre M. Archimbaud, radical protestant et franc-maçon. Mais M. Faure-Biguet dirige un journal bonapartiste. C'est un crime encore plus impardonnable. On le lui fit bien voir.

Il s'adresse au Comité général de l'*Action libérale* à Paris. On lui fait cette réponse : « *L'Action libérale* ne s'occupe pas des élections partielles, et, dans les élections générales de 1910, nous ne soutiendrons que les candidats *certains de passer* ». A la bonne heure, on sera sûr d'éviter ainsi de nouveaux désastres et de mettre sa responsabilité à couvert. Il sera toujours temps après la bataille, de s'attribuer les succès obtenus. C'est ainsi qu'après avoir déclaré, à la veille des élections municipales de 1908, qu'elle n'avait pas de mot d'ordre à donner et laissait chacun à son inspiration, l'*Action libérale* embouchait ensuite la trompette pour célébrer les victoires dues à sa tactique (1).

Elle s'occupe même si peu des élections partielles, que son comité départemental de Valence ayant inconsidérément promis son concours à M. Faure-Biguet, celui de Paris, pour réparer cette fausse manœuvre, envoya des instructions contraires, et poussa le scrupule jusqu'à faire insérer une note dans le *Temps*, à la veille de l'élection, pour annoncer que l'*Action libérale* se *désintéressait* de celle-ci.

Parallèlement, M. Faure-Biguet s'étant adressé à la *Ligue patriotique des Françaises* reçut de sa présidente la réponse que voici :

13 février 1908.

Monsieur,

La Ligue patriotique ne s'occupe jamais de soutenir directement les candidats. Lorsque des offrandes électorales lui sont confiées, *elle les remet à M. Piou dans le but de favoriser les élections catholiques* (2).

En ayant l'appui de l'Action libérale c'est donc avoir celui de la Ligue.

Recevez, etc...

SOUI.T, baronne Reille.

Le candidat catholique après avoir reproduit cette lettre, raconte la suite de ses démarches :

1. Voir l'*Action catholique française*, n° de juin 1908.
2. Le cas présent est un exemple frappant.

Muni de la lettre du Comité de l'*Action libérale*, de Valence, j'allai dans ma circonscription, mais le premier comité local auquel je m'adressai, me répondit nettement : « Nous avons ordre de ne pas vous soutenir, et cela vient de Paris. »

J'eus quelque étonnement, mais où à cet étonnement se mêla quelque tristesse, c'est lorsqu'on me montra une lettre de la *Ligue patriotique des Françaises* défendant de me soutenir ! (1).

La « bonne entente » entre les deux ligues est donc toujours aussi complète.

Mais ce fut principalement la Ligue-mère, celle des *Femmes françaises*, qui en éprouva la redoutable puissance.

Alors commença contre elle une campagne où l'on ne recula ni devant les moyens contraires à la morale qui régit ordinairement les relations humaines, ni devant les abus de l'autorité perpétuelle et la violence faite aux consciences.

On vit alors, on voit encore les membres d'une association de personnes dont la vocation religieuse ne s'entoure de secret que pour se livrer avec plus de fruit à l'apostolat dans le monde, se constituer les apôtres et les agents les plus actifs d'une ligue plus politique que religieuse, et faire servir leur situation à son succès. On les vit, de concert avec l'aumônier-conseil de la *Ligue patriotique* et, à son exemple, mettre tout en œuvre pour persuader aux adhérentes des *Femmes françaises* qu'il n'y avait

1. *Le Petit Caporal*, 5 mars 1908.

aucune différence entre les deux œuvres, et que celle-ci n'avait plus d'existence(1).

On vit, on voyait encore récemment, certains membres d'un ordre autrefois scrupuleusement confiné dans le ministère spirituel, prêcher la *Ligue patriotique* dans les retraites, et, par un incroyable abus, l'imposer comme directeurs de conscience. « Je suis avec vous de cœur, — écrivait une femme de Tours, à la présidente, Mme de Saint-Laurent, mais mon confesseur jésuite me défend de vous aider dans une œuvre si belle ». A notre connaissance, ce n'est pas là un cas isolé. « Ne me parlez jamais de la *Ligue des Femmes françaises*, — disait un autre Père à la vice-présidente de Paris, — ou nous nous brouillerons ».

On vit l'*Association catholique de la Jeunesse française* faire défense à ses conférenciers de prêter leur concours à la Ligue des *Femmes françaises*.

En un mot, par des procédés les moins charitables, et même les moins délicats, on mit tout en œuvre pour la discréditer et faire croire à sa déchéance. On allait répétant partout que c'était *une ligue royaliste*, parce que indépendante de tout parti politique, elle respecte les sentiments personnels de ses membres et se refuse à pactiser avec des politicionnes en violentant la conscience des autres; *une ligue de rebelles*, parce qu'elle défend son indépendance, et parce que, soumise à ceux qui ont seuls

1. Est-ce tout à fait fortuitement qu'une information communiquée à l'*Osservatore Romano* du 18 février 1908, range la présidente des *Femmes françaises* parmi les conférencières de la *Ligue patriotique* et fait honneur à celle-ci de l'apostolat exercé par celle-là ?

Barbier   18.

des droits, elle n'a pas accepté la direction politique
de M. Piou, et refuse de poser en principe l'adhésion
explicite à la forme républicaine ; *une confrérie
pieuse*, parce qu'elle s'est placée ouvertement sous
l'étendard du Sacré-Cœur, que son action est un
fruit de la prière et s'applique directement à l'apostolat chrétien ; *un obstacle à l'union*, parce que Ligue-mère, et établie sur le terrain catholique, elle ne
s'est pas prêtée à l'absorption par celles qui se sont
séparés d'elle pour aller dans une voie différente ;
enfin on lui reproche *son action nulle*, parce qu'elle
est moins tapageuse, moins réclamiste que d'autres.

Malgré tant de traverses, la *Ligue des Femmes
françaises* a conservé ses cadres et fortifié son action. Laissant la politique aux associations qui en
exercent le monopole, elle se tourne sans bruit vers
les œuvres sociales de toute sorte, auxquelles ses
membres s'appliquèrent selon le vrai esprit de
l'Eglise. Elle en fut récompensée par cette précieuse
approbation du Saint-Père :

A nos bien-aimées Filles de la Ligue des *Femmes
françaises*, qui a été fondée à Lyon et s'est répandue,
en peu de temps, dans toute la France, dans le but très
saint de conserver la foi par les écoles, la bonne presse,
l'instruction des classes ouvrières et par bien d'autres
œuvres de religion et de charité ;

Avec nos vives félicitations pour le bien qu'elles ont
fait jusqu'à présent et pour celui qu'elles feront par la
suite dans une sainte concorde ;

Et avec les vœux les plus ardents pour que Dieu les
en récompense, en accordant toutes ses grâces à elles
et à leur famille, et qu'il couronne leur charitable apostolat des plus éclatants succès ;

Nous accordons avec effusion de cœur la Bénédiction Apostolique.

Du Vatican, le 5 janvier 1905.

Pie PP. X.

Une conversion analogue, moins complète, moins franche aussi, assurément, s'est opérée dans la *Ligue patriotique* et dans l'*Action libérale*. Nous sommes témoins d'une évolution simultanée de l'une et de l'autre, qui est encore un phénomène curieux.

Maintenant que la nullité des campagnes électorales de M. Piou est devenue évidente à tous les yeux, lui-même fait la petite bouche sur son propre programme et met une autre cocarde à son chapeau. Lorsque l'été dernier, suivant le procédé désormais en usage pour se procurer un fond de copie inépuisable, *La Croix* ouvrit une grande enquête sociale, elle reçut du président de l'*Action libérale* une réponse dont les premières lignes disaient :

Le nom de notre association est *Action libérale populaire ;* sa devise: *amélioration du sort des travailleurs.* Ce nom et cette devise disent son but. Bien des gens la considèrent comme une œuvre purement électorale, mais ils se trompent. Elle soutient sans doute ses amis aux élections, et, à défaut d'amis, fait voter pour les candidats les plus près d'elle. A cela se borne son rôle électoral. *Ce qu'elle poursuit surtout, c'est l'action sociale.*

Ainsi, l'*Action libérale* est surtout une œuvre d'action sociale. Son programme est dans cette devise: Amélioration du sort des travailleurs. La politique n'est pour elle qu'une sorte de hors-d'œuvre, et l'on ne sait ce qui retient M. Piou de dire comme la *Ligue patriotique* : « *L'Action libérale* n'a jamais eu l'intention d'en faire ». Du moins elle s'en excuse presque.

Heureux ceux chez qui la fierté française n'éprouve aucune contrariété d'avoir à reconnaître pour chefs et à escorter par ordre avec enthousiasme des hommes qui traitent avec un tel enjouement le public et leur propre rôle.

Simultanément, la *Ligue patriotique* venait de se présenter officiellement au Saint-Siège comme *œuvre d'action sociale catholique*, dans son grand pèlerinage de 1908. C'était assurément le meilleur moyen d'obtenir l'approbation du Saint-Père.

Elle lui fut accordée avec effusion. Toutefois, on n'a pas assez remarqué la limitation évidemment calculée que S. S. Pie X y apporta. Le Pape approuvait sans restriction *le programme d'action sociale catholique dont on venait de lui faire l'exposé*. Ce qui est en dehors de ce programme est donc en dehors de l'approbation, et il serait difficile de prétendre que tout ce que nous avons rapporté rentre naturellement dans ce cadre. Tout au contraire, le Saint-Père semble bien avoir pris ses précautions contre les interprétations abusives.

Cela ne les a pas empêchées de se produire aussitôt. Le texte authentique de ses paroles, revêtu de sa signature, et que nous empruntons à la *Semaine religieuse* de Paris (11 avril 1908) est celui-ci : « Je confirme de tout cœur la lettre que vous a adressée, en septembre dernier, son Em. le Cardinal Raphaël Merry del Val, Secrétaire d'État, c'est-à-dire que je donne ma *pleine et illimitée* approbation à ce que vous faites *suivant l'exposé de votre magnifique programme d'action sociale catholique»*. On a supprimé la restriction et il ne reste plus qu'une approbation illimitée pour tout ce que fait la Ligue.

Une note destinée à prévenir l'opinion et communiquée aux journaux, reproduite par *La Croix*, l'*Univers*, la *Libre Parole*, etc... et par nombre de Semaines religieuses était ainsi conçue :

Le Saint-Père, pour montrer l'intérêt qu'il porte à la *Ligue patriotique des Françaises*, vient d'authentiquer par sa signature la traduction française de son magnifique discours à la délégation de la Ligue, qui sera publié.

Sa Sainteté y confirme *son approbation pleine et illimitée de la Ligue.*

Le Saint-Père vient d'y ajouter une nouvelle faveur, en accordant, à la demande du R. P. Pupey-Girard, aumônier-conseil de la Ligue, une indulgence de trois cents jours, applicable aux âmes du purgatoire, « pour tout acte d'apostolat accompli sous quelque forme que ce soit, pour la Ligue ou au nom de la Ligue ».

C'est la consécration formulée dans le bref du « *Caractère éminemment apostolique* » de cette œuvre d'action sociale catholique.

Et, à Rome même, pendant les derniers jours du pèlerinage, dans les pieuses allocutions adressées aux ligueuses, on les félicitait d'avoir reçu l'approbation pleine et illimitée du Saint-Père pour le passé, le présent et l'avenir. Il reste seulement à espérer que leur rectitude naturelle les préservera de croire que chaque fait du genre que nous avons rapporté leur vaut des indulgences.

La transformation officielle de la *Ligue patrioti-*
que en ligue *d'action sociale catholique* devrait
d'ailleurs être un heureux présage.

Les règles de cette action si nettement posées par
les souverains pontifes, surtout la défense de faire
servir l'action populaire chrétienne à une action
politique, préviendront sans doute la continuation
de faits regrettables. On ne verra donc pas la *Ligue*
patriotique imiter inversement les errements du
Sillon. Longtemps le *Sillon* avait couvert son action
politique du nom d'action sociale catholique, avant
de le rejeter comme un masque devenu inutile. Il ne
faudrait pas que la *Ligue patriotique* se parât
aujourd'hui du même titre, pour continuer de servir
activement, quoique avec d'habiles réserves, la
politique de ralliement, moins catholique que républicaine.

CHAPITRE XI

L'ASSOCIATION CATHOLIQUE
DE LA JEUNESSE FRANÇAISE

« *La thèse de l'indifférence ou de la neutralité politique ne sera jamais qu'une vaine formule. Quiconque s'épuise à vous dire qu'il n'a pas d'opinion politique et que le meilleur est de n'en pas avoir, termine rarement son discours sans vous démontrer qu'il en a une mauvaise et qu'il veut vous la faire partager.* » Cette fine observation du cardinal Pie (1), évêque de Poitiers, s'applique avec une parfaite justesse à diverses ligues fondées parmi nous dans ces derniers temps, et en particulier à l'*Association catholique de la Jeunesse française.*

C'est là le tort et la faiblesse de celle-ci. Prenant pour base la même belle indifférence politique dans laquelle se drapaient le *Sillon* dans sa première phase et l'*Action libérale*, renchérissant même sur l'un et l'autre, l'A. C. J. F. donne l'exemple des mêmes contradictions et contribue ainsi à maintenir parmi les catholiques les mêmes causes de division et d'impuissance.

1. Œuvres de Mgr Pie, t. II, p. 321.

Non contente d'exclure l'action politique de son programme, comme l'exige sa condition d'œuvre exclusivement consacrée à l'action sociale et religieuse, ou, selon l'expression mise en usage par les actes pontificaux, d'œuvre d'*action populaire chrétienne*, elle érige la neutralité et l'abstention politique en principe absolu de conduite, et l'impose à chacun de ses membres tant en dehors de l'association que dans son sein. Si cette pratique était légitime, on arriverait à cette conclusion inacceptable et quasi-hérétique, et soutenue par M Paul Bureau et les démocrates de l'Ecole lyonnaise dans feu *Demain*, que les catholiques voués à l'action sociale et religieuse doivent s'abstenir de toute participation à la politique, et plus généralement encore, comme les autorités ecclésiastiques s'accordent toutes à pousser la masse des jeunes gens vers l'A. C. J. F., il en résulterait que toute la jeunesse du pays doit renoncer à sa liberté et à son indépendance politique.

Heureusement les principaux membres de cette association sont les premiers à démentir leurs propres principes par leur conduite, et à prouver que ceux-ci sont inapplicables. Et là, devant des faits précis, caractérisés, nombreux, comme ceux que nous allons citer, il ne sert à rien de recourir à de sonores déclarations préalables. L'A. C. J. F. a beau rappeler que, d'après ses statuts, elle n'est pas une association politique mais une association catholique ; elle a beau protester par cent voix que son action est complètement étrangère à la politique, il n'y a qu'une seule réponse digne et honorable, en présence de ces faits contraires aux statuts invoqués, aux déclarations quotidiennes, c'est de les démentir, si on le peut, ou de les désavouer sincèrement et d'en prévenir le retour.

Au sujet d'incidents récents soulevés dans son diocèse par des faits de ce genre, Mgr Ricard, archevêque d'Auch, disait au nom de l'A. C. J. F. dans une lettre publique : « Je dois déclarer, et aucun de nos jeunes gens ne me démentira, que nous ne voulons, que nous ne pouvons être d'aucun parti, *hormis le parti de Dieu ; que nous n'avons aucun but politique et que,* tout en gardant chacun les préférences et les aspirations puisées au sein de nos familles ou acquises par l'éducation, *nous nous tenons à l'écart de tous les partis politiques quels qu'ils soient,* voulant uniquement servir Dieu, l'Eglise, la France et toutes les causes religieuses et sociales si cruellement attaquées aujourd'hui ». Par une lettre également publique, M. Jean Lerolle, président général de l'A. C. J. F., a remercié Mgr Ricard d'avoir exactement formulé la ligne de conduite dont l'association se flatte de ne s'être jamais départie.

Le lecteur jugera.

Certes, il n'est pas un bon catholique qui n'applaudisse au zèle de l'A. C. J. F., à son dévouement à l'Eglise et au Saint-Siège, à ses aspirations généreuses, et qui ne soit disposé à fonder sur elle de grandes espérances si elle s'en tenait fidèlement à la ligne de conduite que le Saint-Père lui a tracée en lui accordant une très spéciale approbation. Au surplus, la distinction que nous avons faite ailleurs

Barbier

19

entre les membres et la tête d'une association, entre
l'attitude fréquemment excellente de ceux-là et l'influence propre à celle-ci, s'applique ici naturellement. Mais, non moins, doit s'observer l'effet inévitable de cette influence des dirigeants pénétrant
peu à peu la masse, d'autant que toute celle de
l'A. C. J. F. y est plus exactement soumise par
une organisation savamment combinée dans ce
dessein.

I. — LA SURENCHÈRE DÉMOCRATIQUE

A l'époque où le *Sillon* se glorifiait d'être un mouvement de rénovation purement sociale et religieuse, non moins hautement que le fait l'A. C. J. F.,
où, comme celle-ci, il faisait profession d'exclure la
politique et montrait pour elle une égale aversion,
il me sembla qu'il suffisait de sonder sa passion démocratique pour faire tomber cette façade et découvrir ce que cachait ce beau programme (1).

C'était déjà trop, sans doute, de voir une école
d'ardents catholiques n'avoir à la bouche que ce
terme de *démocratie* emprunté à la phraséologie
révolutionnaire, s'atteler à ce véhicule des idées
maçonniques lancé à travers le monde par les sociétés secrètes pour mettre en poussière les bases de
l'ordre naturel et chrétien, et se rendre ainsi com-
plices inconscients de l'ennemi qu'ils se flattaient
d'arrêter. L'abus était d'autant plus dangereux qu'ils
se prétendaient couverts par l'autorité de l'Eglise,

1. *Les Idées du Sillon. — I. Le Sillon et la politique.*

depuis que le Pape Léon XIII avait consenti à bap-
tiser l'action sociale catholique du nom de *démocratie chrétienne*. Cependant, il y avait mis des restrictions formelles qui auraient dû prévenir toute
confusion. Le *Sillon*, en réalité, sous le prétexte
d'action populaire chrétienne, prêchait l'amour de
la *démocratie* sur un mode dont une sincère neutralité politique n'aurait pu s'accommoder en un seul
jour.

L'A. C. J. F. ne s'est gardée ni de cette imprudente flatterie à l'égard des passions populaires ni
de cette violation de l'indifférence qu'elle affecte.
Pour tout dire, la concurrence de propagande parmi
la jeunesse a provoqué entre elle et le *Sillon* une
sorte de surenchère, au point qu'on se demande
parfois de quel côté la démocratie trouve ses plus
fervents apôtres.

Le président actuel de l'A. C. J. F., M. Jean Lerolle, n'a pas été le dernier à en donner l'exemple,
au risque de prêter le flanc au trait que Marc Sangnier, en bon apôtre, lui décochait un jour avec
malignité, en écrivant : « Jean Lerolle, un des premiers membres du *Sillon*, ne voulut, sans doute,
tout d'abord, entrer dans l'A. C. J. F., qu'à dessein
de gagner celle-ci aux idées démocratiques qui nous
sont communes » (1). Inaugurant ses fonctions, au
mois de juin 1904, M. Jean Lerolle faisait paraître
dans *La Croix* un grand article ayant pour sujet et
pour titre : *Un programme d'action sociale*, dont
j'extrais le passage suivant par lequel il débute, et

1. Le *Sillon*, 25 mai 1905.

où je prie le lecteur de chercher un rapport avec l'action sociale catholique :

Chateaubriand, jetant un dernier regard sur son temps, écrivait : «L'ancienne société s'enfonce sur elle » et, dans ce style imagé qui lui est propre, il ajoutait «Depuis David jusqu'à notre temps, les rois ont été appelés ; la vocation des peuples commence. »

Paroles profondes d'un voyant.

Soixante ans ont passé sur elles, la chute n'a fait que s'accentuer. Autour de nous, les ruines s'accumulent de ce qui fut. On avait voulu construire sans Dieu la cité, et la cité s'effondre. Nous assistons à la fin d'un monde.

Mais la vie est éternelle, et des ruines de la vieille société, une société nouvelle est née. La démocratie est, elle vit, et pousse chaque jour dans le pays des racines plus profondes ; pour reprendre la formule fameuse, non seulement elle coule à pleins bords, mais elle envahit tout.

Seulement elle coule non à la façon d'un fleuve aux rives certaines, mais comme les eaux tumultueuses des montagnes. Elle est un esprit errant qui cherche sa forme. De révolution en révolution, elle oscille, sans trouver son point d'équilibre, et à travers ces oscillations elle reste chaotique et inorganique.

La tâche de la génération qui monte sera de donner à la société nouvelle cette organisation qui lui est nécessaire pour subsister ; ce sera, non pas de relever les ruines d'un passé mort, mais d'édifier sur notre sol guidée par l'inspiration chrétienne, la cité nouvelle, l'édifice ordonné où la jeune démocratie trouvera enfin un asile stable.

On aura beau retourner ce langage, il demeurera inintelligible si on enlève au mot de démocratie son sens politique pour ne lui laisser que la signification d'une action bienfaisante parmi le peuple, comme l'exigerait la règle imposée par Léon XIII et par Pie X à toutes les organisations d'action populaire chrétienne.

Si ce n'est pas là de la démocratie politique, nous ne savons plus ce que parler veut dire ; et le moins qu'on puisse ajouter est que cela n'a rien à voir avec le problème social posé par les transformations économiques de notre époque. Cette belle profession de foi démocratique a même mérité à son auteur les compliments de la Franc-maçonnerie. C'est là un succès peu banal pour le président de l'Association catholique de la Jeunesse française. Ce devrait être une leçon (1).

Voici une brochure toute récente, intitulée *La Jeunesse catholique, Idées et doctrines* (2), publiée avec une préface du directeur de l'Association en Bretagne, M. Louis Dubois, et dont l'auteur a été félicité par lettre publique du président général, M. Jean Lerolle. A la vérité, on lit à la page 12 de cette brochure.

Pris en lui-même, dans son sens étymologique et premier, ce mot démocratie ne signifie pas autre chose que

1. On lit dans l'*Acacia*, revue maçonnique, n° de janvier 1905 : « C'est la première fois qu'ils (les cléricaux) font le geste, — qui est celui du progrès — de laisser les ruines du passé et d'accepter les conditions d'un nouvel avenir. Mais, ce geste, ils le font nettement, sans arrière-pensée. Ecoutons M. Jean Lerolle qui occupe, comme président d'une association catholique, une position en vue et se trouve être le porte-voix de tout un nombreux groupe ». (Suit la citation d'une partie du texte qu'on a lu).

2. Rennes, imprimerie Riou-Reuzé, 1907.

gouvernement du peuple par le peuple ; il a bien ainsi un sens politique, et comme dans la *Jeunesse catholique* nous nous refusons obstinément à prendre fait et cause pour un parti politique quel qu'il soit, nous n'attachons à la démocratie aucune autre signification que celle d'*Action populaire chrétienne*.

On vient d'ailleurs d'en voir un bel exemple. Mais, comme si l'on prenait plaisir à faire éclater la contradiction, voici que dans cette même brochure, et à cette même page 12, on lit aussi :

> Pour remplir ce rôle, il faut aimer passionnément, d'un amour confiant et joyeux, son pays et son temps,...
>
> La société moderne se trouve en présence d'un fait indéniable : *la démocratie (une fois)*. Que va faire la *Jeunesse catholique* en face de la *démocratie (deux fois)*? La heurter de front ! La menacer au nom de je ne sais quels principes? Non : l'Eglise ne procède pas ainsi. L'influence de l'Eglise pénétrera la *démocratie (trois fois)* comme elle a pénétré les institutions anciennes. L'Eglise s'accommodera de la *démocratie (quatre fois)* comme elle s'est accommodée des régimes passés.

Voilà comment, dans l'A. C. J. F., « on n'attache à la démocratie aucune autre signification que celle d'action populaire chrétienne. »

Au grand congrès général de l'A. C. J. F. à Autun en 1907 (16-18 août), M. l'abbé Falconnet a présenté un rapport sur l'*Orientation* de l'Union régionale bourguignonne, où il disait :

> Le but que nous poursuivons, c'est la rechristianisation de notre région. Mais, pour communiquer la vitalité chrétienne aux autres, il faut d'abord la porter en soi-même...
>
> Il s'agit de les rechristianiser, c'est-à-dire de les met-

tre à même de remplir leur tâche de citoyens catholiques de *nos libres démocraties du XX° siècle.*

Nous vivons en *démocratie ;* c'est un fait sur lequel certains peuvent s'attarder à gémir ; nous, jeunes nous, catholiques de notre temps, ce fait nous le constatons et nous assumons résolument, — et de bon cœur, — les devoirs qu'il nous impose.

Nous serons donc, et nous ferons nos efforts pour que les autres soient *de bons démocrates.*

Or, *dans une démocratie,* l'administration des affaires est remise aux citoyens. Chaque citoyen doit donc avoir conscience des responsabilités qui pèsent sur lui ; qu'il le veuille ou non, il ne peut se désintéresser des affaires... Tous nos efforts tendront à développer en lui *le sentiment de la responsabilité humaine et civique,* — c'est-à-dire à lui donner la science et la volonté...

Et la politique ?...

D'abord, d'une façon générale, nous croyons peu à l'efficacité de l'action politique, telle qu'on l'entend ordinairement. Car, dans le domaine politique, comme dans tous les autres domaines, l'homme agit suivant sa nature, suivant sa manière de voir et de penser, suivant sa mentalité... La seule besogne qui nous incombe, c'est de leur former l'âme, de leur donner connaissance et volonté pour que, le jour venu, ils agissent, sur quelque terrain que ce soit, en citoyens conscients.

D'ailleurs l'action politique est une action qui demande surtout un effort extérieur, qui prend toute l'âme et détourne de l'étude, source et principe de toute formation religieuse et sociale.

Nos jeunes s'abstiendront donc de toute agitation politique ; dans le silencieux recueillement du cercle d'études, ils mûriront leurs intelligences et échaufferont leurs âmes au contact de grands principes religieux et sociaux, afin que, devenus hommes, ils remplissent avec conscience leur tâche de citoyens de *nos libres démocraties* (1).

1. *Le Semeur,* organe régional, septembre-octobre 1907, pages 148 et suiv.

Je demande si nous ne sommes pas là en plein *Sillon*, et si l'on ne croirait pas entendre Marc Sangnier en personne développant ses théories familières sur la conscience démocratique.

Une discussion s'engage sur ce rapport. Deux membres prennent la parole pour demander qu'on ne sépare pas l'action politique de l'action sociale. Mais M. l'abbé Mury, aumônier de l'Union régionale, et M. Gellé, représentant le Comité général de l'Association à Paris, appuient le rapporteur et font rejeter cette motion. Le *Bulletin de la Semaine* (année 1907, page 660) termine son récit par un trait qui évoque le souvenir des beaux entraînements du clergé en 1870 :

Pourtant il est un incident qu'on ne peut taire. Pour remercier les habitants d'Autun de leur gracieux et sympathique accueil, — toute la ville et surtout les quartiers populaires avaient été pavoisés, — le dimanche soir, la Lyre de Cluny donnait un concert au kiosque municipal, le dernier morceau du programme était la « *Marseillaise* ». *Sur la demande de Mgr Villard, évêque d'Autun, l'hymne national fut écouté debout et tête nue.* Ce fut là un digne épilogue d'un si beau Congrès.

Un autre exemple, venant de M. J. Zamanski, vice-président actuel de l'Association, trahit également ce penchant malsain à imiter Marc Sangnier et le *Sillon*, à suivre les errements des Naudet et des Dabry, en cherchant à tout prix des rapprochements avec la plus basse démocratie, ennemie jurée de tout ce que nous défendons.

Un Congrès des instituteurs s'est tenu à Lyon, en avril 1908, sous la présidence du tristement fameux M. Nègre. Il avait pour but de bien établir que, non contents d'ignorer Dieu, ils entendent ignorer également la patrie, et que l'enseignement doit être à la fois *apatriotique* et *areligieux*. Résolu pour ce motif à s'affranchir du joug d'un gouvernement de politiciens auquel, cependant, le corps des instituteurs avait dû jusqu'ici sa puissance néfaste, les « aliborons » ont réclamé la réorganisation de l'enseignement primaire par leur collaboration effective avec les pères de famille, « collaboration qui ne peut s'exercer que par la réunion de représentants spécialement mandatés des groupes corporatifs », c'est-à-dire avec ceux des syndicats dépendants de la Bourse du travail, comme représentant les pères de famille ouvriers.

Assurément, la collaboration des pères de famille avec les instituteurs pour élaborer les programmes scolaires aurait l'avantage de restreindre l'autorité de l'Etat et d'accroître l'influence des familles sur l'instituteur. Elle serait aussi une réaction contre le droit absolu que le gouvernement s'arroge sur l'éducation.

On voit cependant à quel point, dans le cas présent, cette réaction demeurerait non seulement étrangère, mais férocement hostile, d'abord à la vraie liberté de l'enseignement, et plus encore, au droit strict qu'a l'Eglise de diriger l'éducation surnaturelle de l'enfant baptisé, droit d'un ordre même plus élevé que celui du père de famille à conduire l'éducation naturelle de ses fils. Par conséquent,

Barbier   19.

s'il y a lieu d'approuver le principe de cette revendication des instituteurs, ce ne peut être, de la part des catholiques, qu'avec beaucoup de restrictions marquées, d'autant que le silence complet de leur part sur ce droit surnaturel de l'Eglise, pour ne s'en tenir qu'au droit naturel des parents, est déjà un abandon très regrettable. Cela n'a pas empêché M. Zamanski de donner au journal le *Peuple Français*, dans lequel MM. Bazire, Lerolle et lui collaboraient alors avec la fine fleur du parti démocrate chrétien et du parti libéral avancé, un premier Paris qu'il intitule avec un point d'exclamation : *Avec eux* ! (26 avril 1908).

La fonction primordiale de la première des sociétés humaines, la famille, est d'élever l'enfant ; le collaborateur appelé par le choix de la famille à la suppléer dans ce qu'elle ne peut faire est son délégué direct ; l'Etat, avec son droit de contrôle, ne vient qu'après tout cela.

En déboulonnant ce dernier de la première place qu'il avait usurpée, les instituteurs vengent les familles françaises. *Catholiques*, nous sommes, nous ne pouvons pas ne pas être avec eux.

Nous étions avec eux, depuis qu'ils cherchaient à se soustraire à l'odieuse domestication politique que les gouvernements faisaient peser sur eux.

Nous étions avec eux, nous l'avons dit souvent, je l'ai dit dans des réunions catholiques, en pleins congrès diocésains, aux applaudissements des Evêques, nous étions avec eux, quand ils revendiquaient la liberté d'association qui est de droit naturel, et dans la liberté d'association le droit commun en matière professionnelle qui est le syndicat...

Nous sommes encore avec les instituteurs syndiqués contre cette bourgeoisie radicale, révoltante d'égoïsme,

-et, disons-le aussi, contre cette bourgeoisie progressiste ou modérée inquiétante d'inconscience, contre M. Jules Roche, par exemple, qui en est encore à lancer contre les syndicats les foudres usées de la loi Chapelier, contre M. Bocquillon lui-même qui n'admet pas la révolte de ses collègues devant « la vérité scientifique et sociale » élaborée par les pontifes de l'enseignement laïque et s'efforce de jeter le lustre de son attitude patriotique sur « l'école des Jules Ferry, des Goblet et des Paul Bert ».

Nous sommes avec eux, enfin contre la presse, contre la presse doctorale genre *Débats*, et contre la presse conservatrice ou mondaine, genre *Éclair* ou *Écho de Paris*, qui, incapable d'une vue d'avenir, a gémi en chœur sur les « folies » du Congrès de Lyon.

Ils ont pressenti eux, les congressistes, de quel côté leur viendrait le secours dans leurs revendications justes.

A leur aveu, je suis tenté de dire : à leur appel, se mêle bien un reste de cette vieille peur des compromissions de droite ; ils nous appellent « la réaction », sans songer qu'ils sont eux-mêmes des réacteurs, et des réacteurs violents contre l'ordre actuel ; ils agitent encore, par l'habitude de réunion publique, le fantôme de l'oppression...

Allez ! cette solidarité qui vient d'une révolte commune contre la politique, est scellée sans que nous le voulions par nos persécuteurs. Les opprimés d'aujourd'hui ne s'entretueront pas plus tard. Quand l'infâme parti radical aura sombré, oh ! il y aura entre les tenants de notre École sociale et ceux qui maintenant essaient de mettre la main sur vous, une lutte redoutable, tout la présage ; les gens clairvoyants l'annoncent ; le catholicisme se mesurera avec le collectivisme ; le peuple déjà se prépare à juger.

Naïfs ! C'est bien ce qu'on peut dire de moins désagréable à ces émules de Marc Sangnier, naïfs, qui n'apercevez aucune des conséquences de vos surenchères démocratiques, naïfs, utopistes et *en-dormeurs*. C'est à peine s'ils consentent à apercevoir chez les ennemis irréconciliables de l'Eglise et de tous vos droits de catholiques *un reste* de cette vieille peur des compromissions de droite !...

Puisque nous avons nommé le *Peuple français*, il ne sera pas sans intérêt de montrer à quelle promiscuité l'amour de la démocratie a pu disposer les principaux représentants de l'A. C. J. F., M. l'abbé Garnier étant parvenu à réorganiser son journal démocratique « avec le concours de tout le bataillon des militants catholiques libéraux, progressistes et socialistes » (*L'Acacia*, juillet-août 1906), on vit M. Henri Bazire, président d'honneur de l'A. C. J. F., M. Jean Lerolle, son président actuel, M. Zamanski, vice-président, M. Georges Piot, du Comité général, figurer dans sa rédaction côte à côte avec M. Paul Bureau, et Georges Fonsegrive, avec les abbés Dabry, Naudet, Lemire, Klein, Laberthonnière, Vercesi, Jean Viollet ; avec Marc Sangnier et ses principaux lieutenants : Georges Hoog, Georges Renard, Henri Teitgen, Louis Meyer, Paul Gemalhing, avec tout l'état-major du parti démocratique libéral.

Un petit congrès inaugura les travaux de la nouvelle rédaction. Il fut clôturé par un banquet où M. Paul Bureau prononça un petit discours, véritable profession de foi du catholique de gauche. En voici quelques passages :

On entend dire que ce n'est pas avec du vinaigre que l'on attrape les mouches ; cela est exact si l'on veut

dire par là que la bienveillance et la charité vis-à-vis
des personnes doivent être toujours pleinement sauve-
gardées, mais, ceci dit, n'est-il pas vrai qu'on rencontre chaque jour des personnes dont les idées sont sai-
nes, dont la méthode intellectuelle est bonne, dont les
conclusions sont justes, et qui, pourtant, ne font rien
pour l'expansion des grandes idées démocratiques et
chrétiennes qui nous sont chères ?

C'est que ces personnes sont des timides, des craintifs, ayant toujours peur d'effrayer les âmes simples et
les braves gens qui se rattachent aux vieux groupements. Que l'on ait cette crainte, je le veux bien ; mais
qu'aussi on pense à cette foule innombrable d'hommes
incroyants et probes qui se tiennent éloignés de nous
parce que nous ne leur donnons pas les vigoureuses
paroles de vie et de libération qu'ils attendent.

Il faut avoir le courage de dire qu'à l'heure actuelle,
il y a dans le temple bien des hommes païens de tendance et d'esprit, tandis qu'au dehors beaucoup d'hommes chrétiens par les aspirations et la générosité du
cœur, se tiennent éloignés et ne peuvent venir tremper
avec nous leur main dans le bénitier.

Et bien ! mes chers amis, il faut que cela cesse, il
faut que, dans la mesure où nous le pouvons, nous
collaborions à ce que ce déplorable état de choses
prenne fin.

Oh ! je sais bien qu'on nous dit : « Mais, alors, vous
voulez donc la séparation des catholiques en deux tron-
çons, en deux groupements ennemis ? » Non, nous ne
voulons pas cette séparation, mais nous savons aussi
que nous ne devons être ni des craintifs, ni des apeurés
et que nous devons avoir le courage de regarder les
choses en face. Or, les *faits* sont plus forts que toutes
nos pusillanimités, et ne croyez-vous pas qu'elle était
forte et qu'elle était nettement marquée la brisure, au
soir de cette séance inoubliable dans laquelle M. l'abbé
Lemire prononça son fameux discours, lorsque M. l'abbé
Gayraud alla serrer la main à son vaillant collègue, et
que l'on vit ces deux prêtres s'étreindre l'un l'autre,

sous les huées de la droite ! Voilà, chers amis, des faits
précis, et on en pourrait citer bien d'autres : Laissons
donc dans toute leur vigueur nos doctrines de démocrates et de chrétiens et, *tout en gardant la charité
totale vis-à-vis des personnes, exposons courageusement ces doctrines* » (1).

L'Acacia résumait ainsi le sens de ce discours :

Au banquet, M. Paul Bureau a prononcé un discours
accueilli avec enthousiasme dans lequel il a affirmé sa
conviction que la religion ne manquera pas de reconquérir le peuple français grâce à la nouvelle méthode
inaugurée par la jeune Eglise libérale, républicaine, démocratique et surtout socialiste. Mais pour cela, on doit
commencer par jeter à la mer les vieux croyants, les
débris fossiles, de l'antique Eglise autoritaire, monarchiste, et réactionnaire. (N. de juillet-août 1906.)

On doit supposer charitablement q ue les chefs de
l'A. C. J. F. étaient absents de ce banquet et n'ont
pas mêlé leurs applaudissements à ceux de leurs
collaborateurs. Mais c'est peu pour leur excuse.

II. — TROP DE DÉSINTÉRESSEMENT

Autre chose est d'écarter la politique du sein
d'une œuvre d'action sociale — oublions un moment
ce qui précède et acceptons qu'il en est ainsi par
définition dans l'A. C. J. F. — et autre chose de
discréditer cette forme différente de l'action catho-

1. *Demain*, 29 juin 1906.

lique, non moins nécessaire que l'autre, et de la
traiter avec dédain.

On a remarqué précédemment ce dédain dans le
rapport de M. l'abbé Falconnet, au Congrès d'Autun. Il est conforme aux pratiques de l'A. C. J. F.
C'est ainsi que M. Georges Mairot, président de
l'Union régionale de Franche-Comté, raille dans la
Vie nouvelle, organe officiel de l'A. C. J. F., ceux
qui, récemment, proposaient aux catholiques d'i-
miter l'union, la discipline et l'énergique résistance
des vignerons du Midi qu'on avait vus tenir en
échec le Gouvernement. Il reconnaît que la résistance aux inventaires des églises fut un devoir
imposé par les circonstances, mais il ajoute : « Nous
n'avons pas tous les jours à défendre les églises ;
pourquoi rester sur le pied de guerre et transformer une mesure extrême en tactique journalière ? »
Il conclut ainsi :

Nous croyons, nous, qu'il faut, avant tout reconquérir
l'âme française, et refaire un peuple chrétien. Tant que
les catholiques n'auront pas opéré cette « conversion »
nécessaire, leurs efforts se briseront contre l'hostilité
des incroyants ; ils bâtiront sur le sable, ou sèmeront
dans les épines.

Voilà pourquoi nous avons fait de l'A. C. J. F. une
œuvre d'*éducation*, de *formation*, d'apostolat ; nous
cherchons à atteindre les *consciences* et à édifier sur des
convictions solides les fondements d'une société meilleure ; nous voulons que notre idéal de vie chrétienne et
de justice sociale devienne celui de tous nos concitoyens ; ce n'est pas la haine ni la violence qui nous
obtiendront cette victoire.

Laissons donc les turbulents s'agiter et continuons

notre travail de *rénovation individuelle* et de *restauration sociale.*

Encore une fois, si Marc Sangnier et le *Sillon* ne
crient pas au plagiat, c'est qu'ils sont de composi-
tion facile (1).

M. Zamanski, vice-président du comité central de
l'A. C. J. F., écrit à son tour dans la *Vie nouvelle*
du 29 décembre 1907 sous le titre : *En face de la
politique :*

Eh bien ! en faisant de l'action sociale, nous faisons
de la politique et nous n'en faisons pas.

Nous faisons cette politique qui vise la reconstitution
de la société dans ses différents éléments, qui veut élever cette cité nouvelle sur les vieilles bases, du Christianisme.

1. On conçoit que leur *Eveil démocratique* (17 janvier
1909) ait relevé avec une satisfaction particulière ces lignes
écrites dans *Vers l'Avenir*, organe de l'A. C. J. F. de Franche-Comté (3 janvier 1909) : « Il y a eu, dans le courant de
ce mois, un débat et un vote à signaler : c'est le maintien
de la peine de mort. Tout en approuvant les mesures que
le Parlement croit devoir prendre pour la sécurité de tous,
qu'il me soit permis de dire : quand donc serons-nous
mûrs pour des lois plus humaines, plus *conformes surtout
aux préceptes évangéliques ?* non pas qu'il faille soulever,
vis-à-vis des criminels, une question de pitié et de senti-
mentalité, mais au contraire une question de principe : la
société, qui porte des jugements faillibles comme tout jugement humain, a-t-elle le *droit* d'appliquer un châtiment
irrévocable, *de rendre le mal pour le mal,* de tuer, elle
aussi, et *d'enlever toute possibilité de réhabilitation ?* Ces
théories ont trouvé, au Parlement, un éloquent interprète
en M. l'abbé Lemire. »

... Mais nous ne faisons pas de politique, c'est-à-dire notre action sociale n'est pas l'avant-garde, le premier jalon, l'entrée en matière ni le masque de l'action électorale. Elle est souverainement indépendante et *souverainement désintéressée pour tout autre but que le sien propre qui est, répétons-le, la réorganisation des cadres sociaux*.

... Le domaine propre de l'action sociale, c'est précisément de refaire au cœur de la Société de la vertu et de la justice.

Quand nous parlons de créer des mentalités justes, de refaire en France un peuple chrétien, nous ne disons pas autre chose.

Cette action religieuse et sociale est, croyez-le donc, l'utile, la réelle, la grande action politique qui vraiment mérite ce nom !

Enfin, pour remonter jusqu'au sommet de la hiérarchie, recueillons de la bouche même de M. Jean Lerolle la formule complète d'un si parfait désintéressement. On lit dans le compte rendu de son discours au grand meeting social du Congrès d'Autun, que, après Mgr Dadolle, le sympathique orateur dit d'abord quelle joie c'était pour les catholiques de la « génération de Léon XIII » (?) d'avoir entendu les paroles de ce prélat, et qu'entrant ensuite dans son sujet, il s'écria : « Que voulons-nous ? *Non pas christianiser l'État mais faire une société chrétienne et pour cela conquérir l'âme française.* »

Surpris et choqué d'une telle déclaration, je me permis d'adresser une lettre publique à M. Jean Lerolle, pour lui demander une rectification indispensable. Il y était dit :

Non, vous n'avez pas pu vous défendre de vouloir

christianiser l'Etat, ni vous désintéresser de la question.

Je ne parle pas seulement de l'inexcusable et vraiment impardonnable illusion que décélerait chez les catholiques l'espoir persistant encore de travailler avec fruit à une rénovation sociale chrétienne sous le régime d'un Etat areligieux. S'ils en étaient encore là, la seule chose à dire serait qu'il leur manque d'être encore plus foulés, plus écrasés par la tyrannie, et qu'ils méritent tous les mots dont ils gémissent.

Ce n'est pas seulement une illusion, c'est une contradiction formelle, d'aspirer à faire une société chrétienne sans se mettre en souci de christianiser l'Etat. Le culte de la société envers Dieu est le fondement de l'ordre social, tout autant que de l'ordre politique. Comme il ne peut y avoir d'ordre social sans cette base d'une religion sociale, et que la religion est le premier devoir de la société et de l'Etat, non moins que de l'individu, les catholiques ont pour première obligation dans la vie publique, de protester sans relâche contre l'athéisme national ; et la réforme sociale la plus urgente, celle de qui toutes les autres dépendent est de réformer l'Etat neutre ou areligieux (1).

C'est vainement que les catholiques libéraux essaient de distinguer ici entre le politique et le social. C'est ici qu'apparaît la grosse erreur cachée sous cette protestation colorée du plus pur détachement chrétien : *nous ne nous occupons pas de politique*. Par des actes solennels et répétés, l'Eglise a condamné ce désintéressement prétendu comme une hérésie.

Si aucun enfant de l'Eglise ne peut se permettre de le professer, combien plus serait-il inadmissible dans la bouche du président de l'Association catholique de la Jeunesse française !

1. Les libéraux catholiques qui se montrent aujourd'hui disposés à ne rien réclamer de plus que l'application sérieuse de la neutralité scolaire, n'auraient pas de meilleure défense à invoquer que la formule de M. Jean Lerolle : nous ne prétendons pas christianiser l'Etat.

Voilà pourquoi j'ai cru devoir vous signaler le langage qu'on place dans la vôtre, persuadé que vous aurez à cœur de le démentir.

Recevez, Monsieur, l'assurance de mes sentiments bien dévoués.

Un ami de la Jeunesse catholique

Le président de l'A. C. J. F. ne fit aucune réponse à cette lettre. Mais trois mois plus tard elle en reçut une double, et parfaitement contradictoire, par la publication du compte rendu officiel du congrès (1). D'une part, elle y fut reproduite et accompagnée de réflexions confirmant le propos relevé, comme on en va juger, et, de l'autre, par une supercherie peu honorable et qui était aussi un aveu, on remplaça dans le texte du discours de M. Lerolle, la proposition signalée par la proposition contraire : « Nous voulons christianiser l'État, et faire de notre société une société chrétienne (2). Voici la note dont ce compte rendu fit suivre ma lettre :

Jean Lerolle n'a pas jugé à propos de répondre à cette question, et il a bien fait. La pensée, en effet, était assez claire. Le président de l'A. C. J. F. désire tout autant qu'un autre voir, en France, le gouvernement s'inspirer d'idées chrétiennes. (*Il le désire, vraiment !*)

Mais dans une *démocratie* — car nous sommes en *démocratie,* — quel est le meilleur moyen de christianiser l'État, sinon de christianiser la masse qui choisit les hommes chargés de former le gouvernement ?

1. Le *Semeur,* n° de sept.-oct. 1907, page 273. (Autun, Grande-Rue, 37.)
2. Page 220. — Mais le texte incriminé subsiste dans le compte rendu très favorable de la *Semaine religieuse* de Dijon.

Et même aurions-nous été curieux de voir le correspondant de Jean Lerolle indiquer quel était, à son avis, le meilleur procédé pour christianiser l'Etat.

Il est à craindre que ce monsieur n'ait pas encore compris ce que c'est qu'une *démocratie*.

Ce que je comprends, et ce qui paraît bien être la seule signification de cette réponse, c'est que, au sens de ces jeunes catholiques, *dans une démocratie*, Dieu et l'Eglise doivent attendre, pour réclamer leurs droits, que le suffrage universel soit disposé à les reconnaître. Bel exemple de la déformation que les mots de passe des idées maçonniques font subir aux meilleurs esprits.

III. — D'UN EXTRÊME A L'AUTRE

Il est trop beau, ce désintéressement que l'A. C. J. F. affecte à l'égard de la politique. Le moment est venu de justifier plus directement l'application que nous lui avons faite des paroles du cardinal Pie, et d'éprouver s'il est bien vrai que, selon les déclarations ratifiées par M. Jean Lerolle, « elle se tient à l'écart de tous les partis politiques quels qu'ils soient ». Son attachement enthousiaste à la démocratie aurait déjà pu suffire à faire comprendre ce qu'il en est. Mais il importe de faire sur ce point une lumière plus complète.

A la suite de tiraillements au sein de l'association dans le Gers, et de procédés ayant le caractère de

manœuvres destinées à évincer certains membre
de la direction à cause de leurs opinions politiques
le marquis de Gontaut Saint-Blancard demanda
récemment une entrevue à M. Jean Lerolle, pour
obtenir des explications claires, et publia ensuite
dans la *Voix du peuple* d'Auch (10 janvier 1909) la
réponse qu'il reçut de lui :

Nous voulons *le loyalisme constitutionnel;* nous n'obli-
geons personne à crier : « Vive la République ! » mais
tous ceux qui entrent dans notre Association doivent
l'accepter. Sans être affiliée à l'Action Libérale, l'A. C.
J. F. a les mêmes principes ; elle accepte le ralliement,
et il faut bien se persuader que notre Association n'est
pas opposée au Régime. Bazire, à Albi le 29 mai 1905,
disait : « Nous ne réclamons que notre place dans la
République. »

Devant l'émotion causée dans la *Jeunesse catholique* du Gers par cette déclaration et les démissions
bruyantes qui en furent la conséquence, M. Jean
Lerolle crut opportun de l'atténuer, ou plutôt de la
démentir, et il adressa à l'*Autorité* qui l'avait reproduite une lettre où il disait (25 janvier 1909) :

La belle lettre de S. G. Mgr d'Auch, si précise et si
concluante, semblait d'ailleurs une réponse suffisante et
autorisée. Mais aujourd'hui M. de Gontaut-Biron fait
appel à mon témoignage pour confirmer ses déclarations. En continuant à me taire, j'aurais l'air de me dérober ; je réponds :

M. de Gontaut-Biron a cru pouvoir résumer en quinze
lignes une conversation que nous avons eue avec lui
mon ami Gaston Lacoin et moi, le 23 décembre, à Paris,
et qui n'a pas duré moins d'une heure et demie. Son
bref résumé n'en donne, c'est fatal, qu'une impression

très inexacte, inexactitude que viennent encore aggraver les commentaires dont il a cru devoir l'accompagner.

M. de Gontaut-Biron affirme que l'Association catholique de la Jeunesse française est avant tout une association républicaine, que nul ne peut entrer dans l'A. C. J. F. *sans se faire républicain.*

M. de Gontaut-Biron a bien mal compris mes explications : jamais je n'ai tenu un tel langage, qui eût été en contradiction avec la ligne de conduite constante de notre Association. L'A. C. J. F. n'est pas une association politique, c'est une association *catholique.*

Je ne veux pas faire à M. de Gontaut-Biron une querelle de textes : il cite de mémoire...

Réplique du marquis de Gontaut, dans la *Voix du peuple* (7 février 1909) :

Voici en quelques lignes et dans les moindres détails comment les choses se sont passées :

En arrivant chez le Président de l'A. C. J. F., celui-ci me prévint qu'étant donné la gravité de l'entretien que nous devions avoir ensemble, il avait demandé à son vice-président M. Lacoin, de se joindre à lui, pour appuyer de son autorité personnelle les déclarations que j'étais venu chercher, à la suite de notre premier entretien à Toulouse.

Au bout de quelques minutes, ce dernier arriva et m'exprima de suite ses regrets les plus vifs de n'avoir pas été lui-même dans le Gers pour poser les premières bases de l'A. C. J. F.

Dans un but de conciliation, car je sentais combien une Association comme celle-là pouvait faire de bien en restant en dehors de toutes les coteries politiques, je demandai à M. Lerolle si ce terrain uniquement catholique et social ne lui paraissait pas largement suffisant pour grouper la grande majorité des jeunes gens, à condition toutefois de ne pas exiger de ses membres l'obligation d'exercer leur action en acceptant un régime politique déterminé : en fait, la République, car s'il y en a dans l'Association qui accepteraient facilement cette obligation, d'autres, et ils sont nombreux, refuseraient absolument de s'engager dans cette voie

« Non, me répondit mon honorable interlocuteur, car vous seriez le premier à vous en plaindre dans le cas où le régime changerait puisque avant tout nous voulons être *constitutionnels*. »

C'est alors qu'il me fit en quelques minutes la déclaration que j'ai publiée l'autre jour.

Mais, aux premiers mots, je l'interromps et lui demandai l'autorisation de prendre des notes. C'est avec la meilleure grâce du monde qu'il voulut bien accéder à mon désir en m'offrant même ce qui m'était nécessaire pour cela.

Ces quelques notes prises, je le prévins loyalement que voulant en faire un usage public, je désirais lui en donner lecture pour être sûr qu'au moins sur ce point là nous étions bien d'accord.

Quand j'eus fini de lire, la seule observation que je reçus fut celle-ci : « Rappelez-vous que nous ne sommes pas une œuvre de Fédération de Jeunesse, mais une Association particulière. D'ailleurs, si vous voulez que je mette à votre disposition les discours que nous avons faits et les brochures qui concernent l'Association, vous y trouverez développées les déclarations que vous venez de transcrire. »

Ces déclarations, je veux les reproduire encore une fois ici, et personne, je pense, ne me fera l'injure de croire que j'ai pu y changer même un *iota*.

Telles je les ai lues à M. Lerolle, telles je les ai transcrites, telles je les ai publiées. (*Suit le texte déjà cité*).

Au surplus, M. Jean Lerolle prenait ici une peine bien superflue, car la note du marquis de Gontaut correspond exactement à d'autres déclarations dont l'authencité ne supporte aucun doute. On lit, par exemple, à la page 54 de la brochure déjà citée plus haut, *La Jeunesse catholique. Idées et doctrines.*

On nous dit : je peux faire partie d'un groupe royaliste ou républicain, à titre personnel, privé, sans engager en cela l'Association dont je fais partie. *Je réponds : non,* car si un membre consacre quelques heures, ou quelques jours à l'un et l'autre mouvement, il y a auprès du public une équivoque constante d'autant plus dangereuse que si, au lieu d'être un ou deux membres dans cette situation, la majorité d'un groupe se rallie à un groupement politique, il sera impossible de ne pas voir dans le *groupe de Jeunesse Catholique* un mouvement politique (1). Cette ligne de conduite pratique est motivée par ce principe général : la question actuelle à résoudre, la grande œuvre à réaliser, c'est rétablir l'ordre social chrétien, et cela, c'est du moins la conviction de l'A. C. J. F., ne se fera que par une action catholique et sociale; la question politique est secondaire.

Enfin une raison supérieure milite en faveur de l'opinion que nous émettons ici ; oui ou non, sommes-nous convaincus que l'œuvre essentielle, capitale est, non pas de changer l'étiquette gouvernementale, mais de transformer la mentalité de la nation de lui redonner une pensée chrétienne et morale, de réaliser un ordre chrétien dans la société ? Si nous pensons qu'il importe de remplacer le bonnet phrygien par la couronne, qu'on aille à la politique ; si au contraire on estime qu'il faut changer les cœurs et les esprits en faisant rentrer l'idée catholique et sociale, qu'on reste chez nous. *Et je ne vois pas pourquoi à titre individuel on aurait une conviction qu'à titre de l'A. C. J. F. on ne partagerait plus.*

Le même principe est encore clairement affirmé dans une publication de l'A. C. J. F., le tract n° 7.

1. Nous demanderons plus bas si cela s'applique aussi à des déclarations républicaines.

dont M. Jean Lerolle tire une partie de sa réponse
à l'*Autorité*, en l'appelant « le commentaire officiel
de ses statuts » :

L'A. C. J. F. n'est ni *une Association politique*, ni
une Association électorale. Elle n'est au service ni à la
remorque d'aucun parti.

Cependant comme elle s'est fondée, non pas dans un
milieu idéal et abstrait, mais dans un pays déterminé,
la *France*, dans un temps déterminé, le **xxᵉ siècle**, dans
un état social déterminé, la *démocratie*, sous un régime
politique déterminé, le *régime républicain*, c'est dans
ces conditions de fait que l'A. C. J. F. entend exercer
son action *religieuse et sociale*, la dégageant ainsi de
toute préoccupation politique. Libre à chacun des membres de l'A. C. J. F. de garder sa pleine liberté d'appréciation sur ces conditions de fait. Mais si, cessant
de considérer l'action religieuse et sociale comme *le
seul but* de ses efforts, quelqu'un d'entre eux venait à
penser qu'il doit utiliser la force morale ou traditionnelle
du catholicisme comme un moyen propre à réaliser tel
ou tel régime politique différent du régime établi, celui-
là suivrait une méthode inconciliable avec celle de l'A.
C. J. F., et se mettrait lui-même en demeure de choisir,
d'adopter l'une et de renoncer à l'autre.

Il est évident pour quiconque sait réfléchir :
1ᵒ qu'une acceptation aussi absolue des conditions
de fait implique l'*indifférentisme politique* qui est
une erreur du libéralisme ; 2ᵒ que, contrairement
aux principes qui doivent régir les œuvres d'action
sociale catholique, elle implique *une attitude politique déterminée* ; 3ᵒ et qu'elle a pour conséquence,
comme la dernière phrase le dit explicitement, d'interdire à tous les membres d'adopter une autre
attitude *même à titre privé et personnel*.

Barbier   20

Tout cela ne se trouve pas moins clairement dans un article de la *Vie nouvelle*, par M. Louis Dubois, président de l'Association en Bretagne :

... L'A. C. J. F. n'est pas un parti politique, elle n'a pas de programme politique et n'exige de ses membres aucune profession de foi politique (1).

Or nous ne sommes plus au moyen âge, pas même sous la monarchie ou sous l'empire, nous sommes au xxᵉ siècle, en pleine démocratie et sous la République : Voilà le fait...

La République est un fait (2), et nous ne demandons à personne de la considérer autrement, tout en laissant à chacun la liberté d'en penser ce qu'il veut. Mais précisément parce que la République est un fait, nous la reconnaissons comme telle et plaçons notre action sur le terrain constitutionnel.

Ce n'est pas nous qui en avons décidé ainsi, nous n'avons fait que suivre les enseignements de la Papauté. En faisant le ralliement, Léon XIII n'avait eu d'autre pensée que de libérer nettement l'intérêt religieux de la mainmise des partis (3), et, quoi qu'en disent certains, Pie X conserve sur ce point la même attitude que son prédécesseur ; il suffit pour s'en convaincre de lire son *Motu proprio* et ses Encycliques (4).

C'est là, d'ailleurs, non une nouveauté, mais *l'ensei-*

---

1. Non, elle se contente de leur interdire de professer une autre opinion politique que l'opinion républicaine.

2. La république est un fait, le régime de la Terreur était un fait ; le choléra, quand il règne, est un fait aussi. Est-il possible que des catholiques ne sentent pas qu'un tel langage est une totale abdication de cette conscience civique à la formation de laquelle ils consacrent uniquement leurs efforts !

3. Même du parti démocratique ? En ce cas, Léon XIII y a bien mal réussi.

4. Vraiment ! Voilà une assertion rarement audacieuse.

gnement traditionnel de l'Eglise, qui nous ordonne de ne pas nous préoccuper du régime établi (1).

Voilà le principe de l'indifférentisme politique formulé sans vergogne. C'est, au fond, le principe du lâchez tout. Les jeunes docteurs de la *Jeunesse catholique* feront bien d'interpréter avec plus de réserve l'enseignement traditionnel de l'Eglise.

Or, pour en revenir au tract n° 7, il est facile de montrer par quelques faits, que les dirigeants de l'A. C. J. F. sans « cesser de considérer l'action sociale comme le seul but de leurs efforts » croient bien, eux, pouvoir « utiliser la force morale et traditionnelle du catholicisme comme un moyen propre à réaliser tel ou tel régime politique », à la condition que ce soit le régime établi, la République , et qu'en faisant profession ouverte d'opinions républicaines, ils n'estiment nullement « suivre une méthode inconciliable avec celle de l'A. C. J. F. », mais bien, encore, sans doute, « se tenir à l'écart de tous les partis politiques ».

La confusion des langues étant tombée sur cette tour de Babel qu'était la rédaction du *Peuple français*, l'A. C. J. F. en prit seule la direction. Par une fiction analogue à celle qui faisait de la *Ligue patriotique des Françaises* une organisation complètement indépendante de l'*Action libérale*, le journal passa entre les mains des chefs de l'A. C. J. F., tout en étant entièrement indépendant de l'Association.

Voici comment M. Georges Piot explique cette distinction qui ruine les beaux principes derrière

1. *La Vie nouvelle*, 11 août 1907.

lesquels on s'abrite, contre ceux qui ne servent pas
le régime et dont l'application légitimerait parfaitement la liberté qu'on leur refuse.

Ai-je vraiment annoncé que le *Peuple français allait
devenir l'organe* de l'A. C. J. F. ? Si je me suis exprimé
ainsi, il en faut accuser la fameuse « chaleur communi-
cative »... Mais il me semble bien que mon langage a
été différent.

J'ai dit, seulement, qu'un groupe d'*anciens* de l'A. C.
J. F. avec Bazire à leur tête, *allait reprendre le Peuple
Français*, et s'efforcer de donner un nouvel essor à ce
journal, organe des catholiques sociaux.

Mais, après comme avant la transformation, le *Peuple français* reste absolument indépendant de l'A. C. J.
F., à laquelle toutefois, comme à tout autre groupement d'action catholique et sociale, il ne marchandera
pas sa sympathie (1).

C'eût été en effet bien ingrat de sa part. La *Vie
nouvelle*, organe officiel de l'A. C. J. F., avait trop
de droits à cette sympathie, sans parler de ceux
qu'elle créait en annonçant en ces termes, le 13 septembre, la tranformation du *Peuple français* : « Nos
amis peuvent compter sur lui en toute circonstance (et pour cause), *qu'ils se préparent donc dès
maintenant à le soutenir, à l'informer, à le répandre.* C'est le vœu cordial de la *Vie nouvelle.* »

Or, avec ces *anciens* dont la qualité est sans doute
mentionnée comme un palliatif, et qui se nomment
Henri Bazire et Henry Reverdy, présidents d'honneur de l'Association, Joseph Denais, ancien mem-

1. Cité par le bulletin de propagande du *Sillon*, décembre 1908.

bre du comité central, figurent dans le comité de
direction, Jean Lerolle, président, J. Zamanski,
vice-président, J. Gellé, G. Lacoin, G. Piot, du
comité central, etc..., tous actuellement en fonction.
Les uns et les autres collaborent à la rédaction. Et
c'est tout le comité, à part un ou deux noms. La
rédaction est dirigée par M. Joseph Denais. D'où
il ressort clairement que le *Peuple français* est bien
un organe de l'A. C. J. F.

Or, les dirigeants de l'Association auraient-ils
trouvé le secret de fabriquer un journal destiné au
grand public et indépendant de leur œuvre d'action
sociale, sans faire de la politique et sans avoir une
ligne politique ? Non, évidemment. Une circulaire
en date du 1ᵉʳ décembre nous fixe déjà sur l'orientation du journal :

... Le *Peuple français* comprend dans sa rédaction
nouvelle plusieurs chefs éminents de l'*Action libérale
populaire*, entre autres plusieurs membres de son comité
directeur. Il sera d'une diffusion facile dans nos groupements.

... *Suivant la ligne politique* de l'*Action libérale po pu-
laire*, il défendra, *dans la République*, les libertés si
odieusement violées, et s'attaquera vigoureusement aux
sectaires qui nous oppriment.

... L'*Action libérale populaire* peut compter sur lui
pour sa défense et pour sa propagande.

Ainsi le *Peuple français*, que l'A. C. J. F. devra
soutenir et répandre, devenait purement et simplement un organe de l'*Action libérale*, mais, cela va
sans dire, aussi indépendant d'elle que le *Peuple
Français* l'est de l'A. C. J. F. et que celle-ci l'est

Barbier   20.

de l'*Action libérale*. La déclaration de principes de
la nouvelle rédaction n'en sera donc que plus spontanée. Or, la voici :

Nous sommes CATHOLIQUES. Nous le sommes publiquement et intégralement, etc.

Nous sommes RÉPUBLICAINS ; et si nous sommes obligés de nous en prendre aux hommes et aux lois, ce n'est
point la forme de gouvernement que nous attaquons.
Catholiques, nous ne pouvons pas être et nous ne sommes pas *des hommes de parti* (1). Et comme le rappelait
avec énergie S. E. le cardinal Luçon, dans son oraison
funèbre du cardinal Richard, accuser les catholiques
d'être hostiles à la République est une calomnie : « Non,
les catholiques ne sont point systématiquement ennemis
des institutions que le Pays s'est données. » Et le Pouvoir ne trouvera pas des citoyens plus dociles *et plus
dévoués* que nous, tant qu'il ne lésera pas nos consciences. De lui, d'ailleurs, nous n'attendrons rien pour nous-
mêmes, et nous ne lui demandons rien, ni faveurs, ni
places, ni décorations, *rien que la justice et le droit commun.*

Nous sommes SOCIAUX, etc...

Défense énergique des libertés religieuses, action
sociale hardie et précise, *loyalisme politique*, tels sont
les trois termes de notre programme (2)...

Ainsi donc, les principaux chefs de l'A C. J. F.
ont beau déclarer « se tenir à l'écart des partis poli-

1. Dire que, *catholiques nous ne pouvons pas être des
hommes de parti*, signifie évidemment, d'après le contexte,
que notre religion ne nous permet pas de vouloir une autre forme de gouvernement que le régime établi, ni de la
préparer même par les moyens que la constitution autorise.
Voilà une morale et une théologie inconnues jusqu'ici. Celles du vieux temps reculeraient avec terreur devant des
propositions qui paraissent toutes naturelles à ces jeunes
hommes.

2. Le *Peuple français*, 3 janvier 1909.

tiques quels qu'ils soient, voulant servir uniquement Dieu, l'Eglise et la France », — déclaration fort juste quand il s'agit du rôle de l'Association elle-même. — on voit qu'ils ne sont nullement embarrassés pour professer à titre individuel des opinions politiques fort nettes, et s'opposer dans leur journal à ceux qui ne les partagent pas, sans se croire pour cela mis en demeure d'opter entre cette action politique et l'association.

Ce ne sont pas d'ailleurs les seuls cas que l'on pourrait citer. M. Pagès, président du comité régional de Toulouse, dirige le *Patriote des Basses-Pyrénées* en bon militant républicain.

M. Bazire, président d'honneur de l'Association, et M. Nicolle, membre du Comité régional de l'Ouest, se sont présentés aux dernières élections législatives comme candidats *républicains libéraux* et ont multiplié leurs déclarations à l'appui de cette qualité.

On se demande alors comment une association aussi éminemment catholique peut refuser à ceux de ses membres qui ne sont pas républicains toute liberté d'agir selon leurs convictions, sans s'apercevoir qu'elle viole toute équité, qu'elle froisse en eux, opprime et révolte les sentiments les plus légitimes d'indépendance, de dignité et d'honneur.

Et l'on constate avec tristesse que chez elle, comme à l'*Action libérale* dont elle s'est faite la suivante, la nécessité de ne pas déserter le terrain constitutionnel et le respect professé pour les convictions intimes ne sont que des formules fallacieuses, servant à maintenir aujourd'hui encore la tyrannie politique qui s'est exercée en France depuis quinze ans sous le nom de Ralliement à la République.

Mais laissons encore aux faits leur éloquence.

En 1904, trois ou quatre membres du comité régional de l'Ouest, ayant participé à la formation d'un cercle intime d'études monarchistes, d'un cercle intime d'études, sans aucun rapport avec l'action extérieure, furent mis en demeure de dissoudre leur cercle ou de quitter le comité. C'est un incident dont je fus témoin comme aumônier de ce comité. Et l'émotion qu'en éprouva la direction de l'A. C. J. F. fut si intense qu'elle chercha à la faire ressentir jusqu'à Rome ! Ces jeunes gens ne songeaient cependant point à fonder un journal monarchiste ni à se présenter comme candidats royalistes aux élections.

L'hiver dernier, un membre d'un autre Comité ayant affiché la lettre du commandant Cuignet, on délibéra sur sa destitution. Le président départemental consulté répondit que l'Association reconnaissait parfaitement à ses membres le droit de lire les revues royalistes (quel libéralisme !), mais que toute manifestation extérieure de leurs opinions engageait l'A. C. J. F., selon la doctrine déjà connue.

Un avocat de Saint-Gaudens (Haute-Garonne), M. Souques, très honorablement posé dans sa région, m'écrivait au mois de décembre 1907, en m'autorisant à publier sa lettre avec sa signature :

Il est dit dans les statuts de la *Jeunesse catholique* que chaque membre est libre de ses opinions, à la condition de ne pas faire de politique à titre d'adhérent.

Or, il a été question d'établir ici un groupe de jeunesse catholique, et naturellement on s'est adressé aux sept ou huit jeunes ouvriers qui forment le petit, mais unique et très solide noyau de toutes les œuvres catholiques. Mais voilà, *horrendum !* que ces jeunes gens sont des monarchistes convaincus. Et le docteur P..., directeur de la Jeunesse catholique de la Haute-Garonne, auquel on demande l'affiliation de ce groupe, répond que les opinions de ces jeunes gens sont incompatibles avec l'œuvre. L'abbé V..., qui dirige chez nous une sorte de patronage, est chargé d'exposer la difficulté aux intéressés et de leur demander s'ils ne consentiraient point à renoncer à leurs convictions. Unanimement, tous ont persisté à se déclarer monarchistes, et le président du groupe, M. F... a motivé leur option par une lettre assez dure au docteur P... — Résultat : point d'affiliation accordée.

En vérité, le républicanisme des ralliés tourne à la *rables* antimonarchiste.

Paul J. de Cassagnac demande à entrer dans la Jeunesse catholique du Gers ; on lui répond par un refus, parce qu'il fait de la politique.

Le groupe de la Jeunesse catholique d'Aiguillon (Lot-et-Garonne), avait invité MM. Paul et Guy de Cassagnac, organisateurs de la *Ligue de résistance catholique*, à faire une conférence dans cette ville. Pour ce fait, le président du groupe fut officiellement blâmé, et pendant plusieurs mois on insista pour obtenir sa démission qu'il eut l'esprit de refuser.

Bien plus, à cette occasion, peu de temps après, dans l'assemblée annuelle des présidents de groupes de l'Ouest, le président du comité régional ne craignit pas de mêler à une réserve légitime des paroles de vivacité dont le texte a été rapporté en termes identiques par plusieurs témoins.

Vous savez que, depuis un an, il a été fondé une association sous le nom de *Ligue de Résistance des Catholiques français*. Messieurs, ne laissons pas cette association s'immiscer dans nos groupes. Elle cherche à nous enlever nos jeunes gens. C'est une association politique que nous ne devons pas connaître : car elle se place sur le terrain politique, différent du terrain social et politique qui est le nôtre, c'est une ligue avec laquelle nous ne voulons avoir *aucun rapport*. Qu'aucun groupe ne donne son adhésion à cette ligue ; qu'aucun président, secrétaire ou membre n'assiste à ses réunions avec son insigne, de manière à ne pas compromettre nos associations. Je trouve d'ailleurs, et vous trouvez avec moi, que les organisateurs de cette ligue, MM. de Cassagnac et Delahaye, qui veulent donner des leçons même aux évêques, sont assez mal qualifiés pour ce rôle et pour servir de chefs aux catholiques. (*Applaudissements.*)

Quel exemple de dissension et quel ferment de division ! M. Jules Delahaye, député de Maine-et-Loire, avait ajouté à son nom, dans son admirable profession de foi, *candidat catholique*, exemple bien rare ; et c'était le président de la Jeunesse catholique de son département qui le désavouait et le reniait en public (1) !

1. On lit dans l'*Express du Midi*, reproduit par l'*Autorité* du 2 mars 1908 :

M. Victor Parant, membre du Comité régional de l'A. C. J. F., a terminé la série des conférences organisées à l'Institut par cette Association, en étudiant la vie des 226 groupes qu'elle a fondés et leurs œuvres. Dans une forme vivante et pittoresque, il a passé en revue les régions diverses, Haute-Garonne, Ariège, Gers, Aveyron, Tarn, etc., où

En présence d'un fait aussi caractérisé, ne serait-ce pas le cas d'en appeler, si elles étaient susceptibles d'application précise, aux paroles d'une rare gravité, prononcées récemment par Mgr de Vauroux, évêque d'Agen, « avec la pleine conscience de sa responsabilité pastorale », mais dans une intention tout autre, visant le péché de monarchie, ou, peut-être, d'*Action française* ? Il disait dans un important discours prononcé au Congrès de l'A. C. J. F. en Lot-et-Garonne, et presque aussitôt communiqué par Sa Grandeur et par cette association à la presse (*La Croix*, 14 mars 1909) :

Nous diviser, nous, catholiques, pour le beau motif que nous ne désirons pas tous confier aux mêmes chefs l'œuvre du relèvement national et, sous l'influence de pareilles préoccupations ne pas unir toutes nos forces contre l'ennemi, nous diviser alors que toujours plus audacieux, depuis les trente ans que notre indifférence et

se manifeste, suivant des méthodes pareilles, mais avec des moyens appropriés à chaque lieu, la vie active de la J. C. Il a ainsi fait une très attachante monographie d'un groupe-type, décrivant sa fondation parfois laborieuse, son organisation intérieure, le rayonnement de son influence par la pitié, l'étude et l'action. L'orateur a dégagé ensuite le groupe dont il fait partie de tout lieu avec les organisations politiques existantes ; et, en terminant, il a précisé son attitude à l'égard du *Sillon*, dont il tient cependant à se différencier, et presque hostile à l'égard de la *Ligue de Résistance catholique des citoyens français*, dont il s'éloigne nettement.

« M. V. Parant ne nous en voudra pas si nous lui rappelons que les Cassagnac ont toujours été les premiers dans toutes nos luttes religieuses et que, lorsqu'on est en pleine bataille, entre combattants de la même armée, il faut unir, non séparer. »

notre faiblesse ne cessent d'accroître ses succès, cet
ennemi accumule les attentats les plus abominables,
traite des milliers de Français en parias, les exproprie
de leurs droits les plus sacrés, de leurs libertés les plus
chères ; nous diviser, c'est-à-dire nous quereller et
même nous combattre, pendant que brûle la maison où
vivent les êtres les plus chers à nos cœurs, au lieu de
nous empresser d'éteindre le feu, même au péril de notre
vie, ah ! je vous en conjure, jeunes gens chrétiens,
détestez à jamais cette erreur, cette folle, et, je le
répète, ce *mortel péché !*

Peu de temps avant cette manifestation regrettable du président de l'A. C. J. F. dans l'Ouest, un
autre congrès s'était tenu dans le Gers, où la famille des Cassagnac exerce depuis longtemps une
influence politique très considérable. Quelques
membres firent acclamer, en fin de séance, une
adresse de félicitations aux fondateurs de la *Ligue
de Résistance catholique.* Cet acte attira sur eux un
blâme public du comité régional confirmé par un
communiqué de la *Vie nouvelle.*

Voici la réponse topique de l'*Autorité* à ces procédés hostiles (18 décembre 1900). Elle donne toute la
morale de la situation.

L'adresse de félicitations à la Ligue de Résistance des
Catholiques français, présentée au Congrès d'Auch,
n'avait-elle aucun précédent ?
Mais déjà, dans les congrès généraux de l'A. C. J. F.,
on a élevé des appels en faveur de l'*Action libérale,* on
a provoqué l'adhésion de l'A. C. J. F. à l'*Action libérale,*
on a fait entendre et acclamer les chefs de l'*Action libérale* (1).

1. Lors du Congrès général de la Jeunesse catholique à

Or, l'*Action libérale* est une association politique, essentiellement politique : son objet fut exclusivement politique jusqu'aux élections de 1906, époque bien postérieure à l'adhésion que donna l'A. C. J. F. Et, depuis lors, quoique l'*Action libérale* se soit occupée d'action sociale, elle reste principalement politique.

L'*Action libérale* se tient sur le terrain de la Liberté et du droit commun ; la *Ligue de Résistance des Catholiques français* se réclame de la foi : il semble que ce second titre devrait valoir le premier aux yeux de l'*Action catholique de la Jeunesse française.*

Vous nous répondrez qu'il y a une différence entre l'*Action libérale* et la *Ligue de résistance.*

Mgr du Vauroux l'a déjà faite, cette différence, lorsque, reprochant à M. de Riberot, président du groupe Saint-Félix de l'A. C. J. F., à Aiguillon, de nous avoir invités à une réunion il lui disait : *Si vous avez invité M. Piou, ce n'eût pas été la même chose (! !)*

Sans doute, il y a une différence : elle constitue même la raison de notre action et de notre initiative.

Mais cette différence entre les chefs de l'*Action libérale*, appelée par le Congrès de l'A. C. J. F., et nous, entre l'*Action libérale* et la *Ligue de Résistance*, ne consiste donc pas du tout en ce fait que les uns sont des hommes politiques, et les autres pas; en ce que notre *Ligue* serait politique, et que l'*Action libérale* ne le serait pas,

Non seulement l'objet de l'une ou de l'autre association est politique, mais les chefs de l'*Action libérale*

Châlons-sur-Saône, en 1903, M. de Mun adressa au congrès une lettre avec ce titre : *Les Catholiques et l'Action libérale* qui était un véritable manifeste et provoquait une vraie affiliation de la Jeunesse catholique à cette ligue. M. Piou présida le banquet du congrès. Ce manifeste, lu et acclamé au congrès qui ne comprit guère, sur l'heure, ce qu'on lui faisait faire, fut publié par la *Croix* du 12 mai. On y lit que l'*Action libérale* est le parti des « catholiques avant tout ».

Barbier   21

sont des hommes politiques comme nous, plus que nous, depuis plus longtemps que nous ; ils sont républicains comme nous sommes monarchistes.

Notre *Ligue*, se plaçant au point de vue catholique est moins politique que la leur.

En effet, il ne servirait de rien de répéter qu'ils se placent sur le terrain constitutionnel. Nous y sommes comme eux ; rien, dans nos statuts, dans nos brochures, dans nos discours n'autorise à le contester ; la récente admission publique, à notre *Ligue*, de Gaston Méry, républicain notoire, et la conférence que nous donnerons avec son concours, en sont un nouveau témoignage.

Non. La différence est autre, et la voici : Les hommes politiques dont l'A. C. J. F. accepte et recherche le patronage, auxquels elle s'associe, cherchent inlassablement à réaliser cette chimère : défendre la cause catholique opprimée sans combattre le gouvernement qui la persécute.

Ils ne sont pas seulement constitutionnels, mais gouvernementaux, aussi bien que les progressistes et les opportunistes : la peur d'ébranler le régime marque la limite de leurs efforts pour sauver la foi du pays.

Ils subordonnent l'énergie de ces efforts au maintien de la constitution. Pour nous, rien ne nous décidera à accepter un état social contraire aux droits essentiels de Dieu et de l'Eglise. Notre but direct n'est assurément pas le renversement de la Constitution ; mais aucune constitution ne nous imposera cette servitude révoltante.

Il y a donc beaucoup plus de politique dans telle association à laquelle l'A. C. J. F. adhère, et avec laquelle elle s'est liée, que dans la *Ligue de Résistance*, et une politique moins digne de l'A. C. J. F. que la nôtre.

Où est donc le motif qui a déterminé l'Union régionale du Midi à condamner la motion de félicitations adressée à la Ligue de Résistance?

Le souvenir des précédents que nous venons de rappeler aurait dû suffire à la détourner de le faire.

L'A. C. J. F. a choisi le terrain exclusivement religieux et social. La Ligue de Résistance des Catholiques français combat sur le terrain politique.

Est-ce une raison pour que la première traite la seconde en ennemie? Est-ce une raison pour que l'A. C. J. F. répudie publiquement la *Ligue de Résistance* et ne la considère pas comme une *auxiliaire*, une auxiliaire dans les luttes pour les croyances communes ?

En vérité, nous ne le croyons pas, et ne pouvons pas même comprendre comment il en serait ainsi.

Et c'est pourquoi la décision du comité de l'Union régionale du Midi nous a paru manquer un peu de logique, et plus encore de la solidarité qu'on se doit entre catholiques.

C'était, semble-t-il, parfaitement raisonner. Mais au-dessus des raisonnements, il y a la détermination prise par l'A. C. J. F. d'interdire à tous ses membres de participer à aucune action politique, hormis, bien entendu, la politique républicaine de l'*Action libérale*. Un dernier trait, plus décisif qu'aucun autre, ne laissera aucun doute sur ce point.

Il se rapporte à une discussion sur le programme social de l'Association. M. Jacques Duval, auteur de la brochure *La Jeunesse catholique, Idées et doctrines*, organe de l'A. C. J. F. dans sa région, avait écrit dans cette revue, à la date du 1er juin 1907, que l'A. C. J. F. poursuit un but social déterminé, et que « son programme social, elle l'impose à tous ses membres ».

Un des plus anciens membres de la Jeunesse catholique, ayant fait partie du Comité central, mieux qualifié que les adhérents plus récents pour rappeler quelles idées avaient présidé à la fondation de cette œuvre, M. Charles de Calan, goûtant assez peu les déclarations politiques et sociales de M. Jacques Duval, lui adressa une lettre d'où il résulterait qu'une évolution analogue à celle du *Sillon* s'est opérée au sein de l'A. C. J. F. : au point de départ, projet de *fédération*, heureusement combiné pour attirer toutes les adhésions ; puis, progressivement, à mesure qu'elles étaient acquises, absorption de toute liberté au profit d'idées contingentes, discutables, fausses peut-être, au profit d'*un parti*. Voici cette lettre fort intéressante :

Lorsque nous avons fait de l'A. C. J. F. une association *fédérale*, nous entendions respecter absolument l'autonomie de chaque groupe, nous ne voulions inféoder l'Association à aucun parti politique, à aucune école économique, nous entendions que nos groupes serviraient uniquement à développer notre vie catholique, tant en notre particulier qu'à l'égard de toutes les manifestations publiques de la vie religieuse nationale. *Nous laissions aux membres de nos groupes toute liberté de penser et d'agir en dehors du domaine religieux, nous voulions en un mot n'exclure aucun catholique, fût-il royaliste, républicain, ou indifférent en matière politique, économiste libéral ou interventionniste, etc.* Or, je ne crois pas forcer beaucoup la pensée de M. Duval en lui faisant dire qu'il y a incompatibilité absolue entre le fait de professer certaines doctrines politiques ou économiques et le fait d'être membres de l'A. C. J. F.

Il est bien entendu que nul groupe de l'A. C. J. F. ne doit en tant que groupe être affilié à une association distincte, mais je tiens à revendiquer nettement pour moi, qui entends rester des vôtres, comme pour tous ceux qui se trouveraient dans mon cas, le droit soit de faire partie de l'*Action française*, soit de la *Réforme sociale*, soit de la *Science sociale*, etc., tout comme d'une société historique, archéologique, littéraire.

Je sais bien *qu'en imposant un programme politique et social* à ses membres, certains estiment donner à l'A. C. J. F. plus de cohésion et par suite, plus de force. Je n'en suis pas très convaincu, mais j'estime en tout cas que le jour où l'on aurait ainsi augmenté le nombre de nos opinions *obligatoirement communes*, notre Association perdrait ses droits au beau titre d'*Association catholique* sans aucune épithète, titre que nous avons jadis fait notre possible pour lui maintenir. •

M. Jacques Duval ne se défend pas, bien au contraire. Après avoir reproduit cette lettre, il commence ainsi sa réponse (juillet 1907) :

Je regrette d'avoir à contredire un de nos anciens, mais je crois que sur certains points M. de Calan est dans l'erreur. Il n'est pas exact d'affirmer que l'*Association* « servirait uniquement à développer notre vie catholique. »

Il serait plus conforme à la vérité de dire que l'A. C. J. F. cherche à développer d'abord notre vie religieuse, mais à côté je trouve dès l'origine de l'A. C. J. F. une préoccupation *sociale*, « garder et coordonner les forces vives de la *Jeunesse catholique* en vue de restaurer *l'ordre social chrétien*. »

Je suis heureux, d'autre part, qu'on ait si bien saisi ma pensée quand j'affirme qu'il y a *incompatibilité absolue entre le fait de professer certaines doctrines politiques ou économiques et le fait d'être membres de l'A. C. J. F. C'est la conviction profonde de l'A. C. J. F., qu'un membre de l'Association ne peut pas faire partie d'un groupement politique quelconque — Action française ou autre — car ces groupes ne poursuivent pas le même but que la J. C.

M. Jacques Duval parle avec d'autant plus d'assurance, qu'il a eu la satisfaction d'obtenir l'entière

•

approbation de M. Jean Lerolle, président actuel de l'Association.

Celui ci intervient au débat par une lettre publique dont M. Duval fait suivre sa réponse, dans la *Jeune Bretagne* du 1ᵉʳ août 1907.

Elle débute ainsi :

J'ai lu avec le plus vif intérêt vos articles de la *Jeune Bretagne*, et je tiens à vous en féliciter. Ils sont tout à fait « dans la ligue ». Rarement on a mieux marqué le sens de notre action.

La suite de la lettre de M. J. Lerolle se rapporte au programme social de l'A. C. J. F., et ne contient aucune restriction à ce que M. Duval écrit sur ses doctrines politiques.

Il n'y a donc rien à ajouter.

Je conclurai brièvement par un seul trait cette pénible étude. Il peindra plus éloquemment que toute réflexion la stérilité et les dangers du courant politique dans lequel l'A. C. J. F. est entrée à la suite de l'*Action libérale*.

Je rencontrai, l'an dernier, à l'improviste et en courant, un ancien élève de l'Externat de la rue de Madrid, que je n'avais pas revu depuis douze ans. Il était l'un de ceux sur qui les directeurs de l'A. C. J. F. fondaient à bon droit le plus d'espérances. — Ah ! mon Père, je lis vos ouvrages ; ils m'ont ramené de bien loin. — Vraiment ? Je vous enverrai le dernier, sur les *Démocrates chrétiens et le Modernisme*. — Peu après, je recevais cette lettre, d'une simplicité poignante, véritable document humain :

26 janvier 1908. — Mon cher Père, je vous remercie
vivement de votre envol. Je le reçois en plein milieu de
mon déménagement. Mais je trouve les questions que
vous traitez si passionnantes que je n'ai pas hésité à en
attaquer un morceau.

Je tremble quand je me rappelle où nous en étions,
il y a peu d'années.

Malgré le fonds de doctrines inculqué par les Pères,
l'adhésion à ce fameux ralliement nous livrait à l'envahissement progressif du libéralisme.

Tous ces modernistes et démocrates étaient encore
très loin de nous, mais nous descendions tout doucement vers eux.

Je ne puis vous dire le sentiment de désarroi et de
démoralisation dont, malgré tout, j'avais conscience, et
qui, peu à peu, effritait, minait toute énergie chez moi,
à voir que je n'avais plus aucun principe auquel m'ac-
crocher, rien de ferme qui pût servir de point d'appui
dans ce glissement lent vers des idées qu'avaient combattues jusqu'ici toutes les générations catholiques.

Et puis, pourquoi résister, tout évoluait, tout était
relatif, donc acceptable sous un certain angle, etc., etc.

Je vais prendre le train, je pense et j'écris en télégra-
phie. Pardon.

Seuls, les sourds qui ne veulent pas entendre
résisteraient à ce langage. Il crie avec une suprême
éloquence la nécessité de quitter l'ornière fatale, de
reprendre l'équilibre perdu, et, pour tout dire d'un
mot, de réaliser l'accord entre tous les catholiques,
non plus *sur un programme politique* dont le triomphe vainement poursuivi, absorbe jusqu'ici presque
tous les efforts, mais *sur un programme de vérités
religieuses, de principes chrétiens* à soutenir, dont
presque personne ne se met en peine.

CHAPITRE XII

LES DIRECTIONS PONTIFICALES
DE S. S. PIE X (1)

(Novembre 1909)

Le nom de « Directions pontificales » est passé
en usage pour désigner spécialement les enseignements, les conseils ou les avis formels donnés à
notre époque aux catholiques par le Chef de l'Eglise
en vue de régler leur conduite dans l'action politique et sociale. On a donc justement appliqué ce nom
à la saisissante manifestation de ceux de S. S.
Pie X à l'égard des catholiques de France, en des
circonstances dont les détails sont encore présents à
toutes les mémoires. Non moins justement, nous le
verrons, la comparaison avec une autre orientation
précédemment donnée par le Saint-Siège les a fait
appeler : *Les nouvelles directions pontificales.*

Si l'on a pu dire et répéter à satiété avec quel-

1. Le lecteur, qui serait curieux de voir comment la politique de l'*Action libérale* et de toutes les forces qui s'y ral-
lient a travaillé à substituer à la presse catholique l'*organisation d'une presse libérale*, pourra se reporter aux deux
articles très documentés que la *Critique du libéralisme* a
publiés sur ce sujet dans les numéros des 1er et 15 mai 1909.

que apparence de raison, apparence dont se sont nourries tant d'illusions funestes, que les directions pontificales de Léon XIII marquaient une évolution de l'Eglise parmi les nations modernes et qu'elles étaient un coup de barre donné au gouvernail de la barque de Pierre pour la jeter au large des eaux démocratiques, nul ne niera que, sans nulle affectation de réagir en un sens différent ni d'embrasser d'aussi vastes horizons, celles récemment données par S. S. Pie X, en une occasion aussi solennelle et sous une forme aussi tranchée, ne marquent du moins l'heure présente par une orientation nouvelle pour les catholiques de France et ne leur demandent un changement d'attitude.

Tout le monde en a eu la sensation. Un frémissement général a secoué la France catholique. L'émotion fut immense, l'enthousiasme, sincère, car le Père des fidèles avait trouvé spontanément le mot et le geste les mieux choisis pour faire vibrer les cœurs français.

Mais où sont jusqu'à présent les résultats? Répondent-ils à cet enthousiasme, à cette adhésion spontanée et chaleureuse ? La cérémonie grandiose, d'une splendeur unique, que le Pape a choisie comme occasion de faire entendre sa voix, le caractère à la fois patriotique et religieux de cette fête et le rôle de la vierge guerrière que le Saint-Siège y exaltait, l'énergie presque surhumaine des paroles que le Vicaire de Jésus-Christ y fit retentir, et, au dire des témoins, l'éclat extraordinaire avec lequel il lança sous les voûtes immenses la déclaration qui était le point culminant de son discours, puis, la série d'ac-

tes non moins frappants qui vint peu après l'appuyer, tout indique que S. S. Pie X a fait là un
suprême effort pour frapper et forcer l'attention du
peuple catholique et pour le déterminer sans délai
à suivre ses conseils.

L'émotion s'est apaisée presque aussi subitement
qu'elle s'était produite. L'enthousiasme, s'il n'est
pas tombé, ne se soutient que par une ardeur factice. Il lui manque l'appui des actes. Il se dissipe et
s'égare en paroles. On parle à perte d'haleine, on
commente sans fin ; verbiage et commentaires dissimulent les réticences venues à la réflexion et la
coutumière passivité. Nos évêques, cependant, plus
fortement saisis par l'accent du Père commun, en
union plus immédiate avec son cœur, ont commencé
de nous donner l'exemple. L'indépendance apostolique du cardinal Andrieu, des archevêques et des
évêques d'Auch, de Bayonne, de Cahors, etc..,
leur intrépide résistance en faveur des droits de
l'Eglise spoliée et tyrannisée, la récente déclaration
unanime de l'épiscopat contre l'école athée, devraient
nous ouvrir les yeux et nous tracer la voie. Mais si
l'on regarde la conduite de la masse, l'attitude de
partis ou groupements qui se flattent de mieux suivre l'Eglise, celle de leurs leaders et des hommes
marquants, si l'on écoute leurs journaux, tout est
encore confusion, tout trahit les mêmes indécisions
que par le passé, les mêmes petitesses.

Ils n'ont pas eu, disions-nous récemment, la
réserve qui leur siérait aujourd'hui. Ils se sont em-
pressés d'expliquer en de longs articles comment
les paroles de S. S. Pie X devaient être entendues

et appliquées. Ils parlent de tout excepté de ce
que le Pape a dit clairement. Et nous annoncions
le dessein de le montrer un peu plus tard. Il semble que ce moment soit venu. Quoique toute discussion sur la parole du Saint-Père fût désormais
odieuse, comme Mgr Marty, évêque de Montauban,
l'écrivait au directeur de l'*Univers*, il est devenu
indispensable de revenir sur cet ensemble de faits
pour l'éclaircir.

Voyons donc ce que sont les nouvelles directions
pontificales, les commentaires qu'on en a faits, les
conséquences et l'application de ceux-ci, les efforts
réalisés pour l'union des catholiques si instamment
demandée par le Saint-Père et les plans proposés
pour l'exécution de ses avis.

I. — LES NOUVELLES DIRECTIONS PONTIFICALES

Le Pape a voulu quelque chose. Énoncer une si
grande banalité pourrait paraître impertinent. Elle
renferme cependant le point de départ dont il est
nécessaire avant tout de convenir. Il a voulu dire une
chose importante, grave, et l'inculquer fortement ; il a
voulu frapper un coup sur l'opinion des catholiques
de France, pour leur faire modifier leur conduite et
leur tactique. Nous l'avons déjà remarqué, tout
contribue à rendre cette intention évidente.

Quelle était-elle donc ? Pie X a imprimé à ces
nouvelles directions un tel cachet de force majes-
tueuse et sereine, de fermeté et de netteté unies à
la plus admirable discrétion, et il nous les a présen-

tées dans un cadre si propre à en accroître la lumière, que la froide analyse risque de les décomposer et ne peut manquer d'en diminuer l'éclat. Elle aura cependant l'avantage de faire ressortir isolément chaque trait avec quelque précision.

Ces directions consistèrent premièrement en un avertissement si formel, que la tendresse et l'indulgence du Père empêchent seules de l'appeler un reproche. Il portait sur deux points se rapportant au même objet. Le langage du Saint-Père faisait entendre clairement, nous semble-t-il, ce double avis : Vous avez trop de ménagements et d'obséquiosité pour le pouvoir civil qui vous tyrannise, et vous faites trop bon marché de ce que vous devez à l'Eglise votre Mère ; soyez donc plus indépendants dans votre conscience de chrétiens vis-à-vis d'un régime qui foule aux pieds vos droits sacrés, et, comme catholiques, plus dévoués à l'Eglise dont les revendications assureraient également vos libertés nécessaires et le bien de votre patrie ; honorez-vous moins d'un loyalisme constitutionnel qui, en de telles circonstances, dépasse vos obligations envers le pouvoir et vous abaisse devant lui, mais portez plus fièrement votre titre de catholiques, affirmez avec plus de franchise et de courage les principes dont votre salut dépend. Ne soyez pas serviles envers l'Etat et neutres dans la cause des droits de Dieu sur la société.

La constatation de cette faiblesse est la raison des directions nouvelles. Leur but est de provoquer une énergique et égale réaction dans les deux sens. C'était donc déjà les affaiblir et les dénaturer partiellement, de prétendre comme on l'a fait, nous le verrons, qu'elles atteignent seulement par contre-coup et indirectement le domaine de l'action publique. Ce but, pour lui donner son vrai caractère, malgré la répugnance des libéraux à le reconnaître, c'est un vibrant *appel à la lutte* sur un double terrain, dont les limites d'ailleurs se compénètrent, et pour le service d'une même cause : l'œuvre d'une reconstitution religieuse et sociale par la pratique généreuse, zélée, totale, des devoirs que comporte le véritable esprit du christianisme, et le franc exercice de nos droits de citoyens catholiques dans un pays où leur droit de cité a une priorité sur tout autre qui s'y opposerait. A vrai dire, même, ce second genre d'action, cette seconde forme de la lutte, loin d'être l'objet secondaire des directions nouvelles, en est la première application.

La forme que cette lutte devra prendre dans l'un et l'autre champ d'action, le mot d'ordre qui servira de ralliement, se trouvent parfaitement déterminés : c'est la lutte pour l'*Eglise*, la défense de l'*Eglise*, l'affirmation de ses droits et de la mission civilisatrice qui lui est propre, seule capable d'assurer la paix sociale.

Le moyen et la condition de succès, ce sera l'union de tous les catholiques sous ce drapeau de l'*Eglise* dont les plis protecteurs sont assez larges pour les abriter tous indistinctement : l'union sur le terrain religieux. Elle ne supprime pas les divergences politiques ; elle respecte les intérêts de parti, tous les intérêts ; elle n'implique de préférence pour aucun régime ; elle se refuse également à imposer l'adhésion à la forme de pouvoir établi ou à favoriser ceux qui estiment son changement nécessaire. Aux uns et aux autres elle commande avec la même instance de faire passer avant tout le pouvoir de Dieu et la défense de leur foi, sans aucun asservissement de cette cause sacrée à des calculs politiques.

Quels sont, dans les actes récents du Saint-Siège constituant les directions nouvelles, les traits saillants dont on peut inférer l'exactitude de cette analyse ?

Le discours du Saint-Père adressé aux quarante mille pèlerins français accourus à Rome pour la béatification de Jeanne d'Arc suffirait seul à la justifier. Ce qu'il a dit ou fait ensuite n'est d'ailleurs que le développement de cette sublime leçon. L'avertissement dont nous avons parlé y prend la place la plus en évidence, parce qu'il est le point de départ de la nouvelle orientation. Si l'on ne refuse pas d'admettre que le Pape a voulu dire quelque chose, c'est-à-dire adapter sa parole à notre situation actuelle et à ses besoins ; si l'on ne ferme pas les yeux sur le contraste presque violent entre l'énergie de son langage et le soumissionnisme dont on avait voulu faire notre mot d'ordre ; si l'on n'oublie pas l'occasion choisie pour rendre cette manifestation plus éclatante, c'est-à-dire l'apothéose religieuse de la vierge libératrice, guerrière, que Pie X voulait, selon sa lettre à M. Keller, nous donner « pour chef et pour guide » (1), il nous paraît

1. On a bien peine à voir autre chose qu'une gageure oratoire dans la conception que s'en est faite Mgr Lecœur,

impossible de ne pas convenir que nous avons exactement rendu sa pensée.

Nous en avons d'ailleurs un garant peu suspect.
C'est la *Corrispondenza romana*. On connaît ses
attaches avec le Vatican. Le prélat qui l'inspire
appartient à la Secrétairerie d'Etat. Le lendemain
de la cérémonie, 20 avril, cette feuille a expliqué
les paroles pontificales dans un article intitulé :
Après le discours du Pape. Il ne peut venir à la
pensée de personne qu'elle se soit permis d'en donner une interprétation aussi formelle, sans l'avoir
puisée à la source authentique. La *Corrispondenza*
n'a, il est vrai, aucun caractère officiel ni officieux,
mais quand elle se réfère directement à ce qu'a dit
le Pape et à ce qu'il a voulu faire entendre, son
autorité s'impose évidemment. Il ne s'agit pas là
d'informations venues de l'étranger ni de jugements
sur la politique des différents pays. Après avoir
résumé la magnifique justification du patriotisme
des catholiques, la *Corrispondenza romana* en
vient au passage qui est le nœud du discours pontifical :

Malheureusement, il y a des époques maudites — et
c'est le cas aujourd'hui pour la France — où il faut dis-

évêque de Saint-Flour, qui, prêchant ensuite le panégyrique
de la bienheureuse à la clôture du triduum célébré à Notre-
Dame de Paris, développait ce thème : « Bienheureux les
p acifiques », et s'efforçait de présenter la mission de Jeanne
d'Arc comme une mission de paix. Curieux écho de la parole
du Pape! Pour lui rendre un ton juste, il faudrait rappeler
la belle parole de notre héroïne! « La paix, elle est au bout
de ma lance! »

tinguer entre la patrie et le gouvernement. C'est quand, rompant avec la tradition historique, et surtout avec la vérité elle-même, le gouvernement fait la guerre à l'Église et l'expulse de tous les domaines publics.

Alors un cruel déchirement a lieu dans les consciences catholiques ; et si elles continuent à rendre à l'État ce qui est dû à l'État, elles retirent, *elles doivent retirer à ce gouvernement leur affection.* Pie X a formulé cela en termes inoubliables, qu'il convient, vu leur importance actuelle, de reproduire textuellement :

« Non, il ne peut prétendre à l'amour cet État, ce gouvernement, quel que soit le nom qu'on lui donne, qui, en faisant la guerre à la vérité, outrage ce qu'il y a dans l'homme de plus sacré. *Il pourra se soutenir par la force matérielle, on le craindra sous la menace du glaive, on l'applaudira par hypocrisie, intérêt ou servilisme ; on lui obéira parce que la religion prêche et ennoblit la soumission aux pouvoirs humains, pourvu qu'ils n'exigent pas ce qui est opposé à la sainte loi de Dieu. Mais si l'accomplissement de ce devoir envers les pouvoirs humains, en ce qui est compatible avec les devoirs envers Dieu, rendra l'obéissance plus méritoire, elle n'en sera ni plus tendre, ni plus joyeuse, ni plus spontanée ; jamais elle ne méritera le nom de vénération et d'amour.* Ces sentiments, cette patrie seule peut nous les inspirer, qui, unie en chaste alliance, avec l'Église, produit le vrai bien de l'humanité. »

Et la *Corrispondenza* ajoute cette explication :

Autrement dit, en tout ce qui ne viole pas la loi de Dieu, la soumission est due à l'État, malgré toutes les raisons qu'on peut en avoir d'être mécontent ; *mais cette soumission ne peut pas, ne doit pas se changer en soumissionnisme* (1).

1. Ce soulignement et tous ceux qui précèdent (fait à remarquer), sont dans le texte de la *Corrispondenza.* Ceux qui suivent sont de nous. Voilà donc ce qu'a voulu dire le Pape.

L'État n'y a aucun droit, ET LE CATHOLIQUE A QUI IL PLAIT DE PAYER CE SURCROIT DE TRIBUT, TOMBE SOUS L'UNE OU L'AUTRE DES QUALIFICATIONS DU DISCOURS PONTIFICAL : HYPOCRISIE, INTÉRÊT OU SERVILISME.

Et maintenant que les pèlerins français sont partis emportant aux quatre coins de leur beau pays les paroles augustes du Saint-Père, ils s'en feront les propagateurs intelligents ; et le patriotisme catholique, grâce à eux, deviendra, nous ne disons pas plus ardent, c'est impossible, mais *plus indépendant et plus fier*.

Espérons aussi que, s'il se trouve encore des sectaires pour s'imaginer les couvrir de honte en les traitant de « Papistes et de Romains », les catholiques français, au *lieu d'être tentés de se laisser intimider par ces épithètes*, les relèveront comme des titres de noblesse, reçus par eux de la bouche même du Saint-Père, qui a sacré ces mots en les prononçant.

La vérité catholique est papiste et romaine, et il n'y a de véritables catholiques que les *papistes et les romains. C'est une question de loyauté, la loi française par excellence.*

Il y aurait lieu, en effet, de relever dans cet héroïque discours d'autres paroles non moins énergiques, telles, celles où le Saint-Père relevant au nom des catholiques l'odieuse accusation de trahir leur patrie pour leur foi, s'écrie : « Ayez courage, vénérables frères et fils bien-aimés, *et rejetez à la face de vos accusateurs* cette vile calomnie, etc... » Il est sensible d'ailleurs que les éloges prodigués par lui au courage et au dévouement dont ses enfants ont fait preuve est surtout un encouragement, une excitation à la lutte dont nous l'entendrons tout à l'heure définir le champ. Cet appel à une résistance plus ferme se lit encore dans le discours adressé le lendemain aux nombreux évêques présents à Rome :

En rendant grâces immortelles à Dieu, auteur et conservateur de l'Eglise qui vous a toujours assistés et vous assiste dans votre lutte *pro aris et focis*, nous nous réjouissons de tout cœur avec vous.

Cependant, Vénérables Frères, tandis que s'exacerbe contre la religion la fureur des impies qui, contre toute raison de justice, d'équité, d'humanité, voudraient la ruiner dans ses fondements, *nous vous exhortons vivement à ne pas cesser de repousser, comme vous l'avez fait jusqu'ici, les assauts ennemis, en exposant publiquement vos plaintes contre les injustices, en révélant les mensonges, les calomnies, les embûches et en condamnant les erreurs et les doctrines perverses. Tandis qu'aux méchants on permet la licence la plus effrénée dans la scélératesse, vous, fermement unis dans vos desseins, revendiquez pour vous l'entière liberté d'annoncer, d'enseigner, d'ordonner tout ce qui est vrai et juste, tout ce qui est bon et salutaire, et tout d'abord d'adorer publiquement dans les cités la Majesté divine.*

Presque aussitôt après l'inoubliable cérémonie de la béatification, le 21 avril, Pie X signait l'Encyclique pour le huitième centenaire de saint Anselme. Quoique cette fois il s'adresse à l'Eglise universelle, il est difficile de ne pas voir dans la coïncidence même de ces actes un rapprochement voulu. On a trop peu insisté sur l'importance de ce document incomparable, soit que l'application d'une direction aussi claire déconcertât les timidités, soit que l'enthousiasme un peu factice eût peine à se soutenir. L'appel à la lutte, à la lutte pour l'Eglise, pour ses droits et sa liberté, en fait tout l'objet et inspire d'un bout à l'autre ces pages où l'on sent passer le souffle du saint et indomptable courage qui anima dans les siècles passés les grands défenseurs de la foi. Ce but est franchement indiqué.

En ayant soin de nous inculquer dans l'esprit ses exemples, à l'occasion de la commémoration solennelle de ce grand Docteur, nous aurons, vénérables Frères, beaucoup à admirer et à imiter. « De cette contemplation résultera « surtout un accroissement de force et de courage pour « remplir vaillamment les fonctions souvent si ardues « et si pleines de soucis, du saint ministère » ; pour travailler ardemment à tout restaurer dans le Christ « pour que le Christ soit formé en tous » (*Galat.* IV, 19) et principalement en ceux qui aspirent au sacerdoce ; « pour défendre fermement le magistère de l'Eglise et lutter énergiquement pour la liberté de l'Epouse du Christ pour la sauvegarder des droits divins et enfin pour tout ce qui importe à la défense du Souverain Pontificat. »

Après un tableau des attentats tramés contre l'Eglise, dont les traits sont évidemment empruntés à sa situation en France, le Saint-Père en dénonce la sacrilège perfidie avec une liberté que nombre de catholiques eussent trouvée téméraire et presque injuste dans une autre bouche. Il ne cherche point d'excuse dans nos défiances et nos résistances pour alléger la responsabilité de nos adversaires :

Et cependant, les auteurs de cette guerre si acharnée et si perfide s'en vont disant qu'ils ne sont inspirés d'aucun autre motif que du culte de la liberté et du zèle du progrès, et même de l'amour de la patrie. En cela, ils mentent comme leur père, qui fut « homicide dès le commencement » et qui, « lorsqu'il ment, parle de son propre fond, parce qu'il est menteur » (JOAN., VIII, 44), et animé d'une haine inextinguible contre Dieu et l'espèce humaine. « Hommes impudents qui s'efforcent de « donner des prétextes et de dresser des pièges aux « oreilles étourdies. » Ce n'est ni le doux amour de la patrie, ni le souci des intérêts du peuple, ni aucun motif de probité et de justice qui les pousse à cette guerre

impie, « mais uniquement leur fureur insensée contre
« Dieu et contre l'Eglise, son œuvre admirable, » De
cette haine délibérée, comme d'une source empoison-
née, découlent ces projets scélérats qui tendent à op-
primer l'Eglise, et à l'exclure de la société humaine ; de
là, ces voix grossières qui proclament à l'envi qu'elle
est morte, quand on ne cesse cependant de la combattre, et quand on en arrive à ce point d'audace et de folie
de l'accuser, après qu'on l'a dépouillée de toute liberté,
de ne servir de rien pour l'humanité et d'être d'aucune
utilité pour l'Etat.

C'est pourquoi le Vicaire de Jésus-Christ ne juge
rien plus opportun que de nous proposer l'exemple, de nous retracer l'histoire des grandes luttes
soutenues par le glorieux docteur saint Anselme
pour la cause sacrée de l'Eglise. A cette pensée se
rattache toute l'Encyclique :

Ces trois choses, *l'honneur de l'Eglise, sa liberté et
son intégrité* sont, jour et nuit, l'objet de ses préoccupations : pour les maintenir, il importune Dieu de ses
larmes, de ses prières et de ses sacrifices ; pour les
accroître, toutes ses forces entrent en jeu ; il résiste
avec vigueur, il souffre avec patience ; il emploie à les
protéger son activité, ses écrits, sa parole. A leur défense, il envoie ses religieux ses frères, les Evêques, le
clergé et le peuple fidèle, par des exhortations sans
fin, douces et fortes, plus sévères à l'égard des princes qui, pour leur grand malheur et pour celui de
leurs sujets, méconnaissent les droits et la liberté de
l'Eglise...

C'est ainsi que l'amour fervent de ce saint personnage pour l'Eglise jaillissait de son cœur ; c'est ainsi
qu'éclatait son zèle pour la défense de la liberté qui est
la chose la plus nécessaire dans un gouvernement chrétien, en même temps qu'elle est la plus chère à Dieu,
comme l'enseigne l'éminent docteur dans cette brève et

vibrante affirmation : « *Dieu n'a rien de plus cher au monde que la liberté de son Eglise*. Et, Vénérables Frères, IL N'Y A RIEN NON PLUS QUI EXPRIME NOTRE SENTIMENT PLUS CLAIREMENT QUE LA FRÉQUENTE RÉPÉTITION DES PAROLES QUE NOUS VENONS DE PRONONCER. »

« Ils se trompent donc fortement ceux qui imaginent « et espèrent pour l'Eglise un état exempt de toute per- « turbation dans lequel, tout arrivant à souhait et per- « sonne ne s'opposant à l'autorité de sa puissance sa- « crée, on aurait le loisir de jouir du repos le plus agréa- « ble. Ils se trompent encore plus honteusement, ceux « qui, dans le faux et vain espoir d'obtenir une paix de « cette nature, dissimulent les intérêts et les droits de « l'Eglise, les sacrifient à des considérations d'ordre « privé, les diminuent injustement et pactisent avec le « monde », qui est placé tout entier sous la puissance du mal, sous prétexte de gagner les fauteurs de nouveautés et de réconcilier l'Eglise avec eux, comme s'il pouvait y avoir accord entre la lumière et les ténèbres, entre le Christ et Bélial. Ce sont là des rêves d'esprits malades ; on n'a jamais cessé de forger de telles chimères, et on ne cessera jamais de le faire tant qu'il y aura ou de lâches soldats, qui s'enfuient en jetant le bouclier dès qu'ils voient l'ennemi, ou des traîtres qui se hâtent de pactiser avec l'ennemi, c'est-à-dire, en l'espèce, avec le très malfaisant ennemi de Dieu et des hommes.

Il vous incombe donc, Vénérables Frères, vous que la Providence a constitués pasteurs et chefs de son peuple, de veiller, selon vos forces, à ce que notre siècle, si enclin à ce genre de bassesse, s'abstienne, alors que sévit contre notre religion une guerre cruelle, « de « croupir dans une honteuse apathie, de rester neu- « tre (1), de ruiner les droits divins et humains par de « compromettants accommodements », et de faire que tous retiennent gravée en leur âme cette sentence si

---

1. S. S. Pie X écrivant l'Encyclique en italien, a dit : *In una vergognosa inerzia*, IN UNA VILA NEUTRALITA.

formelle du Christ : « Qui n'est pas avec moi est contre moi. » (MATTH., XII, 30). Ce n'est pas qu'il ne faille aux ministres du Christ une provision de charité personnelle, eux à qui s'adressent surtout les paroles de saint Paul : « Je me suis fait tout à tous pour les sauver tous. » Ce n'est pas non plus qu'il ne convienne jamais de céder quelque chose, même de son droit, dans la mesure où cela est permis et où le réclame le salut des âmes. Assurément, nul soupçon d'une faute de ce genre ne tombe sur vous, que presse la charité du Christ. Au reste, cette juste condescendance ne mérite aucunement le reproche d'être la violation d'un devoir, et elle ne touche absolument en rien aux fondements de la vérité éternelle et de la justice.

Le sens des nouvelles directions pontificales est encore clairement marqué dans la lettre écrite à M. le colonel Keller par le cardinal Secrétaire d'État, au nom du Saint-Père, en réponse à l'hommage du discours prononcé par le nouveau président des comités catholiques.

Deux choses ressortent principalement de ce discours qui a reçu une approbation aussi éclatante, et dans des circonstances qui en augmentent encore la signification. La première est que tous nos efforts doivent se concentrer dans *la lutte pour l'Église*. La seconde, que ces efforts, loin de se restreindre à une restauration de l'esprit chrétien dans la masse populaire par l'action religieuse et sociale, doivent se porter non moins franchement sur le terrain de l'action publique et politique, en y arborant le drapeau de l'église comme unique insigne. C'est sous ses plis immaculés que se fera l'union entre les partis :

Religion et Patrie, « et plus justement encore Église

et Patrie », voilà le mot d'ordre qui, des lèvres augustes de Pie X, est tombé dans le cœur de 40.000 Français ; voilà le mot d'ordre que ses lèvres, en gage de pardon et d'amour, ont déposé dans les plis du drapeau français.

Ces paroles répondent admirablement, en effet, à celles prononcées par Pie X disant aux pèlerins français.

Oui, elle est digne non seulement d'amour, mais de prédilection, la patrie, dont le nom sacré éveille dans votre esprit les plus chers souvenirs et fait tressaillir toutes les fibres de votre âme, cette terre commune où vous avez eu votre berceau, à laquelle vous rattachent les liens du sang et cette autre communauté plus noble des affections et des traditions. Mais cet amour du sol natal, ces liens de fraternité patriotique, qui sont le partage de tous les pays, sont plus forts quand la patrie terrestre reste indissolublement unie à cette autre patrie, qui ne connaît ni les différences des langues, ni les barrières des montagnes et des mers, qui embrasse à la fois le monde visible et celui d'au delà de la mort, à l'Église catholique. Cette grâce, et elle est commune à d'autres nations, vous convient spécialement à vous, fils très chers de la France, qui avez si fort au cœur l'amour de votre pays, parce qu'il est uni à l'Église dont vous êtes les défenseurs et pour laquelle vous vous glorifiez de porter le nom de Papistes et de Romains.

Ces sentiments de vénération et d'amour, cette patrie seule peut nous les inspirer qui, unie en chaste alliance avec l'Église, poursuit le vrai bien de l'humanité.

M. Keller n'était pas moins le fidèle écho de la pensée pontificale, lorsqu'après avoir parlé de la mission sociale des catholiques et de la restauration religieuse, il ajoutait, en visant un autre genre d'action :

On vous dira sans doute qu'à vous placer ainsi sur le terrain catholique, exclusivement catholique, vous allez encourir une fois de plus, en tant que catholiques, le reproche que l'on vous a fait si souvent d'être des adversaires irréductibles du pouvoir actuel, d'être des cléricaux et d'être des romains.

Des adversaires irréductibles ? Mais c'est l'évidence même de la situation qui nous est faite par la secte au pouvoir.

Ne nous a-t-elle pas, en tant que catholiques, dénoncés à la vindicte publique comme les pires ennemis de la société ? Ne nous a-t-elle pas, en tant que catholiques, réduits à l'état de parias et à l'état de mendiants sur cette terre qui est la nôtre ? Je sais bien que peut-être quelque agneau de notre troupeau a troublé l'onde pure, dans laquelle allait se désaltérant le libéralisme idyllique de M. Aristide Briand. Probablement aussi quelqu'un des nôtres dut médire, l'an passé, de la main respectueuse de la foi jurée, qui a déchiré le Concordat.

Mais j'entends déjà, dans la forêt d'acacias toute proche, la bande de loups qui hurlent d'impatience et qui réclament notre mort sans phrase !

Eh bien ! Je vous demande, entre ces hommes qui ont juré notre perte et nous qui avons juré de vivre, où y a-t-il place pour un accord possible, en dehors de la servilité ou de l'hypocrisie ?

Et qui oserait nous demander, à nous, qui oserait demander aux successeurs des Pie, des Dupanloup et des Freppel, aux élèves des Olivaint et des Captier, aux fils des grands lutteurs catholiques d'hier, qui oserait nous demander de nous prosterner dans la lâcheté devant les puissants du jour, alors qu'ils captent audacieusement et qu'ils empoisonnent toutes les sources de la vie nationale et chrétienne ?

Oui, nous sommes et nous demeurons les défenseurs irréductibles de nos droits, de nos biens, de notre existence même, jusqu'au jour où on nous aura rendu la place qui nous appartient doublement sur cette terre, que nos aïeux ont faite catholique et française.

Voilà le double objet pour lequel la voix éloquente du colonel Keller, en laquelle il semblait encore entendre celle de son illustre et admirable père, invitait tous les catholiques à s'unir dans le saint combat où l'héroïque Jeanne d'Arc leur est donnée par le Pape pour chef et pour guide :

Il est temps que nous comprenions que, dans la lutte, on ne peut faire de besogne utile qu'avec des forces organisées, compactes, disciplinées, conduites par leurs chefs sous un même étendard, avec un même mot d'ordre, sur un terrain où elles puissent concentrer tous leurs efforts d'un même élan et d'un commun accord.

Ce terrain, il est tout indiqué ; ce terrain, il s'impose car c'est celui-là même vers lequel convergent toutes les attaques de l'adversaire, et, en même temps, c'est le seul où nous puissions nous réunir ; « c'est le terrain « catholique, le terrain nettement, exclusivement catho-« lique et religieux. »

Tel est le discours qui a obtenu l'approbation offi-cielle du Saint-Siège, comme reflétant avec exacti-tude ses intentions et volontés. Si quelque doute avait pu subsister, ce que, pour notre part, nous aurions peine à comprendre, il devait s'effacer com-plètement devant ce témoignage du cardinal Merry del Val écrivant à M. Keller :

Vos paroles, en effet, répondent complètement aux pensées et aux désirs du Souverain Pontife, qui est

heureux de leur donner une pleine et entière approbation. Rien ne lui paraît plus opportun et plus pratique que d'appeler tous les gens de bien à s'unir sur
le terrain nettement catholique et religieux, conformément aux conditions pontificales. Ce programme d'action si clair et si fécond, que déjà votre vénéré Archevêque a encouragé en termes si éloquents et si autorisés,
le Saint-Père souhaite qu'il soit adopté par tous les bons
Français...

Le sens des nouvelles directions du Saint-Siége
est donc clair comme le jour.

II. — LES COMMENTAIRES

Après le discours du Pape, quelle aurait dû être
la réponse et la conduite des catholiques ? Se taire
et agir. Se taire, observer la réserve respectueuse et
prudente que commandait une situation particulièrement délicate ; imiter en cela l'extrême discrétion
et les ménagements du Souverain Pontife qui avait
dit tout ce qu'il voulait dire, tout ce que nous
avions besoin d'entendre, sans y mêler aucune
allusion à des événements passés, en évitant, avec
une charité et une sagesse qui aurait dû frapper
tout le monde, d'agiter les esprits par la comparaison de ces conseils avec la ligne de conduite que
nombre de catholiques se croyaient jusque-là le devoir ou le droit de suivre. Et se conformer activement, sans plus examiner, avec une entière sincérité, à celle qu'il venait de tracer.

Mais, s'ils ne pouvaient résister au besoin d'occuper l'opinion publique des sentiments qui les agi-

taient, ce n'aurait dû être que pour constater la portée du double avertissement donné par le Saint-Père et en adopter les conclusions sans biaiser. Dans l'un et l'autre cas, celles-ci s'énonçaient clairement.

Ne mettons plus en avant, *de part ni d'autre*, la préférence d'une forme politique, et dans les conditions d'entente pour l'action catholique, ne faisons pas plus entrer le loyalisme constitutionnel que la profession de foi monarchique. Convenons, d'autre part, que l'instable et bas terrain du droit commun et de la liberté pour tous nous est une position insuffisante, dangereuse pour défendre la cause de Dieu qui ne fait qu'un avec celle de son Eglise, et qu'il nous oblige à trop nous écarter de ce vrai palladium de la civilisation chrétienne. Affirmons désormais à la face du pays et d'un pouvoir révolutionnaire les vrais principes du droit chrétien. En un mot, que notre cri de ralliement, à partir de ce jour, soit : *Défendons l'Eglise !*

Alors l'union se faisait d'elle-même.

Il est impossible de dissimuler que l'avertissement pontifical atteignait surtout les catholiques constitutionnels libéraux et démocrates. Le Pape a voulu dire quelque chose, il faut en revenir là. Où se trouvaient donc la déférence exagérée envers le régime politique, l'affectation de loyalisme, la servilité qu'elle entraîne, la tendance aux compromissions, le pas donné aux principes de la société moderne sur les droits de Dieu et de l'Eglise, sous le prétexte de servir plus habilement la cause religieuse ? N'est-ce pas eux qui, par leur nombre, leur influence, et par l'autorité dont ils paraissaient investis, représentaient depuis longtemps le catholicisme en France ? La situation que le Saint-Père a voulu modifier, n'est-ce pas eux qui l'avaient créée, et tout n'y était-il pas leur œuvre ?

Ils ont voulu trouver des explications les disculpant d'un reproche que le Saint-Père avait eu la charité de ne point formuler, et dont personne ne leur eût fait d'explication directe, sans leur empressement maladroit, mêlé d'outrecuidance et d'injustices inacceptables. Leur sophistique s'est évertuée à faire s'évanouir la constatation implicite qui faisait tout le point de départ des directions nouvelles et à leur donner un sens avec lequel leur attitude antérieure fût en parfait accord.

Mais si les paroles du Pape ne renferment pas un avertissement discret, il n'y a donc rien à changer. L'acte qui a soulevé une si grosse émotion, qu'on l'a même salué du nom « d'événement historique », se réduit donc à une émouvante manifestation oratoire ? On n'ose pas aller jusque-là. On se réfugie dans des interprétations contradictoires, dont le premier inconvénient est d'obscurcir ce qui était si lumineux et de ramener toutes les équivoques que l'éclat du langage pontifical devait dissiper sans retour. Elles reviennent à dire que rien n'est changé, ou que du moins ce qui est changé ne change rien.

On entrevoit aussitôt les conséquences qui en découleront : ceux qui devraient changer ne changent pas.

La principale de ces imprudentes arguties, je dirais, s'il ne fallait écarter la préméditation, le plus insidieux de ces stratagèmes, a consisté dans le rapprochement, que tout commandait d'éviter, entre les directions de Pie X et de son prédécesseur Léon XIII.

J'en veux un peu à M. l'abbé de La Taille, professeur de théologie à l'Université catholique d'Angers, auteur d'excellents articles sur l'action catholique, et avec lequel je suis d'accord sur tant de points, d'avoir flatté leur illusion en publiant dans l'*Action catholique française* de mai 1909, un article sur *La continuité de Léon XIII et de Pie X*. C'est, en effet, leur thème général. Ils n'ont pas de plus chère préoccupation que de le faire admettre. On était déjà bien las des variations qu'ils n'ont cessé d'exécuter sur ce motif depuis le commencement du pontificat actuel, mais aujourd'hui elles deviendront excédantes et d'une fausseté de ton qui ne se peut plus supporter.

Une observation, qui devait sauter aux yeux de tout le monde, suffit à en faire justice. Les *directions* du Saint-Siège, sous l'un et l'autre pontificat, ne peuvent pas être confondues avec les *principes* essentiels dont l'Église a la garde. Elles sont seulement une application plus ou moins directe de ces principes, et par conséquent s'en distinguent. Les principes sont immuables, l'application varie selon les temps et les circonstances, sans compromettre la fixité des principes. Dès lors, puisque ces directions consistent en des applications variables, et en réalité, différentes, c'est donc un sophisme évident, évidemment intéressé, c'est un défi à l'évidence des faits, d'affirmer la continuité des directions en vertu de la continuité des principes. D'autant, il faut le répéter, que les applications de ceux-ci peuvent être plus ou moins directes : la soumission au régime établi dérive immédiatement des principes, mais l'adhésion à la forme de ce régime, à quel titre en découle-t-elle ?

Et, dans le cas actuel, c'est renouveler une équivoque fatale, en rendant les directions nouvelles solidaires de celles qui ont précédé.

La continuité de Léon XII et de Pie X, à ce point de vue des *directions pontificales*, le seul dont il s'agisse, c'est comme si l'on parlait de la continuité de Pie IX et de Léon XIII. Ah ! de celle-ci, comme on s'est peu soucié alors ! Comme on a énergiquement, impérieusement, rappelé aux catholiques inquiets du mouvement nouveau qui se dessinait, l'obligation de marcher avec le Pape vivant (1) ! On est allé jusqu'à opposer au Pape du *Syllabus* et du *Non possumus* le Pape du *Possumus* (2). Léon XIII,

1. Voir mon ouvrage *Cas de conscience*, p. 406.
2. M. Etienne Lamy, à la fin du volume publié en 1896, à l'occasion des fêtes jubilaires de Reims, ne craignait pas d'opposer Léon XIII à Pie IX et de terminer ainsi sa comparaison : « Pie IX, songeant au péril de toute concession à l'erreur, avait été le Pape du *Non possumus*. Léon XIII, pensant au secours dont la société a besoin et dont l'Eglise est la source, a été le Pape du *Possumus*. » (*La France chrétienne*).
En 1893, dans le livre intitulé *La Papauté, le socialisme et la démocratie*, M. Anatole Leroy-Beaulieu écrivait : « La brèche de la Porta Roma a ouvert au Saint-Siège des perspectives nouvelles. Les bornes du *Non possumus* ont été déplacées. »
A la même époque, M. le vicomte E. Melchior de Vogüé disait : « Le *Non possumus* est désormais une formule de protocole, encore obligatoire dans les encycliques et les allocutions consistoriales, mais qui ne clôt pas la porte aux négociations et aux espérances modérées ». (*Spectacles contemporains*).

lui-même, à la suite d'un incident fameux, en 1885, écrivit au cardinal Guibert, archevêque de Paris, une lettre fréquemment rappelée depuis, où il disait : « Ce qu'il faut tenir sur ce point, c'est donc que, dans le gouvernement général de l'Église, en dehors des devoirs essentiels du ministère apostolique imposés à tous les Pontifes, *il est libre à chacun d'eux de suivre la règle de conduite que, selon les temps et les circonstances, il juge la meilleure* »(1)... Quel motif a-t-on donc aujourd'hui de défendre si jalousement la continuité des directions et de Léon XIII et de celles de Pie X ?

Léon XIII, répète-t-on, de toutes parts, aurait fait, dans les circonstances présentes, ce qu'a fait Pie X et aurait parlé comme lui. Que n'ajoute-t-on pour avoir encore plus clairement raison : Et Pie X, placé en face de la situation d'il y a quinze ans, aurait parlé et agi comme l'a fait Léon XIII ! Je n'ai pas entendu dire qu'il soit allé jusque-là. Cependant, en bonne logique, il le faudrait.

On semble supposer que la tyrannie religieuse en France date d'hier. L'ère en est ouverte depuis trente ans, et les catastrophes récentes ne sont que le couronnement des attentats accumulés chaque jour dans cette longue période.

Sans émettre ici d'appréciation sur les faits, et quoi qu'il en soit de la fermeté avec laquelle Léon XIII a doctrinalement condamné le libéralisme et proclamé les droits intangibles de l'Eglise, ainsi que, pour ma modeste part, je l'ai hautement affirmé et

1. *Cas de conscience*, p. 407.

démontré dans tous mes écrits, il demeure établi
par les documents publics, que la capitulation désastreuse des Congrégations religieuses devant le
Gouvernement en 1880, la suppression des catéchis-
mes électoraux, l'acceptation de la loi des fabriques,
de la loi d'abonnement, et les autres faits de ce
genre, ont découlé de ses directions politiques; que
celles-ci demandaient la formation de l'entente sur
un terrain différent de celui qu'on entendait et qu'on
entend aujourd'hui sous le nom de terrain nettement catholique (1); qu'elles ont servi, à tort ou à
raison, à justifier l'esprit de soumissionnisme dont
les directions nouvelles s'efforcent de nous affranchir; et quels partisans du loyalisme constitutionnel
obligatoire conviendraient maintenant de l'avoir
faussement appuyé sur elles?

La règle de conduite que Pie X a suivie a été de
tout point différente. Quoi qu'on en ait dit, nous
l'avons prouvé précédemment, pas un mot n'est
tombé de sa bouche depuis qu'il occupe le siège de
Pierre, qui semblât même demander aux catholiques
l'adhésion explicite au régime établi; et son discours
pour Jeanne d'Arc contredit avec une force écra-
sante toute interprétation de ce genre. Notre collaborateur, Paul Tailliez, a parfaitement montré la
fausseté de celle qu'on a voulu tirer de quelques-

1. *L'Union de la France chrétienne*, fondée sous les auspices du cardinal Richard en 1891, avait pris pour base l'union
de tous les catholiques sur le terrain de la neutralité politique. Elle fut dissoute en 1893, par la volonté de Léon XIII,
parce que ni cette union de catholiques, ni cette simple
neutralité ne répondaient exactement à ses vues. Voir mon
Cas de conscience, p. 240 et suivantes.

unes de ses paroles antérieures (1). Dès le premier jour, et depuis lors, par chacun de ses actes, auxquels ses récentes directions ont mis le sceau, il a préconisé le *parti de Dieu* par opposition au *parti de l'ordre et des honnêtes gens.* A l'encontre, pourrait-on dire, de l'esprit de concessions, et s'élevant avec une magnifique indépendance au-dessus de tous les calculs humains, Il préparait les catholiques par ses coups héroïques qui renouvelaient les sublimes intransigeances de Pie IX, à dépouiller le soumissionnisme et à accepter avec courage les nécessités de la lutte sous le drapeau hautement déployé de l'Eglise, point de mire de tous leurs ennemis.

M. l'abbé de La Taille, pour établir la continuité de Léon XIII et de Pie X, commence en disant : « A la suite des mémorables paroles adressées par Pie X aux pèlerins français lors de la béatification de Jeanne d'Arc, on s'est demandé s'il contredisait ou s'il confirmait les directions politiques de son prédécesseur. Ni l'un ni l'autre : il les continuait. » La clarté de pensée et d'expressions habituellement propre au docte et distingué écrivain me paraît avoir subi cette fois une regrettable éclipse, et je n'en cherche pas la preuve ailleurs que dans ce qu'il ajoute aussitôt : « Il les continuait en appliquant à une situation nouvelle des principes invariables. » Pardon ! Les directions politiques ou les directions pontificales consistent justement dans cette application ; et si l'application est différente, quoique les principes demeurent les mêmes, il y a bien conti-

1. Numéro du 1er juillet 1909, p. 936 et suiv.

nuité de ceux-ci, mais non de celles-là, si ce n'est une continuité de temps, comme entre le jour et la nuit. Dès lors, n'est-il pas dangereux pour l'orientation des catholiques, de ceux surtout qui ont encore la tête tournée dans une autre direction, de dire et d'entreprendre de démontrer qu'il y a continuité entre les directions politiques de Léon XIII et celles de Pie X ? C'est favoriser tous les reculs. Ce qui se passe en montre bien le danger.

Les explications alléguées ne sont guère plus heureuses que la thèse. M. l'abbé de La Taille expose que les principes dominant les directions pontificales consistent en une double série de rapports : entre le citoyen et le gouvernement, d'une part, et, de l'autre, entre le citoyen et la religion. Sous le premier point de vue, c'est le principe de la soumission au pouvoir établi. C'est un point suffisamment élucidé. En outre, la religion étant le bien suprême de la nation comme des individus, impose à tous les fidèles l'obligation de subordonner leur activité politique à ses intérêts essentiels. Dans des circonstances critiques, comme celles que la France traversait, la concentration exigée par sa défense impose aux partis des concessions mutuelles. Ces concessions prendront deux formes, que M. de La Taille appelle fédérative ou unitaire. La forme fédérative consistera, sans faire taire les revendications qui divisent, à établir entre les différentes fractions catholiques un accord permanent en vue d'un effort collectif. La forme unitaire demandera qu'on fasse taire purement et simplement les revendications qui divisent pour ne retenir que celles qui unissent.

Léon XIII a fait choix de la forme unitaire. M. l'abbé de La Taille en donne deux raisons : « D'abord, ce système, régulièrement parlant, donne plus de force. » J'évite ici la discussion, mais ne puis m'empêcher de remarquer qu'il faudrait plutôt dire : spéculativement parlant, et que, par conséquent, la question pratique, celle qui importe, demeure entière. En second lieu, et c'est sur ce point que l'auteur insiste davantage :

« L'Eglise, liée par un Concordat au gouvernement de la République, pouvait être gênée de s'appuyer sur des groupes d'action anti-républicaine. C'est un scrupule qu'elle n'a plus à entretenir ; avec le Concordat, bien des sujétions sont parties. Si, par ailleurs, il apparaît que l'union de tous les catholiques ne peut plus s'espérer aujourd'hui que sur le seul terrain de la défense religieuse, sous cette forme fédérative qui laisse à chacun, avec l'initiative, la responsabilité de sa politique séculière, comment interdire à l'Eglise de limiter son souci à ce qui est de ses intérêts, en se désintéressant de ceux de la Constitution ?

Faut-il ajouter que l'Eglise pourrait juger messéant de recommander aux fidèles des égards non-obligatoires, et comme un traitement de faveur, envers un régime qui a plus fait pour encourir l'anathème qu'aucun des monarques qu'elle a jadis déposés ? Lequel d'entre eux fit tourner à l'athéisme la moitié de son peuple (1) ?

M. de La Taille appuie la conclusion qu'insinue ce raisonnement sur les représentations adressées au gouvernement français par le Secrétaire d'Etat de

1. Cette considération est reprise par M. F. Veuillot au début d'une brochure récente : *L'Union catholique et les élections* où il expose la genèse et la portée des nouvelles directions.

Léon XIII lui-même, relativement à la difficulté que le Saint-Siège éprouverait à faire respecter les institutions, et à la situation délicate où le Pape se trouverait placé entre l'Eglise et les catholiques de France, si l'on en venait aux derniers attentats. Et il ajoute :

On conçoit en effet l'embarras où serait placé le Pape pour maintenir des directions qui ne correspondraient plus à la situation créée par un fait nouveau. Plus les principes sont immuables, plus doit être variable leur application au monde historique, qui est celui du changement. L'immutabilité de celle-ci entraînerait la variabilité de ceux-là. C'est donc en vertu des principes mêmes qui guidèrent Léon XIII que l'Eglise peut être amenée à modifier dans quelques-uns de ses détails le dispositif de ses directions. Tous les Papes ont usé de cette latitude.

Je ne m'arrête pas à constater que cette défense entreprise de la continuité entre les directions politiques d'un pape et celles d'un autre se change, ici, par la force de la situation, en une justification de leur différence. Cette justification elle-même me paraît très discutable et faite, contre l'intention bien certaine de l'auteur et de ceux qui l'imitent, pour enlever aux appels de Pie X quelque chose de leur magnanimité, de leur force et de leur éclat. On a étrangement abusé de cet argument de la rupture du Concordat, pour expliquer la différence entre les directions de Léon XIII et celles de Pie X, au lieu de faire la part de la diversité des caractères, des qualités, des dispositions et des vues personnelles des pontifes qu'on ne peut cependant éliminer de la question et qui y tient une place également néces-

saire et importante, on a voulu la résoudre uniquement par le fait nouveau et tirer toute la solution de
la logique des événements (1). On ne l'y trouvera
pas. C'est sans doute « en vertu des principes
mêmes qui guidèrent Léon XIII », si l'on entend par
ce mot les principes doctrinaux, que Pie X nous a
tracé une ligne de conduite très distincte de celle
de son prédécesseur. Mais cette vertu n'est pas
celle d'une conséquence nécessaire, puisque les conclusions sont divergentes. Il faut donc chercher
l'explication ailleurs. Je crois qu'elle est où je viens
de dire. Et elle ruine l'argument de continuité.

A moins d'oublier vingt ans de notre récente histoire, il faut reconnaître que l'Eglise n'avait pas
beaucoup plus de raison dans cette période que dans
celle ouverte par la Séparation, d'assurer *un traitement de faveur* au gouvernement qui dispersait les
Congrégations, laïcisait les écoles, envoyait à la ca-
serne les séminaristes et les prêtres, mettait déjà la
main sur les biens d'Eglise et chassait le Christ de
partout. D'autre part, l'Eglise, même « liée par un
concordat » à la Royauté, à l'Empire, puis à la République, n'élevait-elle pas sa voix aussi fermement
que le fait aujourd'hui Pie X, lorsqu'en face de la
conjuration antichrétienne qui se dessinait, Pie IX
tonnait contre le libéralisme, lançait le *Syllabus*,

1. M. Féron-Vrau écrit de son côté dans la *Croix* du
26 juin 1909, sous le titre « Les directions pontificales » : « De
ces articles, lettres et paroles authentiques, il résulte manifestement que de nouvelles et précieuses clartés nous sont
données sur ce qu'on peut appeler *une évolution logique
dans les applications des directions pontificales concernant
l'attitude des catholiques de France* ».

Barbier   23

opposait son *Non possumus* inébranlable ; quand entraient en ligne nos grands évêques, les Parisis, les Pie, les Freppel, et, avec eux, sous la République même, les Gouthe-Soulard, les Isoard, les Trégaro, etc... ? Mais, objecte-t-on, dans cette dernière période, il s'agissait de prévenir la dénonciation imminente du pacte concordataire. On pourrait répondre, l'histoire en main, qu'à l'époque où les directions politiques de Léon XIII furent mises en vigueur, cette menace n'avait aucun caractère sérieux et que, dans tous les cas, le « traitement de faveur » a plus contribué que ne l'eussent fait toutes les résistances à rendre sa réalisation possible et prompte.

Non, de telles explications sont aussi insuffisantes qu'inopportunes. Elles perpétuent dans les esprits une confusion, elles favorisent une mollesse dans les volontés, elles offrent un prétexte à leurs tergiversations, qu'il importait avant tout de faire disparaître.

Jetez-les dans l'opinion publique par la voix des orateurs et des journaux qui la régentent, et vous allez voir ce qui en résulte.

.•.

Pie X a pris un soin extrême et très marqué de passer sous silence l'adhésion au régime établi. Aussi bien, les nouvelles directions avaient justement pour objet d'en évincer la clause. Le premier acte de conformité à ses intentions aurait dû être d'imiter ce silence. Les commentateurs que l'opinion considère comme les plus fidèles interprètes de la pen-

sée pontificale, ont mis tout leur effort à prouver
que Pie X ne voulait pas, qu'il ne pouvait pas ne pas
maintenir les prescriptions de son prédécesseur
concernant le terrain constitutionnel.

Leur dialectique et leur éloquence s'y sont épui-
sées. Aussi, n'ont-ils rien trouvé à dire sur le point
capital : le ralliement pour la défense de l'Eglise,
au nom de sa mission divine et des principes du
droit chrétien. Pie X s'efforçait de concentrer toute
l'attention, toute l'ardeur des catholiques sur la
nécessité du *parti de Dieu* qu'il n'avait cessé de préconiser, et, pour se faire enfin comprendre, en précisait la formule en y insistant avec toute son autorité : Défendez l'Eglise! C'était bien là, pour l'action
publique, un mot d'ordre nouveau, puisque les catholiques avaient cru que, dans ce domaine, la sagesse leur conseillait de ne se réclamer que de la
liberté et du droit commun. Mais eux, gênés par
leur passé et se persuadant qu'ils n'avaient rien à
changer dans leur conduite, ont paisiblement conti-
nué de travestir ce mot d'ordre sous les anciennes
et vagues expressions d'apostolat populaire, de restauration sociale et religieuse, d'où était antérieurement absente l'âme de la pensée pontificale.

L'Univers, journal du clergé, s'est particulièrement signalé dans ce rôle, par l'organe de son directeur, M. F. Veuillot. Avant d'apprécier ses commentaires, je veux présenter une pierre de touche, en
les rapprochant de ceux de M. J. de Narfon. *L'Univers*, se rencontrant dans l'interprétation des directions nouvelles avec le chroniqueur religieux du
Figaro, dont la perfidie ne fait doute pour personne,

voilà de quoi donner un singulier poids à l'exégèse du grand organe catholique.

M. de Narfon a écrit deux articles sur cette matière, les 31 juillet et 5 août 1909. Dans le premier, il commente d'une façon qui lui est personnelle une expression de la lettre du cardinal Merry del Val à M. Keller. Le secrétaire d'État ratifiait le principe de l'union sur le terrain catholique « selon les directions pontificales », comme, précédemment, la *Corrispondenza romana* annonçant le discours du Saint-Père avait dit : « *Il sanctionne les directions pontificales sur les choses de France.* » Il était inévitable que l'usage jusque-là consacré de ce mot prêtât à quelque confusion pour les esprits incapables de saisir avec fermeté le fond et le sens général des actes de Pie X, et qu'il favorisât les subterfuges. M. de Narfon écrit rondement : « Il me semble que ceux qui font l'exégèse de la lettre désormais historique du cardinal Merry del Val au colonel Keller négligent un peu trop les quatre mots essentiels qui terminent la citation que j'en ai donnée ci-dessus : *... conformément aux directions pontificales.* Il s'agit là, à n'en point douter, de directions pontificales antérieures à la lettre elle-même. Autrement ces quatre mots n'auraient pas de sens. » A n'en point douter ? Cependant M. de Narfon a intitulé son article : « Les nouvelles directions pontificales ». Puisqu'il y a les nouvelles et les anciennes, qu'est-ce qui autorise, à plus forte raison, qu'est-ce qui rend évidente cette interprétation ? N'est-il pas infiniment plus logique de penser que la lettre du cardinal se réfère aux paroles et aux actes antérieurs du Pape au nom duquel il écrit et dont il manifeste les volontés, dans le dessein de marquer que leur expression aujourd'hui plus formelle n'en est que la confirmation ? Mais passons. M. de Narfon part de là pour justifier les déclarations du Président de l'*Action libérale* et montrer que sa position reste intacte. C'est un point sur lequel nous reviendrons plus bas. Notre chroniqueur pose alors la question de savoir comment la consigne de s'unir sur le terrain catholique se concilie avec le maintien du terrain constitutionnel, et c'est celle qu'il résout dans un second article *ad mentem* de M. Veuillot.

Il n'y a pas de contradiction, mais il y a manifestement une différence entre ceci et cela ; et il importe, pour se rendre bien compte qu'il n'y a pas en effet de contradiction, de saisir en quoi consiste précisément cette différence.

Je crois qu'on l'exprimerait avec exactitude de la manière suivante : *union aujourd'hui comme hier sur le terrain constitutionnel dans les choses de la politique ; union sur le terrain nettement catholique et religieux dans les choses de la religion ; subordination de l'intérêt politique à l'intérêt religieux dans les choses qui touchent d'un côté à la religion, de l'autre à la politique.*

Et c'est la sagesse même.

En matière de politique pure, il est clair que les catholiques, s'ils veulent s'unir pour faire triompher leurs vues dans l'hypothèse où ils auraient des vues communes, ne le peuvent faire qu'en se plaçant sur le terrain constitutionnel. Car les moyens doivent être en harmonie avec la fin que l'on se propose. Ici la fin est politique. Les moyens, et par conséquent l'union, sera de même nature. Or, l'Église a toujours exigé de ses fidèles la soumission aux puissances établies. *Il n'est donc pas permis aux catholiques de s'unir politiquement hors du terrain constitutionnel*, attendu que la soumission aux puissances établies suppose l'acceptation, au moins de fait, de la constitution qui nous régit...

En matière purement religieuse, par contre, n'est-il pas naturel que le Pape demande aux catholiques de faire abstraction de toute considération politique, et de s'unir donc, leur union étant jugée nécessaire, *non pas sur le terrain constitutionnel qui est un terrain essentiellement politique, mais sur le terrain religieux ?* Si, par exemple, un évêque, voulant constituer dans son diocèse des comités d'action religieuse, appelle à faire partie de ces comités les catholiques, je ne dirai pas militants, mais agissants, et s'il les y appelle, comme il le doit, sans distinction de parti, conviendra-t-il que des royalistes refusent d'entrer dans ceux de ces comités où des républicains auront accès, ou au contraire que des républicains refusent d'y collaborer avec des royalistes ? Mille fois non. La fin que l'on se propose là est religieuse. Les moyens doivent être en harmonie avec cette fin, *C'est donc exclusivement sur le terrain religieux que l'union doit se faire, et il ne faut absolument pas permettre à la politique, qui n'y a rien à voir, d'empêcher cette union.*

Voilà bien je pense, ce qu'a voulu dire le cardinal Merry del Val. Et son intention, ou plutôt l'intention du Pape, puisqu'il parlait au nom du Saint-Père, *n'a pas pu être* — on peut le déduire de ce qui précède — *de préconiser la formation en France d'un parti politique sur le terrain religieux.* On peut le déduire aussi de ce que la constitution d'un pareil parti ne serait point viable, et de ce que les essais de réalisation en pourraient devenir facilement désastreux...

Je lisais, il y a quelques jours, dans l'*Express de Lyon*, une sorte de manifeste signé « un groupe de catholiques » qui m'a paru interpréter fort exactement la lettre au colonel Keller : « Le Pape recommande aux catholiques français : 1° l'union sur le terrain religieux ; 2° autour des évêques ; et 3° pour la défense des intérêts religieux et de ceux des intérêts sociaux qui sont intimement liés à ceux-ci. Rien de plus, rien de moins. » C'est bien cela. Et il est indispensable, en effet, sous peine de courir aux pires aventures, de limiter à ce dessein : la défense des intérêts religieux, l'union recommandée par le Pape, qui a d'ailleurs certainement sous-entendu cette limitation nécessaire...

Qui examinera avec un peu d'attention les formules auxquelles le manifeste de l'*Express de Lyon*, organe de l'*Action libérale*, laquelle a donné sa sanction à cet article dans son *Bulletin général* (15 juillet 1909, page 275), et qui les comparera avec les actes de Pie X, se rendra facilement compte que ses directions en sortent volatilisées. M. de Narfon trouve parfaitement à cela le compte de son libéralisme et il en tire et développe une conclusion très logique, mais qui devient la contradiction formelle de la pensée pontificale : donc une formation des catholiques sur le terrain de l'action publique, le parti catholique demeure le grand danger. M. Veuillot et ses nombreux amis n'iront plus jusque-là. Mais c'est une inconséquence de leur part.

Notre revue a déjà dit quelque chose de leurs commentaires, il sera cependant utile d'y revenir pour faire une lumière plus complète sur ces discussions dont les conséquences pratiques sont de la plus grande gravité.

Sans doute, l'*Univers*, à raison de son attitude antérieure et de la passion avec laquelle il avait soutenu les interprétations les plus abusives des directions de Léon XIII, se trouvait, ainsi que la *Croix*, embarrassé, et paraissait peu qualifié pour s'ériger en oracle de celles de Pie X. C'eût été même une raison de plus pour eux d'observer la réserve qui s'imposait à tous. Et qu'ont-ils mis dans leurs commentaires, ces guides de l'opinion ? Des infidélités flagrantes, d'injustes imputations faites pour porter le trouble là où la parole pontificale devait mettre la paix, des incohérences et des contradictions.

Le 5 juin, M. Piou avait lancé dans son discours de Lyon cette déclaration retentissante : « Soyez pleinement rassurés ; rien n'est changé dans la politique du Vatican à l'égard de notre pays. » Formule bien inventée pour maintenir la confusion entre les principes immuables de l'Eglise et les applications différentes que chaque Pape en fait, et non moins avec les interprétations plus ou moins exactes que les partis leur donnent. L'orateur s'appliquait ensuite à entretenir cette confusion au profit de sa politique, en invoquant certains actes antérieurs du Saint-Père n'ayant trait qu'aux seuls principes. Il ne rougissait pas de passer sous silence les paroles solennelles par lesquelles Pie X venait d'ébranler le monde catholique, pour s'en référer aux paroles très contestables d'un ou deux prélats; et il terminait son audacieuse apologie par son mot d'ordre libéral : « Ne cessez de répéter ce mot de Pie X, que j'ai cité déjà : L'Eglise de France doit être défendue par la liberté. »

Mais, le lendemain, Mgr Marty, évêque de Montauban, à l'occasion des fêtes célébrées en l'honneur de Jeanne d'Arc dans sa cathédrale, s'adressant à un imposant auditoire, et déclarant « répondre de sa parole, devant son diocèse, devant la France, devant le Pape », déclarait solennellement : « *Quoi qu'on dise, quoi qu'on écrive, quelque commentaire souvent peu doctrinal que l'on fasse de certaines Encycliques et Lettres pontificales* (1), la volonté expresse du Souverain Pontife est que l'union des catholiques se fasse, *non point sur un terrain politique* et sous un drapeau de droite ou de gauche, mais sur le terrain de la défense religieuse et *sous le drapeau de Dieu. Uniantur sub uno vexillo Christi Jesu.* » Le prélat avait même ajouté : « D'après une déclaration qui m'a été faite à Rome même par un personnage dont la parole ne saurait être discutée, le Pape se fatigue depuis plus d'un an au moins à renouveler la claire expression de sa volonté souveraine. »

C'est alors que le directeur de l'*Univers* intervient par son article : *Directions pontificales : Mise au point*, du 16 juin, et dès les premières lignes, esquisse la réponse que M. de Narfon développera peu après : « Plusieurs lecteurs nous demandent ce qu'il faut penser de la contradiction que l'on croit découvrir entre la déclaration de M. Piou et les affirmations de l'évêque de Montauban. Nous répondrons tout simplement qu'à notre avis, ces deux documents ne sont pas contradictoires : ils sont différents. Le président de l'*Action libérale populaire* et Mgr Marty se sont placés sur deux plans distincts ; il n'est pas surprenant qu'ils ne se soient point rencontrés. »

Il y aurait donc deux plans ou deux terrains dis-

1. Le contexte montre clairement que le prélat vise les interprétations dans le sens de l'*Action libérale*, car ce ne sont pas les monarchistes qui avaient invoqué les Encycliques et Lettres pontificales en leur faveur.

tincts dans les directions de Pie X : le plan politique et le plan religieux. Il faut cela pour maintenir la position de l'*Action libérale*, mais rien n'est plus manifestement faux et contraire à la pensée certaine de Pie X qui nous appelle tous à *combattre* sous le drapeau de l'Eglise, sous l'*unique drapeau catholique*, aussi bien dans l'action politique que dans l'action religieuse et sociale *sub uno vexillo Christi*.

« M. Piou, continue le directeur de l'*Univers*, a déclaré que les directions de Léon XIII sont toujours en vigueur. » M. Veuillot parle évidemment des directions pratiques de Léon XIII, de ses directions politiques, et cela, dans le sens que l'*Univers* a toujours soutenu comme certain et obligatoire. Il le dit plus bas explicitement : « Pie X maintient comme un principe incontestable les directions politiques de son prédécesseur. » Cette proposition exprime une contre-vérité évidente ou une équivoque déloyale. Contre-vérité évidente, si on la prend dans son sens naturel et obvié. Equivoque déloyale, si l'on désigne les principes constants de l'Eglise par le nom de directions politiques.

Cette équivoque, source de tant de discussions déplorables, et que tout commandait d'abandonner définitivement, M. Veuillot la ramène ici, comme à dessein : *Les directions de Léon XIII, en effet, n'ont jamais été que l'application de la doctrine traditionnelle de l'Eglise à une situation déterminée.* Assertion aussi fausse que la précédente. Les directions politiques de Léon XIII conseillaient aux catholiques l'adhésion explicite et formelle au régime établi. Une preuve unique mais péremptoire suffira à le montrer. Léon **XIII** disait dans sa lettre du 23 mars 1900, au Président Loubet, insérée dans le *Livre Blanc* : « Nous avons soigneusement inculqué aux catholiques de France, par des actes publics et réitérés, *non seulement de ne pas combattre la forme du gouvernement établie dans leur pays, mais de lui prêter franche et loyale adhésion.* » Ici la distinction entre la simple acceptation de fait et l'adhésion explicite est formelle, et l'intention de Léon XIII ne peut plus faire de doute. Mais si cette direction, que M. l'abbé de La Taille appelle justement « un traitement de faveur », n'était que l'application de la doctrine traditionnelle de l'Eglise, celle-ci aurait donc dû le même traitement de faveur à tous les régimes ; les Papes qui ont précédé Léon XIII, et dont aucun n'a fait profiter les régimes antérieurs de cette application nécessaire, auraient trahi leur devoir, et les catholiques devraient donc adhérer indifféremment, avec une égale loyauté, à tout pouvoir qui s'est établi. Pour l'honneur de l'Eglise et des catholiques, il n'en est rien.

« L'Eglise, ajoute M. Veuillot, n'a jamais pratiqué ni conseillé de politique anticonstitutionnelle. » N'est-ce pas vraiment achever de brouiller les cartes à plaisir ? A qui s'adresse ce raisonnement ? La phrase suivante nous l'apprend. « *Les catholiques de France avaient oublié ce principe. Léon XIII l'a remis en lumière.* » Ce n'est pas seulement là une récrimination intempestive jusqu'à l'odieux : c'est une imputation mensongère. Les catholiques, avant le Ralliement, avec les Veuillot en tête, et, depuis le Ralliement, nombre d'entre eux encore, ont pensé et dit que l'intérêt de leurs libertés religieuses s'alliait mal avec une politique constitutionnelle sous un régime antichrétien ; mais, si, sous l'empire de cette conviction, ils usaient de leurs droits naturels de citoyen pour la repousser, aucun d'eux n'a jamais prétendu engager l'autorité de l'Eglise dans leur opposition. M. Veuillot commet la grossière erreur de supposer que l'indifférence politique imposée à l'Eglise par sa mission spirituelle lie également le citoyen, et qu'il y a entre elle et eux solidarité.

Puis, comme si ce n'était pas assez de bévues, assez d'épaisses équivoques, il tire aussitôt de cette indifférence politique dont l'Eglise ne se peut départir, l'obligation du loyalisme constitutionnel pour les citoyens : « Aujourd'hui, comme hier, l'Eglise ne peut reconnaître *et conseiller, comme terrain politique, que le terrain constitutionnel.* »

M. Veuillot, secondé par M. de Narfon, n'entend pas permettre à Pie X et aux catholiques d'en sortir. Et, pour ne laisser aucun doute sur sa pensée, il ajoute : « Aucune autre attitude politique ne peut se flatter d'avoir son approbation, ni même son aveu. C'est pourquoi l'*Action libérale populaire* a reçu du Saint-Siège des encouragements dont les ligues anticonstitutionnelles n'ont pas bénéficié : celle-ci, le Vatican les ignore. Telle est la question de droit. » On voit avec quel bonheur, quel tact, quelle exactitude M. Veuillot l'a résolue. Il ne va pas élucider moins brillamment la question de fait. Mais ne laissons pas passer ses dernières phrases sans y [signaler encore deux méprises. Entre l'*Action libérale* et l'*Action française,* il y a place

pour des lignes qui ne prennent ouvertement parti
ni pour ni contre la Constitution ; et, ni les unes ni
les autres n'ont en soi besoin, pour être légitimes,
d'avoir l'approbation de l'Eglise.

La question de fait consiste dans l'impossibilité
constatée d'amener tous les catholiques à placer
leur action politique sur le terrain constitutionnel.
D'où la nécessité de chercher un autre terrain d'u-
nion :

Devant l'impossibilité de réunir les catholiques français sur le terrain politique, faut-il donc ajourner indéfiniment cette union si nécessaire ?

Nullement ! Mais il faut s'efforcer de la conclure, avant
tout, *sur un autre terrain*. Et quel autre terrain, sinon
le plus propice à l'union par le but qu'on y poursuit,
par le drapeau qu'on y déploie, par les chefs qu'on y
reconnaît : *le terrain de la défense religieuse conquête
populaire !* C'est pourquoi Pie X convie instamment
tous les catholiques de France à se grouper, autour de
l'épiscopat, sur ce terrain d'union militante et sociale.
L'évêque de Montauban, *faisant abstraction de la question politique*, a fortement souligné cet appel du Saint-
Père. Il a eu raison. Mais M. Piou n'avait pas eu tort (1).

1. A la suite de cet article, Mgr Marty a adressé au directeur de l'*Univers* la lettre suivant publiée par le *Bulletin
catholique* de son diocèse :

« Montauban, le 18 juin 1909.

« CHER MONSIEUR VEUILLOT,

« Vous avez fait, dans l'*Univers* du 10 courant, sous ce
titre : *Directions pontificales, — Mise au point*, un article qui
appellerait de nombreuses et importantes réflexions. Mais
ces réflexions, je ne veux pas les faire. Désormais, toute
discussion deviendrait *odieuse*. Vous remarquerez ce dernier mot, cher Monsieur. Je le souligne à dessein, parce
qu'il n'est pas de moi. Il m'arrive en droite ligne de Rome
au moment même où je vous écris. Celui qui me l'envoie,

Les deux plans subsistent donc bien distincts, et le directeur de *l'Univers* est complètement d'accord avec M. de Narfon du *Figaro*. Voici les conclusions de M. Veuillot :

« Pie X maintient, comme en principe incontestable, les directions politiques de son prédécesseur. »

« Il reconnaît toutefois l'évidente impossibilité d'amener aujourd'hui tous les catholiques de France à suivre ces directions. »

Et il invite, à la fois, ceux qui leur obéissent et *ceux*

n'est point à deux pas du Vatican, il est au Vatican même et il me dit : *Je ne vois aucun inconvénient à ce que Votre Grandeur affirme qu'elle a été renseignée de première main. C'est la vérité, on ne peut la constater.* La même lettre me dit encore : *Votre Grandeur peut affirmer sans crainte que le Saint-Père veut l'union sur le terrain religieux et sous le seul drapeau de Dieu Uniantur sub uno vexillo christi Jesu. Le Souverain Pontife l'a déclaré et le déclare constamment.*

« Pourquoi donc prolonger les équivoques malheureuses qui nous ont fait tant de mal ? Laissez-moi vous le dire affectueusement, cher Monsieur Veuillot, et comme j'y suis autorisé par Rome même, sans craindre que celui qui pourrait seul le faire avec autorité apporte un démenti à mon affirmation. Parler encore d'un terrain politique, quel qu'il soit d'ailleurs, monarchique ou *constitutionnel,* quand il s'agit de l'union tant nécessaire des catholiques français, ce serait désobéir au Pape et empêcher la résurrection, que nous désirons tous, de notre malheureux pays.

« Avec le Pape et avec Dieu, pour la France, il me semble que cette devise peut suffire à votre patriotisme comme elle suffit au mien.

« Croyez, cher Monsieur Veuillot, à mes sentiments bien dévoués en Notre-Seigneur. »

Pierre
Evêque de Montauban

« P.-S. — J'estime que vous devez à vos lecteurs de publier cette lettre dans votre journal, afin qu'ils soient dûment renseignés. »

L'Univers s'est abstenu de reproduire cette lettre.

qui les méconnaissent, à s'unir, autour des évêques, pour la défense de l'Eglise et l'apostolat populaire.

Ces directions pontificales sont notre consigne.

Nous demeurons, avec le Pape et avec l'Eglise, sur le terrain constitutionnel. Terrain de fait et non de parti. Nous gardons nos sympathies à l'Action libérale populaire, qui défend, sur ce même terrain, la religion, le peuple et la patrie.

Mais en même temps, nous tendons une main fraternelle à tous les autres catholiques et nous sommes prêts, sans nous préoccuper de leurs opinions politiques, à collaborer avec eux, sous la direction de l'épiscopat, pour la liberté de l'Eglise et le relèvement de l'âme française.

En un mot, c'est l'absorption des directions de Pie X dans celles de Léon XIII ; et toutes ces belles explications aboutissent simplement à démontrer que le Pape actuel n'a pu vouloir autre chose que son prédécesseur. M. Veuillot écrit en tête de ces dernières lignes : « Rien n'est donc plus clair, plus pratique et plus franc que les directions données par Pie X aux catholiques français. » Assurément. Mais, aussi, rien n'est plus embrouillé, plus faux que les commentaires dont on les accompagne. Dans quel gâchis ils nous replongent !

Notre collaborateur, M. Paul Tailliez, a souligné leur inconvenance dans une page qui mérite d'être relue :

Aussi bien, l'arrangement qu'il imagine est, ni plus ni moins, injurieux pour les catholiques non ralliés. L'on en devrait conclure, en effet, qu'ils ont été et qu'ils demeurent « réfractaires » ; qu'aujourd'hui encore ils « méconnaissent » les intentions et les volontés du Saint-Père ; que, si Sa Sainteté demande l'union sur le terrain catholique, c'est parce qu'elle n'a pas pu vaincre leurs résistances ; que, selon sa pensée, le terrain d'union serait le terrain constitutionnel, si ces catholiques avaient le bon goût de renoncer à leur attitude rebelle; que l'autre solution n'est concédée que par indulgence, *ob duritiam cordis*, par un père affligé de l'obstination de ses enfants indociles. Or, de telles imputations appellent une protestation indignée, car, si, au lieu de les repousser avec dédain, on les acceptait comme autorisées, elles ne manqueraient pas de jeter le trouble, de susciter le remords et de semer le découragement parmi les catholiques les plus militants.

Il y a plus, et M. François Veuillot, sans y prendre garde, aboutit, par son exégèse compliquée, à diriger contre Léon XIII une censure rétrospective et à se mettre en contradiction avec le cardinal Merry del Val. L'éminent secrétaire d'Etat, en effet, légitimement soucieux d'établir la continuité des directions doctrinales du Saint-Siège, recommande le « terrain nettement catholique suivant les directions pontificales ». Et, de fait, quoi qu'il en soit de la politique de Léon XIII et des interprétations qu'elle a fait naître, il n'est pas douteux que l'Encyclique du 16 février 1892 sur le ralliement, et tous les actes ultérieurs, recommandaient *l'union sur le terrain religieux, au-dessus des divisions de parti* : et voilà que M. François Veuillot nous déclare que Pie X, en désignant le « terrain catholique et religieux », a voulu adopter un terrain *autre* que celui de Léon XIII, lequel avait été un « terrain politique ! »

Enfin, pour montrer le degré qu'atteignent l'incohérence et la contradiction chez ces directeurs de l'opinion publique dont la première qualité devrait être de posséder des idées bien liées et des vues nettes, je demande à M. F. Veuillot qui vient d'affirmer : *Pie X maintient comme un principe incontestable les directions politiques de son prédécesseur,*

comment il se mettra d'accord avec le Veuillot qui
écrivait peu après, le 30 juillet dans le même *Univers :*
« Il n'y a rien à répondre à qui ne veut point être
persuadé. *Léon XIII, pour le bien de l'Eglise a suivi
une politique; pour le bien de l'Eglise, Pie X en suit
une autre.* Tous deux ont agi dans la plénitude de
leur conscience, de leur clairvoyance et de l'assistance du Saint-Esprit. » Et M. Veuillot d'ajouter :
Tout le reste est mensonge et sottise. Nous n'aurions pas osé l'écrire, mais que c'est juste ! Et que
reste-t-il alors de tout ce qui précède ?

.·.

CONSÉQUENCES DE CES COMMENTAIRES

Les conclusions et conséquences de tels commentaires sont faciles à saisir.

La première est que les actes éclatants par lesquels Pie X vient d'intimer ses directions, suivis de
la lettre du cardinal Merry del Val à M. Keller,
dont M. Veuillot disait justement qu'elle a l'importance d'un « événement historique » (1), n'auraient
d'autre but que d'enfoncer des portes largement
ouvertes.

En effet, si ces directions ne tendent à rien de
plus que d'unir les catholiques sur le terrain religieux autour des évêques, en réservant le domaine
de l'action politique, qu'était-il besoin de directions
nouvelles, et que proscrivent-elles à quoi les catholiques ne se fussent déjà mis avec un empressement

1. *L'Univers,* 24 juin 1909.

unanime ? Il n'est pas un congrès diocésain ou
régional qui n'ait célébré depuis trois ou quatre ans
les merveilles de cette union. La *Croix*, l'*Univers* et
beaucoup d'autres journaux en ont rempli leurs
colonnes. M. Piou était bien cette fois dans la
vérité et ne courait aucun risque de démenti, quand
il disait dans son récent discours prononcé, le
12 septembre 1909, à la clôture du Congrès régional
des œuvres de la Lozère :

« Depuis quatre ans, les Congrès succèdent aux Con-
« grès, les réunions aux réunions, a-t-on jamais entendu
« une voix discordante, une protestation même voilée
« sortir de ces foules aussi nombreuses que diverses ?
« Lisez les journaux, les revues, les écrits des catholi-
« ques, y avez-vous découvert une critique, même une
« réserve ? Tous ceux qui écrivent n'ont qu'un cœur, tous
« ceux qui parlent n'ont qu'une voix. »
Sans doute, s'il s'agit d'intérêts temporels ou d'opinions politiques, les catholiques ont des conceptions ou
des vues différentes, et il leur arrive même parfois, ce
qui est un grand malheur, de se quereller et de se combattre ; « mais vienne une manifestation religieuse à
« organiser, un intérêt religieux à défendre, un effort à
« faire pour une œuvre chrétienne, il n'y a plus ni partis
« ni classes parmi eux. *Unam sunt !* Ils ne forment
« qu'un bloc, et c'est là un spectacle digne d'admiration
« et bien fait pour remonter les courages. »

Mais, alors, si tel est l'admirable exemple que les
catholiques de France donnent depuis quatre ans,
que leur demandent les nouvelles directions pontificales ?
Et, cependant, il faut en revenir là, le Pape a
voulu dire quelque chose.

Une seconde conséquence est, qu'en dépit de ces apparences, l'union des catholiques, l'union complète, voulue par Pie X, demeure aussi irréalisable qu'auparavant. Car, si le Saint-Père « continue et maintient les directions politiques de son prédécesseur », si, comme on l'affirme aussi, l'Eglise ne peut « reconnaître et conseiller, comme terrain politique, que le terrain constitutionnel », il est clair que toutes les causes de division subsistent. Nous restons sur deux plans distincts.

En troisième lieu, et c'est sur l'actualité de ce point qu'il nous faut insister davantage, il en résulte aussi que les nombreux groupements représentés par l'*Action libérale populaire*, secondée par la *Ligue patriotique des Françaises* et par l'*Association catholique de la Jeunesse française*, demeurent en possession de l'approbation donnée antérieurement à leur politique constitutionnelle et à leur manière de pratiquer l'union des catholiques.

Aussi bien, les commentaires du genre de celui que nous avons cité ne révèlent-ils d'autre dessein que de mettre à couvert l'*Action libérale* et de détourner d'elle une application des directions nouvelles dont l'évidence saute cependant aux yeux.

L'*Univers* nous a épargné la peine de le deviner. La *Croix*, de son côté, disait le 12 juillet, sous la plume de son directeur-propriétaire M. Féron-Vrau : « Certains ont voulu voir dans les documents qui ont été publiés une adhésion du Saint-Père à une politique anticonstitutionnelle... D'autres personnes ont cru trouver dans ces documents un désaveu de l'*Action libérale*. Cette seconde interprétation n'est

pas plus exacte. » Peu de jours avant, le 4 juillet,
elle avait reproduit intégralement une correspondance tendancieuse et comminatoire d'un correspon-
nant du *Bulletin d'Informations religieuses et
sociales*, qui faisait parler ainsi un personnage du
Vatican :

Le Saint-Siège la veut, cette union, et il emploiera tous
les moyens utiles pour l'obtenir.

Le Saint-Siège ne permettra pas en particulier que ses
exhortations si vives pour l'union soient cause de polémiques et de nouvelles désunions...

Vous savez, en effet, ai-je répondu, qu'on exploite ses
récentes déclarations contre l'*Action libérale populaire*
par exemple, ou même contre les directions politiques
de Léon XIII qu'on prétend abrogées ? — Oui, nous connaissons ces commentaires. Mais patience, l'émoi actuel
se calmera bientôt. Et tout le monde verra vite qu'il y a
au contraire une continuité des plus logiques entre les
instructions de Pie X et les directions fondamentales et
essentielles de Léon XIII.

Et pour passer de ce domaine des principes et de leurs
applications immédiates à une catégorie de « directions »
beaucoup plus contingentes, et par suite plus « changea-
bles », — pourrait-on même par exemple citer un acte
contre l'*Action libérale populaire* ?

Les récentes déclarations ne sont pas *contre* ceci ou
contre cela ; elles sont « pour l'union sur le terrain nettement catholique et religieux » ; c'est la formule la plus
authentique du devoir qui s'impose à tout bon catholique. Le Pape invite tous les bons Français à mettre sincèrement l'action pour la défense religieuse au-dessus de
toute autre préoccupation. Ce serait aller contre son
désir, contre sa volonté que de se servir de son appel à
l'union pour augmenter les querelles. Vous connaissez
assez le Pape pour savoir qu'il ne le permettra pas.

Le *Peuple français*, dirigé par la Jeunesse catholique, et d'autres journaux, affirmaient peu après, avoir reçu confirmation expresse de cette dépêche. L'*Univers* s'empresse aussi de l'insérer.

Il entrait naturellement dans le jeu du gouvernement d'exagérer et de dénaturer les volontés du Pape en l'accusant de lier publiquement partie avec les groupes d'opposition contre le régime établi. Mais était-ce une raison de prêter à ceux-ci la tactique des blocards ? Voici comment, dès le 28 juin, l'*Action française*, le plus en vue de ces groupes, dénonçait elle-même le piège et se défendait par avance de l'attitude que catholiques constitutionnels ou blocards auraient souhaité de voir prendre aux monarchistes :

On lit dans *Paris-Journal*, organe du gouvernement, un article de politique religieuse sous quatre titres sensationnels : Coup de tonnerre dans l'Église. — La foudre tombe sur M. Piou et l'*Action libérale*. — Les nouvelles directions pontificales. — Place aux royalistes. Le tout à propos des lettres des cardinaux Merry del Val et Couillé à M. le colonel Keller. Nos lecteurs ont eu ces documents sous les yeux. Quiconque les aura lus aura pu voir que « les directions romaines tendent à « grouper les catholiques sur le terrain politique et reli- « gieux, *sans recommander ni favoriser un groupe poli-* « *tique quelconque* ». Cela n'empêche pas *Paris-Jour- nal* d'écrire que « les royalistes ont enfin obtenu gain de cause », que « les voilà rentrés en grâce », etc., etc.

Ces variations invraisemblables, exécutées sur un thème aussi net, aussi aisément vérifiable, ces amplifications qui dénaturent leur texte initial ne peuvent être considérées comme spontanées. Un intérêt doit les inspirer et les soutenir. Il s'agit, d'une part, d'entraîner les royalistes à dire et à écrire les mêmes extravagances. Il s'agit ensuite d'employer ces dernières à tromper

Rome, à l'intimider et à la faire revenir sur ses pas. Ces calculs grossiers seront déjoués. La manœuvre n'abusera ni la curie romaine, ni les royalistes français.

On a raison de dire que les récents actes du Saint-Père ne sont pas dirigés *contre* ceci ou *contre* cela ; encore serait-il bien plus exact de dire contre ceux-ci ou contre ceux-là ; car ils sont bien dirigés contre quelque chose. Ils ne condamnent explicitement personne, parce que la soumission universelle n'a point été mise en doute ; mais ils en avertissent tout le monde sans en excepter M. Piou et ses adhérents.

Or, s'il peut être inexact de dire que l'*Action libérale* est directement visée par les directions nouvelles, il n'en est pas moins évident qu'elle est atteinte par elles.

Elle est réellement atteinte, tout d'abord, et d'une manière très sensible, dans son monopole. Et il était bien naturel que ceux qui avaient tant souffert de voir tous les efforts s'unir pour le leur imposer, aient pris acte de leur délivrance. On ne peut que regretter de voir l'*Action libérale* persister encore aujourd'hui, à se défendre d'avoir jamais prétendu à ce monopole, car cela n'offre plus aucun intérêt, si ce n'est, pour elle, de le ressaisir par cette voie détournée. Un exemple entre autres, à propos des conclusions de la brochure de M. F. Veuillot : *L'Union des catholiques français et les élections*, qui sont, peut-être à l'insu de l'auteur, le calque un peu pâle et difficile à reproduire après quinze ans de grattage, du programme de l'ancienne *Union conservatrice* tant décriée et contre laquelle a été fait le Ralliement. En voici le texte :

1° Que tous les députés sortants, qui ont voté persévéramment contre les mesures sectaires, soient soutenus, quelle que soit leur nuance, par toutes les ligues d'opposition catholique ou libérale ;

2° Que tous les candidats qui se sont montrés sincèrement favorables à la liberté religieuse, par une campagne antérieure, soient pris en particulière considération ;

3° Que les ligues d'opposition s'efforcent de résoudre au moyen d'arbitrages préventifs, les conflits de candidatures où leurs membres se trouveraient engagés ;

4° Que, tout au moins, ces ligues imposent à leurs candidats la promesse de se désister, au second tour, pour le candidat antisectaire le plus favorisé ;

5° Que ces ligues, enfin, par des proclamations parallèles, exhortent les catholiques à soutenir loyalement, quand ils n'auront point de candidats à leur goût, le candidat le plus hostile aux anticléricaux.

Or, le *Bulletin bi-mensuel de l'Action libérale* (1er septembre 1909), après avoir reproduit ces conclusions, ajoute :

Nous approuvons d'autant plus volontiers ce sage langage, que le très distingué directeur de l'Univers semble avoir résumé dans ces quelques lignes la ligne de conduite de l'Action Libérale Populaire depuis sa fondation... « Non content de prêcher l'union, le président et le comité de l'A. L. P. ont toujours fait tout ce qui était en leur pouvoir pour la réaliser. Toujours ils ont soutenu les députés sortants qui avaient voté contre les lois sectaires, sans se préoccuper de leurs nuances politiques. Ils n'ont jamais ménagé leurs concours aux candidats

qui, sans faire partie de notre association, défen-
daient la liberté de conscience. On n'a pu les accuser d'avoir manqué à cette ligne de conduite qu'en
travestissant les faits ou en en inventant de toutes
pièces.

Ce langage accuse un singulier manque de mémoire ou une audace déconcertante. Sont-elles in-
ventées de toutes pièces, les lettres par lesquelles le
Vatican intervenait, à l'instigation de M. Piou, lors
des dernières élections législatives, pour obliger la
Ligue des Femmes françaises à remettre aux mains
de celui-ci les sommes recueillies par elle? Est-ce
donc M. Piou qui travestissait les faits, en avouant
à ce sujet, aux rédacteurs de la *Croix: Les royalistes ont seuls une apparence de logique et de justice dans leurs attaques contre moi, puisqu'ils
peuvent me reprocher d'avoir empêché leur Ligue
de distribuer de l'argent à leurs candidats là où ils
étaient opposés aux candidats libéraux?* Il y a bien
là, il est vrai, un travestissement. M. Piou n'avoue
qu'à moitié, et lance une insinuation fausse.
Mgr Vanneufville mandait plus simplement à la
Croix : « Quant à l'intervention du cardinal Merry
del Val touchant les dames de Lyon, *elle consiste
essentiellement à recommander que cette association envoie son argent à l'association constitutionnelle de l'Action Libérale, de préférence aux candidats monarchistes.* Et la *Croix* elle-même, sur
cette parole de la Présidente des *Femmes françaises,*
affirmant que la Ligue avait toujours réparti ses
fonds sans distinction de nuances politiques, reprenait : *Sans distinction de nuances politiques: C'est*

le seul point qui la distingue de l'Action Libérale placée sur le terrain constitutionnel (La *Croix*, 3 et 9 avril 1907).

Elles étaient poussées si loin, les prétentions de ce monopole, et M. Piou avait un tel talent de les faire appuyer, que tout projet d'organisation indépendante de lui se voyait frapper d'interdit. Le très regretté M. Emile Keller, dont le fils, continuateur de son œuvre, reçoit aujourd'hui les encouragements publics du Saint-Siège, en fit plus d'une fois l'expérience. Lors de sa dernière tentative, encore récente. M. Piou obtint qu'on lui dictât les conditions suivantes, qui rendaient tout essai inutile : Un tiers des membres du Comité seraient à la seule désignation du Président de l'*Action libérale ;* les deux autres tiers seraient choisis d'accord entre M. Keller et lui ; la moitié des fonds recueillis serait remise à M. Piou, etc... (1).

Je crois inutile d'insister. Mais, pas plus aujourd'hui qu'hier, dans l'intérêt même de l'union, il ne faut permettre ces travestissements de l'histoire et cette apologie d'une conduite dont le plus clair résultat a été de fomenter les divisions.

Le monopole de l'*Action libérale* a heureusement pris fin. Mais elle est atteinte bien plus à fond par les récentes prescriptions du Saint-Père. Celles-ci se résument en deux points qui sont exactement la contradictoire des deux principes sur lesquels repose l'œuvre de M. Piou.

1. Le très regretté Président des *Comités catholiques* n'est plus là pour en témoigner, mais les membres de son conseil pourraient attester la vérité de ce fait.

C'est facile à constater. Pie X veut l'union sur le terrain *nettement catholique* ; et, loin de proscrire l'adhésion explicite au régime établi, il blâme le soumissionnisme auquel l'affectation du loyalisme constitutionnel conduisait les catholiques. L'*Action libérale* a toujours préconisé, d'une part, l'union sur la base du droit commun et de la liberté pour tous, en excluant formellement la formation sur le terrain catholique ; de l'autre, elle a toujours fait du loyalisme constitutionnel le principe de son action politique et la base de tout accord.

Sur le point du *terrain nettement catholique*, il faudrait rappeler toutes les déclarations de M. Piou. Bornons-nous à quelques traits. Dans un article-manifeste publié dans le *Correspondant* du 25 mars 1903, il écrivait : « La liberté que défend l'*Action libérale* n'est pas celle d'un parti. *En invoquant la liberté et le droit commun, elle exclut tout privilège et même toute faveur. Si elle revendique très haut les droits de la conscience humaine, elle n'a nul caractère confessionnel*, etc.. « La *Croix* du 23 juin 1905, rendant compte d'un grand discours de M. Piou dans un congrès tenu à Angoulême, après avoir parlé de ses magnifiques envolées religieuses, avertit le lecteur de ne pas se méprendre sur la pensée de l'orateur en croyant qu'il appelle de ses vœux la formation d'un parti catholique. et elle reproduit ces paroles qui ne laissent place à aucune équivoque : *Comprenez-vous la religion mêlée à tant d'intérêts secondaires et périssables, elle, la grande société spirituelle des âmes, à qui son Chef a dit: Mon royaume n'est pas de ce monde.*

*La comprenez-vous engagée dans les conflits que la
force dénomme, elle, la société fraternelle, qui a entendu cette grande parole : Celui qui tirera l'épée périra par l'épée. Ne faisons pas de la religion l'enseigne d'un parti.* C'est le pur langage du libéralisme
en opposition directe avec la pensée manifeste du
pape. L'exclusion du terrain catholique n'apparaît
pas moins formelle dans la retentissante déclaration
lancée par M. Piou, l'automne dernier, au Congrès
général et la Bonne Presse, où il affirmait avoir
recueilli de la bouche de Pie X cette parole : *L'Eglise
de France ne peut être défendue que par la liberté.*
Conformément à ces principes, M. de Castelnau,
président du groupe parlementaire de l'*Action libérale* déclarait à son entrée en fonctions : *Nous ne
sommes pas un parti confessionnel. . nous n'avons*
défendu et ne voulons défendre ce qui est si odieusement attaqué et persécuté, *qu'en nous armant
du droit commun et des principes de liberté qui sont
la vie même de ce qu'on appellé la société laïque
contemporaine,* et de l'intérêt supérieur de la paix
générale, fruit du respect scrupuleux des prérogatives les plus sacrées de l'âme humaine (1). »

A ce point de vue donc du terrain catholique, il
faut reconnaître sans détour que si l'*Action libérale*
ne se trouve pas atteinte par les nouvelles directions pontificales, le Pape a parlé pour ne rien dire.
Alors, M. Féron-Vrau pourrait signer encore aujourd'hui ce qu'il écrivait dans la *Croix* du 25 février
1909, pour venir à la rescousse de son rédacteur

1. La *Croix*, 28 octobre 1904.

en chef, dont les commentaires sur le discours de
M. Piou au congrès général de la Bonne Presse,
avaient suscité de vives discussions. Je veux citer
cet article, pour le mérite qu'il a de concentrer en
quelques lignes, sous la plume du directeur de la
Croix, toutes les confusions et les erreurs que la
parole de Pie X a pour but de dissiper :

Cet article n'a fait qu'affirmer une fois de plus la ligne de conduite de la *Croix* depuis sa fondation. *Cette
ligne de conduite est tout simplement celle de l'Eglise*,
que son Chef suprême s'appelle Léon XIII ou Pie X :
notre gloire, comme notre raison d'être, est de suivre
docilement les directions qui nous viennent du successeur de Pierre.

Le Pape ne fait pas de politique, et, à sa suite, nous
nous en abstenons également.

Qu'est-ce, en effet, que la politique ? C'est la lutte pour
le triomphe d'un parti, d'une cause purement humaine (1).
Nous ne voulons, nous, que le parti de Dieu, le bien de
la France et de tous les Français. *Comme l'Eglise*, nous
adhérons sans arrière-pensée *avec loyalisme au* régime
établi. Ceci ne nous empêche pas de combattre les hommes néfastes qui nous gouvernent et de travailler à
changer la législation oppressive qu'a pu nous imposer
la Franc-Maçonnerie, maîtresse actuelle du pouvoir.
Au contraire, nous pouvons le faire avec d'autant plus
de force qu'on ne peut suspecter *notre loyalisme*.

C'est pour ces raisons que nous avons donné notre
adhésion à l'*Action libérale populaire*. Les hommes gé-

1. Voilà une définition de la politique qui n'a pas dû
coûter beaucoup de réflexions à son auteur. En approfon-
dissant, il aurait découvert une distinction entre la politique de parti et l'action politique, et nous voulons croire
qu'à la *Croix* on n'est pas complètement étranger à l'idée
d'une politique catholique qui n'est pas la lutte pour le
triomphe d'une cause *purement* humaine.

néreux qui sont à la tête de cette association, présidée
par M. Piou, ont été émus du mal dont souffrait la nation. « Ils ont compris la stérilité d'une opposition à la
forme du gouvernement ». Comme l'ont fait le comte de
Mun et tant d'autres, dociles aux directions pontificales,
ils se sont groupés et ont groupé autour d'eux les hommes
d'ordre désireux de voir s'améliorer notre représentation
nationale, et, par suite, notre législation comme l'administration du pays. Tous ces hommes ont lutté sur le terrain où elle était attaquée, c'est-à-dire « sur le terrain de
nos libertés méconnues et du droit commun » qu'on refuse obstinément aux catholiques traités en parias dans
leur propre pays.

L'exemple des autres nations prouve que la liberté religieuse et même la reconnaissance officielle des droits
de l'Eglise peuvent exister sous toutes les formes du
gouvernement. « Il suffit de changer les hommes pour
« rendre meilleures les institutions existantes et leur
« faire produire une législation plus équitable (1). »

« Mais nous n'arriverons à ce résultat que par l'amé-
« lioration du pays, en travaillant de toute notre initia-
« tive privée au bien religieux et social (2). »

Est-il nécessaire d'insister sur le *loyalisme constitutionnel* de l'Action libérale ? Un journal blocard, le *Radical* (20 décembre 1905), a exactement
marqué la place qu'il tient dans ses principes, par
une phrase cinglante, écrite probablement sans

1. Est-ce bien sûr ? Dans tous les cas, c'est là un jugement personnel qu'il ne faut pas mettre en ligne, quand on
parle de l'union des catholiques, comme l'a fait également
M. Veuillot dans les mêmes termes, en commentant la lettre du cardinal Merry del Val à M. Keller (*Univers*, 24 juin)
sous peine de le voir contredit par d'autres et de ramener
les discussions.
2. C'est l'abandon et l'exclusion de l'action politique pour
laquelle le Pape engage les catholiques à s'unir et à laquelle
ses paroles vibrantes les appelle.

malice : « M. Piou se distingue des monarchistes,
en ce qu'il accepte la forme républicaine, ET DES
CLÉRICAUX EN CE QU'IL MET L'ÉGLISE AU SECOND
PLAN. »

Que l'*Action libérale* se place sur le terrain constitutionnel, c'est un droit que personne ne peut lui
contester. Qu'elle y ait mis jusqu'ici trop d'ostentation, et que la peur de laisser planer quelque soupçon sur son loyalisme ait paralysé chez elle toute
énergie, c'est ce que savent assez ceux qui ont suivi
les événements. La démonstration serait aujour-
d'hui superflue et oiseuse. Mais qu'elle s'y cantonne
encore assez exclusivement pour maintenir, après
les récentes proscriptions pontificales, le refus de
s'unir aux catholiques qui n'adhèrent pas comme
elle au régime, c'est une obstination inexcusable.
Nous touchons là aux conséquences pratiques
que les faux commentaires entraînent dans l'attitude actuelle de certains groupes. Elle prouve
l'utilité de cette discussion, et il y faudra revenir tout à l'heure. On se souvient de la singulière
réponse faite par M. Piou à la proposition d'une
fédération catholique, récemment proposée par
M. de Cathelineau, selon laquelle toute autonomie
politique étant laissée à chaque groupe, ils auraient
constitué par délégation un comité directeur chargé
de concerter les moyens d'action politique, en se
plaçant sur le terrain du droit chrétien et de servir
d'arbitre en cas de besoin entre les partis. M. Piou
avait déclaré que l'Action libérale *ne pouvait entrer
que dans une fédération qui se placerait sur le
terrain constitutionnel.* Or, le Bulletin de sa ligue

dans un de ses plus récents numéros, tentait encore
la justification de ce refus. Il aurait tout au moins
fallu en apporter de nouveaux motifs, celui-ci
étant en opposition évidente avec les directions du
Saint-Siège.

Au surplus, si l'on veut savoir quels sont à l'heure
présente l'esprit et l'humeur de l'*Action libérale*,
qu'on lise l'article suivant rédigé par son comité de
Lyon, et reproduit avec de grands éloges par le Bulletin général du 15 septembre 1909 :

Il se manifeste en ce moment un grand besoin d'union
chez certains polémistes et ils invitent d'un ton hargneux
leurs voisins à l'éprouver en même temps qu'eux.
« Soyons unis ou je te tue ! »

C'est un assez piquant spectacle. Des paroles venues
de Rome expriment le désir du Pape de voir les catholiques « défendre leur foi menacée en dehors de toute
« préoccupation politique » ; et aussitôt les organes les
plus vigoureusement ou les plus sournoisement antiré-
publicains de s'écrier d'un seul chœur : Voilà pour l'Action libérale ! Un parti lutte pour renverser la République ; les avertissements de Rome ne le regardent pas :
nous luttons, nous, « pour la liberté religieuse *sans nous*
soucier de la forme du gouvernement : c'est de la
politique, et nous serions anathèmes... si cela dépendait
de messieurs les politiciens de coup d'État.

Assurément, par son extension, par son caractère
populaire, par la terreur qu'elle inspire à la franc-maçonnerie et à ses courtiers électoraux, l'« Action libé-
bérale » attire l'invective de tous ceux qui s'acharnent
encore, après trente années de douloureuse expérience,
à démontrer au peuple l'incompatibilité de la foi catholique et des opinions républicaines.

Or, la masse populaire est attachée à la forme républicaine. Que ce soit par idéal, que ce soit par intérêt,
peu importe ; le fait évident c'est qu'elle y tient. On peut

consulter là-dessus les quelques députés catholiques qui représentent les circonscriptions les plus croyantes de notre région sud-est. Cela ne se discute plus.

Et c'est pour défendre l'Eglise d'une compromission meurtrière que Pie X dénonçait de toute son indignation le « sophisme manifeste » qui s'efforce « à confondre la forme établie du régime républicain avec l'athéisme, avec la guerre à outrance contre tout ce qui est divin ». (Allocution consistoriale du 15 avril 1907.)

« Nous sommes donc en règle à la fois avec le bon « sens et avec l'orthodoxie ; et nous ne faisons pas par-« ler le Pape, nous le citons ».

« On sait d'ailleurs à quel point l'Action Libérale « Populaire a ménagé les susceptibilités respectables » et comment sur sa formule intentionnellement si large se sont rencontrés des hommes de cœur, de convictions politiques les plus diverses. « En vérité, l'union, nous l'avions faite. »

En pleine lutte contre un ennemi commun, à six mois de la grande bataille électorale de 1910, l'assaut de la franc-maçonnerie nous suffit, sans que nos coreligionnaires le renforcent. Et nous livrons simplement cette considération à ceux qui, de bonne foi, chercheraient la formule meilleure. Depuis sept ans, nous travaillons à l'organisation des forces électorales.

Nous avons un chef éminent de grande influence, d'un rare talent de parole, d'une noblesse de caractère plus grande encore. Des dévouements admirables nous sont venus de toutes les classes sociales. Nous avons fondé des Comités reliés fortement entre eux par les organismes départementaux et régionaux. Nous avons tenu tête aux puissants qui opprimaient lâchement les petits. Si, par impossible, tout cela s'effondrait un jour, si l'A. L. P. venait, par sa disparition, apporter la preuve que les catholiques français, capables de grandes choses « au point de vue religieux », sont incapables des moindres choses dans le domaine civique, quel long découragement pour les simples, quelle cruelle désillusion pour les enthousiastes, quelle batterie d'allégresse dans les officines préfectorales !

Détruire pour unir, joli programme!

Pendant que s'agitent ces querelles néfastes, l'A. L. P. poursuit vigoureusement sa propagande méthodique et fructueuse.

Il est facile maintenant de dégager la position exacte de l'*Action libérale* en présence des directions nouvelles. Peu importe de savoir si celles-ci ont été dirigées contre elle, ou non. Quoi qu'il en soit, il est évident, en premier lieu, que l'espèce d'investiture qui la faisait passer pour l'unique association politique à laquelle les catholiques dussent adhérer ne lui est pas continuée. Deuxièmement, il est également bien clair que, si le Saint-Père a voulu donner aux catholiques de France le double avertissement qui nous paraît résumer la pensée de son discours, l'*Action libérale* a plus sujet que tout autre groupe de le prendre pour elle. Enfin, et surtout, car c'est là le point pratique, si elle veut se conformer à la ligne de conduite tracée par Pie X, elle devra modifier ses deux points fondamentaux ; faire passer son principe de loyalisme au second plan, et substituer à sa devise de droit commun et de liberté pour tous, ou du moins y ajouter, l'affirmation des principes du droit chrétien et des droits de l'Eglise. Mais, telle qu'elle a été, telle qu'elle s'affirmait encore tout récemment, elle est en désaccord avec ce que Pie X demande.

Tout cela reçoit une confirmation frappante des circonstances dans lesquelles s'est produit le dernier acte qui a mis le sceau à ces nouvelles directions pontificales. M. Piou, pris jusqu'ici pour le chef des catholiques en France, venait de prononcer à Lyon, le 5 juin, le discours où il affirmait avec fracas que Pie X maintient les directions politiques de Léon XIII et où il reprenait sa maxime : L'Eglise de France ne doit être défendue que par la liberté. Trois semaines auparavant, le 11 mai, le colonel Keller, succédant comme président des comités catholiques à son noble père qui avait toujours été tenu à l'écart depuis la dissolution de l'*Union de la France chrétienne* en 1892, proposait, comme également rapporté de Rome, un programme tout différent, presque opposé, où l'affirmation éclatante des principes catholiques dans l'action publique était jointe à la plus fière déclaration de résistance politique. Or, le 19 juin, quelques jours après la manifestation de Lyon, ce n'est pas à M. Piou, c'est à M. Keller que le cardinal Secrétaire d'Etat, au nom du Saint-Père, adresse la plus formelle approbation. Le silence répond seul à la jactance du président de l'*Action libérale* ; et Pie X fait écrire à M. Keller pour que toute la France le sache : « Vos paroles répondent complètement aux pensées et aux désirs du Souverain Pontife, qui est heureux de leur donner sa pleine et entière approbation. » Se peut-il imaginer une plus honorable réhabilitation d'un nom, d'un programme et d'une cause, mais aussi, un désaveu plus clair, quoique tacite, du coup tenté par M. Piou ?

Et maintenant, s'agit-il, comme s'en plaint le manifeste cité plus haut, de *détruire pour unir* ? Seul, le refus de se plier aux directions données rendrait cette désagrégation nécessaire. Pourquoi se poser inutilement en victime ? Le remède est bien plus simple. Les plus francs contradicteurs de l'*Action libérale* n'en ont point proposé d'autre. Le lecteur me permettra de reproduire ici les conclusions par lesquelles je terminais il y a quatre ans l'ouvrage que j'ai intitulé *Cas de conscience. Les Catholiques français et la République* (1). M. Piou réussit alors à faire blâmer ces critiques par l'*Osservatore romano*. Je crois qu'aujourd'hui elles paraîtront en conformité assez complète avec les récentes directions pontificales. Après avoir tracé le tableau des faiblesses de l'Action libérale, je finissais par cette page :

« Que personne ne voie ici la manifestation d'un « parti pris à l'égard de l'*Action libérale*. Le zèle de « ses chefs est incomparable, on n'aura jamais assez « d'éloges pour leur dévouement, pour l'empresse- « ment et la générosité de tant d'hommes et de fem- « mes qui lui donnent leur concours. Il y a là un « foyer de forces condensées, des trésors de vertus « chrétiennes et civiques. Ce serait folie de vouloir « les disperser.

« Mais c'est un devoir de réclamer qu'on oriente « ces forces dans la vraie direction, et que ces ver- « tus s'affirment par des actes.

« Et après tout, que faudrait-il pour faire droit aux « critiques qu'on vient de lire ? — Tout simplement, « que l'*Action libérale* soit vraiment ce qu'elle dit « être. On ne lui demande pas autre chose.

« Le premier mot de sa propagande est *l'accord* « *sans distinction de partis*. — C'est pour le mieux.

1. 1 vol. in-12, Lethielleux, 10, rue Cassette. Paris.

« Mais qu'elle s'abstienne alors de se déclarer « net-
« tement constitutionnelle », ce qui exclut de cette
« organisation catholique, les catholiques qui ne sont
« pas républicains ; qu'elle affirme hautement ce
« qu'elle n'a jamais eu le courage de dire, qu'elle
« désire et recherche l'accord avec les catholiques
« monarchistes non moins qu'avec les progressistes;
« qu'elle soutienne sincèrement les candidats et les
« journaux des premiers, non moins que ceux des
« républicains ; et, surtout, qu'elle cesse de nuire à
« ceux qui ne sont pas nettement constitutionnels et
« de miner leurs positions.

« Sans cela, on aura beau prôner l'Action libérale
« comme la grande organisation qui doit centraliser
« les forces et les ressources des catholiques, ce sera
« un devoir de leur crier : Prenez garde ! Par le fait
« de leur irréflexion, beaucoup vont trouver là un
« piège ; cette prétendue arche sainte ne sera pour
« eux qu'une souricière.

« En second lieu, l'Action libérale est constituée
« *pour la défense de la religion et de ses droits.* —
« Qu'elle en fasse donc son vrai programme ; que
« son attitude soit une ; qu'elle cesse de réserver sa
« vraie profession de foi, ses déclarations de princi-
« pes catholiques, pour les congrès et les banquets,
« tandis qu'elle n'ose parler devant le pays que de
« droit commun, d'égalité, de liberté pour tous.
« Ce sont *notre foi, notre Dieu, nos droits de catho-*
« *liques* qu'elle veut assumer la charge de revendi-
« quer, de venger, de remettre en honneur. Com-
« ment y parviendrait-elle, si *cette foi, ce Dieu, ces*
« *droits* ne peuvent passer qu'à la faveur de faux

« principes, au nom desquels la porte leur sera
« encore plus tôt refermée qu'elle n'aura été entr'ou-
« verte ; si elle en confie la garde à des hommes qui,
« malgré leur libéralisme, sont imbus des principes
« d'un droit hostile à ces droits-là, et qui sont parti-
« sans de la sécularisation de l'Etat ? Qu'en ce péril
« suprême, elle cherche en eux des alliés du jour,
« rien de mieux, il le faut : mais qu'elle le fasse sans
« dissimuler ses propres principes, sans s'effacer
« derrière ces hommes, car ses alliés d'aujourd'hui
« seront ses adversaires de demain.

« Tout cela n'est-il pas absolument juste, équitable,
« honorable ? Est-il besoin d'une révolution pour
« l'accomplir ?

« Catholiques de France, depuis longtemps les cal-
« culs d'une sagesse trop humaine ont tenu votre
« conscience en léthargie.

« Ce n'est pas la politique, c'est la foi qui vous
« sauvera.

« Vous achèverez de tout perdre, si vous ne placez
« pas une bonne fois le loyalisme chrétien au-dessus
« du loyalisme républicain.

« La vraie prudence est de résister ouvertement,
« quand le droit est violé.

« L'honneur de Dieu ne se prête pas à des com-
« promis. Il se défend à visage découvert.

« L'homme dont l'honneur et une conscience
« droite commandent les actions prend toujours le
« parti le meilleur.

« Sa résistance est toujours une victoire, la vic-
« toire de la conscience et de l'honneur. La force ne
« la lui enlève jamais.

Barbier   36

« Le magistrat qui descend de son siège, le soldat
« qui brise son épée, plutôt que de coopérer à la
« tyrannie du pouvoir, le prêtre qui affronte la pri-
« son plutôt que de faillir à sa mission, sont les
« sauveurs de la liberté.

« Si le nom de Dieu est presque aussi prudem-
« ment exclu du programme de vos candidats que
« des discours d'un Président de la République,
« ceux qui font marcher la République n'auront rien
« à craindre de vos candidats.

« *Tous nos maux viennent d'une seule cause : on*
« *ne veut pas se montrer catholique.*

« Le seul remède sera de faire honneur a nos
« convictions chrétiennes.

« Dans les pèlerinages et les processions, de tou-
« tes parts, on chante : *Nous voulons Dieu !...* Si
« c'est vraiment votre mot de ralliement, agissez
« comme des catholiques, c'est-à-dire affirmez-vous
« devant le pays comme des Français qui ont le
« droit de croire, d'espérer et d'aimer, et qui, si on
« ne leur reconnaît pas ce droit-là, sont résolus à le
« prendre et à le faire respecter.

« Soyez républicains, si c'est votre opinion ; soyez
« royalistes ou impérialistes ; soyez-le ouvertement,
« hautement ; mais ne soyez pas moins franche-
« ment catholiques. Placez votre foi au-dessus de
« tout le reste. Quiconque la partage est votre
« ami ; quiconque ne la respecte pas, votre adver-
« saire. Quand la religion est en cause, tendez sin-
« cèrement la main à tous vos amis, faites tête à tous
« vos ennemis ; mais que, chez vous, le catholique
« cesse enfin de se masquer derrière le libéral ».

LES PLANS D'UNION ET D'ACTION

Si ce sont les auteurs des commentaires rapportés plus hauts et leurs amis qui se chargent de proposer les plans d'union et d'action, on peut s'attendre à y retrouver les mêmes faiblesses. Prolixité et enflure de la forme cachant le vide du fond. Point ne serait besoin d'élaborations compliquées, si l'on adoptait franchement le mot d'ordre donné par Pie X : Ralliez-vous autour du drapeau de l'Eglise, affirmez-vous nettement, et avant tout, catholiques. Dès lors, en effet, l'union serait faite ; car ce mot d'ordre contient tout ce qui unit, et il exclut, ou du moins refoule dans un plan très inférieur toutes les causes de division. Mais n'osant faire sonner ce cri de ralliement, on se rejette sur les questions de forme et de protocole. On dresse un cadre superbe, il n'y manque que ce qui devrait l'animer

Je ne voudrais pas contrister des hommes dont le dévouement et le zèle ne sauraient être mis en doute, ni réveiller de vieilles querelles. Il y a cependant des choses sur lesquelles on ne peut fermer les yeux, si l'on veut comprendre ce qui se passe actuellement. L'*Univers* reproduisait ces jours derniers un article de la *Germania* exprimant la surprise de voir le peu d'effet produit sur l'opinion par la brochure de M. F. Veuillot sur les nouvelles directions pontificales. La situation intérieure de la France est fort mal connue à l'étranger. Les catholiques libéraux, les premiers, ont tout fait pendant quinze ans, pour la fausser à ses yeux. L'explication est cependant bien simple. L'*Univers*, la *Croix*, et autres journaux similaires, comme le *Peuple français* manquent d'autorité pour tracer aujourd'hui aux catholiques leur plan d'action, parce qu'ils s'étaient engagés trop à fond, et non sans passion, dans une ligne de conduite différente de celle qui nous est désormais proposée. Les hommes ou les journaux qui se sont constitués les organes d'une tactique n'ont pas bonne grâce à se faire, du jour au lendemain, sans même annoncer un changement de leur part, les initiateurs d'une tactique opposée. Sans aucune intention de les blesser, on peut regretter qu'ils ne l'aient pas compris.

A ce point de vue, leur situation est fausse, et il est impossible que leurs conseils ne s'en ressentent pas, que leurs plans n'offrent pas de lacunes. Le temps n'est pas assez éloigné, où la *Croix* prenait fait et cause pour la tactique de l'*Action libérale* au point de lui être inféodée ; où l'*Univers* déclarait par la plume d'Eugène Veuillot n'avoir pas de raison d'émettre une préférence électorale entre un illustre militant catholique comme Paul de Cassagnac et le libre-penseur judaïsant Bescou, parce que le premier refusait d'adhérer à la République ; où, plus récemment, lors des dernières élections, M. Pierre Veuillot déclarait que, pour le même motif, entre M. Lasies et M. Ribot, entre M. de Baudry d'Asson et M. Aynard, entre M. de Rosambo et M. Renault-Morlière, il n'éprouverait pas « une seconde d'hésitation » à voter et à faire voter contre les députés franchement catholiques, mais monarchistes, en faveur de ces bons républicains,

l'un auteur, les autres, partisans déclarés des lois
sectaires de laïcisation et de spoliation qui ont préparé la persécution actuelle ; où l'*Univers*, à la même
date, comme la *Croix* et d'autres, rompaient de
fréquentes lances contre tout projet de parti catholique. Et les voilà qui aujourd'hui, remplissent leurs
colonnes de plans d'organisation sur un terrain exclusivement religieux, si exclusivement que le vrai
but est outrepassé, et qui, comme M. F. Veuillot, dans
sa brochure, se mettent à morigéner les différentes
fractions sur le devoir « d'entretenir des relations
cordiales, et de considérer que toutes, monarchistes
ou républicaines, autoritaires ou démocratiques,
elles n'ont, en somme, qu'un ennemi commun : la
secte ».

Mais, rien, dans tous ces articles, qui ne dise, du
moins implicitement : faites ce que nous avons fait
et suivez nos conseils, rien qui avertisse du changement nécessaire. Tout se passe comme s'il n'y avait
pas à la clé des nouvelles directions un avertissement bien clair, et surtout comme si cet avertissement ne touchait en rien les protagonistes de la
direction périmée.

De là, des lacunes inévitables dans leurs plans.
On n'a que l'union à la bouche, les plans d'union, la
forme de l'union ; cependant, pas un mot net et précis sur la formule qui la doit réaliser, sur le principe
de la tactique nouvelle, à savoir l'affirmation catholique, la lutte, la lutte courageuse et énergique pour
la défense de l'Eglise, la propagande ouverte pour
ses libertés et ses droits. Tout cela est sous-entendu,
j'en conviens ; mais, justement, c'est ce qui ne doit

plus l'être, parce que jusqu'ici cela l'était trop. Cette union des catholiques dont vous tracez les beaux plans, quel en sera pratiquement le but ? Et puisque vous parlez d'action, quelle sera leur attitude devant le pays ? Sera-ce celle que M. Pierre Veuillot préconisait en ces termes au lendemain des élections de 1906 ? (*Univers*, 22 mai) ; « Comment jamais reprendre le suffrage universel ? En usant à son égard d'autres procédés. Au fond, si nous en disons beaucoup de mal, pratiquement nous l'honorons trop. Nous croyons l'échauffer en lui parlant de droit, de liberté, de nobles sentiments. Il bâille. Et nous l'entretenons aussi des injustices de la veille. Il s'endort. Nous l'ennuyons, tout simplement. Imitons les Jacobins, les sectaires et les socialistes, qui savent l'estimer à sa juste valeur et le prendre comme il est. Causons avec lui, surtout, de ses intérêts matériels et du lendemain. Voilà ce qui l'intéresse. Nous ne disons pas qu'il faille renoncer à toute revendication, à toute protestation d'ordre moral. Coûte que coûte, on doit s'affirmer ce qu'on est, et maintenir le droit. Mais il faut faire cela pour nous-mêmes et aussi pour l'avenir, plus que pour l'électeur. » Conduirons-nous la lutte en catholiques, ou nos grands journaux continueront-ils, comme l'a fait la *Croix* en 1906, à déguiser tous nos candidats sous le nom de *libéraux?* C'était là le vrai point à aborder. Je reconnais qu'on devait éprouver quelque embarras à le faire. Mais c'est une grave lacune. On aurait aimé à voir développer dans ces plans l'idée que M. Emile Flourens expose si franchement dans l'*Autorité* du 27 septembre 1909, en réponse aux objections faites à l'*Entente catholique:*

On nous fait grief de l'épithète « catholique ». On nous dit que c'est mêler la question confessionnelle à la question politique. A d'autres époques, le reproche pourrait être fondé. Aujourd'hui, il prouve une méconnaissance complète des conditions actuelles de notre pays.

Le parti qui est au pouvoir n'a gouverné, depuis trente ans, que dans un seul but : déchristianiser la France. Au besoin de persécuter, il a tout sacrifié. La question qui se pose actuellement est celle si la France doit continuer à marcher à la ruine pour satisfaire la haine sectaire de la Franc-Maçonnerie contre le catholicisme. Les candidats auront beau essayer d'échapper à la qualification de cléricaux, qui leur fait peur, et à celle d'anticléricaux, qui leur fait horreur, ils n'y réussiront pas. Ils seront, malgré eux, classés dans l'une ou l'autre de ces catégories. En se parant d'épithètes vagues, comme celles de libéraux, vieille selle à tous chevaux, ou de constitutionnels, qui ne signifie rien dans un pays sans Constitution en droit et en fait, ils ne feront que révéler l'incertitude de leur tactique et, par suite, son impuissance. Le corps électoral ne se ralliera pas à qui n'ose opter et prétend s'asseoir entre deux chaises. A cacher son drapeau en face de l'ennemi, on ne gagne ni honneur, ni profit.

Ce qu'une attitude trop différente de celle-là dans un passé encore tout récent empêche nos commentateurs de professer avec la netteté désirable, est-ce au moins l'objet de leur résolution présente et la font-ils reconnaître par leurs actes ? Le premier type extérieur de cette résolution devrait être l'accueil sympathique, ou tout au moins impartial fait à toute initiative catholique. L'*Entente catholique,* puisque son nom est venu sous notre plume, le rencontre-t-elle de la part de la *Croix* et des journaux qui s'inspirent d'elle ? La fédération de forces catholiques dont le comte de Cathelineau a eu le mérite de concevoir le projet, et celui plus notable de le mettre, par sa persévérance, en voix sérieuse d'exécution, a bien, à l'heure actuelle, l'avantage de mieux répondre que l'*Action libérale* aux nouvelles directions. Il serait sans doute oiseux et même regrettable de revenir sur l'opposition que ces journaux lui ont faite avant la récente manifestation des volontés du Saint-Père. Il n'est pas davantage question de prétendre l'imposer aujourd'hui, car les préférences de chacun doivent être respectées, encore qu'il nous soit clairement indiqué de quel côté les porter désormais. Mais la *Croix*, le *Peuple français*, etc., s'ils n'avaient souci que de favoriser avant tout le mouvement catholique, ne devraient-ils pas maintenant, à l'association formée par M. de Cathelineau, la même publicité qu'aux autres ? Elle a été récemment favorisée de plusieurs approbations épiscopales. Pourquoi la *Croix*, habituellement si empressée à enregistrer les moindres gestes de nos évêques, les a-t-elle passés sous silence ? Il y a quelques semaines, certains membres éminents de cette association firent à Auch une grandiose manifestation publique, pour protester contre la goujaterie du gouvernement qui faisait mettre en vente le mobilier de l'archevêque. Mgr Ricard leur adressa ensuite une lettre publique de remerciements chaleureux. Pourquoi la *Croix* et les autres journaux dont nous parlons ne l'ont-ils pas reproduite ? On sait trouver place pour un discours *in-extenso* de M. Déroulède qui a, lui, la supériorité de convic-

tions républicaines ; mais s'il s'agit seulement de
nommer les jeunes Cassagnac et leurs amis politiques, on y regarde de plus près. Est-ce là favoriser
sincèrement et sans arrière-pensée l'action catholique ? Au lendemain du jour où l'*Entente catholique*
publia sa circulaire aux évêques pour leur faire
connaître son programme et ses premiers résultats,
le *Peuple français*, rédigé par les membres de la
Jeunesse catholique (23 août) publiait cette singulière « mise au point » dont le ton et les assertions
ne sont pas excusables, quel que soit le fait dont elle
prend occasion et que nous n'avons pu contrôler :

> Depuis quelques jours, « un petit noyau de monarchis-
> « tes, sans autre mandat que celui dont ils se sont eux-
> « même investis », multiplie les appels à « l'entente
> catholique » en vue des élections.
>
> C'est leur affaire ; et, tout en protestant contre le
> système du monsieur quelconque qui plante son para-
> pluie au milieu d'un champ et déclare : « Je fais l'union
> des catholiques ; celui-là est un indiscipliné qui ne vien-
> dra pas avec moi », tout en maintenant et renouvelant
> cette protestation, nous sommes trop nettement hostiles
> à toute polémique pouvant diviser les catholiques de-
> vant l'ennemi pour avoir critiqué l'effort de ces braves
> gens « qui s'imaginent galvaniser la vieille union con-
> « servatrice en l'appelant d'un autre nom ».
>
> Mais nous ne pouvons admettre qu'un des agents prin-
> cipaux de cette « entente » prétendue, affirme, comme
> il l'a fait hier dans un journal royaliste, que M. Jacques
> Piou est désavoué par les membres de l'*Action libérale
> populaire* qui, ainsi que les membres de la Jeunesse
> catholique, adhéreraient en masse à l'entente : ce n'est
> pas M. Jacques Piou personnellement, c'est tout le
> Comité directeur de l'*Action libérale populaire* qui s'est
> refusé, « ainsi qu'a fait le Comité général de l'A. C. J. F.,

« à entrer dans une fédération d'éléments disparates,
« tant au point de vue du nombre qu'à celui des idées, et
« qui ne pourrait agir sans léser la légitime indépendance
« de plusieurs des groupes qui la composent ».

Point n'est besoin d'organismes compliqués pour assurer, lors des élections, contre l'ennemi de leur foi,
l'accord des catholiques dignes de ce nom, ni les membres de l'A. L. P., ni ceux de l'A. C. J. F. ne failliront
à leur devoir de catholiques.

En sommes-nous donc encore à refuser à des monarchistes le droit d'entrer en ligne pour la défense
catholique ??? L'allégation est d'ailleurs manifestement inexacte, car il y a, parmi les signataires de
l'Entente, des républicains d'un teint garanti tels
que Pierre Biétry. Depuis quand les citoyens catholiques ont-ils besoin d'être investis d'un *mandat*
ecclésiastique pour défendre les libertés de l'Eglise ?
C'est encore une prétention des ralliés. Mais voici
que des évêques ont approuvé l'Entente : le *Peuple
français* lui en a-t-il donné acte ? J'aime, par exemple, à entendre rendre à la vieille *Union conservatrice* cette justice qu'on la reconnaît dans une fédération qui se propose pour unique objet la défense
religieuse, en laissant à chaque groupe politique son
autonomie. N'est-ce pas le sens des directions présentes ? N'approfondissons pas ce que peuvent bien
être des éléments disparates au point de vue du
nombre. Mais, en répétant après M. Piou, que l'Entente catholique lèse l'indépendance des groupes,
on affirme une contre-vérité manifeste. Et puisque
le *Peuple français* croit opportun de rappeler que
l'A. C. J. F. a suivi l'A. L. P. dans son refus d'adhé-

rer à l'union de tous les groupes, il ne le sera pas
moins de rappeler aussi le motif qu'elle mettait alors
en avant. Son président général, M. J. Lerolle,
expliquait dans sa lettre à M. de Cathelineau, que
l'A. C. J. F. se tient en dehors de toute politique
et que, par conséquent, l'appel de l'Entente catholique ne pouvait s'adresser à elle. Ici encore, je
voudrais écarter ce qui, dans le passé de l'A. C. J. F.,
montrait clairement la fausseté de la raison alléguée.
Mais les faits actuels ne sont pas aussi négligeables.
Le président d'honneur d'un groupe important de
l'A. C. J. F. m'informait tout récemment, qu'à
la suite de la discussion toujours pendante au sein
de cette association sur le droit de ses membres à
faire parti de l'*Action française*, droit que lui-
même revendiquait, M. Bazire, rédacteur en chef
du *Peuple français*, venait de lui écrire que l'A. C.
J. F. « doit rester sur le terrain constitutionnel ».
Qu'y a-t-il donc de changé? Et, en dépit de tous les
beaux plans, quels progrès fera l'union des catholiques, tant que leurs représentants les plus accrédi-
tés persisteront dans leurs anciens errements?

J'ai entre les mains une circulaire émanant de
M. Féron-Vrau et de M. Bazire, par laquelle, en
deux lettres distinctes, ils s'adressent à tous les
présidents de groupe de l'Association de la Jeunesse
catholique pour leur recommander les intérêts et la
propagande du *Peuple français*. M. Féron-Vrau
y répète ce qu'il n'avait pas craint d'avancer dans
la *Croix*, que c'est après avoir pris conseil du Saint-
Père, qu'il a acheté le *Peuple français*. Il ajoute
que la direction de ce journal « reste comme par le

passé entre les mains d'un groupe composé en majeure partie des anciens de la Jeunesse catholique ». M. Bazire, ancien président de l'Association et rédacteur en chef du journal, revient sur ce qu'avait également avancé M. Féron-Vrau dans la *Croix*, en disant qu'il n'y avait pas de journal vraiment catholique parmi ceux du matin. Voici ce qu'écrit M. Bazire : « La presse catholique compte deux excellents et puissants organes, la *Croix* et l'*Univers*; mais tous deux sont des journaux du soir et pour ce motif n'atteignent pas une masse considérable de lecteurs : à côté d'eux il faut un journal du matin. Parmi les journaux du matin, il en manque un qui soit fièrement et intégralement catholique : c'est ce que veut être le *Peuple français*, etc... » Ainsi, sans parler de plusieurs grands régionaux aussi importants que les journaux de Paris, l'*Autorité* n'est pas un journal catholique ? Le *Soleil* n'est pas un journal catholique ? L'*Action française* n'est pas un journal catholique ? La *Libre Parole* n'est pas un journal catholique ? Cette façon de l'insinuer et de s'attribuer un monopole devrait soulever l'indignation. On ne s'étonne pas de voir un journal se vanter d'avoir le plus grand format, le plus gros tirage, les informations les plus complètes. Les réclames de ce genre sont un moyen banal de concurrence. Mais qu'on y fasse servir une parade de catholicisme, en publiant avec si peu de vergogne que le vrai journal catholique « n'est pas au coin du quai », ce n'est pas admissible. Il manque sans doute à ces autres journaux de défendre une politique constitutionnelle. C'est par là que le catholicisme du *Peuple français* est de qualité supérieure. Est-il vrai que cela le rende plus « fièrement » catholique qu'ils ne le sont ? Je ne crois pas même que l'estampille et l'appui officiel de l'*Action libérale* (bulletin du 15 mai 1909, page 212) suffise pour lui conférer ce caractère d'une manière sensible. Et voilà aussi un moyen bien pratique de faire l'union !

Du moins, puisqu'ils se flattent d'être les bons et purs catholiques, possédant mieux le véritable esprit de l'Eglise, et favorisés du privilège, sinon du monopole, d'appliquer à la vie publique ses maximes et sa direction, devraient-ils donner les premiers l'exemple de la modération et de la charité dans leurs rapports avec les autres. Jamais, peut-être, la polémique ne fut plus acrimonieuse de leur part, ni plus injuste. Je fais surtout allusion à leurs discussions avec les membres de l'*Action française*. L'aigreur, la violence des attaques ou des ripostes du *Peuple français* est suffisamment connue. On vient d'en voir encore un bel échantillon. Et comment excuser la bonne foi de ceux qui exploitent de toutes parts certaine critique contenue dans le récent *Essai* de M. l'abbé Descoqs, dans les *Etudes* sur l'œuvre de M. Charles Maurras, en l'isolant des justifications qu'il contient ? *La Croix du Nord* donnait récemment (22 septembre) un article dont le titre seul est une injure calomnieuse : *Dangers de l'Action française pour la foi et les mœurs* (1).

1. Nous n'avons point à entrer ici dans le fond de la discussion. Quoi qu'il en soit du danger signalé par M. Descoqs dans l'influence personnelle d'un chef d'école dont la

Le rédacteur en chef de l'*Express de Lyon*,
organe de l'*Action libérale*, dont nous avons parlé

doctrine philosophique est a-religieuse et a-morale, on feint
d'oublier que l'auteur a commencé par établir solidement
qu'il y aurait injustice évidente à attribuer au groupe de
l'*Action française* les théories et l'incroyance de son guide
politique. Non seulement, en effet, un grand nombre d'adhérents sont des croyants convaincus, non seulement plusieurs des chefs, tels que le comte B. de Vesins et le comte
E. de Lur-Saluces, comptent parmi les catholiques éminents,
mais, sans nier aucunement la valeur spéculative des craintes manifestées par M. Descoqs, ni même leur bien-fondé
pratique, il est permis de croire qu'une connaissance plus
exacte et plus vécue de la situation lui aurait fait atténuer
l'expression de ses craintes. Le positivisme de M. Charles
Maurras a-t-il sur les jeunes gens de l'*Action française* la
même emprise que sa science politique ? Sont-ils généralement en communication aussi directe avec lui qu'on le suppose ? La vraie direction et influence exercée sur les *came-
lots du roi* n'appartiennent-elles pas davantage aux catholiques dont nous parlons, et à des jeunes gens dont l'exemple
pourrait être proposé à tous ? On a peine à contenir son
indignation devant les imputations injurieuses dans lesquelles ils sont enveloppés. Voilà, par exemple, le plus en
vue de ces jeunes gens, Maxime Réal del Sarte, qui, au
sortir de la prison où il a passé deux mois, use de sa première nuit de liberté pour la passer en adoration avec ses
jeunes frères au Sacré-Cœur de Montmartre, où il a d'ailleurs toutes les peines à se faire admettre. Au pèlerinage
national de Lourdes, il porte la bannière de Jeanne d'Arc,
entouré de ses compagnons. A la veille de commencer son
temps de service militaire, une messe de départ est célé-
brée pour lui et ses amis. Et ces jeunes gens ne trouvent
pas d'indulgence aux yeux de ces mêmes catholiques qui
n'ont jamais eu que des complaisances pour le *Sillon*, et,
comme s'exprime la *Semaine religieuse de Cambrai* pour
« les pervertisseurs de l'esprit chrétien ». Ce sont des hommes d'action ; l'action catholique et politique, telle qu'ils
l'entendent et la pratiquent, leur laisse-t-elle beaucoup de
loisir pour subir une influence philosophique qui, d'ailleurs,
s'abstient soigneusement de s'exercer ? Mais n'est-ce pas
précisément la peur de l'action qui inspire ces effarouche-
ments pharisaïques ?

plus haut, eut récemment de vifs démêlés avec les
jeunes gens de l'*Action française*, à la suite desquels
il subit une agression de leur part. Supposons qu'elle
fut injuste. Excusera-t-on le journaliste de s'être
vengé en ces termes, dans un article qu'il intitule :
« Camelote, les apaches du Roy, la canaille royaliste, etc... »

Cet incident caractérise à merveille une politique et
une catégorie de gens ; il éclairera un peu, s'il en était
besoin, l'opinion publique sur le néo-royalisme et sur
les néo-royalistes.

L'*Express de Lyon* a, depuis longtemps, l'honneur
d'être attaqué grossièrement et perfidement par le plus
immonde journal de la presse française : l'*Action française* — cette feuille qui déshonore par son titre et l'Action, cette vertu, et la France.... Et puis, prenons acte
de l'attitude parfaitement ignoble du parti royaliste qui
se laisse, avec délices, déshonorer par ses récentes re-
crues... Et dire que c'est à des « partisans » qui patron-
nent les Apaches du Roy que de braves gens, remplis
d'illusions, voudraient remettre les destinées de la
France catholique ! C'est avec le Parti Royaliste, — ce
Parti de la Haine, ce fauteur de guerre civile, ce rêveur
de lâches et sanglantes représailles, — c'est avec ce
parti devenu une bande qu'on voudrait que les catholiques libéraux et démocrates marchent la main dans la
main !...

Certains catholiques n'ont donc jamais lu l'*Action
française* ?

L'*Action française*, faction antisociale et antinatio-
nale, a commencé par être une revue ; elle est ensuite
devenue une ligue, puis un journal, et enfin une bande.
Elle est aujourd'hui une ligue factieuse servie par deux
publications et par des brigades de malfaiteurs de
tout âge.

Elle sortit tout armée du cerveau d'un sophiste veumeux, M. Charles Maurras, ce Gorgias athée dont, l'autre jour, un bon ecclésiastique en veine de découvertes, faisait presque un Docteur de l'Eglise !...

C'est de M. Maurras seul que date l'évolution. C'est sous son inspiration que les monarchistes ont fait de leur propagande une petite terreur Blanche qu'ils s'efforcent d'instaurer dans toutes les villes de France. Il faut convenir que cette besogne leur va à ravir : On retrouve en eux l'âme lâche et cruelle de Trestaillon, des *Verdets*, des assassins du brave Ney et du maréchal Brune...

Mais, s'ils sont afficheurs, manifestants, agresseurs et *nervi*, les Apaches du Roy aiment rire. On les trouve fréquemment, paraît-il, dans les cabarets de nuit et ailleurs, payant les filles pour crier avec ensemble : « Vive le Roy ! » Ce sont les côtés joyeux et les petits profits de la profession...

Nous sommes donc en présence d'un parti, jadis honorable et honoré, représenté et dominé aujourd'hui par une *Maffia* innommable, qui prétend imposer par la terreur sa domination à toutes les fractions de l'opposition,

Ses violences ont réussi, dans une certaine mesure, à paralyser l'action de quelques-uns de nos amis, qui ont parfois le mépris trop silencieux.

Nous n'avons, nous, aucun scrupule à démasquer et à dénoncer à l'opinion publique une politique malfaisante, périlleuse et déshonorante, et un personnel qui constitue ce que nous appelons formellement la Canaille royaliste.

Nous ne voulons supporter aucune apparence d'une solidarité quelconque avec la faction des Maurras, Bertrand, Vaugeois, Robert Macaire et Cie, professeurs du faux, apologistes de l'assassinat.

Voici maintenant une autre note, sur le même sujet, qui n'a rien de cette violence, mais je ne puis assez admirer l'ingéniosité du tour qu'elle imprime à l'union des catholiques. La *Semaine religieuse d'Arras* (10 septembre 1909) donne un compte rendu élogieux de la brochure de M. F. Veuillot, et partant de l'idée que l'application immédiate des directions pontificales doit se faire par l'action religieuse et sociale, se réjouit de voir que nombre de catholiques de nuances politiques opposées travaillent ensemble, à merveille, sur ce terrain. « Ils servent le bon Dieu avant le Monarque ou la République ». Puis, elle ajoute :

C'est que les partisans étroits de la politique, ceux qui croient uniquement à la vertu des scrutins ou bien des coups de force, se sont restreints à une école particulière. En dehors de cette école, on comprend en général qu'un pays comme la France actuelle ne se sauvera humainement que par un travail lent et profond. On se met à ce travail, et ce ne sera pas la préoccupation du triomphe d'un parti qui sera de nature à diviser les travailleurs.

« Peut-être sommes-nous à la veille d'un classement « nouveau des catholiques » : la divergence sera bien moins grave entre républicains et monarchistes qu'entre hommes d'œuvres préoccupés sans doute d'élections, mais appuyant les élections sur l'action religieuse et sociale, et politiciens exclusifs, ne comptant que sur les urnes ou sur le « chambardement ». On restera royalistes, républicains bonapartistes, mais cela n'empêchera point l'union demandée par le Saint-Père : s'il y a division, on verra d'un côté *ceux qui ne veulent pas d'œuvres*, de l'autre les chrétiens aux yeux desquels la politique et les œuvres sont inséparables : s'il y a conflit, ce sera entre ceux qui travaillent et ceux qui s'agitent.

Lesquels contribueront davantage, non plus seulement à l'union des catholiques, mais à l'union du peuple avec l'Eglise ?

Lesquels sont les plus évangéliques ?

Voilà l'*Action française* constituant la catégorie
des catholiques qui *ne veulent pas d'œuvres*, parce
qu'ils n'y mettent pas toute leur confiance ou n'en
font pas un véhicule de la démocratie. Voilà-t-il
pas un ingénieux système d'union ? La *Semaine religieuse d'Arras* n'a évidemment aucune idée de
l'activité sociale déployée par l'école qu'elle juge si
légèrement.

Elle aura du moins obtenue l'adhésion empressée
de M. J. de Narfon (*Figaro* du 14 septembre), au
jugement de qui l'union par l'action sociale est le
dernier mot des nouvelles directions, auxquelles
rien ne serait plus contraire qu'une organisation du
catholicisme en vue de l'action politique. Cueillons
en passant ce joli trait. Le chroniqueur du *Figaro*
en appelle sur ce point à l'avis de « l'excellent, *très
catholique* et très français Bulletin de la Semaine. »
Ah ! le bon billet !

* *

Cela nous ramène aux plans d'organisation. Ils ne
pèchent pas moins par excès que par défaut. Le
défaut a suffisamment paru au début de cette étude.
Il faut cependant rappeler et éclaircir en deux mots,
selon la forme scolastique, l'équivoque dont il provient. Les directions de Pie X, prétexte-t-on,
excluent la politique. Entendons-nous. Elles l'excluent simplement et formellement ; rien de plus
faux. Elles l'excluent par prétérition, distinguons :
elles excluent l'action politique : rien de plus faux
encore ; elles excluent la politique de parti, dis-

tinguons de nouveau : la politique de parti indépendante de l'action catholique et placée avant elle,
oui ; la politique du parti coordonnée à l'union com-
mandée par la nécessité de défendre la foi et
l'Eglise est exclue, c'est-à-dire interdite, je le nie
complètement ; elle est exclue en ce sens que le Pape
n'avait pas à en faire mention explicite, bien qu'il la
reconnaisse légitime et bonne, j'en conviens ; mais
que reste-t-il de l'allégation ?

Faute d'avoir compris cela, on n'a plus accordé
aux directions pontificales qu'une répercussion indirecte sur l'action politique qu'elles embrassent au
contraire pleinement, puisqu'elles ont pour but de
pousser à l'action et à la défense catholique sur tous
les terrains.

Alors on en a cherché toute l'application dans
l'organisation de cadres purement religieux. Les
comités paroissiaux, diocésains, et leur fédération
sous la conduite immédiate du clergé et des évêques, au lieu d'être une forme nécessaire des organisations à créer, en est devenue la forme unique,
et, l'on peut dire, exclusive (1).

Je ne craindrai pas d'indiquer d'où provient cet
excès, en le rattachant à une inteprétation abusive
et intéressée des directions pontificales sur deux
points. L'un est l'expression de terrain *nettement
catholique* ratifiée par la lettre du cardinal Secrétaire d'Etat à M. Keller. Celui-ci, dont le discours

---

1. Voir les articles de la *Croix* : l'*Union des catholiques
français* et *Travail d'organisation* (6 et 28 juillet 1909), la
brochure de M. F. Veuillot, p. 8 et 9, etc.

a reçu une si formelle approbation, avait dit : « Le terrain nettement, *exclusivement* religieux et catholique. » L'autre point est relatif à la vérité bien connue de Pie X de grouper les catholiques autour des évêques.

Il n'est peut-être pas besoin de se mettre l'esprit à la torture pour déterminer dans quelle intention le colonel Keller a employé une expression aussi absolue que celle de terrain exclusivement catholique, et la pensée qui aurait porté le Vatican à la ratifier, encore qu'il se soit abstenu de le faire. De part, ni d'autre, c'est clair, ce n'était à l'exclusion de toute action politique. Le discours de M. Keller en témoigne assez, pour ce qui le concerne. Mais, si l'on se reporte aux discussions qui précédèrent ces événements, aux prétentions de l'*Action libérale*, appuyée par la *Croix*, de représenter par son loyalisme constitutionnel la véritable attitude de l'Eglise et celle qu'elle prescrit aux catholiques, n'est-il pas légitime de penser que cette formule avait surtout pour but d'affranchir l'union catholique de toute préférence politique, même et surtout de celle chère aux catholiques constitutionnels, et d'écarter, par une entente exclusivement fondée sur les intérêts religieux, leur persistance à y mêler, comme obligatoire, l'adhésion au régime ?

Quant à l'autorité qui revient de droit aux évêques sur les organisations catholiques, même politiques, il n'est pas contestable que les circonstances actuelles la rendent encore plus nécessaire et respectable. Mais ici encore, l'exagération apparaît d'elle-même. Il est facile de constater que ni le discours du pape pour la béatification de Jeanne d'Arc, ni la lettre du cardinal Merry del Val à M. Keller ne revendiquent pour l'épiscopat une autorité directe et absolue sur toute l'action catholique. Jamais l'Eglise n'a émis de pareilles prétentions. Et, de fait, ne nous dit-on pas que cette union sur le terrain catholique, placée sous la direction unique des évêques, exclut l'action politique et la politique de parti ? Cependant, on ne prétend sans doute pas les interdire absolument. L'une est nécessaire, l'autre, dans de certaines conditions, légitime et bonne. Il faut donc convenir, avec les réserves nécessaires, qu'elles se meuvent en dehors de l'union à laquelle président directement les évêques. Mgr Dubillard, archevêque de Chambéry, définissait parfaitement cette situation, en disant à ses diocésains, dans une lettre publique, datée du 27 avril, au lendemain des inoubliables fêtes de Jeanne d'Arc à Rome :

« Pie X a demandé aux évêques de persévérer dans leur conduite, qui fut dans tous les temps et chez tous les peuples celle de l'Eglise vis-à-vis des pouvoirs civils régulièrement institués : *défense des intérêts catholiques en dehors et au-dessus de tous les partis politiques, les acceptant tous quand ils sont légitimes, mais ne s'inféodant à aucun.* Nous affirmons que nulle autre ligne de conduite ne nous a été donnée et que *l'intention du Souverain Pontife est que l'épiscopat et le clergé se tiennent en dehors des agitations politiques pour se concentrer uniquement dans la défense des intérêts religieux.*

Pourquoi lui faire dire davantage ? M. F. Veuillot par exemple, commence en ces termes : « Du pro-

gramme et de l'organisation de cette union catholique, il ne m'appartient pas de parler longuement.
Dès lors que le Pape en remet la direction aux évé-
ques, c'est aux évêques à en régler les méthodes et
les travaux. Ce n'est pas la mission des hommes
politiques ni des écrivains. Toutefois, de ce simple
fait que l'épiscopat doit *gouverner* l'union catholique, on peut inférer que *l'union catholique emprun-
tera la hiérarchie et les subdivisions religieuses.*

Sera-t-il témóraire de tenter une explication du
pourquoi que nous venons de poser ? Ce sera en
cherchant la réponse à un autre. Il est bien frappant
de voir les journaux et les leaders qui s'étaient le
plus opposés jusqu'ici à tout projet de parti catholique, n'avoir plus aujourd'hui à la bouche que le terrain religieux, préconiser un mode d'union qui
emprunterait les cadres de la hiérarchie et les subdivisions religieuses, et ne vouloir plus entendre
parler d'autre direction que celle des évêques. Cette
fois, on vient donc franchement au parti catholique ? Pour ma part, je n'en suis pas convaincu. Ce
n'est pas seulement l'exclusion donnée à la politique qui cause mes doutes, quoique l'affectation
d'une forme d'organisation purement religieuse soit
bien faite pour les exciter. Mais, de plus, les anciens
adversaires du parti catholique ne se souviennent-
ils plus d'avoir été soutenus dans leur opposition
par un certain nombre d'évêques dont on faisait
sonner bien haut les avis, au point de dire, comme
l'a fait la *Croix*, que l'épiscopat repoussait tout projet de ce genre ? Peut-être leaders et journaux n'ont
n'ont pas oublié les manifestations de plusieurs pré-

lats contre quelques projets d'organisation politique, et la sympathie générale des autres pour l'*Action libérale* et son programme. Et alors, ne serait-ce pas encore la peur de l'action, la crainte et non le zèle du parti catholique, qui les fait se jeter et nous pousser à corps perdu dans les bras du clergé ?

Est-il possible que l'impulsion si énergique et les conseils si formels du Saint-Père ne puissent avoir raison des préjugés et des fantômes qu'on agite encore autour du parti catholique !

Mettons le mot de côté, puisque ce n'est pas une question d'enseigne. En avoir peur est une faiblesse évidente. Là où il y a lutte et combat, il a parti et contre-parti. Confesser hautement qu'on accepte la lutte et se défendre de constituer un parti, est un aveu d'irrésolution ou une contradiction puérile. Mais passons.

Oui ou non, les catholiques adoptent-ils le mot d'ordre du Pape : défendons l'Eglise par les principes du droit chrétien ? Si oui, le parti catholique est fait, car il n'est autre chose que l'accord sur un principe d'action, celui de la politique catholique, laquelle, comme l'a très bien dit M. de Montenach pour l'*Association catholique suisse*, consiste à se réunir pour défendre l'Eglise et assurer aux catholiques l'exercice de leurs droits publics.

Que parle-t-on des dangers que créerait un parti politique ou parlementaire représentant l'Eglise ! Le parti catholique ne représente aucunement l'Eglise, il se contente de lutter pour elle. Point n'est besoin de délégation officielle pour la servir efficacement. La formule récemment attribuée au Saint-Père pour ce qui concerne l'Italie : catholiques députés, oui ; députés catholiques, non, exprime parfaitement cette différence. Mais commençons, comme Pie X nous y exhorte si fortement, par agir en vrais catholiques. Il n'en faut pas davantage.

Ce serait, objecte-t-on encore, révéler notre impuissance, nous ne sommes pas en force. N'est-ce pas M. de Mun lui-même qui écrivait récemment : Il faut qu'on en prenne son parti, les catholiques ne sont qu'une minorité dans le pays? Je ne puis comprendre qu'on s'arrête à ce prétexte. Il est vain et il est faux. S'agit-il, lorsqu'on parle de la minorité catholique, du groupe d'hommes agissants et dirigeants. Oui, nous sommes une minorité par rapport à la masse politique. Mais nos adversaires, devenus maîtres du pouvoir, sont-ils autre chose qu'une bande ? La masse est indifférente. Elle subit les hommes d'action déterminés et persévérants. Rappelez-vous donc les *cinq* de l'opposition républicaine parlementaire sous l'Empire. L'objection est encore plus fausse que vaine. Car, si l'on parle d'une classification religieuse, les catholiques demeurent la très grande majorité du pays. Il appartient par sa masse à l'Eglise. Si déplorables que soient l'oubli pratique de la religion, les défaillances de la foi et les révoltes extérieures, et sans rappeler nos séculaires traditions nationales, le fait que cette masse est entrée dans le sein de l'Eglise, qu'elle appartient à la religion catholique, qu'elle n'en renie point le culte et demeure attachée tout au moins à certaines de ses formes essentielles, donne à l'élite des hommes agissants le

droit d'exercer socialement et politiquement la défense de l'Eglise et les revendications catholiques.

Que faut-il de plus? Le reste n'est que prétexte à
l'inaction !

LE RAPPORT DE « CYR » AU CONGRÈS
DE LA BONNE PRESSE

Ces pages étaient écrites et déjà livrées à l'imprimerie, lorsque la *Croix* du 16 octobre nous a apporté le *Rapport de « Cyr » au Congrès de la Bonne
Presse sur les Directions pontificales*. Ce document
vient offrir à point nommé une confirmation inattendue, mais d'autant plus frappante, de tout ce
que nous avons dit. Il mérite donc de retenir encore
un peu l'attention.

L'auteur déclare bien ne parler qu'en son nom
personnel ; mais, si habile que puisse être cette réserve, la place importante que tient dans la rédaction de la *Croix* le prêtre très respectable désigné
par ce pseudonyme, ses articles remarqués sur la
question dans la *Croix* de Paris et dans la *Croix du
Nord*, le choix qu'on a fait de lui comme rapporteur,
la publication de son rapport dès la clôture du Congrès, tout contribue à donner à cet acte la valeur
d'une sorte de manifeste. Aussi bien a-t-il pour objet d'exposer la ligne de conduite que la *Croix* se
propose de suivre.

Après une entrée en matière sur l'obéissance empressée de la *Croix* à tous les conseils émanés du

Barbier   26

Saint-Siège, Cyr commence, comme on pouvait s'y attendre, par un retour sur les directions pontificales de Léon XIII. Il est juste de reconnaître qu'il le fait en termes parfaitement convenables à l'égard de ceux qui eurent répugnance à s'y conformer. Ecoutons-le sur le fond :

Mais d'abord, un coup d'œil rétrospectif est nécessaire. Il y eut, voilà dix-sept ans, une heure historique : c'est celle où le pape Léon XIII indiqua aux catholiques de France le grand mouvement tournant qui devait, dans sa pensée, couper la Franc-maçonnerie de la République française qu'elle infestait déjà, avec laquelle elle voulait s'identifier, et qu'elle aiguillait méthodiquement dans la voie de la persécution et des catastrophes.

Assainir cette forme de gouvernement pour laquelle, à chaque élection, les Français semblaient marquer une préférence croissante, lui infuser un sang nouveau, généreux et chrétien, en y jetant toutes les réserves croyantes qui, jusque-là, s'étaient fait un devoir et même un point d'honneur de se tenir à l'écart ; rendre habitable, sinon aimable, pour tous, ce qui devrait être la maison et la chose de tous — *res publica* — empêcher la Franc-Maçonnerie de s'y installer en maîtresse, et la réduire seule à l'impuissance comme elle le fut toujours quand on est parvenu à l'isoler du pouvoir : tels étaient la pensée, le projet et le but de Léon XIII.

Ce n'est ni le temps, ni le lieu d'examiner ce qu'il serait advenu si, en masse, comme un seul homme, les catholiques de France eussent brûlé leurs vaisseaux amarrés au passé et se fussent jetés dans la place républicaine, s'ils eussent envahi tous les abords du *Forum* en poussant le cri historique de l'apôtre Paul : *Civis romanus ego sum* : Moi aussi je suis citoyen, moi aussi je suis de la cité publique, moi aussi je suis chez moi dans la Constitution politique de mon pays !

l

Voilà bien très exactement rendus par une bouche
non suspecte « la pensée, le projet et le but de
Léon XIII ». Mais c'est ici qu'on aurait aimé entendre l'orateur et la *Croix* ajouter ce qu'ils ont si fréquemment répété avec une fermeté obstinée : et cette
pensée, ce projet et ce but n'étaient autre chose que
l'application directe des principes traditionnels du
Saint-Siège. Je crois que l'affirmation ne laisserait
pas que d'être un peu embarrassante. Ils seraient
peut-être obligés de concéder aujourd'hui que les
directions pontificales contiennent parfois des applications de ces principes indirectes et éloignées.

Mais, en outre, d'où vient donc qu'à l'heure présente, on ne fait plus difficulté d'avouer, d'accentuer
même le caractère politique des vues de Léon XIII,
ainsi que nous en avons recueilli plus haut d'autres
exemples, tandis que, dans toute la période précédente, on mettait tous ses efforts à le nier ? C'est
un petit mystère qui mérite d'être éclairci. L'explication, que les premières parties de cette étude ont
déjà fait entrevoir et que la suite va rendre plus
transparente, est dans l'embarras où l'on est pour
trouver une différence entre les directions de
Léon XIII et celles de Pie X, du moment qu'on
cherche à dissimuler ou qu'on ne voit pas dans celles-ci une vigoureuse impulsion à l'action et à la
résistance politiques pour la défense de l'Eglise,
difficile à concilier avec le constitutionalisme. Afin
de pouvoir les réduire à une « reconstruction de la
France chrétienne par le lent et patient travail de
l'évangélisation des masses et de l'action populaire
chrétienne », on n'a pas découvert de meilleur

moyen que de faire passer cette partie du programme au second plan des directions de Léon XIII, et de la mettre au premier dans celles de son successeur, en prenant pour une exclusion de l'action politique celle qui vise seulement la question de la forme du régime. Cela fait, il devenait, en effet, moins gênant et moins contradictoire de demeurer encore cramponné, comme on va le voir, à la politique constitutionnelle.

Suivons maintenant l'exposé des nouvelles directions :

S. S. Pie X, en effet, a pensé que depuis dix ans les événements ont marché (1), que le champ de bataille s'est déplacé (2), et que le fort du combat n'est plus aux avant-postes politiques, mais au cœur de la place, au tour du sanctuaire et jusque dans le Saint des saints. D'un coup d'œil de sa foi lumineuse, il a vu que la première et grande restauration qui s'impose c'est la restauration de la France dans le Christ. *Instaurare in Christo*; qu'il faut rechristianiser à fond le pays, refaire ces assises séculaires qu'avaient posées les évêques quand ils ont « fait la France ainsi que les abeilles font leur ruche », et reconstruire l'édifice par le lent et patient travail de l'évangélisation des masses et de l'action populaire chrétienne.

Il a vu que, sans cette grande œuvre préalable, les plus belles institutions politiques ne reposeraient que

1. S. S. Pie X a peut-être trouvé surtout que les catholiques ne marchaient pas. Mais c'est une supposition à laquelle on ne s'arrête point. Quant aux événements, ils ont marché sans doute, mais selon une progression parfaitement logique.

2. Serait-ce trop curieux de demander en quel sens ? Il est le même depuis trente ans.

sur le sable et la boue et crouleraient au premier choc (1).

Or, ce travail ne peut s'accomplir sans le concours de tous ne formant qu'un seul cœur et qu'une seule âme, tous unis sous la houlette des pasteurs unis eux-mêmes sous la crosse des évêques étroitement groupés autour de la Chaire de Pierre.

Il fallait donc reléguer les questions politiques au second plan pour constituer le grand « Parti de Dieu » (2).

C'est pourquoi le Saint-Père a voulu, au préalable, trancher souverainement le cas de conscience politique qui entretenait de pénibles malentendus et de démoralisantes divisions entre catholiques.

Sans rien changer aux directions de Léon XIII, en leur partie essentielle et doctrinale, il a rendu à tous les fidèles la pleine liberté de leurs opinions politiques.

Donc, union de tous dans l'action religieuse et sociale (3) sous la direction des évêques, et trêve de toutes

1. Cyr et la *Croix* ont-ils reçu des confidences leur permettant de parler ainsi ? D'où tire-t-on des affirmations aussi aventureuses ? S'il est vrai que les plus belles institutions soient insuffisantes à suppléer par elles-mêmes à la régénération sociale, il n'est pas moins vrai que de bonnes institutions politiques y contribueraient très puissamment et qu'un régime mauvais y met un obstacle presqu'insurmontable. L'indifférentisme peut faire le jeu de la politique qu'on suit à la *Croix*, mais ce n'est pas une raison de l'attribuer au Pape comme son opinion personnelle. Ce ne sont pas ses récentes paroles qui y autorisent.

2. L'appel au « Parti de Dieu » ne date pas de nouvelles directions, comme la *Croix* semble le dire après M. de Narfon. Pie X l'a fait entendre dès le premier jour de son pontificat. Et cet appel n'a pas seulement pour objet l'apostolat populaire, mais une action publique, saisissant tous les actes du citoyen, et destinée à soutenir la défense de l'Église.

3. On le voit, rien de plus.

Barbier   26.

discussions politiques au sein de ce grand « Parti de Dieu », luttant pour Dieu et pour l'Eglise : telles sont les directions pontificales de Pie X, telle qu'elles ressortent des différents documents que vous connaissez et que résume et consacre la lettre à M. Keller du doyen des cardinaux français, le vénérable archevêque de Lyon.

Est-ce vraiment là tout ce que contiennent les paroles et les actes de S. S. Pie X ? Y retrouve-t-on l'écho fidèle et sonore de ses avertissements et de son cri d'appel pour la défense des libertés de l'Eglise ? Quel sens prend alors la lettre du cardinal Merry del Val approuvant au nom du Pape la formation sur un terrain *nettement catholique* ? Appliquée seulement à l'action catholique sociale ne devient-elle pas une sorte de tautologie ?

Le rapporteur ajoute :

Faut-il rappeler, Messieurs, que la *Croix*, toujours tournée vers le Vatican pour en accueillir les ordres, les conseils et les désirs et les faire siens, a adhéré avec empressement, par un article de M. Féron-Vrau, à ces indications appropriées aux besoins des temps nouveaux ?

Elle a pris place aussitôt sur ce vaste champ de la défense et de l'action religieuse et sociale, y donnant la fraternelle accolade à tous ceux, de quelque parti politique qu'ils soient, qui veulent comme elle avant tout le royaume de Dieu et sa justice.

Voilà donc toute la presse catholique, qu'elle soit républicaine, royaliste ou bonapartiste, et quelque cocarde politique qu'elle arbore, conviée aux grandes œuvres du « Parti de Dieu ».

La *Croix* se trouve bien sur ce vaste terrain, Messieurs : son titre, son étendard, ses doctrines, ses hommes y sont comme chez eux.

De ce côté il n'y a donc rien de changé. Voyons pour le reste. Nous arrivons au véritable objet du rapport. Il demande attention. N'en retranchons rien.

Mais une grave question se présente.

Nous sommes un journal. Que nous le voulions ou ne le voulions pas, nous ne pouvons nous abstraire complètement de la politique.

Il y a un fait et un devoir politiques qui s'imposent, bon gré mal gré, à notre attention, et devant lesquels nous devons avoir une attitude et une ligne de conduite.

Le fait politique, c'est la forme actuelle du gouvernement du pays.

Le devoir politique ou civique, c'est le devoir électoral.

Quelle attitude prendre et quelle conduite tenir devant ces deux réalités inéluctables ?

Puisqu'on m'y a invité, je vous livre tout simplement ma pensée, en me hâtant d'ajouter qu'elle n'engage que moi-même.

Il me semble, Messieurs, que devant le fait politique, devant la Constitution qui régit en fait le pays, nous ne pouvons mieux faire, ici comme toujours, que de nous conformer à l'attitude du Pape et des évêques.

Or, quelle est l'attitude du Pape et de l'Eglise vis-à-vis des différents gouvernements et même vis-à-vis du nôtre ?

« L'Eglise de Jésus-Christ, dit Bossuet dans le panégyrique de saint Thomas de Cantorbéry, voyageant comme une étrangère parmi tous les peuples du monde, n'a point de lois particulières touchant la société politique, et il suffit de lui dire généralement ce qu'on dit aux étrangers et aux voyageurs qu'en ce qui regarde le gouvernement elle suive les lois du pays où elle fera son pèlerinage et qu'elle en révère les princes et les magistrats.

« C'est le seul commandement politique que le Nouveau Testament nous donne. »

Et j'ajoute que c'est en cela, précisément, que consistait la partie essentielle et doctrinale des directions de Léon XIII. Le reste, comme le ralliement, a pu être commandé puis abandonné selon l'opportunité du moment, parce que chose contingente, mais le respect du gouvernement des États est, aux yeux de l'Église, le seul commandement politique que le Nouveau Testament nous donne.

Et de fait, tout en reprenant et combattant le mal partout où il croit son intervention nécessaire, le Pape se défend toujours de s'attaquer à la Constitution politique du pays.

Même chez nous, après la loi sacrilège contre les associations religieuses, même après la nature du Concordat et la loi de Séparation, même en prononçant, dans une Encyclique mémorable, la sentence de réprobation contre les cultuelles, le Saint-Père a eu soin de protester à l'avance contre le soupçon d'en vouloir à la forme constitutionnelle représentée par nos méprisables gouvernants :

« On s'efforcera de persuader au peuple, dit-il expressément, que la forme de la République nous est odieuse et que nous secondons, pour la renverser, les efforts des partis adverses... Nous dénonçons d'ores et déjà, et avec toute notre indignation, ces faussetés insignes, *falsissima.* »

Et voyez nos évêques. Ils viennent d'écrire une lettre collective qui a fait tressaillir la France tout entière ; ils y condamnent avec une vigueur et une précision admirable, notre législation scolaire et ses détestables abus. Or, y a-t-il, dans cet écrasant réquisitoire, une seule attaque contre la constitution actuelle ?

Nos ennemis le voudraient bien pour les besoins de leur cause ; ils osent même le prétendre afin de travestir en manifestation anticonfessionnelle ce manifeste antisectaire. Mais c'est là encore une « fausseté indigne ». Pas une ligne, pas un mot contre la forme du gouvernement.

Dès lors, Messieurs, à mon humble avis, un journal catholique qui fait profession de s'unir ainsi étroitement que possible au Pape et à l'épiscopat, qui est comblé fréquemment de leurs bénédictions les plus précieuses, qui a la bonne fortune de voir, comme l'autre jour, à Rennes, les évêques présider ses Congrès ou, comme vendredi dernier, à Amiens, s'y faire représenter ; qui, en son grand Congrès annuel, voit jusqu'à des princes de l'Eglise venir lui apporter les plus hautes marques d'estime et de bienveillance, ce journal, dis-je, semble ne pouvoir mieux faire en face du fait politique que de conformer son attitude à celle du Pape et de l'épiscopat et de toujours respecter la forme constitutionnelle du gouvernement.

Et rien ne l'empêche, en même temps, de se rencontrer et de fraterniser dans le grand « Parti de Dieu » sur le terrain de la défense de l'Eglise et de l'action sociale, avec les journaux qui croient devoir suivre une autre ligne politique.

Seulement, à ces frères unis en Jésus-Christ et séparés en politique, nous demanderons de ne pas mêler plus que nous la politique à notre action commune et de ne pas imprimer la note anticonstitutionnelle aux manifestations où tous ensemble, au nom du « Parti de Dieu », nous exaltons notre foi et clamons nos revendications religieuses.

Le fossé de préjugés, d'erreur et d'ignorance qui nous sépare du peuple est déjà bien assez profond sans que nous y ajoutions cette muraille derrière laquelle il se retranche si volontiers : le soupçon que nous allons à lui avec des desseins politiques et anticonstitutionnels.

Ne compliquons pas à plaisir les difficultés en rendant suspects nos efforts pour l'évangélisation et pour l'amendement du sort matériel et moral de ces masses qu'il s'agit de reconquérir et de ramener à Jésus-Christ.

Le nouveau manifeste de la *Croix*, car c'en est bien un, se résume donc dans une profession de respect envers la forme constitutionnelle du gouvernement.

On aurait pu s'attendre à ce que le rapporteur de la Bonne Presse, abordant la question politique devant l'assistance d'élite dont se composait le congrès, fit entendre une parole vibrante et enflammât son ardeur à affronter cette lutte pour la défense de l'Eglise qui est le mot d'ordre de Pie X. Mais non, il y a une question qui domine tout le reste. Assurément les directeurs de la *Croix* se promettent bien de déployer une extrême énergie dans la résistance à la tyrannie religieuse, mais ils allieront si bien la prudence à l'audace, que jamais ne puisse venir « au pauvre peuple » « le soupçon qu'ils vont à lui avec des desseins politiques et anticonstitutionnels ».

En sorte que si leur intrépide opposition venait à réveiller ce soupçon ou cette accusation, ce à quoi il faut bien s'attendre, on peut prévoir que leur opposition se trouverait fort embarrassée.

La *Croix*, journal politique, ne se sent pas le droit d'avoir et de conseiller aux citoyens catholiques à l'égard de la *fooorme* du gouvernement une autre attitude que celle de l'Eglise. En voulant trop avoir raison, elle finit par tomber dans l'erreur manifeste. Car c'est une erreur certaine de transformer en obligation pour les citoyens d'un pays vis-à-vis des divers régimes politiques l'indifférence qu'impose à l'Eglise sa mission surnaturelle. Et l'on finit par s'indigner, en s'entendant dire que nous devons nous comporter à l'égard des institutions de notre France comme « des étrangers et des voyageurs ». La France et le monde ne seraient donc plus qu'une vaste cité de rastaquouères.

Voilà tout ce que l'organe de la *Croix* trouve à dire sur la situation présente, et voilà toute son interprétation des directions pontificales.

Cherchez là-dedans quelque chose qui ressemble à un programme de l'action catholique. Là encore, là non plus, rien, en dehors des formules creuses sur la régénération par l'action sociale et religieuse, qui servent depuis quinze ans à masquer l'inaction et la passivité politiques.

Cherchez-y une résolution tant soit peu nette d'aborder enfin le terrain *nettement catholique*, après s'être fait le champion du terrain de la liberté pour tous et du droit commun, à la remorque de M. Piou. Vous ne l'y trouverez pas. Cherchez-y la promesse d'en venir enfin à la fière affirmation catholique de nos droits, de nos principes de droit chrétien, de nos convictions religieuses, et celle de ne plus déguiser bon gré mal gré tous nos candidats sous l'étiquette de candidats libéraux. Vous ne l'y trouverez pas davantage.

Vous n'y rencontrerez que le respect pour la forme du gouvernement.

Quelle différence, quel contraste avec les fières déclarations du colonel Keller qu'on a lues plus haut, et dans lesquelles Pie X a reconnu l'expression exacte de ses sentiments et de ses désirs !

Après cela, je n'écoute plus qu'avec défiance, je

l'avoue, la partie du programme relative aux élections. Les termes en sont habilement mesurés ; mais
sous cette disposition à se contenter tout d'abord
d'un minimum de garanties, et à préférer au candidat sincèrement catholique un candidat douteux, si
celui-ci est plus populaire, je flaire les compromissions et les petites trahisons qu'on justifiait précédemment par la nécessité de ne pas exciter dans
l'esprit du pauvre peuple le soupçon qu'on vient à
lui avec des dessins politiques et anticonstitutionnels. Pour me rassurer, il manque précisément à
tout ce commentaire des nouvelles directions pontificales, la franche affirmation du terrain catholique,
et je ne trouve vraiment pas que celle du respect
pour la forme constitutionnelle du régime en tienne
lieu. Voici cette dernière partie :

Reste la question du devoir électoral. Je la traiterai
en quelques mots, donnant les grandes lignes sans entrer dans les détails d'une subtile casuistique presque
aussi diverse qu'il y a d'espèces.

D'abord, il faut voter parce que le catéchisme, en
beaucoup de diocèses, en fait un devoir et parce qu'un
précepte général de la loi morale nous oblige à contribuer au bien et à nous opposer au mal dans la mesure
de nos moyens.

Mais pour qui voter et faire voter ?

Ici encore nous nous efforcerons de nous conformer à
l'esprit des directions de Pie X : nous reléguerons au second plan nos préférences politiques et mettrons au
premier plan les intérêts de l'Église.

Or, les intérêts directs et immédiats de l'Église sont
qu'il y ait à la Chambre le plus grand nombre possible
de députés favorables aux droits et aux libertés de la
religion.

Notre première préoccupation sera donc celle-là : le candidat offre-t-il un *minimum* sérieux de garanties au point de vue de la défense des intérêts religieux ? Mais, s'ils sont plusieurs en présence offrant ces garanties, lequel choisir ? Le républicain, si nous sommes républicain ? Le royaliste, si nous sommes royaliste ?

Eh bien ! non, pas encore : je ne choisirai même pas toujours le plus catholique, si je suis uniquement et simplement catholique.

Celui qui aura ma faveur, ce sera celui qui aura *le plus de chance de passer.*

Du moment, je le répète, qu'un candidat, par son passé, par sa personne, par ses principes, par ses déclarations publiques ou par des engagements certains et dignes de confiance, offre la garantie qu'il votera bien dans toutes les questions où les intérêts religieux seront en cause, il sera le meilleur candidat, le bon, s'il est le plus populaire et réunit le plus de chances d'emporter le plus de suffrages.

Et ce, « quel qu'il soit », c'est-à-dire, républicain ou monarchiste, ou moins fervent catholique qu'un autre, comme l'indiquait Mgr Duparc dans son beau discours au Congrès de la *Croix* à Rennes.

Que si, malheureusement, nous n'avons et ne pouvons susciter dans notre circonscription une seule candidature inspirant la moindre confiance, eh bien ! alors, il me paraît que le plus conforme aux intérêts de la religion est de voter pour le candidat dont le succès sera le plus désastreux pour la secte radico-maçonnique au pouvoir.

Mais là, c'est plutôt une question d'espèces, dans lesquelles il serait superflu et même dangereux d'entrer.

Voyez-vous ce candidat qui, sans mériter « la moindre confiance », sera cependant, aux yeux de l'électeur catholique, un choix « désastreux » pour le gouvernement ? Cela lui promet une rude guerre.

Résumons tout d'un seul mot. A la suite de la polémique soulevée autour du discours prononcé par M. Piou au congrès précédent de la Bonne Presse et de la campagne dans laquelle la *Croix* se solidarisa étroitement avec lui, le rédacteur de ce journal, Cyr, reprit toute la question dans un article sensationnel publié par la *Croix du Nord*, où il prétendait prouver que les directions politiques de Léon XIII étaient maintenues par Pie X. L'article portant ce titre expressif : *Rien n'est changé*, fut tiré en brochure et répandu à profusion. C'était à la veille de la béatification de Jeanne d'Arc.

Aujourd'hui tout le monde convient qu'il y a quelque chose de changé. Mais les interprétations que nous avons entendues, et, en premier lieu, ce manifeste de la *Croix*, font craindre qu'on ne s'en aperçoive guère.

ÉPILOGUE

Le banquet de clôture du récent congrès de la Bonne Presse a été marqué par un curieux incident qui serait probablement demeuré inconnu du public, sans les efforts faits par celui qui le souleva pour le signaler à son attention. Il s'agit du toast porté par M. F. Veuillot. Le directeur de l'*Univers* a voulu faire un acte et frapper un coup à l'improviste. Incohérence et coup de jarnac, voilà comment on pourrait caractériser la nouvelle initiative.

Par une inspiration dont il n'a pas livré le secret, M. Veuillot, sans aucun concert préalable avec les sommités du congrès, ni avec les évêques présents

au banquet, se leva pour dire : Nous voulons tous
l'union, nous la voulons comme la veut le Pape.
Mais à une armée il faut un chef. Or, quel chef
mieux désigné que celui dont la proclamation a été
solennellement approuvée par Pie X ? Et alors,
devant l'assistance embarrassée et abasourdie,
l'orateur propose d'acclamer, sous l'autorité des
évêques et du cardinal Luçon présent, le général
Keller comme chef des catholiques.

Par quel revirement inexplicable le directeur de
l'*Univers*, demeuré toujours fidèle au drapeau de
M. Piou, au point d'appuyer ouvertement son discours de Lyon, après les fêtes de Jeanne d'Arc, et
de déclarer alors que ses sympathies demeuraient à
l'*Action libérale* et à la politique constitutionnelle,
opérait-il cette volte-face où les membres présents
de l'*Action libérale* ont dû être tentés d'abord de
voir une petite trahison.

Il lui a fallu un sang-froid peu commun pour
prendre ainsi à lui seul l'initiative de pousser en
avant l'homme que les circonstances venaient de
mettre en balance avec M. Piou au désavantage de
celui-ci, et une aveugle confiance dans la beauté de
son inspiration, pour ne pas craindre d'en gâter
l'effet en se chargeant lui-même de lui donner
l'essor.

Si quelqu'un ne veut voir dans cet acte qu'un
admirable exemple d'abnégation, nous n'y contredi-
rons point. Encore une franche explication eût-elle
été nécessaire dans ce cas, pour ne pas déconcerter
le public par l'incohérence apparente de cette conduite. Mais on ne peut pas tout prévoir.

Ainsi, nous sommes bien persuadés que M. F. Veuillot ne se doutait pas que sa proposition inattendue aurait pour effet de couper net l'herbe sous le pied à l'*Entente catholique*, comme si, devant la situation compromise de l'*Action libérale*, il avait habilement cherché à faire la part du feu.

Le comte de Cathelineau vient de faire au sujet de cet incident, une communication à la presse qui nous dispense d'autres observations :

Jeudi dernier 14 octobre, le congrès de la Bonne Presse a été clôturé par un banquet ; les journaux de Paris qui s'y trouvaient représentés n'ont point relaté tout ce qui s'y était dit. Mais certains journaux de province n'ont pas observé la même prudence et ont reproduit un toast de M. François Veuillot sur l'union des catholiques, telle qu'il la conçeva t, et sur la nécessité de la placer sous la présidence de M. le colonel Keller. Ils n'ont pas parlé, et pour cause, de l'accueil que le cardinal Luçon, archevêque de Reims et président du banquet, aurait fait à cette mise en demeure de se prononcer en faveur de la conception personnelle d'un journaliste.

Notre devoir était, au nom de l'*Entente catholique*, de nous renseigner auprès de Son Eminence sur le motif de ce silence significatif en présence de cette sommation insolite. Je puis dire, sans craindre aucun démenti, que le motif du silence du cardinal a été une désapprobation complète ; que la conception de M Veuillot n'avait pas été soumise à l'appréciation préalable du prélat et que celui-ci entendait la laisser pour compte à son auteur.

Le cardinal a été surpris de cette tentative pour l'amener sur un terrain où l'Eglise ne veut pas se compromettre.

L'*Entente catholique* n'a pas commis la même imprudence que M. Veuillot, elle ne s'est constituée qu'après avoir acquis la certitude que son programme et son plan d'action entraient aussi exactement que possible dans le sens général des directions pontificales. Elle assume la responsabilité de ses actes ; elle ne prétend, ni par surprise, ni par légèreté, engager l'Eglise de France dans l'œuvre électorale qu'elle a entreprise. Mais elle s'est inspirée aux sources et elle ne craint aucun démenti lorsqu'elle affirme que son plan constant a été de se conformer à la pensée d'union et de conciliation que l'amour de la France a inspirée au Saint-Père.

Je ferai remarquer de suite que la personnalité du colonel Keller ne peut que nous être à tous sympathique et que, dès le principe, nous avons voulu l'avoir dans le groupement d'*Entente catholique*, tout disposé à lui donner dans le comité central une situation en rapport avec les services rendus par son père et par lui-même.

Il me paraît essentiel de mettre les choses au point :

Il y a environ dix-huit mois, lorsque j'ai commencé mes démarches pour réunir tous les groupements politiques catholiques en vue d'une entente, M. Keller père fut des premiers à m'encourager, et la première réunion eut lieu chez lui, 14, rue d'Assas, le 18 juin 1909. Voici ce qu'il me disait dans une lettre qu'il m'écrivait le 5 juillet 1908 :

« MONSIEUR,

« Comme je passe ma vie à protester contre les divisions des catholiques et à travailler à l'union, vous pensez bien que mon adhésion est acquise d'avance à toute tentative sérieuse pouvant réaliser cette union. Je serai très heureux si, d'ici le mois d'octobre, avec l'énergie et la persévérance dont vous êtes doué, vous arrivez à surmonter la difficulté que vous savez. » — (Il faisait allusion à l'Action libérale.)

Nous marchions donc bien d'accord, mais il ne voulut pas, cependant, adhérer officiellement au mouvement, craignant de compromettre dans cette défense politique, les œuvres religieuses à la tête desquelles il était placé.

Au mois de juin dernier (1909), après les lettres publiques des cardinaux Merry del Val et Couillé au colonel Keller, le félicitant de ses œuvres et indiquant une politique nouvelle de la part du Saint-Siège, nous crûmes, à l'*Entente catholique*, qu'une démarche devait encore être faite auprès du colonel Keller pour lui demander de se joindre à nous pour nous aider à faire l'union de tous sur le terrain de la défense religieuse. Le colonel ne crut pas accepter, pour les mêmes raisons que son père nous avait données, et voici la phrase d'une lettre qu'il m'écrivait à ce sujet, le 5 juillet 1909 :

« Monsieur,

« ... Croyez bien que, voulant suivre les traditions de mon père, je partage aussi ses sentiments et, en particulier, toute son estime pour vos généreux efforts... »

Ceci établi, sans détours et avec toute ma franchise, je dois dire qu'après avoir vu ces jours-ci le cardinal Luçon, je pris rendez-vous avec le colonel Keller, et nous eûmes un entretien au cours duquel le colonel me dit que lui et d'autres avaient trouvé déplacé le toast de M. Veuillot.

Comme en principe, il a été décidé à l'*Entente catholique*, qu'il était préférable et plus conforme à notre impartialité de ne pas avoir de président attitré, de façon à ne pas personnifier ce groupement qui doit être l'union de tous les partis politiques et de tous les catholiques et non la chose d'un homme, j'ai donc proposé ceci au colonel Keller :

« Le comité central d'*Entente Catholique* va créer un comité d'honneur de quatre ou cinq membres dans lequel nous nommerons des personnalités importantes de

chaque groupement politique, constituant ainsi la synthèse de l'union que nous voulons tous. Soit, par exemple : le Colonel Keller, une personnalité de l'Action
Libérale, une personnalité royaliste, une personnalité
bonapartiste. »

Je crois utile d'intervenir aujourd'hui, afin d'éviter
toute confusion de la part des catholiques, car déjà, je
reçois des lettres qui en témoignent.

C'est avec toute mon énergie que je renouvelle mon
appel à tous les catholiques de France, de quelque
parti qu'ils soient, pour faire cette union étroite, indispensable pour tenir tête à la Franc-Maçonnerie, à la
Révolution qui, hier encore, sous la protection du gouvernement impie que nous subissons, encadrée par
nos fils, oh ! infâme, s'est promenée dans les rues de la
capitale, acclamant l'assassinat, le pillage en la personne de Ferrer et attaquant ce qui nous est le plus
cher : l'Eglise, nos prêtres, notre foi ! Coupables seraient ceux qui, par leur faute, retarderaient la conclusion de cette union.

Comte Xavier de Cathelineau

On annonce maintenant que M. F. Veuillot est
parti pour Rome presque aussitôt après cette manifestation. Certains organes prétendent que c'est
pour y faire ratifier son initiative, et l'on entend dire
de divers côtés : sous peu nous connaîtrons les
intentions du Saint-Siège relativement à ce choix,
soyons tous prêts à accepter l'arbitre et le chef
qu'il va nous désigner.

C'est une méprise singulièrement persistante et
dénotant notre infirme état d'esprit, de croire que
le Saint-Siège soit tenté de recommencer des expé-
riences comme celles dont les résultats ont été si

peu favorables, et que S. S. Pie X veuille se réserver la direction immédiate de nos affaires.

Le Pape nous a clairement tracé la ligne de conduite à suivre. Il a rempli son devoir avec une
admirable grandeur d'âme. A nous de faire le nôtre.
S'en reposer sur lui des moyens à prendre serait un
nouvel aveu d'incurable passivité.

APPENDICE I

LE SEUL JOURNAL CATHOLIQUE DU MATIN

(15 DÉCEMBRE 1909)

Nos lecteurs le connaissent déjà, c'est le *Peuple français*. Ils ont lu plus haut la circulaire par laquelle M. Féron-Vrau, son propriétaire, et M. Bazire, son rédacteur en chef, en signalaient à tous les groupes de l'A. C. J. F., l'urgente nécessité : « Parmi les journaux du matin, il en manque un qui soit fièrement et intégralement catholique : c'est ce que veut être le *Peuple français*. »

Nous le disions alors, l'opinion doit faire justice de cette manière de se tailler une réclame sur le dos des autres, par une feinte surenchère d'orthodoxie.

Nous le répétons aujourd'hui, plus vivement encore, à propos d'une nouvelle circulaire signée du même M. Féron-Vrau, à l'occasion des réabonnements. Il y est dit : « Au moment où, sur les instances des catholiques les plus éminents, nous voulons développer LE SEUL JOURNAL NETTEMENT CATHOLIQUE du matin, nous avons besoin de la sympathie et le concours de tous ceux dont les idées sont les nôtres. »

C'est là un procédé d'une outrecuidance inouïe et

Barbier 27.

intolérable, contre laquelle on ne saurait protester assez hautement. C'est une injure faite à la presse catholique, à des journaux dont M. Féron-Vrau et la *Croix*. M. Bazire et le *Peuple français*, auraient pu recevoir en maintes circonstances des leçons de courage dans la défense des intérêts de l'Eglise.

Tranchons le mot, c'est un pharisaïsme insupportable.

C'est, de plus, une supercherie.

Le mot est dur, j'en conviens, mais je suis persuadé qu'après avoir lu, on le trouvera juste, et que tout ami des attitudes franches et nettes l'approuvera. En dépit de basses menées, il faut achever de mettre les points sur les i. Ceux que nous allons y poser arriveront peut-être à convaincre les personnes tentées de faire des réserves sur les critiques que l'amour de l'Eglise et de la vérité nous ont fait émettre dans cette revue au sujet des dirigeants de l'A. C. J. F. (1).

Au mois de décembre 1908, en même temps qu'ils adressaient à tous leurs groupes une double circulaire émanant d'eux et du directeur de *La Croix*, en insistant sur la nécessité d'un journal plus fièrement catholique que les autres, ils en envoyaient une seconde à tous les comités de l'*Action libérale*, où ils se donnaient pour objet de soutenir la politique de M. Piou. A cette seconde circulaire était jointe, en fac-similé, la copie de deux autres documents, de deux lettres, l'une écrite par Mgr l'archevêque de

1. Voir principalement le numéro du 15 avril, et ceux des 15 mai, 1er juin et 1er octobre 1909.

Paris, en date du 14 juin 1908, l'autre signée Jacques Piou. La première se bornait à encourager en
termes très généraux la nouvelle œuvre. Voici la
seconde :

Le 28 novembre 1908.

Je ne puis qu'exhorter vivement nos amis à soutenir
et à répandre le journal *Le Peuple Français* transformé
qui va devenir, avec une direction et une rédaction nouvelles, un organe militant et bien informé, *et aussi un
vaillant défenseur de notre cause.*

Les présidents de nos comités peuvent être assurés de
faire œuvre excellente en lui procurant des abonne-
ments et en organisant sa diffusion.

JACQUES PIOU.

Rapprochons maintenant les textes.

LE « PEUPLE FRANÇAIS »
AUX GROUPES DE L'A. C.
J. F.

La Presse catholique
compte deux excellents et
puissants organes, la *Croix*
et *l'Univers*, mais tous
deux sont des journaux du
soir, et, pour ce motif, n'atteignent pas une masse
considérable de lecteurs ;
à côté d'eux il faut un
journal du matin.

Parmi les journaux du
matin, IL EN MANQUE UN
QUI SOIT FIÈREMENT ET IN-
TÉGRALEMENT CATHOLIQUE :
C'EST CE QUE VEUT ÊTRE LE

LE « PEUPLE FRANÇAIS »
AUX COMITÉS DE L'ACTION
LIBÉRALE.

Journal du matin, muni
des dernières informations
de la nuit, il (« Le Peuple
Français ») sera essenciel-
lement populaire. Nous
voulons qu'il intéresse les
ouvriers, les employés, les
agriculteurs qui, trop souvent, lisent les journaux
hostiles ou faussement
neutres. Il sera très nettement *social* et contiendra
tous les renseignements
qui intéressent le monde
du travail.

« Peuple Français », qui combattra en première ligne pour la défense ou mieux pour la conquête des libertés religieuses.

Son titre, sa nuance (?), son allure lui faciliteront l'accès des faubourgs et des milieux populaires : il s'adressera de préférence à tous ceux qui travaillent pour vivre, il s'inquiétera de leurs besoins, reflétera leurs sentiments et défendra leurs droits.

Journal de jeunes, il doit être répandu par des jeunes. Les membres des groupes de Jeunesse catholique *en connaissent tous les rédacteurs;* ils savent quel affectueux concours ils obtiendront d'eux en toute occasion... N'est-ce point l'occasion de resserrer entre les membres actuels et les aînés de la Jeunesse catholique nos liens d'amitié et de fraternité d'armes ?...

Circulaire de M. Féron-Vrau

J'ai pensé que ce journal pouvait aider puissamment la *Jeunesse catholique* dans son apostolat... Je suis certain que nous pouvons compter sur vos efforts et sur ceux de votre Comité pour faire connaître et propager le « Peuple Français », etc...

Suivant la ligne politique de l'Action Libérale, il défendra, dans la République, les libertés si odieusement violées, et s'attaquera vigoureusement aux sectaires qui nous oppriment.

Rédigé par des hommes jeunes, désintéressés, passionnément dévoués aux grandes causes de la religion et de la patrie, qu'aucune crainte ne détournera de la lutte, non plus que du service populaire, il désire apporter à vos comités et à chacun de vous un concours efficace.

L'Action Libérale populaire peut compter sur lui pour sa défense et pour sa propagande, etc...

La circulaire adressée aux groupes de l'*Action libérale* porte, en fac-similé, la signature des onze membres du comité du *Peuple français*. Celle aux membres de la Jeunesse catholique a bien raison de dire que tous leur sont familiers. A ma connaissance, neuf de ces noms sur onze, appartiennent à l'A. C. J. F. Ce sont ceux de MM. Jean Lerolle, alors président général de l'association, J. Zamanski, vice-président, J. Gellé, G. Lacoin, G. Piot, membres du comité général, P. Hardoin, G. Lecointe; Henri Bazire, ancien président général et président d'honneur; J. Denais, ancien membre du comité général. Les deux autres noms sont ceux de MM. Champetier de Ribes et Paul Goubie.

Cela étant, il faut, sans contestation possible, admettre l'une de ces deux choses : Ou bien il y a, de la part des dirigeants de l'A. C. J. F., des directeurs du *Peuple français* et de M. Féron-Vrau, directeur de *La Croix*, une supercherie consistant à se poser devant les uns en journal plus franchement catholique que tout autre, tandis qu'on promet aux autres de ne défendre la religion qu'au nom de la liberté, selon les principes formels et tout récemment affirmés de l'Action libérale, — car qu'est-ce que défendre l'Action libérale et soutenir sa politique, sinon se placer sur son terrain et adopter son programme ? — ou bien, s'il n'y a pas supercherie, il ne reste aux dirigeants de l'A. C. J. F., à ces jeunes gens, la fleur du catholicisme en France, qu'à soutenir, contre le bon sens, contre l'évidence, qu'ils tiennent et qu'on doit tenir pour la fraction nettement, « *intégralement* », fièrement, plus fièrement catholique que les autres, cette *Action libérale* qui, justement, s'est toujours défendue avec énergie et obstination de se placer sur le terrain catholique.

Je dis que ceux qui portent de tels défis à la vérité sont *les démoralisateurs et les corrupteurs* de l'esprit catholique.

Pourquoi la circulaire aux comités de l'Action libérale, annonçant que le *Peuple français* veut être un journal nettement social, omet-elle de dire qu'il veut être avant tout fièrement catholique ? Et pourquoi la circulaire aux groupes de l'A. C. J. F., au lieu de se borner à leur dire que la « nuance » du journal lui permettra de pénétrer dans les milieux populaires, n'avoue-t-elle pas qu'il défendra *dans la République* les libertés violées, et qu'il se consacrera à la défense et à la propagande de l'Action libérale ?

Ce dernier trait permet de comprendre comment il est vrai que toutes les forces de l'association de l'A. C. J. F., à l'insu des membres et malgré leurs dénégations sincères, sont mises au service d'une politique, et d'une politique non moins républicaine que catholique.

Le comité du *Peuple français* a beau déclarer qu'il combattra avec la dernière énergie les sectaires qui nous oppriment, il ne fera jamais, selon le rêve et le mot d'ordre de M. Piou, qu'une opposition « constitutionnelle », c'est-à-dire plaçant au-dessus de tout la forme d'un régime dont la base essentielle est la complète laïcisation de l'État. Un journal nettement catholique doit défendre aujourd'hui l'Église et ses droits par tous les moyens nécessaires, dût s'ensuivre, comme conséquence indirecte, la chute du régime.

Lors même qu'il n'y aurait pas opposition entre ces deux termes : politique de l'*Action libérale* et politique fièrement catholique, les faits, même les plus récents, seraient là pour montrer la vraie couleur de cette action. Est-ce parce que plus fièrement catholique, que le *Peuple français* a combattu âprement l'*Entente catholique* et pris parti contre l'alliance catholique de Toulouse ? C'est parce qu'il soutient la politique de l'*Action libérale*.

Il y a peu de jours, le *Matin* a publié un document prétendu épiscopal, authentique ou non, où il était passé condamnation sur quinze années d'attentats contre l'Eglise et les droits les plus sacrés des catholiques, y compris les lois *scélérates* contre l'enseignement religieux ; où l'Eglise était montrée *intacte* malgré l'anéantissement des Ordres religieux, etc. Le *Peuple français* n'en a parlé que pour dire que les catholiques y reconnaissaient l'expression de leurs sentiments.

Voilà le journal plus fièrement catholique que les autres.

C'est à ce titre, sans doute, que la *Ligue patriotique des Françaises*, qui ne s'occupe pas de politique, comme chacun sait, s'est rencontrée avec l'*Action libérale*, par hasard, pour mettre toute sa force de propagande au service du *Peuple français* (*Echo de la ligue*, numéro du 15 novembre 1909).

Oh ! la politique des gens qui n'en font pas !

Qu'on n'aille pas croire, toutefois, que ceux dont nous avons dû critiquer une fois de plus l'attitude

équivoque soient sans moyens de réponse. L'*Eveil
démocratique* du 5 décembre vient de relever dans
le *Peuple français* une note dont nous n'avions pas
connaissance :

« *A quelques moines vaguants :*

« *Deux ou trois anciens religieux, qui ont quitté
leurs congrégations dans des conditions qui n'ont
rien de particulièrement brillant, se sont sécularisés
au point de ne plus faire que de la politique. Ils
émettent la prétention de diriger l'action des catholiques ; et contre ceux qui ne partagent point leur
passion politique, ils ont recours aux pires violences de langage et aux procédés les plus suspects.*

« *Comme il s'agit de prêtres, nous ne démasque-
rons leurs intrigues que contraints et forcés. Mais,
dans leur propre intérêt, nous leur conseillons de
ne pas abuser. Il y a limite à tout.*

« *Comme on comprend l'ancienne défiance de
l'Eglise contre les « clericivagantes ! »*

Mais un bon avertissement en mérite un autre :
Les surcatholiques du *Peuple français* feraient
mieux de répondre loyalement à une critique
loyale, au lieu de s'abaisser en pure perte à la diffamation et à des procédés qui ne déshonorent qu'eux
seuls.

UN INCIDENT DU Vᵉ CONGRÈS DE LA L. F. D. F.
A LOURDES

Revenons un moment à la politique de ceux ou de
celles qui n'en font pas, à propos d'un fait, bien
instructif, qui s'est passé au dernier congrès de la

Ligue patriotique des françaises à Lourdes, en octobre 1909.

Cet incident, dont un compte rendu a été communiqué par la Ligue à la *Voix de Lourdes* (10 octobre) ne fut pas sans soulever un peu d'émotion parmi les assistantes. Celles des ligueuses qui en furent mal impressionnées purent comparer et contrôler leurs impressions, et les communiquèrent à plusieurs prêtres présents à Lourdes. Des témoignages concordants permettent de restituer à cette petite scène sa vraie physionomie, avec la certitude que plusieurs témoins ne feraient pas difficulté d'en reconnaître l'exacte ressemblance.

Ce serait peine perdue de vouloir accorder ce récit avec la version officielle ; nous sommes obligés d'admettre, avec les mêmes auditrices, que le droit d'arranger un compte rendu a été poussé ici jusqu'à la complète interversion des rôles. Il sera d'ailleurs facile de constater des invraisemblances évidentes dans cette version, dont voici d'abord le texte :

Une intéressante discussion amène Mᵐᵉ la baronne Reille à faire une déclaration chaleureusement applaudie.

« Sommes-nous sur le terrain constitutionnel ou sur le terrain anti-constitutionnel ? »

Nous ne connaissons, dit-elle, ni l'un ni l'autre. Nous sommes une Ligue qui obéit au Pape et aux évêques, et qui ignore hommes et choses politiques. Nos évêques nous appellent aujourd'hui à porter tous nos efforts contre l'école immorale : nous obéirons, nous y emploierons toute notre influence et toutes nos ressources, bien sûr que cela vaut mieux que toutes les querelles politiques. »

On se sépare à midi et demi, on se donnant rendez-
vous à une heure et demie.

Tout d'abord, il paraît donc qu'il y a eu une discussion intéressante ; le compte rendu n'en porte
pas trace. C'est cette discussion qu'il est bon de
connaître.

Or, en premier lieu, il n'est pas vraisemblable
que, dans une assemblée des Déléguées de la L. P.
D. F., on ait pu se demander si la Ligue était sur le
terrain *anti-constitutionnel*. A qui serait venue une
idée de ce genre ?

En revanche, le compte rendu conduit la présidente à une autre invraisemblance en sens inverse,
en lui faisant déclarer que la Ligue ne connaît pas
le terrain *constitutionnel*, qu'elle *ignore* les hommes
politiques, comme M. Piou, et les choses ou œuvres
politiques, comme l'Action libérale. La vénérable
présidente n'aurait pas pu se permettre cette mys-
tification devant les déléguées, qui connaissent bien
l'esprit et le passé de la Ligue. Et c'est bien le cas
de dire que, qui veut trop prouver ne prouve rien.

Cela met en question la vérité du reste, qui est la
partie intéressante. Et justement, ce qui précède
n'est là que pour y intervertir les rôles.

Voici exactement ce qui se passa.

La question fut posée en ces termes : *Sommes-
nous toujours sur le terrain constitutionnel ?*

A cette question si évidemment naturelle et opportune, à la suite des récentes directions pontificales,
vu l'attitude bien connue de la Ligue, il fut répondu
évasivement : nous ne faisons pas de politique.

Réitérée deux ou trois fois dans les mêmes termes, l'interrogation reçut chaque fois la même réponse, jusqu'à ce que la présidente répliquât, non sans impatience marquée : Non, nous ne sommes pas sur le terrain constitutionnel, mais uniquement sur le terrain religieux.

C'était tout ce que demandaient les questionneuses, surprises de la contrariété dont plusieurs membres laissaient percer des signes. Alors commença la discussion intéressante, dans laquelle il devint aussitôt sensible que l'embarras de la situation subsistait.

Puisque nous voilà résolument sur le terrain de l'action et de la défense religieuses, reprirent-elles, n'y aurait-il pas pour la Ligue quelque chose à faire, après la lettre collective des évêques contre les écoles mauvaises ? Que compte-t-elle faire pour aider à cette résistance ?

Cette question toute simple, dont l'objet paraissait en si parfaite harmonie avec le but apostolique en vue duquel la ligue s'est constituée, eut pour effet inattendu de mettre le bureau en désarroi.

Incontinent se trahit la peur de toute résistance effective, de toute lutte efficace contre le pouvoir, devant laquelle s'arrêteront toujours ceux qui tiennent avant tout à ne pas dépasser, à l'égard du régime actuel, les limites d'une opposition « constitutionnelle ».

On chercha tous les moyens d'écarter la question.

Vainement furent représentées la beauté et l'importance du rôle que la ligue pouvait jouer en ces graves circonstances. Si les 200 ou 300,000 femmes qui la composent mettaient leur zèle à éclairer les humbles populations sur les devoirs que l'épiscopat venait de rappeler, ne serait-ce pas un moyen merveilleusement puissant d'en procurer l'observation ?

Le bureau renvoya l'affaire aux curés, aux évêques, et se défendit d'avoir à intervenir. Bien plus, au milieu d'une agitation assez vive, l'un ou l'autre de ses membres soutint que les livres condamnés n'étaient pas absolument prohibés. On ne craignit pas de dire que la fin de la déclaration épiscopale en détruisait ou atténuait les autres parties et, pour comble, cette autre échappatoire, plus inattendue que toutes les autres, fut invoquée : C'est le Pape qui a demandé cette déclaration :

Heureusement le compte rendu vint ensuite pour tout rétablir, sauf la vérité.

Pourquoi la raconter ? dira-t-on. Parce qu'il n'y a pas d'œuvre plus urgente, pour restaurer l'action catholique, que de mettre à nu les ressorts cachés des combinaisons faites pour ouvrir de sourds dérivatifs dans la voie franche et droite où elle a besoin d'être ramenée (1).

1. Au moment où ce livre va paraître, la L. P. D. F., par un heureux revirement auquel nous nous féliciterions de n'avoir pas été étrangers, entreprend une large diffusion de la lettre des évêques contre la neutralité scolaire.

APPENDICE II

LA SCANDALEUSE HISTOIRE D'UNE ÉLECTION (1)

(1ᵉʳ FÉVRIER 1910)

L'élection municipale qui a eu lieu le 16 janvier à Paris dans le XIVᵉ arrondissement (quartier Montparnasse), en remplacement de M. Béer, décédé, vient de révéler une fois de plus le parti pris d'opposition de l'*Action libérale* et de ses succédanés la *Croix* et le *Peuple français* contre les catholiques qui ne consentent pas à servir leur politique. Cette persistance à faire passer de faux et décevants calculs humains avant la défense des intérêts religieux, même après les invitations formelles du Saint-Siège, ne saurait être jugée assez sévèrement et doit être pour les hommes de bonne foi un indice de la profondeur du mal que nous avons fréquemment signalé. Cette fois, même, il ne s'agit plus d'une hostilité sourde, mais publique, astucieuse un jour, cynique le lendemain, qui devient un vrai scandale. Il apparaît de plus en plus clairement que cette politique de ralliement, avec son masque de loyalisme

1. La première partie de cet article a été écrite au moment du premier tour de scrutin.

constitutionnel, est un fléau pour la cause catholique.

Voici les faits :

Quatre candidats étaient en présence : M. Oudin, radical-socialiste ; M. Chopard, socialiste unifié ; M. Camper (prêtre défroqué), radical dissident ; et M. Charles Faure-Biguet, catholique, qui se présentait comme républicain indépendant.

Celui-ci disait dans le préambule de sa profession de foi :

« Grâce à la parfaite courtoisie des adversaires et à leur absolue loyauté, la lutte des partis est bien définie : M. E. Oudin se réclame nettement des Francs-Maçons, M. Jean Camper, dans ses discours, déclare que s'il a quitté la Grande Eglise, il y a dix-sept ans, ce n'est pas pour entrer dans telle ou telle petite Chapelle, il est donc Libre-Penseur. M. Charles Faure-Biguet a carrément affiché sa foi catholique. Donc : Les Francs-Maçons voteront pour M. E. Oudin. Les Libres-Penseurs, pour M. Jean Camper, et tous les Catholiques sans exception doivent voter pour M. Charles Faure-Biguet. »

Il semblait, en effet, qu'il ne dût pas y avoir d'hésitation.

M. Faure-Biguet avait déjà été candidat à l'élection précédente, en mai 1908. Il rappelait qu'il avait obtenu 1.930 voix contre 2.400 à M. Béer, radical, qui fut élu (1). C'était donc une minorité très respectable. M. Faure-Biguet faisait remarquer

1. Depuis quatorze ans, aucun candidat de l'opposition n'avait, dans aucune élection, réuni un nombre de voix aussi considérable.

que sur 6.000 électeurs inscrits, 4.000 seulement
avaient voté ; que les 2.000 abstentions n'étaient
évidemment pas le fait du parti blocard ; et que si
les catholiques remplissaient leur devoir, le succès
du candidat d'opposition était assuré.

Mais il comptait sans l'*Action libérale* servie par
le *Peuple français* et la *Croix.*

Voici en quels termes lui-même le constate dans
une lettre adressée à la veille de l'élection à l'un des
directeurs de l'*Autorité.* et publiée le 16 dans ce
journal :

Mon cher Confrère,

On me met seulement, à l'instant, sous les yeux, l'en-
trefilet du *Peuple Français,* du jeudi 13 courant.

Ce journal dit que ma candidature au siège laissé va-
cant par la mort de Maurice Béer, dans le quartier
Montparnasse, a été rejetée par tous les comités d'opposition.

Qu'entend-il par « comités d'opposition » ?

Le 30 décembre, j'ai reçu avis officieux d'un membre
de l'Action Libérale, qui n'est même pas du quartier,
qu'une réunion plénière des groupes d'opposition allait
se tenir pour le choix d'un candidat et que je pourrais
y venir. Cette réunion eut lieu. Ils n'étaient pas soixante,
sur six mille électeurs.

J'étais à Nice ; j'ai répondu que, puisqu'on ne m'avait
pas avisé officiellement, je n'avais rien à faire à ce congrès ; que j'étais candidat et le resterais au second tour,
quel que soit mon nombre de voix au premier.

J'ai attendu quelques jours pour voir quel serait le
candidat d'opposition et, comme sœur Anne, ne voyant
rien venir, j'ai marché au combat.

Suis-je soutenu, ou non, par ces soixante personnes,
je l'ignore. Mais, est-ce que des personnalités comme
vous et votre frère, mon cher Confrère, Maurice Barrès,
de l'Académie française, Blétry, des Jaunes, l'amiral

Bienaimé, de la Patrie française, Joseph Ménard, l'éminent avocat qui, dès la première heure, m'ont soutenu par des lettres que j'ai publiées dans ma profession de foi, ne font plus partie des groupements d'opposition ?

Fort de leur appui, je déclare une fois de plus que je me maintiendrai au second tour, qui ne devrait pas avoir lieu, du reste, si tous les catholiques se faisaient un devoir de ne pas abandonner un candidat qui a toujours partagé et représenté leurs idées, pour voter en faveur de l'ex-abbé Jean Camper, candidat radical, radical-socialiste.

Je termine, mon cher Confrère, en exprimant la surprise que le *Peuple Français*, qui déclare tous mes concurrents inacceptables, ne conseille que le bulletin blanc.

Je vous prie de croire, mon cher Confrère, à mes sentiments très reconnaissants.

Charles FAURE-BIGUET

La communication dont M. Faure-Biguet parle dans cette lettre était signée de quatre noms : M. Bazelet, président; M. Marandas, M. Cathelat. La quatrième signature était complètement illisible, comme à dessein. Le président de ces comités d'opposition, M. Bazelet, est le délégué général de l'action libérale dans le XIVᵉ, mais il n'est pas électeur dans le quartier Montparnasse ; il appartient à celui de Montrouge. M. Marandas est président du comité de l'Action libérale pour le quartier Montparnasse, mais il n'y est plus électeur. M. Cathelat était secrétaire de la défunte *Patrie française*, dissoute depuis un mois, et ne représente par conséquent aucun comité.

Et au nom de quels groupements d'opposition,

hormis l'Action libérale, parlaient ces messieurs, étant donné l'appui qu'accordaient à M. Faure-Biguet des hommes comme ceux qu'il nomme et dont il a publié les lettres ?

Citons maintenant le filet du *Peuple français*, pour mettre à nu les agissements inavouables de cette politique. Ils se traduisent tout d'abord par la substitution traîtresse de la qualité de « plébiscitaire » à celle « républicain indépendant » sous laquelle se présentait M. Faure-Biguet. On lisait dans ce journal, le 13 janvier :

Dimanche prochain, comme nous l'avons annoncé, une élection municipale a lieu dans le quartier Montparnasse pour remplacer M. Béer, radical dissident, décédé.

La situation est la suivante : M. Oudin, radical-socialiste ; M. Chopard, socialiste-unifié ; M. Jean Camper, radical dissident ; M. Faure-Biguet, plébiscitaire, sont candidats.

Aucun de nos amis, aucun libéral, aucun républicain d'ordre ne peut voter pour M. Oudin, protégé des francs-maçons et des combistes, ni pour M. Chopard. Ces deux candidats ne sauraient d'ailleurs prétendre au succès : M. Chopard peut escompter 300 voix, M. Oudin, 1200 au maximum.

Candidat de l'opposition, en 1908, M. Faure-Biguet, réunit alors 1630 voix. Pour des causes que nous n'avons pas à apprécier, la candidature de M. Faure-Biguet a été rejetée par tous les comités d'opposition.

Quant à M. Camper, dont le programme donnerait sur plus d'un point satisfaction à nos amis, il ne saurait pourtant avoir une seule voix catholique ou libérale : M. Camper, aujourd'hui employé au ministère de l'Agriculture, ancien candidat radical-socialiste contre M. Doumer et contre le duc de Rohan, est « un prêtre

28

défroqué ». Ce n'est pas parmi les renégats des serments les plus sacrés que les bons citoyens peuvent chercher un mandataire autorisé.

Nous conseillons donc aux électeurs de Montparnasse, qui ne voteraient pas pour M. Faure-Biguet, de mettre dimanche, dans l'urne, un bulletin portant « un nom quelconque » (sauf celui de MM. Oudin, Camper et Chopard) : cette manifestation, qui rendra le ballottage certain, sera une indication précieuse pour l'attitude à prendre, dès le lendemain du premier tour, en vue du scrutin de ballottage.

Ainsi, l'on n'ose pas conseiller ouvertement de voter contre le candidat catholique, mais on insinue en termes tortueux le conseil de donner sa voix à n'importe qui, de préférence à lui, en laissant pressentir qu'on suscitera un autre candidat au second tour. Deux jours après, le *Peuple français* devait donner un peu plus de jour à sa pensée.

Quant à la *Croix*, elle insérait, le 15, une note identique à celle qu'on vient de lire, laissant voir le même calcul, et sortie de la même officine :

Dimanche prochain, une élection municipale aura lieu dans le quartier Montparnasse pour remplacer M. Béer, radical indépendant, décédé.

Les candidats sont : MM. Faure-Biguet, plébiscitaire ; Camper, radical, prêtre défroqué ; Oudin, radical-socialiste, protégé des blocards et des francs-maçons ; Chopard, socialiste unifié.

Il n'est pas probable que le premier tour du scrutin donne des résultats.

Nous engageons cependant nos amis à faire leur devoir et à mettre dans l'urne un bulletin au nom du meilleur candidat.

Un bulletin à un nom quelconque vaudra mieux, en tous cas, qu'un vote pour Oudin, Camper ou Chopard, tous trois blocards.

C'était déjà bien fort. On ne s'en tint pas là. Ces bons catholiques ne rougirent pas de faire acte public d'hostilité contre la candidature de M. Faure-Biguet et apposèrent, deux jours avant l'élection, l'incroyable affiche qu'on va lire, avec le nom d'un candidat supposé, pour éviter les droits du timbre.

LES COMITÉS RÉPUBLICAINS D'OPPOSITION

Aux électeurs du quartier Montparnasse

En présence de la candidature de M. Faure-Biguet, nous avons le devoir de porter à votre connaissance que le 4 janvier dernier, les comités d'opposition ont, dans une réunion plénière, examiné s'il y avait lieu de soutenir de nouveau cette candidature.

« En raison de l'insuffisance de la campagne de « M. Charles Faure-Biguet en 1908, et de ses affirmations « et de ses démonstrations postérieures en faveur d'une « politique qui n'est pas la nôtre », sa candidature a été jugée inopportune et repoussée à l'unanimité.

Notification de cette décision fut faite le lendemain à M. Faure-Biguet par les soins du bureau de la réunion qui en avait la mission expresse.

Sa défaite, par conséquent, ne sera pas celle de l'opposition, mais celle de lui tout seul.

Vu le Candidat :   Pour l'union des Comités
DUBOIS.   Le Secrétaire :

CATHELAT.

Le lendemain de l'affichage de ce document pitoyable, le *Peuple français* disait :

L'union des comités d'opposition rappelle, par voie d'affiches, que, le 4 janvier, la candidature Faure-Biguet a été rejetée par elle.

Nous engageons vivement tous nos amis à se rendre

au scrutin pour déposer dans l'urne un bulletin portant un nom quelconque (sauf celui de MM. Camper, Oudin et Chopard).

Enfin, pour comble, s'il est possible d'ajouter quelque chose au scandale d'une telle attitude, M. Marandas, président du comité de l'*Action libérale* dans le XIV⁰, intervenait publiquement le 14 janvier, dans une réunion contradictoire tenue par M. Faure-Biguet, et montait à la tribune pour déclarer que celui-ci n'était pas le candidat des « comités d'opposition ». Il y gagna de se faire conspuer par les socialistes et blocards qui composaient en grande partie l'assemblée et qui lui crièrent plus fort que tous autres : Judas ! Judas (1) !

Et, maintenant, jugeons le cas.

Il va sans dire, tout d'abord, que nous ne prenons nullement fait et cause pour la personne ou les opinions politiques de M. Faure-Biguet, et qu'il s'agit seulement de se prononcer sur la valeur d'une candidature. Quelques réserves qu'on puisse être en droit de faire sur le caractère, les qualités ou la vie d'un homme, on a le devoir de ne considérer en pareille circonstance que les garanties nécessaires dans un candidat. On doit donc parfaitement admettre, qu'à tort ou à raison, la personnalité de M. Faure-Biguet n'inspirât pas de sympathie aux gens de l'Action libérale. Mais, certes, ils se montrèrent moins scrupuleux, lorsque, par exemple, ils firent voter les catholiques, dans la Lozère, pour le juif radical

1. M. Marandas, candidat dans l'élection municipale de 1907, avait réuni 300 voix.

Louis Dreyfus, aujourd'hui l'un des plus beaux ornements du Bloc (1).

Ajoutons que, pour notre propre compte, M. Faure-
Biguet est loin d'être à nos yeux le candidat idéal
et que nous aurions aimé trouver dans sa profession
de foi des affirmations religieuses plus énergiques.

Serait-ce à ce point de vue qu'il a paru insuffisant
à l'*Action libérale*, au *Peuple français* et à la *Croix?*
Nullement. Il faudrait ajouter : loin de là. Non seulement on ne lui en a aucunement fait grief, mais on
peut être certain d'avance que si, comme il est à prévoir, ils essaient de lui substituer un autre candidat
au second tour, ce sera pour le remplacer par un
plus modéré. C'est ce que font assez pressentir les
négociations des jours précédents dont nous ne pouvons faire ici le récit. C'est même, sans doute, tout
le but de ces manœuvres.

Si les dits comités d'opposition qui annonçaient se
réunir pour le choix d'un candidat en avaient effec-
tivement désigné un qui offrît des garanties égales
ou supérieures à celles que M. Faure-Biguet présentait, c'eût été sans doute une grosse faute, mais enfin
le cas serait autre. Du moment qu'ils ne le pouvaient
faire, la discipline catholique exigeait qu'on soutînt
énergiquement celui-ci.

Au lieu de cela, on s'est acharné à le démolir.
Quels pouvaient être les motifs d'une conduite aussi
inexplicable?

L'*Action libérale* déclarait tout récemment, à la

1. Voir les détails de cette élection dans notre numéro
du 15 mars 1909.

Barbier   28.

surprise d'un grand nombre, qu'elle mettrait tous
ses efforts à faire passer avant tout la représentation
proportionnelle, et que les partisans de cette réforme
électorale auraient son appui de préférence à tous
autres. Or, elle tient la première place dans la profession de foi de M. Faure-Biguet.

Son programme social n'est certes pas en retard
sur celui de l'*Action libérale*. Dans l'ordre budgétaire
il souhaite « l'établissement d'un impôt global et progressif sur le revenu, dans l'intérêt des petits con-
tribuables et au nom même de sa justice, mais (il
souligne) à la condition que cet impôt ne soit *ni vexa-
toire ni inquisitorial*. » Dans l'ordre administratif :
« Une réforme qui étende les libertés communales
et départementales, simplifie les rouages administra-
tifs, réduise les dépenses publiques, le nombre des
fonctionnaires, tout en augmentant la rétribution des
petits emplois et mette l'organisation du pays mieux
en rapport avec les progrès réalisés depuis un demi-
siècle. » Dans l'ordre judiciaire : « La justice égale
pour tous et sa réelle gratuité. »

Mais c'est aux garanties religieuses qu'il faut s'at-
tacher avant tout. A ce point de vue, nous l'avons
dit, on aurait pu souhaiter de la part de M. Faure-
Biguet des affirmations plus complètes et plus énergiques. Mais, enfin, il a eu la noblesse, qui n'est pas
sans courage, dans la situation d'un candidat en présence de la population ouvrière de ce quartier, de
s'avouer ouvertement catholique et il a réclamé de
l'Etat, pour les parents chrétiens, qu'il leur assure
le moyen de faire élever leurs enfants selon leur foi
religieuse : « En matière d'instruction publique, je

considère que si l'enseignement est une des plus nobles prérogatives de l'Etat, le droit du père de famille
n'en est pas moins absolu et que tous les enfants du
peuple ont droit à l'instruction intégrale suivant
leurs aptitudes et surtout suivant leur foi cultuelle. »

Par ailleurs, il est notoire que M. Faure-Biguet a
toujours été le défenseur de nos libertés religieuses
dans le journal qu'il dirige.

Mais nous touchons là aux causes réelles et injus-
tifiables de cette scandaleuse opposition. Quel est
donc ce journal ? Il a pour titre *Le Petit Caporal*.
C'est un organe bonapartiste. M. Faure-Biguet appartient à ce parti et il a suivi le mot d'ordre donné
depuis plusieurs années par son prétendant, qui consiste à faire profession de foi de républicain indépendant, tout en soutenant la doctrine du plébiscite,
pour bien attester qu'on ne veut rien tenter contre
la République.

N'importe, c'est là le crime irrémédiable. Les notes
du *Peuple français* et de la *Croix* le donnent clairement à entendre, en lui infligeant l'étiquette de candidat plébiscitaire au lieu de celle de républicain
indépendant qu'il avait prise, et quoiqu'il terminât
sa profession de foi en criant : Vive la République !
Et l'affiche des prétendus comités *républicains* d'opposition l'avoue plus franchement : « En raison de...
ses affirmations et de ses démonstrations postérieures
en faveur d'une politique qui n'est pas la nôtre... »

C'est donc bien un misérable prétexte politique, et
nullement l'intérêt de la cause religieuse, qui a déterminé cette campagne coupable. Quant à l'autre
motif joint à celui-ci : « L'insuffisance de la campa-

gne de M. Faure-Biguet en 1908 », il n'est pas moins pitoyable, faux, et négateur des droits acquis.

Cela met donc un nouveau méfait politique au compte de l'*Action libérale* soutenue par ces deux journaux qui se prétendent supérieurs à tous les autres par leur zèle pour la cause catholique, la *Croix* dirigée par M. Féron-Vrau, et le *Peuple français* dirigé par l'élite de la *Jeunesse catholique*. Ils demeurent responsables de toutes ses conséquences.

Les résultats du vote, tels que le *Peuple français* les relève, ont été ceux-ci :

Inscrits, 6.182. — Votants, 3.822.

Ont obtenu :

MM. Oudin, rad.-soc............ 1.742 voix
Faure-Biguet, *bonapartiste*........ 857 —
Camper, rad.-soc................ 829 —
Chopard, soc. unifié............. 309 —

(Ballottage).

L'écart entre le nombre de votants inscrits et celui des voix assignées aux divers candidats est de 85. L'appel de la *Croix* et du *Peuple français* invitant les catholiques à voter pour n'importe qui n'est donc parvenu à disperser que 85 voix. La différence entre le nombre des votants dans cette élection et dans celle de 1908, accroît de 293 voix le chiffre des abstentions. Mais l'on constate ceci qui est encore plus beau : En retranchant du chiffre de 1630 voix précédemment obtenu par M. Faure-Biguet ces deux chiffres de 85 et 293 voix, soit 378 voix, il aurait dû

en retrouver 1630 — 378, c'est-à-dire 1252. Il n'en a
recueilli que 857. Il y a donc en outre, 395 voix, voix
de catholiques ou de conservateurs évidemment,
qui se sont détachées de lui pour aller au prêtre défroqué Camper, ou au franc-maçon Oudin, ou au
socialiste-unifié Chopard.

Édifiante manœuvre et heureux résultat !

Voici de quel cœur léger, le *Peuple français*
apprécie la situation au lendemain du scrutin et
s'apprête à tirer les marrons du feu :

Comme nous l'avions prévu, M. Faure-Biguet, abandonné par les groupes d'opposition qui l'avaient soutenu
dans ses luttes précédentes, perd 50 o/o des suffrages
qu'il réunit en 1908.

Quant à M. Camper, il doit connaître que le corps
électoral, à Montparnasse comme ailleurs, pèse les
hommes autant et parfois plus que les programmes : il
est des passés qui interdisent de rechercher les fonctions
publiques.

Le candidat radical-socialiste et maçonnique, M. Oudin, a bénéficié de cette situation équivoque et a réuni
des voix qui ne sont pas siennes : il ne les retrouvera
pas dimanche prochain.

Et si tous les bons citoyens font leur devoir, le quartier de Montparnasse n'enverra pas un blocard à l'Hôtel
de Ville.

Si les bons citoyens, disons si les catholiques éminents du *Peuple français*, de la *Croix* et de l'*Action
libérale* avaient fait leur devoir au premier scrutin,
ils auraient envoyé un catholique de plus à l'Hôtel
de Ville. Et si, comme il faut assurément le prévoir,
il y entre un blocard, ce sera uniquement leur faute.
C'est ce que M. Faure-Biguet sera parfaitement en

droit de leur répondre. Car il y a tout lieu de prévoir aussi qu'après être resté seul à la peine, malgré cet abandon injuste et perfide, il n'estimera pas que sa conscience lui demande et que son honneur lui permette de passer demain à un autre, peut-être moins digne, le drapeau qu'il a porté seul entre les mains.

Récemment, le *Peuple français* demandait à deux reprises, avec une assurance superbe : quand est-ce donc que l'*Action libérale* et ses partisans ont fait échouer une candidature catholique pour servir leurs préférences politiques ? Qu'on en cite un seul exemple.

Sans en rappeler d'autres, nous lui dédions celui-ci.

Et nous ne craignons pas de conclure qu'il s'ajoute à tous les autres pour achever de rendre évidente la nécessité de nous débarrasser définitivement d'une organisation néfaste.

LE SECOND TOUR DE SCRUTIN. — Au moment de mettre sous presse, nous résumons ce qui s'est passé pour le scrutin de ballottage. C'est ici que le vrai dépasse les limites du vraisemblable.

Dès le lendemain du premier tour, M. Faure-Biguet, prenant les devants sur les manœuvres pressenties, faisait apposer l'affiche suivante :

LA BATAILLE CONTINUE

Mes chers Concitoyens,

857 électeurs catholiques indépendants ont affirmé, sur mon nom, leur foi religieuse et leurs sentiments nettement patriotiques.

Je les remercie du fond du cœur.

Ce vote m'indique mon devoir et je n'y faillirai pas.

Je reste pour dimanche prochain le porte-drapeau des revendications Catholiques et Françaises.

Au moment où, du haut de la tribune française, le ministre de l'Instruction publique, le protestant Doumergue, déclare que c'est la guerre à outrance contre l'Eglise et l'Ecole laïque, les pères de famille, conscients de leur devoir vis-à-vis de leurs enfants, diront, au scrutin de dimanche prochain, s'ils veulent envoyer à l'Hôtel de Ville, le Franc-Maçon E. Oudin ou le Catholique Faure-Biguet.

On n'en vit pas moins surgir la candidature de M. Drouard, dans les conditions que nous allons dire.

M. Drouard, ancien inspecteur de l'enseignement primaire de la Seine, fit beaucoup pour la construction et le bon aménagement des écoles, expose son Comité de propagande, puis, « l'instruction et l'éducation de nos enfants étant assurées, il provoque la création de nombreuses amicales d'anciens et d'anciennes élèves et de patronages où, maîtres et maîtresses, bénévolement, continuent leur œuvre de protection morale aux jeunes gens et aux jeunes filles ».

Je lis, à ce propos, à la page 387 de son livre sur *Les Ecoles urbaines :* « A Paris, dès 1889, une société s'était fondée à l'école de la rue Boulard, sous la direction de M. Bizet. Cette société, dont nous avons suivi le fonctionnement depuis sa création, qui a eu l'honneur et la bonne fortune d'avoir comme patrons et conférenciers MM. Buisson, Steeg, Edouard Petit, Bouchor, Fablé, etc., et qui est la plus prospère de la capitale, peut être proposée comme le modèle de ce genre... »

M. Drouard avait déjà été candidat à l'élection municipale de 1907, où il recueillit 700 voix au premier tour. *L'Action libérale* qui, à cette époque, ne le jugeait pas acceptable, lui opposa au second tour son président de quartier, M. Marandas qui n'en obtint que 300.

La nouvelle candidature Drouard se présente cette fois sous les auspices du « Comité d'union républicaine radicale socialiste du quartier Montparnasse, ancien comité Maurice Beer », qui patronnait au premier tour le prêtre apostat Jean Camper. Celui-ci, dit ce comité dans sa circulaire, « écœuré par une odieuse campagne de diffamation », se retire. « Mais si l'homme disparaît, les idées restent. Et, pour défendre nos principes, nous avons choisi le citoyen Drouard, dont le programme de 1907 est absolument identique au nôtre. » La circulaire se termine par ces mots : « Vive la République démocratique et sociale, asile de Bonté, de Tolérance et de Fraternité ! »

La candidature de M. Drouard est également appuyée par une affiche de M. Bellan, conseiller municipal, « président du groupe radical démocratique de l'Hôtel de Ville ».

Il n'y a plus de motif de taire que, pour déterminer la première assemblée d'électeurs convoquée par l'Action libérale pour le choix d'un candidat, à repousser M. Faure-Biguet, on leur avait promis que M. Bellan se chargerait de leur donner celui qu'il leur fallait. Au fond de toute cette campagne, il n'y avait qu'un misérable compromis avec le groupe radical du conseil municipal.

Nous n'avons aucune raison de transformer M. Drouard, qui nous est très peu connu, en sectaire. Il s'agit uniquement de connaître sous quel aspect il se présente. Sa profession de foi, qui est sous nos yeux, toute relative aux intérêts municipaux et aux améliorations sociales, ne contient rien, *pas même une allusion*, relativement aux libertés religieuses et à celle de l'enseignement.

Eh bien, en présence de M. Drouard, candidat radical, solidaire du comité du défroqué Camper, et de M. Faure-Biguet, candidat conservateur catholique, quelle a été l'attitude des catholiques qui avaient tout mis en œuvre pour faire échouer celui-ci au premier tour ?

Le 21 janvier, la *Croix*, dont on n'a pas oublié la note précédente, publie celle-ci :

M. Faure-Biguet qui avait obtenu au premier tour de scrutin 859 voix continue la lutte.

Il vient de faire apposer sur les murs du quartier une affiche intitulée : « La bataille continue », où il annonce qu'il reste pour dimanche le porte-drapeau des revendications catholiques et françaises.

D'autre part, on annonce la candidature de M. Drouard, ancien inspecteur primaire, qui fut déjà candidat. Il se présente comme radical indépendant avec l'appui du groupe radical indépendant du conseil municipal, présidé par M. Bellan et sous le patronage du comité de M. Béer, le conseiller décédé qu'il s'agit de remplacer.

Enfin, M. Camper se retire de la lutte.

C'est de nouveau l'abstention complète. Visiblement, la *Croix* est liée par une puissance qui ne lui permet pas d'émettre une appréciation favorable au candidat catholique. C'est ce qu'on peut dire de moins accusateur contre le journal qui porte à son frontispice l'image du divin Crucifié.

Le *Peuple français*, lui, trouve plus simple de supprimer le candidat Faure-Biguet, cela lui permet de se prononcer carrément en faveur de M. Drouard, en des termes qui méritent d'être conservés. Il dit le 20 janvier.

C'est M. Drouard, ancien inspecteur primaire du quatorzième arrondissement, qui se présente contre M. Oudin, radical-socialiste.

M. Drouard, radical anticollectiviste, absolument indépendant, *fait une profession de foi suffisamment libérale pour que pas un seul de nos amis n'hésite à voter pour lui*, en sorte de barrer la route au candidat des loges maçonniques.

M. Chopard, socialiste, maintient sa candidature.

Mais du fond des oubliettes où le *Peuple français* l'a jeté, le candidat catholique fait entendre sa protestation. Obligé de lui en donner acte, le journal de M. Bazire n'ose pas l'y replonger brutalement, ni avouer qu'entre lui et M. Drouard son choix ne saurait hésiter. Il s'en tire par une formule ambiguë, comptant bien que sa déclaration de la veille en donnera la bonne interprétation à ses lecteurs ; et, sans rougir d'imputer au candidat catholique dont les droits et les chances devaient rallier tout le monde, la responsabilité des conséquences, il dit le lendemain :

Nous pensions, et nous l'avons dit, que le bloc des adversaires de la franc-maçonnerie et du collectivisme était reconstitué dans ce quartier sur le nom de M. Drouard, *dont la profession de foi est acceptable pour nos amis.*

Il paraît que nous nous étions trompé : notre confrère M. Faure-Biguet nous prie d'annoncer qu'il maintient sa candidature, qui a groupé dimanche dernier 857 voix.

En ces conditions, le bloc combiste a les plus grandes chances de l'emporter avec M. Oudin, malgré que la grande majorité des électeurs — on l'a vu en 1907 et en 1908 — lui soit hostile.

Nous n'engageons pas moins nos amis à voter et à faire voter dimanche prochain : il ne faut pas que M. Oudin puisse se targuer d'avoir réuni la majorité des suffrages exprimés.

Détail rétrospectif : M. Joseph Ménard, l'éminent avocat catholique, membre du conseil municipal, s'étant rendu la veille du second scrutin à la permanence de M. Faure-Biguet, a raconté devant plusieurs témoins dont nous avons l'affirmation précise, que, le 14 janvier, avant le premier tour, M. Bazelé, délégué général de l'*Action libérale* dans le XIV⁰ arrondissement, et M. Marandas, président du comité de cette ligue dans le quartier Montparnasse, étaient venus le solliciter avec les plus vives instances de ne pas se rendre, le soir, à une réunion de M. Faure-Biguet où il devait prendre la parole en faveur de celui-ci ; et que, ce même jour, 22 janvier, veille du scrutin de ballottage, M. Joseph Denais, secrétaire de la rédaction du *Peuple français*, était venu le prier de paraître à une réunion de M. Drouard pour appuyer sa candidature.

Il y a bien mieux, car on va toujours de plus fort
en plus fort dans cette histoire. Certes, les articles
du *Peuple français* ne laissent pas place au plus
léger doute sur ses agissements en faveur de
M. Drouard. Cependant, comme si ce n'était pas
assez, il n'a pas fait difficulté d'y apposer sa signature authentique. Voici comment :

A la dernière heure, M. J. Denais n'hésita pas à
négocier personnellement avec M. Faure-Biguet
pour obtenir le désistement de celui-ci. Il lui remon-
tra que ses idées politiques lui enlevaient toute
chance, et il lui offrit en revanche la perspective
séduisante d'une candidature législative dans
l'Ouest, qu'il aurait peut-être la satisfaction de faire
triompher... en 1914. Il poussa même l'obligeance
jusqu'à lui présenter, rédigée de sa propre main,
une affiche de désistement qui lui permettait, esti-
mait-il, une retraite honorable. M. Faure-Biguet
l'emporta et n'envoya aucune réponse. Il fit voir à
plusieurs personnes cette pièce intéressante. Elle a
passé sous nos yeux et nous sommes autorisé à la
reproduire.

Le précieux autographe de M. Denais n'a pas
seulement l'avantage, d'ailleurs bien superflu, d'authentiquer tout ce que nous avons dit du rôle du
Peuple français dans cette affaire. Il montre surtout
ce que devient la profession de foi d'un catholique,
quand elle a été remaniée par les directeurs du « seul
journal nettement catholique du matin » du journal
« fièrement et intégralement catholique » dont le
propriétaire de la *Croix* a enfin doté la presse, et
quel langage ils font tenir à ce candidat. La note re-

ligieuse est soigneusement éliminée, par prudence, et remplacée par ces formules empruntées à la Franc-Maçonnerie qu'on se flatte de pourfendre, « les idées de liberté, d'ordre et de progrès », qui plaisent aux foules, mais en aidant à les pervertir. Il est vrai que, dans la circonstance, il fallait faire parler au candidat catholique un langage qui lui permît de passer la main sans déshonneur à celui du *Peuple français*, patronné par le comité du juif Béer et par celui de l'apostat Camper. Encore la logique de la situation est-elle si forte, qu'on le lui fait renier et adopter tout ensemble. Voici le morceau :

Electeurs du quartier Montparnasse,

J'ai lutté, seul, au premier tour de scrutin, pour la liberté contre la Franc-Maçonnerie.

J'étais disposé, — et je vous l'ai dit jeudi matin, — à poursuivre la même bataille. Mais une candidature a surgi, qui, sans être nôtre, est du moins une protestation énergique contre la candidature maçonnique et sectaire de M. Oudin (1).

Je ne veux pas discuter les droits acquis, encore que je les tienne de vos suffrages.

Je veux, en cette circonstance, comme en toute autre, songer seulement à contribuer de mon mieux au succès

1. Afin de permettre au lecteur de chercher dans la profession de foi de M. Drouard ce qui lui donne ce caractère de protestation énergique contre la candidature maçonnique et les « déclarations libérales » que le *Peuple français* déclare satisfaisantes pour les catholiques, en voici le texte :

des idées de liberté, d'ordre et de progrès qui sont les nôtres.

Chers concitoyens,

Le Comité d'U. R. a fait appel à mon dévouement pour être son porte-drapeau au scrutin de ballottage dimanche prochain.

Bien que deux jours à peine nous séparent de ce scrutin, j'ai accepté le grand honneur qui m'est fait.

Après avoir consacré toute ma vie professionnelle à l'éducation des élèves de nos écoles, il m'est agréable, puisque je dispose de tout mon temps, d'élargir mon champ d'action pour le bien public, surtout dans ce quartier que j'aime et que j'habite.

Si vous m'envoyez à l'Hôtel de Ville, j'y défendrai énergiquement la République et nos institutions sociales qui m'ont permis d'être ce que je suis, les droits de Paris et ceux de notre beau quartier, dont la population intelligente et laborieuse d'ouvriers, de commerçants, d'employés et de petits rentiers, de professeurs et d'artistes reflète si bien la physionomie générale de la grande cité.

Je m'occuperai particulièrement des enfants et des adolescents, qui, dans les grandes agglomérations, courent tant de dangers moraux, des femmes abandonnées, des vieillards à qui la société doit être secourable.

Je veillerai sur les intérêts des travailleurs quels qu'ils soient, travailleurs manuels, intellectuels, et de nos services municipaux ou départementaux, notamment, sur ceux qui dans les hôpitaux soignent nos maux, et qui, dans la rue, assurent notre sécurité, quelquefois hélas ! en la payant de leur vie.

Je ne vous promets pas de ne pas faire de politique. Je n'en ferai que lorsque je ne pourrai pas m'y dérober. Je serai seulement un conseiller actif et vigilant.

Je me mettrai donc à la disposition de tous les citoyens qui auront légitimement besoin de mon concours. Ils me trouveront toujours accueillant et disposé à leur être utile.

Comptez sur moi et comptez-vous, républicains sincères,

Je me retire donc de la lutte, en remerciant les vaillants qui m'ont fait confiance et en les invitant à faire bloc contre M. Oudin, protégé de M. Combes et complaisant des collectivistes.

On se demande comment pourraient agir ces catholiques de marque supérieure s'ils n'étaient que de vulgaires politiciens.

Enfin, voici la manœuvre de la dernière heure, qui met le comble à tout le reste. Le matin du dimanche 23, jour du second scrutin, à l'instigation de personnes inconnues, M. l'abbé de Fouchécourt, l'un des vicaires de Notre-Dame-des-Champs, a fait distribuer à la sortie des messes, depuis celle de sept heures, par les jeunes gens et jeunes filles des patronages, l'avis suivant, qu'une affiche colombier a également étalée sur les murs. Le signataire est un allumeur de gaz, ancien plébiscitaire, exclu du groupement de M. Faure-Biguet depuis plusieurs années.

CATHOLIQUES

La situation électorale du Quartier ne nous permet plus d'hésiter, et nous serions bien coupables si nous ne prenions pas parti dans la lutte engagée entre les Républicains indépendants et les Sectaires.

hommes d'ordre et de labeur, comptez-vous dimanche prochain sur mon nom synonyme de travail et d'honnêteté,

Vive le quartier Montparnasse ! Vive Paris ! Vive la République !

CHARLES DROUARD,

Candidat radical anticollectiviste.

Si le *Franc-Maçon* OUDIN *était élu dimanche, c'est que nous l'aurions voulu.*

En maintenant sa candidature, M. FAURE-BIGUET a commis une faute impardonnable !

Notre conscience nous défend de le suivre, et nous vous conjurons de faire bloc contre le Citoyen OUDIN pour l'empêcher, à tout prix, de faire triompher un programme absolument contraire à nos idées les plus chères.

SURTOUT PAS D'ABSTENTIONS

VOTONS ET FAISONS VOTER NOS AMIS (1)

Un groupe d'électeurs de FAURE-BIGUET lui ayant accordé leur confiance au premier tour, mais dont la conscience refuse de le suivre au second tour,

Par délégation : MÉDARD Jules,

21, rue Departieux,
Membre du Comité Faure-Biguet.

Le résultat du scrutin a été ce qu'il devait être après tant de manœuvres si peu honorables, dont le *Peuple français* trahit une fois de plus le secret par l'étiquette qu'il attribue à M. Faure-Biguet. Il annonce ainsi ce résultat :

Inscrits : 6,182. — Votants : 3.469
MM. Oudin, rad..soc.   1,877 v. ELU
Drouard, rad. indép.   926
Faure-Biguet, *bonap.*   644
Chopard, soc. unif.   16
Divers.   6

1. Voter pour qui ? A quoi tient cette pudeur qui empê-chait de dire : *Catholiques,* votez pour Drouard ?

Répétons-le en terminant : il est parfaitement admissible que la personnalité et les idées de M. Faure-
Biguet inspirassent plus d'une réserve à certaines
personnes. Nous n'avons point à en juger, et,
comme il a été dit dès le début, n'avons pas davantage à nous solidariser avec lui. Mais, ici, en matière
électorale, et dans les conditions qui se présentaient,
la discipline catholique et le souci de la défense
religieuse ne permettaient pas même une hésitation.

Les représentants de l'*Action libérale*, les directeurs de la *Croix* et surtout du *Peuple français* ont
donné en cette circonstance un exemple déplorable
et scandaleux.

L'histoire de cette élection, dont les détails pouvaient nous être plus facilement connus, est malheureusement celle de ce qui se passe en beaucoup d'endroits. Elle donne un nouveau poids à toutes nos critiques et démontre la nécessité de briser
le moule d'une organisation qui, sous le couvert de
défense religieuse, sacrifie en fait nos plus chers
intérêts à une politique de compromis sans honneur
et sans résultats.

FIN

TABLE ANALYTIQUE

ACTES DU SAINT-SIÈGE

ARTICLES. — LIVRES

CONGRÈS

GROUPEMENTS

JOURNAUX ET REVUES

NOMS PROPRES

TABLE DES MATIÈRES

Imp. JOUVE et Cie, 15, rue Racine, Paris.

La Tradition Religieuse et Nationale

OUVRAGES PARUS :

R. P. DOM BESSE. — Église et Monarchie, 1 vol. In-18 jésus de 346 pages. Prix net : 1 fr.

ABBÉ EMMANUEL BARBIER — Le Devoir Politique des Catholiques, 1 vol. In-18 jésus de 532 pages. . . . . Prix net : 1 fr.

Brochures à paraître en Avril et Mai 1910 :

R. P. DOM BESSE — Ce qu'est la Monarchie, avec un essai de bibliographie. In-18 jésus.

Mᵉ THÉRY — Un Catholique Français peut-il être républicain ? In-18 jésus.

P. LE BRETON, Sénateur — La Révolution Sociale par l'Impôt. In-18 jésus.

EMM. LUCIEN-BRUN — Impôts nouveaux sur les Successions, inquisition et confiscation. In-18 jésus.

HUBERT-VALLEROUX — L'Impôt sur le revenu à l'étranger. In-18 jésus.

S.-A. CAVALLANTI, directeur de l' " Unita Cattolica " — La Littérature moderniste en Italie, hommes et actes des derniers temps. In-18 jésus.